FRANZ-JOSEF KUNERT

Staatliche Bedarfsdeckungsgeschäfte und Öffentliches Recht

Schriften zum Öffentlichen Recht

Band 331

Staatliche Bedarfsdeckungsgeschäfte und Öffentliches Recht

Von

Dr. Franz-Josef Kunert

DUNCKER & HUMBLOT / BERLIN

D 21

Gedruckt 1977 bei Buchdruckerei Richard Schröter, Berlin 61
Printed in Germany
ISBN 3 428 04020 1

... die Welt muß mehrere Exemplare haben, und darum lassen wir drucken. Wäre es möglich, auf irgendeine andere Art mit ihr zu sprechen, daß das Zurücknehmen noch mehr stattfände, so wäre es gewiß dem Druck vorzuziehen.

Georg Christoph Lichtenberg

Vorwort

Diese Arbeit hat dem Fachbereich Rechtswissenschaft der Universität Tübingen als Dissertation vorgelegen. Das Manuskript wurde im Februar 1976 abgeschlossen. Die einschlägige Literatur und Rechtsprechung ist bis Juni 1977 durchgesehen worden; andere Argumente und Begründungsmuster als die dargestellten und zitierten sind dabei jedoch nicht aufgetaucht, so daß die Mühe einer Überarbeitung nicht gerechtfertigt erschien.

Dem Betreuer der Arbeit, Professor Dr. Günter Dürig, sowie Dr. Jost Pietzcker bin ich für Anregungen und Hinweise zu Dank verpflichtet.

Berlin, im Sommer 1977

Franz-Josef Kunert

Inhaltsverzeichnis

Erstes Kapitel

Einleitung 17

A. Entwicklungen der Verwaltungsrechtslehre 17

B. Die wirtschaftliche Bedeutung der Bedarfsdeckungsgeschäfte 18

C. Problemstellung und Methode 20

Zweites Kapitel

Begriff des staatlichen Bedarfsdeckungsgeschäfts — Historische und aktuelle Rechtsgrundlagen 22

A. Möglichkeiten staatlicher Bedarfsdeckung 22

B. Der Begriff des staatlichen Bedarfsdeckungsgeschäfts 23

C. Geschichte der Bedarfsdeckung, insbesondere durch die Vergabe von Aufträgen 29

D. Geltende Rechtsgrundlagen und Verfahrensregeln in der Bundesrepublik 32

Drittes Kapitel

Die staatlichen Bedarfsdeckungsgeschäfte in der Systematik der Verwaltungshandlungen 42

A. Die Einteilung staatlichen Handelns und ihre Differenzierungskriterien 42

I. Die obrigkeitlich-hoheitlichen Verwaltungshandlungen 43

II. Die schlichthoheitlichen Verwaltungshandlungen 43

III. Die verwaltungsprivatrechtlichen Verwaltungshandlungen 45

a) Die Dogmatik des Verwaltungsprivatrechts 45

b) Die Zwei-Stufen-Theorie 51

IV. Die rein fiskalischen Verwaltungshandlungen 52

B. Die staatlichen Bedarfsdeckungsgeschäfte 57

I. Die staatlichen Bedarfsdeckungsgeschäfte als rein fiskalische Verwaltungstätigkeit 57

II. Der Rechtscharakter der Bedarfsdeckungsverträge 57

III. Der Rechtscharakter der Verdingungsordnungen 59

IV. Der Rechtscharakter der Preisvorschriften ... 63

V. Die Diskussion um die „Zweitwirkung" der Grundrechte im Recht der staatlichen Bedarfsdeckung ... 64

VI. Zur Anwendbarkeit des GWB ... 66

VII. Auftragssperre, Rechtsweg und Schadensersatz im Recht der staatlichen Bedarfsdeckung ... 68

VIII. Die Rechtslage bei normativer Begünstigung ... 69

Viertes Kapitel

Die Kriterien der herrschenden Meinung 72

A. Das Merkmal der „öffentlichen Aufgabe" ... 73

I. „Öffentliche Interessen" und „öffentliche Aufgaben" ... 73

II. „Öffentliche Aufgaben" und „staatliche Aufgaben" ... 77

a) Zur Notwendigkeit eines verbindlichen Entscheidungsverfahrens ... 77

b) „Öffentliche Aufgaben" und Aufgaben der Träger staatlicher Verwaltung ... 79

c) Staatliche „Befassung" mit bestimmten Aufgaben und Eigenverantwortlichkeit der Träger staatlicher Verwaltung ... 81

III. Verfahrenserfordernisse an die „Umwandlung" von Aufgaben in staatliche ... 83

a) Das zuständige Organ ... 84

b) Sanktion durch Gesetz? ... 85

c) Die staatliche Verwaltung als Träger nicht-staatlicher Aufgaben? ... 87

d) Einheit der Verwaltung und staatliche Aufgaben ... 89

IV. Bedarfsdeckung als staatliche Aufgabe ... 91

B. Das Unmittelbarkeitserfordernis ... 95

I. Zur Bestimmbarkeit des Unmittelbarkeitserfordernisses ... 95

II. Zur juristischen Tauglichkeit des Kriteriums ... 96

III. Aufgabenbestimmung und Unmittelbarkeitserfordernis ... 97

IV. Ergebnis ... 100

Fünftes Kapitel

Die Bedarfsverwaltung und das öffentliche Recht 101

A. Privatrecht und Sonderrecht der Verwaltung ... 101

I. Das Privatrecht als zulässige Handlungsform der Verwaltung .. 101

II. Die Fiskustheorie ... 103

B. Zur Bindung an die Verfassung ... 105
I. Bindung an die Grundrechte ... 105
a) Wortlautinterpretation des Art. 1 Abs. III GG ... 105
b) Historische Interpretation des Art. 1 Abs. III GG ... 109
c) „Gesamtschau"-Interpretation des Art. 1 Abs. III GG ... 110
d) Grundrechtssubjektivität der Verwaltung bei privatrechtlichem Handeln? ... 114
e) Ergebnis ... 114
II. Andere Verfassungsgrundsätze ... 114
a) Kompetenznormen ... 115
b) Sozialstaatsgebot ... 116

C. Zur Bindung an Regeln des allgemeinen Verwaltungsrechts ... 117
I. Subjekttheorie und Kollisionsnorm ... 119
II. Öffentliches Recht als Recht der „Nicht-Identifikation"? ... 120
III. Öffentliches Recht und Privatrecht als funktional getrennte Normenkomplexe ... 123
a) Staat und Gesellschaft als getrennte Funktionsbereiche ... 123
b) Zur „Eigentümlichkeit" des Staates ... 125
c) Verdrängung des Privatrechts? ... 126

D. Zwingender Charakter des öffentlichen Rechts? ... 128

Sechstes Kapitel

Konsequenzen der Geltung des öffentlichen Rechts bei staatlichen Bedarfsdeckungsgeschäften 129

A. Die rechtliche und wirtschaftliche Struktur der staatlichen Bedarfsdeckung ... 130
I. Staatliche Bedarfsdeckungsgeschäfte in der Wirtschaftsordnung 130
a) Zur Deckung des staatlichen Bedarfs am Markt ... 130
b) Bedarfsdeckungsverträge mit „Einrichtungen der öffentlichen Hand" ... 133
II. Die Verwaltungsorganisation der staatlichen Bedarfsdeckung .. 134
a) Zentralisierung und Dezentralisierung ... 134
b) Kooperation der Bedarfsdeckungsverwaltungen ... 135
c) Auftragsberatungsstellen ... 135
d) Übertragung von Bedarfsdeckungsaufgaben an Privatunternehmen ... 137
III. Bedarfsdeckung und Rechtsstaatsprinzip ... 140
a) Zur Frage eines Vergabegesetzes ... 140

b) Verdingungsordnungen als „gesetzesvertretende Verordnungen“? 147
c) Zur ubiquitären Geltung der Verdingungsordnungen 150
d) Zum Verhältnis der bei staatlichen Bedarfsdeckungsgeschäften anzuwendenden Rechtsvorschriften 152

B. Konsequenzen für das Verfahren 155

I. Die Vorbereitung von Bedarfsdeckungsgeschäften 155
a) Dispositionen im Vorstadium und Haushaltsrecht 155
b) Die Auswahl unter den Vergabearten 156
c) Die Aufhebung von Ausschreibungen 163

II. Behörde und Bieter — Grundsätze des Verfahrens 165
a) Öffentlichkeit und Geheimhaltung 165
b) Objektivität und Befangenheit 166
c) Die Leistungsbeschreibung 167
d) Fristen, Vertragsstrafen, Gewährleistung, Sicherheitsleistung 169
e) Preisfeststellungs- und Preisprüfungsrechte 169
f) Kostenerstattungen 170

III. Die materiellen Kriterien der Auswahl unter den Bietern 171
a) Fachkunde, Leistungsfähigkeit und Zuverlässigkeit 171
b) Die Angemessenheit der Preise 175
c) Zuschlagskriterien und Zuschlagsermessen 177
d) Die Auftragssperre 181

IV. Vertragsdurchführung und Kündigung 181

C. Staatliche Bedarfsdeckungsgeschäfte und Wirtschaftspolitik 182

I. Kategorien der Wirtschaftspolitik durch „Auftragssteuerung“ .. 183
a) Wettbewerbspolitik 183
b) Antizyklische Wirtschaftspolitik 184
c) „Gesellschaftspolitik“ 186
d) Regional-strukturelle Wirtschaftsförderung 187
e) Gruppen- und Individualförderung 187

II. Grenzen der „Auftragssteuerung“ 189
a) Grundsätze des Wirtschaftsrechts 189
b) Der Gleichheitssatz 192
c) Der „Grundsatz der preisgünstigen Beschaffung“ 195
d) Die Grundsätze der Erforderlichkeit und Geeignetheit 196
e) Der Grundsatz der Haushaltsklarheit 198
f) Der Grundsatz der Vorhersehbarkeit staatlichen Handelns .. 199
g) Ergebnis 200

III. Zur Steuerungskompetenz bei wirtschaftsbeeinflussender Bedarfsdeckungspolitik 200

D. Kontrolle und Rechtsschutz 203
I. Institutionelle Selbstkontrolle der Bedarfsdeckungspraxis 204
II. Justizielle Kontrolle 205
a) Die „öffentliche Gewalt“ im Sinne des Art. 19 Abs. IV GG ... 205
b) Zum Problem der subjektiven Rechte 206
c) Subjektive Rechte der Bewerber im einzelnen 210
III. Rechtswegfragen 213
Literaturverzeichnis 218

Abkürzungsverzeichnis

ABl	=	Amtsblatt
AGB	=	Allgemeine Geschäftsbedingungen
abgedr.	=	abgedruckt
Anm.	=	Anmerkung
AöR	=	Archiv für öffentliches Recht
ARSP	=	Archiv für Rechts- und Sozialphilosophie
Bad.-Württ.	=	Baden-Württemberg
BAnz	=	Bundesanzeiger
BauR	=	Baurecht (Zeitschrift)
BayObLG	=	Bayerisches Oberstes Landesgericht
BayVBl	=	Bayerische Verwaltungsblätter
BayVerfGH	=	Bayerischer Verfassungsgerichtshof
BayVerwGH	=	Bayerischer Verwaltungsgerichtshof
BB	=	Der Betriebsberater (Zeitschrift)
BBahnG	=	Bundesbahngesetz
BBauG	=	Bundesbaugesetz
Betr.	=	Der Betrieb (Zeitschrift)
BFH	=	Bundesfinanzhof
BGBl	=	Bundesgesetzblatt
BGH	=	Bundesgerichtshof
BGHZ	=	Entscheidungen des Bundesgerichtshofs in Zivilsachen
BHO	=	Bundeshaushaltsordnung
BKartA	=	Bundeskartellamt
BM	=	Bundesministerium
BPVO	=	Baupreisverordnung
BT	=	Bundestag
BT-Drs	=	Bundestagsdrucksache
BVerfG	=	Bundesverfassungsgericht
BVerfGE	=	Entscheidungen des Bundesverfassungsgerichts
BVerfGG	=	Bundesverfassungsgerichtsgesetz
BVerwG	=	Bundesverwaltungsgericht
BVerwGE	=	Entscheidungen des Bundesverwaltungsgerichts
BVFG	=	Gesetz über die Angelegenheiten der Vertriebenen und Flüchtlinge
DMM	=	Daub/Meierrose/Müller (siehe Literaturverzeichnis)
DÖV	=	Die Öffentliche Verwaltung (Zeitschrift)
DRZ	=	Deutsche Rechts-Zeitschrift
Drs	=	Drucksache
DuR	=	Demokratie und Recht (Zeitschrift)
DV	=	Die Verwaltung (Zeitschrift)
DVBl	=	Deutsches Verwaltungsblatt
EG	=	Europäische Gemeinschaften
EVerwRO-Wü	=	Entwurf einer Verwaltungsrechtsordnung für Württemberg
EVSt	=	Einfuhr- und Vorratsstelle
EvStL	=	Evangelisches Staatslexikon
EVwVfG	=	Entwurf eines Verwaltungsverfahrensgesetzes
EWG	=	Europäische Wirtschaftsgemeinschaft
EWGV	=	Vertrag zur Gründung der Europäischen Wirtschaftsgemeinschaft
FAZ	=	Frankfurter Allgemeine Zeitung

GATT = General Agreement on Tariffs and Trade
GBl = Gesetzblatt
GewO = Gewerbeordnung
GG = Grundgesetz für die Bundesrepublik Deutschland
GVG = Gerichtsverfassungsgesetz
GWB = Gesetz gegen Wettbewerbsbeschränkungen
HandwO = Handwerksordnung
HDSW = Handwörterbuch der Sozialwissenschaften
HessVGH = Hessischer Verwaltungsgerichtshof
HGrG = Gesetz über die Grundsätze des Haushaltsrechts des Bundes und der Länder
HRS = Heiermann/Riedl/Schwaab (siehe Literaturverzeichnis)
i. e. S. = im engeren Sinne
i. S. d. = im Sinne des, der
i. V. m. = in Verbindung mit
i. w. S. = im weiteren Sinne
JuS = Juristische Schulung
JZ = Juristenzeitung
KG = Kammergericht
KO = Konkursordnung
LB = Lehrbuch
LM = Lindenmaier/Möhring, Naschlagewerk des Bundesgerichtshofes
LS = Leitsatz
LSP = Leitsätze für die Preisermittlung bei Selbstkosten
LVerwG = Landesverwaltungsgericht
MDH = Maunz/Dürig/Herzog (siehe Literaturverzeichnis)
MDR = Monatsschrift für Deutsches Recht
MinBl = Ministerialblatt
MinBlFin = Ministerialblatt des Bundesministeriums für Finanzen
m. w. N. = mit weiteren Nachweisen
NJW = Neue Juristische Wochenschrift
OLG = Oberlandesgericht
OVG = Oberverwaltungsgericht
PostVerwG = Gesetz über die Verwaltung der Deutschen Bundespost
PR = Preisrecht
PreisG = Preisgesetz
Rdnr. = Randnummer
RG = Reichsgericht
RGBl = Reichsgesetzblatt
RGSt = Entscheidungen des Reichsgerichts in Strafsachen
Rhld.-Pf. = Rheinland-Pfalz
RHO = Reichshaushaltsordnung
Rspr. = Rechtsprechung
RVO = Reichsversicherungsordnung
RzW = Rechtsprechung zum Wiedergutmachungsrecht (Zeitschrift)
SaBl = Sammelblatt für Gesetze, Verordnungen und Bekanntmachungen des Bundes, der Länder (und der Besatzungsmächte)
StabG = Gesetz zur Förderung der Stabilität und des Wachstums der Wirtschaft
Stat. Jahrbuch = Statistisches Jahrbuch für die Bundesrepublik Deutschland, herausgegeben vom Statistischen Bundesamt
StGH = Staatsgerichtshof
UWG = Gesetz gegen den unlauteren Wettbewerb
VerglO = Vergleichsordnung
VerwArch = Verwaltungsarchiv (Zeitschrift)
VG = Verwaltungsgericht
VGH = Verwaltungsgerichtshof

VOB/A	= Verdingungsordnung für Bauleistungen Teil A
VOB/B	= Verdingungsordnung für Bauleistungen Teil B
VOL/A	= Verdingungsordnung für Leistungen ausgenommen Bauleistungen Teil A
VOL/B	= Verdingungsordnung für Leistungen ausgenommen Bauleistungen Teil B
VPöA	= Verordnung über die Preise bei öffentlichen Aufträgen
VVDStRL	= Veröffentlichungen der Vereinigung der Deutschen Staatsrechtslehrer
VwGO	= Verwaltungsgerichtsordnung
VwRspr	= Verwaltungsrechtsprechung (Entscheidungssammlung)
WiR	= Wirtschaftsrecht (Zeitschrift)
Württ.-Bad.	= Württemberg-Baden
WuW	= Wirtschaft und Wettbewerb (Zeitschrift)
ZPO	= Zivilprozeßordnung
ZRP	= Zeitschrift für Rechtspolitik

Erstes Kapitel

Einleitung

A. Entwicklungen der Verwaltungsrechtslehre

„Ist es (...) richtig, sich für den Staat nur soweit zu interessieren, als die unwiderstehliche Gewalt im Spiele ist, und seine übrige Tätigkeit als akzidentiell und vom Standpunkt des Bürgers aus belanglos zu vernachlässigen?“ Die Frage, wie *Rüfner*[1], stellen, heißt sie verneinen. Für die Bemühungen der neueren Verwaltungsrechtslehre ist es ja gerade kennzeichnend, daß die offensichtliche Unhaltbarkeit einer strikten Abscheidung der mit Befehl und Zwang arbeitenden „unwiderstehlichen Gewalt“ des Staates von der pflegenden, gewährenden Leistungsverwaltung jedenfalls in ihrer Bedeutung für den Bürger[2], einmal zur Kenntnis genommen, ihr Anlaß zur Problematisierung der überkommenen, praktischen, aber allzu oberflächlichen Schemata war. Dem Staat und seiner verstärkten, immer mehr auf finanzieller Potenz beruhenden Interventionstätigkeit wurden juristische Zügel angelegt, um wenigstens sein Verhalten, wenn schon nicht das der „gesellschaftlichen“, insbesondere wirtschaftlich starken Gruppen, rationaler, vorhersehbarer zu machen, um die Leistungsverwaltung mit den demokratischen Prinzipien des GG zu „versöhnen“[3].

Daß dieses Bemühen sich zuallererst auf die sogenannte Daseinsvorsorge des Staates konzentrierte, auf Versorgungs- und Verkehrsbetriebe zumal, ist angesichts der existentiellen Bedeutung der damit umschriebenen Phänomene unmittelbar einsichtig[4].

Die Befürchtung aber ist nicht von der Hand zu weisen, daß um diesen begrüßenswerten Zieles willen rechtliche Kategorien und Topoi entwickelt wurden, die das Mauerblümchendasein eines anderen Verwaltungsbereichs eher petrifizierten und es heute erschweren, dieses

---

[1] Formen S. 13.

[2] Dessen „nicht-beherrschter Lebensraum“ so oder so wenn nicht nur, so doch großenteils vom Staat ausgefüllt wird; vgl. *Forsthoff*, Staat S. 76 im Hinblick auf die Daseinsvorsorgediskussion sowie ders., Rechtsfragen S. 9 und 25.

[3] *Preuß*, Staatsrechtl. Begriff S. 144.

[4] Logisch vorausgehen mußte dem eine rechtsstaatliche Durchdringung der sog. besonderen Gewaltverhältnisse, die ja rechtsfreie Räume sogar im Zwangs- und Befehlsbereich bildeten.

Dornröschen wachzuküssen: es geht um das Gebiet der staatlichen Bedarfsdeckung. Nachdem der sogenannten erwerbswirtschaftlichen Betätigung der öffentlichen Hand als dem ureigensten „Fiskalbereich" zugehörig ein ähnliches Schicksal widerfuhr, wegen ihrer ökonomischen und politischen Relevanz das Bedürfnis nach rechtsstaatlich-demokratischer Durchdringung heute aber zaghaft geweckt ist, mehren sich die Stimmen, die sich der Bedarfsdeckung durch Aufträge an Private in ähnlicher Absicht zuwenden. Außer der Forscherfreude am Betreten von Neuland ist dafür ursächlich die Einsicht in die enorme Bedeutung auch dieser Vorgänge für den Wirtschaftsablauf und die Finanzpolitik[5], der im Rechtsstaat das juristische Interesse auf dem Fuße folgen muß.

B. Die wirtschaftliche Bedeutung der Bedarfsdeckungsgeschäfte

Zwar ist die genaue Ermittlung des Umfangs der staatlichen Bedarfsdeckungsgeschäfte und ihres Anteils am Sozialprodukt außerordentlich schwierig[6]. Die Kategorie des Staatsverbrauchs ist nicht aussagekräftig[7]. Immerhin errechnet *Welter*[8] für das Jahr 1954 eine Summe von ca. 20 Mrd. DM, was einem Anteil am Bruttosozialprodukt von ca. 12,5 % entsprach. Für 1961 hat das BM für Wirtschaft den Umfang der von den Gebietskörperschaften vergebenen Aufträge auf 27,51 Mrd. DM geschätzt[9], für 1973 auf 90 Mrd. DM[10]. Nach *Offe/Ronge*[11] wurden im Jahre 1969 von den Gebietskörperschaften und Sozialversicherungsträgern für den laufenden Sachmittelbedarf 48,87 Mrd. DM, für Investitionen[12] 23,61 Mrd. DM, insgesamt also 72,48 Mrd. DM ausgegeben, was einem Anteil von 29,8 % an den gesamten Staatsausgaben gleichkommt[13].

---

5 *Rüfner*, Formen S. 353 meint allerdings, „diese Bereiche" gälten in Deutschland als „relativ uninteressant, für das öffentliche Interesse unerheblich". A. A. *Gandenberger* S. 61.

6 Selbst für Wirtschaftswissenschaftler: *Welter* S. 31 Anm. 2 kann lediglich „grobe Schätzungen" anstellen; *König*, Vorwort, greift auf englische Zahlen zurück. Die Gründe liegen in der Natur der gebräuchlichen Finanzstatistik, so Mengert S. 26 f. Vgl. auch *Mees*, Verdingungsordnungen S. 108 Anm. 18; für die Schweiz *H. Schmid* S. 43 ff.

7 Sie umfaßt die Personalausgaben und die laufenden Sachmittelausgaben ohne Investitionen. Der Staatsverbrauch in der BRD stieg laut Stat. Jahrbuch 1974 S. 516 von 1960 bis 1973 von 41,1 Mrd. DM auf 169,7 Mrd. DM.

8 S. 31 f.

9 Angabe bei *H. Müller* S. 23.

10 Angabe bei *Strickrodt* S. 214 Anm. 107. Vgl. für die Jahre 1948 - 65 *Mengert* S. 27 ff.

11 S. 197 (Tabelle).

12 Zu denen allerdings auch die Finanzinvestitionen gehören. Zum Begriff der Investitionen *A. Möller* § 10 Rdnr. 3.

13 *Michaelis/Rhösa* Erläuterungen Verordnung § 2 Anhang 1 S. 5 schätzen global den Anteil der Käufe von Waren und Dienstleistungen (ohne Personalkosten) auf etwa 25 % der Gesamtsumme der öffentlichen Einnahmen.

Die „Gesetzlichkeit des Anwachsens der Staatsaufgaben“[14] schlägt auf den Bereich vor allem der Investitionen allerdings jedenfalls mittelfristig nicht unbedingt durch. Denn der Anteil der Ausgaben für laufende Sachmittel und Investitionen an den Staatsausgaben insgesamt war 1962 mit 32,1 % höher[15]; die Ausgaben für öffentliche und Verkehrsbauten waren 1970 - 72 sogar real um 2 % rückläufig[16]. Die Ursachen sehen *Offe/Ronge*[17] im „residualen Charakter“ der Investitionsmittel, die — da andere Ausgaben gesetzlich festliegen oder ihre Kürzung politisch nicht durchsetzbar ist — von konjunkturellen Ausgabenkürzungen zuvörderst betroffen seien.

Ohne Zweifel ist aber der staatliche Bedarf so „außerordentlich“[18], daß früh die Möglichkeit erkannt wurde, mit seiner Hilfe „Wirtschaftspolitik in großem Stil zu treiben“[19]. Sie sind ein „bestimmender Faktor im Wirtschaftsleben“[20]. Einige Industriezweige sind auf öffentliche Aufträge ganz oder überwiegend angewiesen[21]. Das trifft in besonderem Maße auf die Rüstungsindustrie zu[22], und laut *Altmann*[23] sind 70 % aller Bauaufträge solche der „öffentlichen Hand“[24] oder werden aus öffentlichen Mitteln finanziert[25]. Allerdings kompensiert die Tatsache, daß der staatliche Bedarf ein unelastischer Zwangsbedarf ist, sehr oft das staatliche Nachfragemonopol[26].

---

[14] *Vialon* S. 4; *Pribilla* II A 2 a; auch *Mengert* S. 24 ff. Die Gründe für diese seiner Meinung nach irreversible Expansion des öffentlichen Sektors sieht *Littmann* S. 167 in der abnehmenden Bereitschaft der Gesellschaft, die Mängel des kapitalistischen Systems hinzunehmen.

[15] *Offe/Ronge* S. 197 (Tabelle).

[16] *Offe/Ronge* S. 203. Dieser Trend hat sich 1973 fortgesetzt, vgl. Wirtschaft und Statistik 1974, S. 365.

[17] S. 199.

[18] *Forsthoff*, Auftraggeber S. 8. Vgl. *Leisner*, Grundrechte S. 199 Anm. 2: „wahrhaft gigantische Ausmaße.“ Allein die Bundeswehr vergab laut „Spiegel“ Nr. 38/75 S. 52 im Jahre 1974 9 000 Aufträge im Gesamtwert von 4,3 Mrd. DM.

[19] *Sporberg* S. 9. Auf die wirtschaftliche Bedeutung weisen auch hin *Fricke* S. 69; *H. Krüger*, Staatslehre S. 606; *Wenger* S. 250 und 563; *Pribilla* II A 2 a; *Geipel* S. 114.

[20] *Altmann*, Auftragswesen S. 13; *Rothacker* S. 12 und 15.

[21] *Schmölders* S. 216 und schon *Rothacker* S. 13 und *F. C. Huber* S. 2.

[22] Der BM für Verteidigung ist der größte öffentliche Auftraggeber in der BRD, vgl. *Michaelis/Rhösa* Erläuterungen Verordnung § 2 S. 7.

[23] Auftragswesen S. 13.

[24] *H. Müller* spricht von einem Anteil von 30 % der unmittelbar staatlichen Aufträge, S. 19 f.

[25] *Offe/Ronge* S. 206 und 211 ff. wehren sich allerdings gegen eine „pauschale Überschätzung des Staatseinflusses auf den Baumarkt“ durch ein Nachfragemonopol. Auf die Preisentwicklung jedenfalls im Hochbau sei ein solcher Einfluß nicht nachzuweisen. Relativierend auch *Welter* S. 42 ff. und 52 ff.; vgl. auch *H. Müller* S. 20 f.

[26] *Daub*, Bauverwaltung 1963, 379; *DMM* Einführung S. 25.

Daß zahlreiche Stimmen in der Literatur die Qualifizierung der staatlichen Bedarfsdeckungsgeschäfte als „Hilfsgeschäfte“[27] für eine Bagatellisierung halten[28], ist somit nur folgerichtig. Für die meisten Autoren hat dies aber kaum rechtliche Konsequenzen; man überläßt diese Geschäfte „ohne Bedenken“[29] dem reinen Privatrecht, man qualifiziert sie, wie *Forsthoff*[30], als unpolitische Phänomene, Sachzwängen unterliegend, die nur dem ökonomischen Fachwissen, nicht aber stärkerer Verrechtlichung zugänglich seien. Die „weitgehende Indeterminiertheit staatlichen Verhaltens“[31] wird hier hingenommen.

Das muß insofern nicht überraschend sein, als die wachsende ökonomische, finanzplanerische und damit soziale und politische Bedeutung der staatlichen Bedarfsdeckung allein noch keine abweichende juristische Betrachtungsweise rechtfertigt[32]. „Öffentliche“ Bedarfsdeckung hat es schließlich immer gegeben, nur die Proportionen haben sich verändert[33]. Was sich allerdings auch gewandelt hat, ist die Struktur und die Verfassung des Staates. Die Argumente der Autoren, die auch im öffentlichen Bedarfsdeckungswesen eine Bindung der öffentlichen Hand jedenfalls an die Grundrechte befürworten, muten jedoch gerade hier etwas oberflächlich an. Kursorische Hinweise auf Art. 1 Abs. III GG, auf das Rechtsstaatsprinzip[34] oder der Vermerk, die öffentliche Hand trete beim Abschluß von Privatrechtsverträgen dem Bürger zwar gleichgeordnet, aber nicht gleichwertig gegenüber[35], mögen zwar alles andere als falsch sein, dringen jedoch möglicherweise zum Kern des Problems nicht vor.

C. Problemstellung und Methode

Notwendig erscheint vielmehr ein Durchdenken der traditionellen Typologie staatlicher Handlungsformen von einem problematisierten Staats- und Verfassungsverständnis aus und eine Analyse der von der herrschenden Meinung verwandten Abgrenzungskriterien auf ihre Stringenz und juristische Brauchbarkeit. Dazu soll vorliegend ein Versuch geleistet werden. Zudem wird angestrebt, die Auswirkungen der

---

27 Vgl. nur *Giacometti* S. 87; *Wertenbruch/Schaumann* S. 429.

28 *Forsthoff*, Auftraggeber S. 21; *Bogs* BB 1963, 1271; *Leisner*, Grundrechte S. 199 mit Anm. 2; *H. H. Klein* S. 21; *Semler* S. 4; *H. Müller* S. 24.

29 *Rüfner*, Formen S. 353. Rüfner zieht aus seiner Erkenntnis, man könne sich nicht mehr auf den Satz „fiscus iure privato utitur“ zurückziehen (S. 14), nur sehr zaghafte Konsequenzen.

30 Auftraggeber S. 26.

31 *Littmann* S. 144.

32 *Kohorst* S. 30; a. A. offenbar *Geipel* S. 47 f.

33 *Kohorst* S. 8. Hinzugekommen ist allerdings auch der teilweise offene „Realförderungscharakter“ der staatlichen Bedarfsdeckungsgeschäfte.

34 Vgl. *Evers* NJW 1960, 2073 ff.

35 *Haak* S. 93 f.

Bindung der Verwaltung an das öffentliche Recht zu untersuchen, ohne dabei in Kasuistik zu verfallen.

Zu Vorverständnis und Methode der Arbeit sei vorausgeschickt, daß es nicht nur darum gehen kann, die bestehende Rechtslage darzustellen und vielleicht in einer bisher vergessenen Verästelung fortzuentwickeln. Vielmehr wird der bescheidene Versuch gewagt, die Forderung *Haas'*[36] zu berücksichtigen, sich von der „zufälligen Gestalt der Gesetze" ein wenig freizumachen und „Grundlagenforschung" zu treiben, die „für Gesetzgeber und Verwaltung erst Rahmen und Fundamente schafft"[37]. Mit „Verfassungszauberei" und Übergehung des Gesetzgebers[38] hat dies nichts zu tun.

Natürlich tritt niemand „an ein solches Unternehmen heran, ohne eine bestimmte Idee von den Gegenständen mitzubringen, welche das philosophische Denken über Staat und Recht vor allem Eingehen in die spezifisch juristische Sphäre beschäftigen"[39]. Da aber diese „bestimmte Idee" in der vorliegenden Arbeit ihren Platz beansprucht, erübrigt sich an dieser Stelle ein näheres Eingehen darauf. Nur soviel sei festgestellt: daß das GG in einer staats- und verwaltungsrechtlichen Arbeit Grundlage aller Argumentation ist, muß nicht eigens betont werden. Die Ergiebigkeit der positiven Verfassungsnormen für bestimmte grundsätzliche Entscheidungen wie etwa über den Anwendungsbereich des öffentlichen Rechts muß aber bezweifelt werden[40]. Gerade das Verfassungsrecht ist einer formalen Logifizierung auch aus Wortlaut[41] und Entstehungsgeschichte[42] nur schwer zugänglich.

---

[36] DVBl 1960, 304. Auch *Naendrup* S. 91 f. kritisiert die hM, die Bestehendes erkläre und respektiere, statt es hinterfragend zu ordnen. Vgl. auch *Stoll* S. 96: wissenschaftliches System und gesetzliche Ordnung seien ihrem Wesen nach verschieden.

[37] *Haas* ebd.

[38] Ein Vorwurf, den *Burmeister*, Grundrechtsverständnis S. 13 Anm. 1 einer Reihe von Rechtswissenschaftlern macht.

[39] So bereits *Otto v. Gierke*, zit. bei *Bull*, Staatsaufgaben S. 6 Anm. 20.

[40] Das zeigt etwa der Streit um die Auslegung des Art. 1 III GG, der, wie *Erichsen* S. 91 ff. zeigt, mit den herkömmlichen Methoden nicht entscheidbar ist, weshalb *Erichsen* auf eine „Gesamtschau"-Interpretation zurückgreift. Das aber bedeutet nichts anderes, als daß der Rechtsanwender offen sein Verfassungsverständnis in die Interpretation einführt. Vgl. auch *Forsthoff* VVDStRL 12, 8.

[41] Worauf *F. Müllers* Vorschläge trotz vorangehender hervorragender Kritik an den Savignyschen canones hinauszulaufen scheint, vgl. S. 92. Gerade die Grund- bzw. Menschenrechte sind aber in ihrem Normtext seit 1776 bzw. 1789 kaum substantiell verändert worden (die frz. Verfassung v. 4. Okt. 1958 etwa nimmt in der Präambel ausdrücklich auf die Erklärung der Menschen- und Bürgerrechte von 1789 Bezug). Eine rein grammatikalische Interpretation müßte konsequenterweise einer Vorstellungswelt vergangener Zeiten anhängen oder eine seither an den Menschenrechten vorbeilaufende gesellschaftliche Entwicklung postulieren.

[42] Worauf *Däubler* S. 143 ff. sich stützen will. Vgl. dazu schon Anm. 41.

Zweites Kapitel

Begriff des staatlichen Bedarfsdeckungsgeschäfts — Historische und aktuelle Rechtsgrundlagen

A. Möglichkeiten staatlicher Bedarfsdeckung

In jeder Gesellschaft bedarf es neben den Mitteln zur Befriedigung individueller Bedürfnisse wirtschaftlicher Güter, um den kollektiven, den „Sozialbedarf" zu decken[1]. Dies ist Aufgabe des „Gemeinwesens", geschieht also durch den „Staat" bzw. sein Subsystem „öffentliche Verwaltung"[2].

Drei Arten der Deckung dieses Bedarfs sind denkbar. Zunächst könnten die benötigten Güter hoheitlich im Wege der „Requisition"[3] von den Privaten beschafft werden. Für friedliche Zeiten ist dies in der Bundesrepublik nur für bestimmte Güter und auch dann erst als ultima ratio vorgesehen[4]. Umfangreichere Anforderungsbefugnisse bestehen nur im Verteidigungs- und Spannungsfall nach Maßgabe des Art. 80a GG[5] bzw. bei einer Mangellage, die die „Verteidigungsbereitschaft der Bundesrepublik" beeinträchtigt[6].

Als zweite Möglichkeit in Betracht kommt die Eigenproduktion, für die allerdings die Produktionsmittel wiederum auf eine der anderen beiden Arten besorgt werden müssen[7]. Nichts spricht für ein grundsätzliches Verbot öffentlicher Bedarfsdeckung durch Herstellung der dazu benötigten Güter in „staatseigenen" Betrieben[8], auch kann von

---

[1] So *W. Gotta*, Das öffentliche Auftragswesen in betriebswirtschaftlicher Sicht, zit. nach *Vonäsch* S. 37.

[2] *Geipel* S. 16: die „Wirtschaft" des Staates bezweckt die Befriedigung der Gemeinschaftsbedürfnisse.

[3] *Furtwängler* S. 6.

[4] Vgl. etwa §§ 1, 2, 10 Landbeschaffungsgesetz v. 23. 2. 1957 (BGBl I S. 134).

[5] Vgl. die Sicherstellungsgesetze, etwa Wirtschaftssicherstellungsgesetz i. d. F. der Bekanntmachung vom 3. Okt. 1968 (BGBl I S. 1069) oder Verkehrssicherstellungsgesetz i. d. F. der Bekanntmachung vom 8. Okt. 1968 (BGBl I S. 1082).

[6] Bundesleistungsgesetz i. d. F. vom 27. Sept. 1961 (BGBl I S. 1769), vgl. insbesondere § 2 Abs. II.

[7] Vgl. auch *H. Schmid* S. 29 Anm. 4.

[8] So aber *Furtwängler* S. 5. Wie hier *Vetter* S. 77 f.; *Haak* S. 8 ff.; vgl. etwa auch § 102 Abs. III Nr. 3 der Gemeindeordnung für Baden-Württemberg

ihrer völligen Bedeutungslosigkeit nicht gesprochen werden[9]. Die politischen „Strömungen der Zeit" sind aber doch seit dem frühen 19. Jahrhundert der Eigenproduktion „feindlich"[10], und für die Bundesrepublik kann durchaus von einer grundsätzlichen oder doch regelmäßigen Entscheidung für die rechtsgeschäftliche Beschaffung am Markt gesprochen werden[11].

Diese dritte und häufigste Art der Bedarfsdeckung, wenn also der „Staat als Kunde"[12] auftritt, soll uns im Rahmen dieser Arbeit in erster Linie beschäftigen. Hier werden also Bedarfsdeckungsgeschäfte mit Privaten abgeschlossen, „öffentliche Aufträge" vergeben. Der Begriff „öffentlicher Auftrag" bzw. Auftrag der „öffentlichen Hand" hat in einige Rechtsvorschriften Eingang gefunden[13]. Die Frage ist, was diese Normen zur Begriffsbestimmung beitragen.

B. Der Begriff des staatlichen Bedarfsdeckungsgeschäfts

Laut *Ebisch/Gottschalk*[14] ist der gewöhnlich verwendete Begriff des „öffentlichen Auftrags" in den Preisvorschriften undefiniert geblieben; eine Meinung, die deshalb naheliegt, weil sie in der Tat von öffentlichen Aufträgen „im Sinne dieser Verordnung" sprechen[15]. Nach dem Definitionsversuch von *Michaelis/Rhösa* dient der öffentliche Auftrag „der Durchführung staatlicher Aufgaben und der auf das Gemeinwohl ausgerichteten Tätigkeit öffentlich-rechtlicher Einrichtungen"[16]. Daß diese Definition eine Reihe von Fragen offenläßt — was sind staatliche Aufgaben, was ist Gemeinwohl, was sind „öffentliche" oder gar „öffentlich-rechtliche" Einrichtungen? —, liegt auf der Hand.

---

i. d. F. v. 16. Sept. 1974 (GBl S. 373). Vgl. auch Hess VGH v. 15. 2. 1952, DVBl 1952, 671, woraus implizit hervorgeht, daß eine Behörde ihr amtliches Presseorgan selbst verlegen und drucken kann.

9 So aber *Brandt* S. 7. *Wenger* S. 564 macht auf Bauhöfe und Amtsdruckereien aufmerksam. Vgl. *H. H. Klein* S. 33 ff. zu den rechtlichen Organisationsformen staatlicher Produktion.

10 *Gandenberger* S. 23.

11 *Forsthoff*, Auftraggeber S. 8; vgl. auch *Altmann*, Auftragswesen S. 66 f. und schon früher *F. C. Huber* Anlage III S. 343 ff.

12 *Welter* S. 19 skizziert drei Arten des Staates, sein Geld zu verwenden, als Umverteiler, als Arbeitgeber, und eben als „Kunde".

13 §§ 1, 2 VPöA; § 2 BPVO; § 74 Abs. I BVFG und die anderen „Privilegierungsnormen" (vgl. unten D.). Vgl. auch Art. 1 EG-Richtlinie vom 26. Juli 1971 (71/305/EWG).

14 Erläuterungen § 2 VPöA Rdnr. 2.

15 Ähnlich die EG-Richtlinie: „im Sinne dieser Richtlinie".

16 Erläuterungen Einführung S. 1, vgl. auch Erläuterungen Verordnung § 2 S. 3. Ähnlich *Ebisch / Gottschalk* Erläuterungen § 2 VPöA Rdnr. 2, die jedoch richtig von „öffentlichen" statt von „öffentlich-rechtlichen" Einrichtungen sprechen.

Wenn öffentlicher Bedarf sich von individuellem abgrenzen läßt, dann nur durch die Rechtssubjekte, die die jeweiligen Güter oder Leistungen erwerben. Dagegen läßt sich nicht einwenden, auch ein Erwerb durch einen beliebigen Privaten könne in seiner Fernwirkung der Allgemeinheit zugute kommen. Ein echt kollektiver Bedarf entsteht erst, wenn das „Kollektiv“ durch seine dazu bestimmten Institutionen Güter und Leistungen nachfragt. Es entspricht daher eine Abgrenzung nach dem Auftraggeber nicht nur den Bedürfnissen nach Rechtssicherheit und Rechtsklarheit[17], sondern sie liegt auch in der Logik der Unterscheidung von öffentlichem und privatem Bedarf. Insofern ist die Verfahrensweise der Preisverordnungen und der EG-Richtlinie, von „Eigenart und Zwecksetzung“ zu abstrahieren und nach der „Herkunft“ eines Auftrags zu fragen[18], die einzig sinnvolle Möglichkeit im Rahmen der gesamten Materie. Ob die Preisverordnungen auch beispielhaft sind für das Problem, welche Auftraggeber im einzelnen zu den „öffentlichen“ gehören, ist damit freilich nicht präjudiziert.

Zuweilen wird für diese Unterscheidung der terminus „öffentliche Hand“ benutzt[19]. Einen hinreichend klaren Begriffsinhalt hat er jedoch bisher nicht erfahren. Während überwiegend[20] davon ausgegangen wird, die „öffentliche Hand“ sei identisch mit der Gesamtheit der juristischen Personen des öffentlichen Rechts[21], sieht *H. H. Klein*[22] den Begriff seit Erlaß des GWB begrenzt auf Träger öffentlicher Verwaltung als Inhaber — öffentlich-rechtlich oder privatrechtlich organisierter — wirtschaftlicher Unternehmen. Wenngleich § 98 Abs. I GWB, der zwischen der öffentlichen Hand selbst und ihren Unternehmungen differenziert, gegen die Ansicht *H. H. Kleins* zu sprechen scheint, so soll doch hier die in Frage stehende Vokabel wegen ihrer Unklarheit möglichst vermieden werden.

Zu den von den Gemeinwesen mit der Deckung des „Sozialbedarfs“ betrauten „Einrichtungen“ gehören zunächst unstreitig alle in der besonderen Rechtsform des öffentlichen Rechts organisierten „Einrichtungen“, also die Gebilde, die die Befugnis zu öffentlich-rechtlicher Tätigkeit besitzen und dabei den Bindungen des öffentlichen Rechts unbe-

---

17 *H. Müller* S. 15; *Michaelis / Rhösa* Erläuterungen Verordnung § 2 S. 3.

18 *Michaelis / Rhösa* ebd.; vgl. auch *Ebisch / Gottschalk* Erläuterungen § 2 VPöA Rdnr. 2 und *Rentrop* Darstellung S. 13.

19 Wie erwähnt, auch in § 74 Abs. I BVFG.

20 *Sigloch* S. 15; *Haak* S. 15; *Straßmann / Nitsche* § 74 Anm. 3; *Ebisch / Gottschalk* Erläuterungen § 2 VPöA Rdnr. 2.

21 Wobei der Begriff teilweise ausdrücklich nur verwendet wird bzgl. ihrer Teilnahme am Privatrechtsverkehr, vgl. *Mees*, Verdingungsordnungen S. 3; *H. Müller* S. 16.

22 S. 17 Anm. 23.

stritten unterliegen[23], kurz: die juristischen Personen des öffentlichen Rechts[24]. Das sind neben den in den Preisverordnungen ausdrücklich genannten Gebietskörperschaften alle anderen mit öffentlich-rechtlicher Rechtsfähigkeit ausgestatteten[25] Einrichtungen wie etwa Handwerkskammern, Deichverbände[26] oder Sozialversicherungsträger.

Einschränkungen werden zuweilen gemacht, wenn juristische Personen des öffentlichen Rechts im wirtschaftlichen Wettbewerb mit privaten Unternehmen stehen. *Pribilla* etwa begrenzt den Begriff „öffentlicher Auftrag“ auf Anschaffungen, die den Auftraggebern ermöglichen, ihre hoheitsrechtlichen Aufgaben zu erfüllen[27] und schließt die „Stellen und Einrichtungen“ aus, deren sich „die öffentliche Hand bedient, um rein erwerbswirtschaftliche Zwecke zu verfolgen“[28].

Die Schwierigkeiten, die „rein“ erwerbswirtschaftliche Betätigung von einer „gemeinnützigen Zielsetzung“[29] abzugrenzen, liegen auf der Hand. Eher einsichtig wäre das Kriterium des Wettbewerbs mit privaten Unternehmen. In diesen Fällen können „Aufträge bestimmter Unternehmen, die juristische Personen des öffentlichen Rechts sind oder von juristischen Personen des öffentlichen Rechts betrieben werden“, durch Verfügung des BM für Wirtschaft vom Anwendungsbereich der Preisverordnungen ausgenommen werden[30]. Der Ausnahmecharakter dieser Regelung[31] zeigt aber, daß es sich bei den Aufträgen der genannten Stellen weiterhin um „öffentliche“ Aufträge handelt[32]. Darüberhinaus ist die öffentlich-rechtliche Organisationsform mehr als ein Indiz. In einer Zeit, in der der Staat immer öfter auf private Organisationsformen übergeht, muß davon ausgegangen werden, daß die öffentlich-rechtliche Organisation den „Sozialbedarfscharakter“ der von juristi-

---

[23] Vgl. *Dürig* MDH Art. 1 Rndr. 207; BGH v. 31. 10. 1974, NJW 1975, 159.

[24] Vgl. § 2 Abs. I VPöA und § 2 Abs. I BPVO. Die aus Gründen, die der europäischen Rechtsangleichung entgegenstehen, in Art. 3 Abs. IV und V der EG-Richtlinie vorgenommenen Einschränkungen sind zweifellos nicht richtungsweisend.

[25] *Michaelis / Rhösa* Erläuterungen Verordnung § 2 S. 4 f.; *Ebisch / Gottschalk* VPöA § 2 Rdnr. 3.

[26] *Pribilla* § 2 S. 4 f.

[27] § 2 S. 3 f.

[28] § 2 S. 5. Diese sollen keine öffentlichen Auftraggeber i. S. d. VPöA sein. Einige Sätze zuvor wird geäußert, es sei (lediglich) „unglücklich“, daß die VPöA die „öffentliche Hand als Wettbewerber“ nicht automatisch von ihrem Geltungsbereich ausschließe.

[29] So BGH v. 23. 6. 1975, NJW 1975, 2015 zur Bundesbahn.

[30] § 2 Abs. II VPöA; § 2 Abs. III BPVO.

[31] Von § 2 Abs. III BPVO wurde bisher nicht Gebrauch gemacht, so *Ebisch / Gottschalk* § 2 BPVO Rdnr. 3. Über die Praxis des § 2 Abs. II VPöA konnte Verf. nichts in Erfahrung bringen.

[32] So auch *H. Müller* S. 17.

schen Personen des öffentlichen Rechts nachgefragten Güter und Leistungen anzeigt. Auch Regie- und Eigenbetriebe[33], die Bundespost als Zweig der unmittelbaren Bundesverwaltung[34] und die Bundesbahn als „dezentralisiertes Subjekt des Bundes“[35] sind öffentliche Auftraggeber.

Auch die Kirchen sind Körperschaften des öffentlichen Rechts[36], weshalb *H. Müller*[37] auch sie unter § 2 Abs. I VPöA und § 2 Abs. I BPVO fallen läßt. Wegen ihrer spezifischen Stellung als „Organismen eigener Art“[38] sollte man sie aber besser ausnehmen[39].

Der staatliche Bedarf wird aber nicht nur durch die Behörden selbst gedeckt. Vielmehr taucht der Staat häufig in privatrechtlichem Organisationsgewand als Inhaber oder Teilhaber von verselbständigten Aktiengesellschaften oder GmbH auf. Zum einen handelt es sich um Gesellschaften, die eigens zum Zwecke der Bedarfsdeckung für öffentliche Verwaltungen ins Leben gerufen wurden[40]. Es leuchtet ein, daß Aufträge solcher Gebilde des Privatrechts direkt ihren Trägern zugerechnet und in das vorliegende Thema einbezogen werden müssen.

Problematischer ist dies bei eigenen Zwecken dienenden privatrechtlichen „state controlled bodies“, die ganz oder teilweise im Eigentum juristischer Personen des öffentlichen Rechts stehen. Die Preisvorschriften gelten für ihre Aufträge nicht[41, 42]. Andererseits tendiert die Rechtsprechung zunehmend dazu, auch solche Unternehmen als Teile der öffentlichen Verwaltung zu qualifizieren, wenn ihnen „öffentliche Aufgaben“ übertragen seien[43]. Eine Untersuchung der Aufträge auch dieser Gebilde würde allerdings den Rahmen der vorliegenden Arbeit sprengen. Es wären dann Überlegungen notwendig, inwieweit das Aus-

---

[33] *Haak* S. 15.

[34] *Wolff* LB II § 98 I b 4.

[35] *Wolff* LB II § 98 II b 2; vgl. auch BVerwG v. 3. 12. 1974, NJW 1975, 891.

[36] Art. 140 GG i. V. m. Art. 137 Abs. IV Weimarer Reichsverfassung.

[37] S. 16 Anm. 95.

[38] Vgl. EVwfG Begründung zu § 2 Abs. I S. 33.

[39] So auch *Furtwängler* S. 8 f.

[40] *Schmidt-Salzer* WiR 1972, 109.

[41] Privatrechtliche Organisationsformen werden ja nicht zuletzt bevorzugt, um sich von den Bindungen etwa des Haushalts- und Besoldungsrechts zu befreien, vgl. *Erichsen / Martens* S. 226.

[42] Der BM für Finanzen hat allerdings den im Besitz des Bundes befindlichen privatrechtlichen Unternehmen die Anwendung der VOB nahegelegt, BT-Drs. II/1397 Anlage.

[43] BGH v. 23. 9. 1969, BGHZ 52, 325; BGH v. 10. 7. 1969, Betr. 1969, 1790 mit ablehnender Rezension *Emmerich* JuS 1970, 331. BVerfG v. 21. 1. 1975, NJW 1975, 633 LS c sieht in den leitenden Angestellten privater, von Trägern öffentlicher Verwaltung beherrschter Unternehmen Angestellte des öffentlichen Dienstes i. S. d. Art. 137 Abs. I GG. A. A. wohl *Wolff / Bachof* § 23 II.

weichen in die Privatrechtsform zulässig ist[44], ob, und wenn ja, bei welchem Mindestanteil an einer Gesellschaft eine „Einwirkungspflicht" des „Muttergemeinwesens" mit welchen Rechtsfolgen konstruiert werden muß[45], welche Aussagekraft in diesen Fällen der terminus „Erfüllung öffentlicher Aufgaben" hat, welcher Art eventuelle Ansprüche des Bürgers gegen diese Tochtergesellschaften sind und ob daneben noch solche gegen den Träger bestehen[46]. Trotz der Nähe des Bedarfs dieser paraadministrativen Einrichtungen zum „Sozialbedarf" sollen deshalb vorliegend ihre Aufträge — ohne Entscheidung der Frage, ob sie „öffentliche" sind[47] — ausgegrenzt werden. Daraus erklärt sich auch der Titel dieser Arbeit, der den unpräzisen und im Randbereich umstrittenen Begriff des öffentlichen Auftrags vermeidet. „Staatliche Bedarfsdeckungsgeschäfte" sind daher im folgenden nur die Geschäfte juristischer Personen des öffentlichen Rechts. Wenn gleichwohl auch der Begriff des öffentlichen Auftrags, insbesondere in Wortverbindungen wie „öffentlicher Auftraggeber" etc. sparsam verwendet wird, so ohne Erweiterung des Untersuchungsgegenstandes deshalb, weil es sich um eine weitgehend eingebürgerte und in den genannten Verbindungen schwer ersetzbare Vokabel handelt.

Ähnliches gilt für Beliehene. Zwar ist ihre Nähe zur staatlichen Verwaltung rechtlich noch eindeutiger[48]. Aber in gewandelter Form tauchen die bezüglich der privatrechtlichen Gesellschaften genannten Probleme hier wieder auf. Bedarfsdeckungsgeschäfte der Beliehenen sollen deshalb nicht als „staatliche" gelten[49].

Nach der zugrundegelegte Definition des staatlichen Bedarfsdeckungsgeschäfts ist der Einsatz öffentlicher Gelder allein zur Abgrenzung von privaten Geschäften untauglich. Daß die BPVO in den §§ 1 und 2 Abs. II auch mit öffentlichen Mitteln finanzierte Aufträge ihrem Geltungsbereich unterwirft[50], kann schon deshalb nicht erheblich sein, weil sie diese Aufträge ausdrücklich den öffentlichen gegenüberstellt. Die in § 2 Abs. II BPVO genannten Aufträge sind demzufolge keine „staatlichen" im hier definierten Sinne[51].

Gegenständlich ist der Begriff des staatlichen Bedarfsdeckungsgeschäftes nicht begrenzt; es kann sich um alle Arten von Gütern und

---

[44] Dazu kritisch *Burmeister* WiR 1972, 344 f.

[45] Dazu *Püttner* DVBl 1975, 353 f.

[46] Auch dazu *Püttner* DVBl 1975, 356 f. Vgl. auch zum ganzen Problem *Naendrup*, passim, und *Schmidt-Salzer* WiR 1972, 109.

[47] Dafür *Furtwängler* S. 8.

[48] Weshalb *Furtwängler* S. 7 auch ihre Aufträge als öffentliche qualifiziert.

[49] Vgl. aber Art. 3 Abs. III EG-Richtlinie.

[50] Anders hingegen die VPöA, in der entsprechende Bestimmungen fehlen.

[51] So auch *Furtwängler* S. 10.

Leistungen handeln[52]. Allerdings geht es nicht um die Beschaffung der „persönlichen Mittel“ durch dauernde Eingliederung von Menschen in die staatliche Verwaltung. Die Arbeitgebereigenschaft des Staates unterliegt einer eigenen rechtlichen Regelung[53, 54]. Staatliche Bedarfsdeckungsgeschäfte sind daher solche, durch die sich selbständige[55] Unternehmer einem Träger öffentlicher Verwaltung gegenüber verpflichten, bestimmte Arbeiten zu leisten bzw. Sachleistungen oder sonstige Leistungen zu erbringen[56].

Die von den Verwaltungsträgern beschafften Güter und Leistungen können nach ihrer letztendlich vorgesehenen Verwendung dem Finanzvermögen, dem Verwaltungsvermögen[57] oder den im Gemeingebrauch stehenden Sachen zugute kommen[58]. Für einige Güter ist der staatliche Apparat auch nur Durchgangsstation, z. B. für die Einkäufe der Einfuhr- und Vorratsstellen (EVSt). Diese Käufe, die mit dem „Realbedarf“ des Staates nichts zu tun hätten, wollen einige Stimmen nicht dem Recht staatlicher Bedarfsdeckungsgeschäfte unterstellen[59]. Es trüge dies allerdings erheblich zur Rechtsunsicherheit bei. Nicht die Verwendung der beschafften Güter ist in erster Linie — jedenfalls für den Bürger — interessant, sondern der Vorgang der Beschaffung selbst[60]. Die EVSt sind Anstalten des öffentlichen Rechts[61] und somit „öffentliche Auftraggeber“.

Der Umfang der staatlichen Bedarfsdeckungsgeschäfte ist naturgemäß sehr unterschiedlich, er reicht von der „quantité négligable“ bis zum „hochkarätigen Auftrag“[62]. Es ist aber nicht einsichtig, warum eine veränderte Größenordnung, mag sie auch das juristische Interesse für diesen Bereich staatlicher Betätigung erst geweckt haben, eine unterschiedliche Behandlung der Geschäfte rechtfertigen, warum hier Quan-

---

[52] *Michaelis / Rhösa* Erläuterungen Verordnung § 2 S. 6.

[53] *Bogs* BB 1963, 1271. Vgl. auch *Furtwängler* S. 14 Anm. 1.

[54] Löhne sind zudem von der Ermächtigung des § 2 PreisG, auf der die Preisvorschriften beruhen, ausgenommen. Vgl. *Ebisch / Gottschalk* Erläuterungen § 1 VPöA Rdnr. 1.

[55] *Furtwängler* S. 10 f.

[56] Vgl. die Definitionen des öffentlichen Auftrags bei *Haak* S. 15 und *Holtz* S. 433, der „Beschaffung“ bei *H. Schmid* S. 30 ff.

[57] Zur Unterscheidung zwischen Finanz- und Verwaltungsvermögen vgl. die Studie von *B. Schmitz.*

[58] *Furtwängler* S. 15.

[59] *Furtwängler* S. 16 ff.; *Welter* S. 22.

[60] Vgl. auch *Straßmann / Nitsche* § 74 Anm. 2, wonach die neue Fassung des BVFG — Ersetzung des Begriffs „öffentliche Aufträge“ durch „Aufträge durch die öffentliche Hand“ — mit der Einbeziehung auch der Käufe der Einfuhr- und Vorratsstelle begründet wurde, eine schwer verständliche Unterscheidung. Vgl. auch *Ehrenforth* § 74 Anm. 2 b.

[61] *Rinck* Rdnr. 464.

[62] *Dürig* MDH Art. 3 I Rdnr. 476; vgl. auch *H. H. Klein* S. 176 Anm. 113.

tität gewissermaßen in Qualität umschlagen soll[63]. Die Größenordnung ist demnach mit Sicherheit kein Indikator für die Handhabung des Rechts der staatlichen Bedarfsdeckung.

Dies muß nicht bedeuten, daß alle staatlichen Bedarfsdeckungsgeschäfte unbedingt und im vorhinein über einen Leisten zu schlagen sind. Ob dies geschehen sollte oder nicht, ob etwa eine eventuelle Grundrechtsbindung überall gleich stark sein muß, hängt vom Erfolg der Suche nach aus der Sache sich ergebenden Differenzierungskriterien ab. Gegebenenfalls wird darauf zurückzukommen sein.

C. Geschichte der Bedarfsdeckung, insbesondere durch die Vergabe von Aufträgen

Die Notwendigkeit, öffentlichen Bedarf zu decken, hat es immer gegeben, seit es organisierte Gemeinwesen gibt. Ihn in weitestem Umfange von der privaten Wirtschaft decken zu lassen, konnte sich begreiflicherweise erst mit der Entwicklung einer solchen, d. h. mit dem Übergang zur kapitalistischen Wirtschaftsform, einbürgern[64]. Historisch war die Eigenregie das primäre Verfahren[65]. Aber „sobald die Arbeit frei wurde, mußte die Vergebung die Eigenregie zurückdrängen"[66]. Mit der Entwicklung der Nationalstaaten wuchs der öffentliche Bedarf; der Übergang vom Feudalismus zur kapitalistischen Produktion verstärkte die Ansprüche an den Staat zur Gewährleistung infrastruktureller Produktionsbedingungen und den Druck des Gewerbes und der Industrie, vom organisierten Gemeinwesen zu den dazu notwendigen Arbeiten und Lieferungen herangezogen zu werden. Fast gleichzeitig mit dem häufigeren Übergang zur Vergabe von Aufträgen entwickelten sich besondere Grundsätze, nach denen der Staat hierbei verfuhr. Während allerdings *Colbert* in Frankreich schon um 1665 - 1670 das Submissionsverfahren, d. h. die Abhaltung eines schriftlichen Vergabewettbewerbs[67], auf den staatlichen Domänen einführte[68], wurde es in Deutschland erst später üblich. Die öffentliche Ausschreibung soll indessen in Deutschland erstmalig beim Festungsbau in Ingolstadt im Jahre 1542 stattgefunden haben[69], und bereits für den Anfang des

---

[63] Ähnlich *Metzmacher* S. 133 f.

[64] Wenngleich schon bei den Römern die Vergabe von Aufträgen, sogar im Wege eines ansatzweise geregelten Verfahrens, bekannt war, *F. C. Huber* S. 3 f. Anm. 3.

[65] Ebd. Anlage III S. 343.

[66] Ebd. Vgl. auch *A. Schneider* S. 13.

[67] Die Begriffe Ausschreibung, Verdingung und Submission werden synonym verwandt, *Gandenberger* S. 30.

[68] *F. C. Huber* S. 4; *Beutinger* S. 14.

[69] *Geipel* S. 35 Anm. 1.

17. Jahrhunderts lassen sich spezielle Einkaufsanweisungen an Beamte in einigen Kommunen nachweisen[70].

Als geschichtliches Übergangsverfahren war seit den 1723 und 1727 erlassenen Baureglements des Preußenkönigs *Friedrich Wilhelm I.*[71] bis in die Mitte des 19. Jahrhunderts die sogenannte Lizitation oder „Abstreichverhandlung“[72] gang und gäbe, sozusagen eine „umgekehrte“ Versteigerung bei gleichzeitiger Anwesenheit der Auftragsbewerber[73]. Von diesem Verfahren nahm man dann, nicht zuletzt auf Betreiben der gewerblichen Interessenten[74], zunehmend Abstand, weil die Kürze der Zeit und die aufgeheizten „persönlichen Leidenschaften“[75] der Bieter diese an reiflich überlegten, exakt durchkakulierten Angeboten hinderten[76]. So wurden sie oft zu für sie ruinösen Offerten hingerissen, die nicht zuletzt auch den Auftraggeber schädigten, „verdufteten“ doch manche Unternehmer „bei halber Vollendung des Werkes“[77]. Ein „schriftliches Kanzleiverfahren“[78] sollte vor dem Leichtsinn der Unternehmer schützen. Den ersten umfassenden Vergabevorschriften, nämlich der Bayerischen Verdingungsordnung von 1833 und der Preußischen Verdingungsordnung von 1834, lag daher das Prinzip der öffentlichen und schriftlichen Ausschreibung zugrunde[79], das sich in den 50er Jahren des vorigen Jahrhunderts dann allgemein durchsetzte[80].

Die Folgen eines auf reine Preiskonkurrenz abgestellten, totalen Wettbewerbs um öffentlichen Aufträge waren aber selbst nach Einführung des schriftlichen Verfahrens teilweise katastrophal, und zwar für beide Seiten. Durch „Schleuderkonkurrenz“[81] fiel der Zuschlag häufig auf die unter Selbstkosten kalkulierten Angebote wenig zuverlässiger Unternehmen, während auf Qualität bedachte Bieter nicht zum Zuge kamen. Um in solchen Fällen ihren kärglichen Gewinn zu retten, produzierten die Auftragnehmer aus minderwertigem Material, griffen zur Schinderei der Arbeiter und zur Lohndrückerei und glitten dennoch

---

70 *H. Müller* S. 25. Vgl. auch *Beutinger* S. 13.

71 *H. Müller* ebd.

72 *F. C. Huber* Vorwort S. V.

73 Die Lizitation hat sich allerdings in Restbeständen noch bis heute erhalten, vgl. § 6 VOL/A; § 6 Ziff. 2 VOB/A und dazu *Rentrop* Darstellung S. 95 und *H. Müller* S. 25.

74 *F. C. Huber* ebd.; *A. Schneider* S. 10.

75 *F. C. Huber* S. 19.

76 *Rothacker* S. 22.

77 *F. C. Huber* S. 20 f.

78 *F. C. Huber Vorwort* S. V.

79 Vgl. *H. Müller* S. 26.

80 *Rothacker* S. 22; *F. C. Huber* Vorwort S. V f.

81 *Beutinger* S. 25 f.

nicht selten in den Ruin[82]. Die Erscheinungen des „Hausir-, Gefängnisarbeits- und Submissionswesens“[83] wurden deshalb vor allem für das Handwerk schnell die Grundübel des späten 19. Jahrhunderts. Ab ca. 1880 wurden Reformversuche unternommen[84], indem Qualitätsprüfungen die reine Preiskonkurrenz aufweichten.

Freilich war damit die Zersplitterung des Auftragswesens durch eine Vielzahl von differierenden Vergabebestimmungen nicht beseitigt. Schon *F. C. Huber* hatte in seiner 1885 erschienenen Arbeit einheitliche, übereinstimmende und „freisinnige“ Grundsätze gefordert[85], möglichst in Gesetzesform[86]. Die Beratung eines 1914 vorgelegten Entwurfs eines „Reichsgesetzes betreffend das öffentliche Verdingungswesen“[87] im Reichstag scheiterte am Kriegsausbruch[88].

In der Weimarer Zeit wurde dieser Faden wieder aufgenommen. Der Reichstag lehnte am 9. März 1921 eine gesetzliche Regelung ab[89], rief aber einen „Reichsverdingungsausschuß“ ins Leben, der einheitliche Vergabevorschriften ausarbeiten sollte[90]. Die Absicht, sie in Gesetzesform zu überführen, war allerdings nicht mehr aktuell. Deshalb wurde auch nicht mehr, wie 1914, eine Reichstagskommission mit den Arbeiten beauftragt, sondern ein unter Federführung des Reichsfinanzministeriums tagendendes Gremium, an dem Wirtschaft und öffentliche Auftraggeber beteiligt waren[91].

In der Reichshaushaltsordnung vom 31. Dez. 1922[92] schrieb § 46 Abs. II vor, daß Verträgen des Reiches in der Regel eine öffentliche Ausschreibung vorauszugehen habe, und § 46 Abs. II bestimmte, daß der Abschluß von Verträgen nach einheitlichen Richtlinien zu tätigen sei.

Aus bestimmten Gründen hielt der Verdingungsausschuß die Ausarbeitung von Regeln (insbesondere technischer Art) für Bauleistungen

---

[82] Zum Ganzen *F. C. Huber* S. 7 ff.; *Schirmer* S. 3 ff.

[83] *F. C. Huber* S. 7.

[84] Vgl. die bei *F. C. Huber* im Anhang abgedruckten Vergabebestimmungen, besonders den „Cirkular-Erlaß des preuß. Arbeitsministeriums“ vom 17. Juli 1885.

[85] S. 116 ff.

[86] Ebd. S. 121 f.

[87] Abgedruckt bei *Beutinger* S. 213 ff. *Beutinger* bezeichnete das avisierte Gesetz als „Schutzgesetz für den Handwerksstand“, vgl. S. 234.

[88] *H. Müller* S. 26; *Gandenberger* S. 27.

[89] BM für Finanzen, BT-Drs. II/1397 S. 1.

[90] *H. Müller* S. 28 f. mit Anm. 27. Zur Entstehungsgeschichte der Verdingungsordnungen vgl. auch *Mees*, Verdingungsordnungen S. 6 ff.

[91] Zur Zusammensetzung *DMM* Einführung S. 29 f. mit Anm. 14; zum Deutschen Verdingungsausschuß für Bauleistungen, Stand Dezember 1959 *Hereth / Naschold* S. 24 ff.

[92] RGBl 1923 II S. 17.

für vordringlich, so daß im Mai 1926 die Verdingungsordnung für Bauleistungen (VOB)[93] und erst im Jahre 1932 Teil B, 1936 Teil A der Verdingungsordnung für Leistungen, ausgenommen Bauleistungen (VOL) verabschiedet wurden[94]. Die Trennung zwischen VOB und VOL hat also historische, heute kaum noch einsichtige Gründe[95].

Die Zeit des Hitlerfaschismus brachte auf dem Gebiet des öffentlichen Auftragswesens hauptsächlich eine Verschärfung der staatlichen Preispolitik[96]. Ansatzpunkte für Preiskontrollen bei öffentlichen Aufträgen gab es schon vor 1914 bei Rüstungsgütern[97]. Im großen Stil bedienten sich aber erst die Nationalsozialisten dieses Instruments. Die von ihnen erlassene „Verordnung über die Preise bei öffentlichen Aufträgen" (VPÖ) und die „Leitsätze für die Preisermittlung aufgrund der Selbstkosten bei Leistungen an öffentliche Auftraggeber" (LSÖ) sahen Marktpreise nicht vor und reglementierten die Preise lückenlos[98]. In der Praxis herrschten nachkalkulierte Selbstkostenerstattungspreise vor, die zu einer „Überbetonung des Kostendenkens in der Wirtschaft"[99] führten und zu nachlässiger Kalkulation. Die Bundesrepublik behielt das Sonderrecht für Preise bei öffentlichen Aufträgen wegen der „großen Bedeutung der öffentlichen und mit öffentlichen Mitteln finanzierten Aufträge" und der „Leitfunktion" der Preise in diesem Sektor[100] bei, kehrte aber zum Vorrang des Marktpreises zurück.

D. Geltende Rechtsgrundlagen und Verfahrensregeln in der Bundesrepublik

Ein Submissionsgesetz ist nach dem Scheitern der Pläne im Kaiserreich bis heute nicht erlassen worden und ist auch nicht mehr in der Diskussion[101]. Die einzigen gesetzlichen Bestimmungen, die sich auf öffentliche Aufträge beziehen, sind neben der Verordnungsermächtigung des § 91 Abs. II c des Zweiten Wohnungsbaugesetzes[102], von der

---

93 *H. Müller* S. 28 f.

94 *E. Schmitz* S. 28; *DMM* Einführung S. 29 mit Anm. 13.

95 *Welter* S. 179 f. mit Anm. 2; vgl. auch *Geipel* S. 34 f.; *E. Schmitz* S. 29.

96 Zur Bedeutung, die die Nationalsozialisten der Auftragsvergabe als Mittel der Wirtschaftslenkung beimaßen, vgl. Sporberg, passim. Zur Preispolitik in den Jahren 1933 - 45 vgl. insbesondere *H. Müller* S. 30 ff.

97 *H. Müller* S. 26.

98 *Michaelis / Rhösa* Erläuterungen Präambel S. 1; *Ebisch / Gottschalk* Vorwort S. 4.

99 *Michaelis / Rhösa* Erläuterungen Verordnung § 1 S. 3.

100 BGH v. 5. 12. 1968, NJW 1969, 426.

101 Ein BT-Beschluß v. 20. 2. 1952 verlief im Sande, *Hereth / Naschold* Ez A 0.42 f. Den Vorstoß einiger Abgeordneter (BT-Drs. II/1320) lehnte das BM f. Finanzen am 14. 5. 1955 ab, BT-Drs. II/1397, vgl. auch *Mees*, Verdingungsordnungen S. 7.

kein Gebrauch gemacht wurde, die Nachfolgevorschriften des § 46 Abs. I und II der alten RHO. In § 30 des Gesetzes über die Grundsätze des Haushaltsrechts des Bundes und der Länder vom 19. August 1969[103] (HGrG), in § 55 Abs. I der Bundeshaushaltsordnung gleichen Datums[104] (BHO) und in den Haushaltsordnungen der Länder[105] ist bestimmt, daß dem Abschluß von Verträgen über Lieferungen und Leistungen eine öffentliche Ausschreibung vorauszugehen hat, wenn nicht die „Natur des Geschäfts" oder besondere Umstände eine Ausnahme rechtfertigen. Identische Verpflichtungen sind den Gemeinden[106] und Landkreisen[107] auferlegt. § 55 Abs. II BHO[108] schreibt die Anwendung einheitlicher Richtlinien beim Abschluß dieser Verträge vor. Als solche Richtlinien gelten die VOL (Ausgabe 1960)[109] und die VOB (Ausgabe 1973)[110, 111]; im Rundschreiben des BM für Raumordnung, Bauwesen und Städtebau vom 20. November 1973[112], mit dem die neue Fassung der VOB mit Wirkung für die Bundesbehörden „eingeführt" wurde, ist ausdrücklich auf § 55 BHO hingewiesen[113]. Weil die Verdingungsordnungen nicht von einer staatlichen Instanz ausgearbeitet wurden, wird eine Verbindlichmachung mittels Verwaltungsvorschrift von der ganz herrschenden Meinung für notwendig erachtet[114]. Auch den selbständigen Verwaltungsträgern, die nicht Gebietskörperschaften sind und ihre Einnahmen aus Zuweisungen von Bund oder Ländern bestreiten, werden diese Mittel unter der Bedingung angewiesen, die VOB und die VOL bei

---

102 I. d. F. vom 1. Sept. 1965, BGBl I S. 1617.

103 BGBl I S. 1273.

104 BGBl I S. 1284.

105 Etwa § 55 Abs. I Landeshaushaltsordnung (LHO) für Baden-Württemberg vom 19. Oktober 1971 (GBl S. 428).

106 Vgl. § 31 Abs. I der baden-württembergischen Verordnung des Innenministeriums über die Haushaltswirtschaft der Gemeinden (Gemeindehaushaltsverordnung — GemHVO) vom 7. Februar 1973 (GBl S. 33).

107 Vgl. etwa § 41 Landkreisordnung für Baden-Württemberg i. d. F. vom 21. Oktober 1971 (GBl S. 400), der auf die entsprechenden Vorschriften für die Gemeinden verweist.

108 Ebenso § 55 Abs. II LHO und 31 Abs. II GemHVO Baden-Württemberg.

109 Veröffentlicht in der Beilage zum BAnz Nr. 105 vom 2. Juni 1960.

110 Veröffentlicht in der Beilage zum BAnz Nr. 216 v. 16. 11. 1973 (lfd. Nr. der Beilage 32/73).

111 Zur Abgrenzung beider Verdingungsordnungen vgl. Rundschreiben des Bundesschatzministers betreffend Abgrenzung des Anwendungsbereichs der VOB und der VOL sowie der Verordnungen PR Nr. 30/53 und PR Nr. 8/55 vom 12. 4. 1960 und 8. 1. 1964, MinBlFin 1960 Nr. 16 S. 347 und 1964 Nr. 3 S. 108, abgedruckt auch bei *Michaelis / Rhösa* Text-Teil II 4 A (8); dazu auch *Rentrop* S. 145 und DMM § 1 Anm. 2.

112 MinBlFin Nr. 28 S. 690; abgedruckt auch bei *Michaelis / Rhösa* Text-Teil II 4 B (2). Vgl. auch die bei *Mees*, Verdingungsordnungen S. 107 f. mit Anm. 11 erwähnten, teilweise allerdings veralteten „Einführungserlasse".

113 Vgl. auch *Appelhagen* BB 1974, 343.

114 Vgl. *DMM* Vorbemerkung S. 35.

ihren Aufträgen zugrundezulegen[115]. Die Verdingungsordnungen sind damit bei der Mehrzahl der juristischen Personen des öffentlichen Rechts die geltenden Vergabebestimmungen[116]; *Mees*[117] behauptet sogar, daß alle Baubehörden in der Bundesrepublik und Berlin (West) die VOB anwenden. Laut *A. Schneider* werden im Baugewerbe vier Fünftel aller Aufträge nach den Submissionsvorschriften abgewickelt[118]. Allerdings wenden einige selbständige Verwaltungsträger die Verdingungsordnungen nicht an; so etwa, wie Verf. in Erfahrung bringen konnte, einige gesetzliche Krankenkassen.

Alle größeren Auftraggeber haben ergänzende Vorschriften, vor allem zu den Teilen B, herausgegeben[119], so etwa die „Allgemeinen Bedingungen für Beschaffungsverträge des Bundesministeriums für Verteidigung" (ABBV)[120]. Die Befugnis dazu ist in § 11 VOL/A und in § 10 Ziff. 2 VOB/A enthalten. Die ergänzenden Bestimmungen der einzelnen Auftraggeber dürfen aber den Teilen B der Verdingungsordnungen, jedenfalls bei Bauleistungen, nicht widersprechen[121]. Die VOL/A hingegen statuiert in § 11 kein ausdrückliches Verbot widersprechender Bedingungen[122]. Bevor auf die wichtigsten[123] Regeln der im Rahmen dieser Arbeit in erster Linie interessierenden Teile A der VOB und der VOL, die die Verdingungsordnungen „i. e. S." darstellen[124], eingegangen werden soll, scheint ein Blick auf europarechtliche Bestimmungen vonnöten[125]. Der Rat der Europäischen Gemeinschaften erließ am 26. Juli 1971 die Richtlinie Nr. 71/305/EWG „über die Koordinierung der Ver-

---

115 *Bullinger*, Vertrag S. 108 f.

116 *Fricke* S. 90 f. Anm. 1; vgl. bei *Hereth / Naschold* S. 549 ff. das Verzeichnis der Behörden und Verbände, die die Anwendung der VOB vorgeschrieben oder empfohlen haben.

117 Verdingungsordnungen S. 2.

118 *A. Schneider* S. 54; genauso schon *F. C. Huber* S. 1 und 16.

119 In § 10 Ziff. 1 S. 2 VOB/A „Zusätzliche Vertragsbedingungen" genannt. Vgl. auch *Rentrop* Darstellung S. 11; *Fricke* S. 90 f.

120 Abgedruckt bei *Michaelis / Rhösa*, Erläuterungen Verordnung § 2 Anhang 3; Ergänzungsvorschriften betreffend Bundesbahn und Bundespost bei *Rentrop*, III. und IV. Textteil.

121 § 10 Ziff. 2 S. 2 VOB/A; *HRS* § 10 Rdnr. 8.

122 *DMM* § 11 Anm. 7 und 7 a gehen daher von der Abänderungsmöglichkeit der VOL/B aus, wenn dem Auftraggeber dabei auch nicht „jede Freiheit" gestattet sei.

123 Selbstverständlich kann nur ein grober Überblick gegeben werden. Ansonsten wird verwiesen auf die vorzügliche Darstellung des Vergabewesens in der Arbeit *Gandenbergers* und die Erläuterung des normalen Vergabeablaufs bei *Rentrop* Darstellung S. 2 ff.; zur Kurzinformation *Holtz* HDSW Bd. 1 S. 435 f.

124 *DMM* Einführung S. 30.

125 Dazu näher *E. Schmitz* S. 125 ff.; *Furtwängler* S. 3 Anm. 3 und S. 4 und vor allem *Michaelis / Rhösa* Erläuterungen Verordnung § 2 Anhang 1, speziell zur Richtlinie 71/305/EWG S. 15 f. und S. 25 ff.

fahren zur Vergabe öffentlicher Bauaufträge" (im folgenden „Richtlinie" genannt)[126], die allerdings laut Art. 7 Abs. I nur für Bauaufträge über 1 000 000 Rechnungseinheiten[127] und nicht für Aufträge von „öffentlich-rechtlichen Verkehrsträgern" sowie von Versorgungsbetrieben für Wasser und Energie gilt[128]. Die Richtlinie unterscheidet zwischen „offenen" und „nicht-offenen" Verfahren. Bei ersteren können alle interessierten Unternehmer ein Angebot abgeben, bei letzteren nur die, die vom Auftraggeber dazu aufgefordert wurden. Zur Zulässigkeit der einen oder der anderen Vergabeart nimmt die Richtlinie zwar nicht Stellung, stellt aber in Art. 9 einen Katalog von Fällen auf, in denen allein eine freihändige Vergabe stattfinden darf, für die die Regeln der Richtlinie keine Beachtung erheischen[129]. Sodann werden Anforderungen an die Bekanntmachung der Vergabeabsicht und an die Festsetzung von Fristen sowie die Gründe normiert, aus denen Unternehmer vom Vergabeverfahren ausgeschlossen werden können. In den Art. 25 und 26 enumeriert die Richtlinie die an die Unternehmer zu stellenden Anforderungen hinsichtlich des Nachweises ihrer finanziellen, wirtschaftlichen und technischen Leistungsfähigkeit. Bei komplexen Aufträgen ist die Vergabe nach Ideenwettbewerb zulässig[130]; zudem ist die Privilegierung bestimmter Bieter im Rahmen der Art. 92 ff EWG-Vertrag erlaubt[131].

Richtlinien des Rates sind gemäß Art. 189 Abs. III EWG-Vertrag nur „hinsichtlich des zu erreichenden Ziels verbindlich", müssen also ins nationale Recht transformiert werden[132]. Was die Wahl der Rechtsform angeht, in der das geschieht, sind die Staaten frei[133]. Die Neufassung 1973 der VOB geht im wesentlichen auf die Richtlinie zurück[134]. Der Anlaß wurde aber auch genutzt, um die VOB zu modernisieren, ohne sie allerdings grundsätzlich zu verändern[135]. Dies hat zur Folge, daß die VOB viel ausführlicher und detaillierter ist und eindeutigere Anforderungen an den Auftraggeber formuliert.

---

126 Amtsblatt der Europäischen Gemeinschaften Nr. L 185/5 ff.

127 Entsprechend 3, 66 Mio. DM.

128 Art. 2 Abs. IV und V Richtlinie.

129 Mit Ausnahme des Art. 10, der aus Anti-Diskriminierungsgründen die Angabe von Warenzeichen, Patenten und Typen oder die Angabe eines bestimmten Ursprungs von Erzeugnissen in den Beschreibungen technischer Merkmale grundsätzlich verbietet.

130 Art. 6 und 11 EG-Richtlinie.

131 Art. 29 Abs. IV EG-Richtlinie.

132 *Runge* S. 26 f.; vgl. *Hereth / Crome* S. 158.

133 *Runge* S. 27.

134 *Appelhagen* BB 1974, 344; *Korbion* Betr. 1974, 79.

135 *Appelhagen* BB 1974, 346. Zu den wichtigsten Änderungen vgl. auch *Michaelis / Rhösa* Erläuterungen Verordnung § 2 Anhang 1 S. 27 f. und *Winkler* Vorbemerkung zu Teil A S. 15 f.

Für die Vergabe von Aufträgen, die in Lose unterteilt werden können[136], ist nach den Verdingungsordnungen in der Regel eine öffentliche Ausschreibung, d. h. eine „öffentliche Aufforderung einer unbeschränkten Zahl von Unternehmern[137] zur Einreichung von Angeboten"[138] vorgeschrieben[139]. Eine beschränkte Ausschreibung — d. h. eine „Aufforderung einer beschränkten Zahl von Unternehmern zur Einreichung von Angeboten"[140] soll nur in bestimmten, in VOL und VOB unterschiedlich detailliert beschriebenen Fällen vorgenommen werden. Die Spielregeln der Ausschreibung lassen sich zusammenfassen in drei Punkten:

a) Geheimhaltung der Offerten bis Ende der Anbietungsfrist,

b) Ausschluß von Nachverhandlungen,

c) Zuschlag an das günstigste Angebot[141].

Die Möglichkeit, freihändig, also „nach freiem Ermessen des Auftraggebers ohne förmliche Ausschreibung"[142], zu vergeben, ist noch weiter eingegrenzt. Neu in die VOB eingeführt wurde der öffentliche Teilnahmewettbewerb.

VOB/A[143] und VOL/A[144] statuieren Anforderungen an den Inhalt der öffentlichen Bekanntmachungen und der Verdingungsunterlagen[145]. In der Regel soll bei Bauaufträgen die Leistung durch eine Baubeschreibung, d. h. eine allgemeine Darstellung der Bauaufgabe und ein in Teil-

---

136 § 4 VOB/A; § 5 VOL/A.

137 Zur Terminologie: „Nehmer" eines Auftrags ist ein Unternehmer dann, wenn er den Zuschlag erhalten hat, vgl. *DMM* Einführung S. 34. Als „Bieter" werden im folgenden die Unternehmer bezeichnet, die bereits ein Angebot eingereicht haben; so auch Art. 1 c Richtlinie und *DMM* ebd. „Bewerber" sollen die Unternehmer genannt werden, die sich im Verfahren des öffentlichen Teilnahmewettbewerbs um die Aufforderung zur Angebotsabgabe beworben oder bei öffentlicher Ausschreibung um die Angebotsunterlagen gebeten haben (so auch die VOB/A in § 17 Ziff. 4 Abs. 1). Die Richtlinie, die in Art. 1 c den Begriff nur für den ersten Fall reserviert, ist zu eng; die Definition von *DMM* ebd., die alle Unternehmer damit zusammenfassen wollen, die in „irgendeiner" Form ihr Interesse bekundet haben, an öffentlichen Aufträgen beteiligt zu werden, ist demgegenüber zu weit und daher nichtssagend. Besser zumindest *Daub / Tomascewski* S. 513 Anm. 2. Völlig unhaltbar dagegen KG v. 27. 1. 1967 (bei *Daub*, Baupreisrecht S. 102 f.): Auftragnehmer ist bereits, wer ein Angebot eingereicht hat. Diese Entscheidung ist durch die unglückliche Fassung von §§ 9, 10 VPöA und 16, 17 BPVO zu erklären. Vgl. zum Ganzen noch *Hereth / Naschold* Ez A 0.19.

138 § 3 Ziff. 1 VOL/A; § 3 Ziff. 1 Abs. 1 VOB/A.

139 § 3 Ziff. 1 VOL/A; § 3 Ziff. 3 VOB/A.

140 § 3 Ziff. 1 Abs. 2 VOB/A.

141 *Gandenberger* S. 36 ff.

142 § 3 Ziff. 3 VOL/A.

143 § 17 Ziff. 1 und 2.

144 § 18 Ziff. 1 und 4.

145 § 6 Ziff. 1, § 9, § 17 Ziff. 4 und 5 VOB/A.

leistungen gegliedertes Leistungsverzeichnis beschrieben werden[146]. Dieser „konstruktiven“ Leistungsbeschreibung steht die „funktionale“ gegenüber, bei der auch der Entwurf für die Leistung dem Wettbewerb unterstellt wird[147]. Neben Vorschriften über die von den Unternehmern zu fordernden Nachweise für ihre Fachkunde, Leistungsfähigkeit und Zuverlässigkeit[148] und über Angebots-[149], Zuschlags-[150] und Ausführungsfristen[151] enthalten die Verdingungsordnungen Regelungen über die Möglichkeiten, Vertragsstrafen[152] und Sicherheitsleistungen[153] zu verlangen und die Gewährleistung zu regeln[154]. Bei Ausschreibungen ist nach Ablauf der Angebotsfrist ein Termin zur Öffnung der bis dahin verschlossenen Angebote abzuhalten. Im Eröffnungstermin werden die Angebote verlesen[155]; über den Termin ist eine Niederschrift zu fertigen. Nach der rechnerischen, technischen und wirtschaftlichen Prüfung der Angebote[156] wird ihre Wertung vorgenommen. Ausgeschieden werden Bieter, die für die Erfüllung der vorgesehenen Verpflichtungen nicht die notwendige Sicherheit bieten, insbesondere die erforderliche Fachkunde, Leistungsfähigkeit und Zuverlässigkeit nicht besitzen[157]. Leistungen und geforderte Preise dürfen nicht in einem „offenbaren Mißverhältnis“[158] zueinander stehen.

Der Endwertung dürfen nicht allein die Preise zugrundegelegt werden[159]. Vielmehr ist der Zuschlag dem Angebot zu erteilen, das unter Berücksichtigung „aller Umstände“[160] bzw. „aller technischen und wirtschaftlichen, gegebenenfalls auch gestalterischen und funktionsbedingten Gesichtspunkte“[161] das „wirtschaftlichste“[162] bzw. „annehmbarste“[163] ist. Nachverhandlungen über die Angebote, vor allem über Preise, sind

---

146 § 9 Ziff. 3 VOB/A.
147 § 9 Ziff. 10 ff. VOB/A.
148 § 8 Ziff. 3 VOB/A.
149 § 18 VOB/A; § 19 VOL/A.
150 § 20 VOL/A; § 19 VOB/A.
151 § 13 VOL/A; § 11 VOB/A.
152 § 14 VOL/A; § 12 Ziff. 1 VOB/A.
153 § 16 VOL/A; § 14 VOB/A.
154 § 15 VOL/A; § 13 VOB/A.
155 § 22 Ziff. 3 Abs. 2 VOB/A.
156 § 23 VOB/A; § 24 Ziff. 1 VOL/A.
157 § 25 Ziff. 2 Abs. 1 VOB/A; § 24 Ziff. 2 VOL/A.
158 § 25 Nr. 2 Abs. 2 S. 1 VOB/A; § 24 Nr. 3 S. 2 VOL/A.
159 § 25 Nr. 2 Abs. 2 S. 4 VOB/A; § 24 Nr. 3 S. 2 VOL/A.
160 § 24 Nr. 3 S. 1 VOL/A.
161 § 25 Nr. 2 Abs. 2 S. 3 VOB/A.
162 § 24 Nr. 3 S. 1 VOL/A.
163 § 25 Nr. 2 Abs. 2 S. 2 VOB/A.

grundsätzlich unzulässig[164]. Bestehen „schwerwiegende“[165] bzw. „triftige“[166] Gründe dafür, so kann eine Ausschreibung aufgehoben werden.

Erwähnt sei noch, daß öffentliche Auftrage an „Verwaltungen“, Betriebe der „öffentlichen Hand“, Justizvollzugsanstalten etc. freihändig vergeben werden dürfen[167], diese Einrichtungen sich aber an Ausschreibungen nicht beteiligen dürfen[168].

Die Existenz preisregelnder Vorschriften wurde bereits erwähnt. Es sind dies heute — wiederum getrennt nach Bau- und anderen Leistungen — die aufgrund des § 2 des PreisG v. 10. April 1948[169] erlassenen Verordnungen „PR Nr. 30/53 über die Preise bei öffentlichen Aufträgen“ v. 21. November 1953 (VPöA)[170] und „PR Nr. 1/72 über die Preise für Bauleistungen bei öffentlichen oder mit öffentlichen Mitteln finanzierten Aufträgen“ v. 6. März 1972 (BPVO)[171] samt der als Anlage beigefügten „Leitsätze für die Preisermittlung auf Grund von Selbstkosten“ (LSP) bzw. „Leitsätze für die Ermittlung von Preisen für Bauleistungen auf Grund von Selbstkosten“ (LSP-Bau)[172]. Zur VPöA, deren Neufassung sich in Vorbereitung befindet[173], sind noch Richtlinien des BM für Wirtschaft und des BM für Finanzen ergangen[174].

Erstes Prinzip beider Verordnungen, die nicht wesentlich differieren, ist der Vorrang des Marktpreises[175] bzw. des Wettbewerbspreises[176]. Wo immer ein Marktpreis ermittelt werden kann, ist er zugrundezulegen und unterliegt keinen preisrechtlichen Beschränkungen[177]. Nach den LSP zu errechnende Selbstkostenpreise dürfen nur vereinbart werden, wenn eine Ware nicht „marktgängig“ ist, ein Preis für sie daher im

---

164 § 24 VOB/A; § 23 VOL/A.

165 § 26 Nr. 1 c VOB/A.

166 § 25 Nr. 1 d VOL/A.

167 § 3 Nr. 3 i VOL/A.

168 § 8 Nr. 5 VOB/A; § 9 Nr. 4 VOL/A.

169 In der sich aus § 37 des Gesetzes über die Investitionshilfe der gewerblichen Wirtschaft vom 7. Januar 1952 (BGBl I S. 7) ergebenden Fassung.

170 BAnz Nr. 244 vom 18. 12. 1953.

171 BGBl I S. 293. Diese Verordnung ist Nachfolgerin der Verordnung PR Nr. 8/55 vom 19. 12. 1955 (BAnz Nr. 249).

172 Alle Vorschriften sind auch abgedruckt etwa bei *Ebisch / Gottschalk*.

173 *Michaelis / Rhösa*, Vorwort zur 23. Nachtragslieferung.

174 Vom 1. Juli 1955 i. d. F. v. 6. März 1961 (BAnz Nr. 74 vom 18. 4. 1961); abgedruckt auch bei *Michaelis / Rhösa* Text-Teil II 1 f. und Pribilla II B § 1 S. 2.

175 § 1 Abs. I VPöA.

176 § 8 i. V. m. § 5 BPVO.

177 § 5 Abs. II S. 1 BPVO. Eine Ausnahme normiert § 5 Abs. II S. 2 BPVO bei Preisen, die trotz vorangegangenen Wettbewerbs in „auffälligem Mißverhältnis zur Leistung“ stehen. Vgl. auch Art. 29 Abs. V EG-Richtlinie.

Wettbewerb nicht zustande kommen kann[178] — ein häufiger Fall bei Rüstungsgütern, die zu einem Viertel zu Kostenpreisen beschafft werden[179] — oder der Wettbewerb auf der Anbieterseite unzulässig beschränkt ist und dies die Preisbildung beeinflußt[180]; nach der VPöA[181] darüberhinaus bei Vorliegen einer Mangellage. Selbstkostenpreise sind möglichst als vorkalkulierte Selbstkostenfestpreise zugrundezulegen[182]. Ist dies nicht möglich, so kennt die VPöA[183] den Selbstkostenrichtpreis als vorläufigen Selbstkostenpreis. Nur wenn Festpreise bzw. nach der VPöA auch Richtpreise nicht zu ermitteln sind, kann auf nachkalkulierte Selbstkostenerstattungspreise übergegangen werden[184]. Die BPVO kennt darüberhinaus den Begriff des Stundenlohnabrechnungspreises[185]. Was die Zulässigkeit der vier[186] wesentlichen Preiskategorien angeht, kann man bildhaft von einer „Preistreppe" sprechen[187].

Nach beiden Verordnungen steht den Preisbehörden[188] ein Preisprüfungsrecht, ein „Nachschaurecht"[189] zu, d. h. sie dürfen untersuchen, ob die Preise den Verordnungen entsprechen. § 10 VPöA und § 17 BPVo sind nur bei Selbstkostenpreisen anwendbar: sie geben im Rahmen der VPöA jedem öffentlichen Auftraggeber, den der BM für Wirtschaft dazu ermächtigt hat, bzw. im Rahmen der BPVO nur bestimmten Verwaltungen das Recht, vor Erteilung des Zuschlags zu prüfen, ob die Selbstkostenpreise ordnungsgemäß zustandegekommen sind. Die Verordnungen stehen unter dem Schutz des § 2 Wirtschaftsstrafgesetz[190].

§ 8 Nr. 1 S. 1 VOB/A hält den öffentlichen Auftraggeber ausdrücklich zur Gleichbehandlung aller Bewerber an. Dieser Grundsatz gilt aber nicht ausnahmslos. Die VOL/A ihrerseits verweist in § 2 Nr. 2 auf die „Rechts- oder sonstige(n) Vorschriften (Verwaltungsvorschriften, Richtlinien, Erlasse)", die sich auf die Berücksichtigung von Bewerbern be-

---

[178] § 5 Abs. I Nr. 1 VPöA; § 8 Abs. I Nr. 1 BPVO.

[179] *Diederich* S. 12 Anm. 3.

[180] § 5 Abs. I Nr. 2 VPöA; § 8 Abs. I Nr. 2 BPVO.

[181] § 5 Abs. I Nr. 2 VPöA.

[182] § 6 Abs. I VPöA; § 9 Abs. I i. V. m. § 10 Abs. I BPVO.

[183] § 6 Abs. III S. 1 VPöA.

[184] § 7 Abs. I VPöA; § 10 Abs. I BPVO.

[185] § 11 BPVO.

[186] Die Preisverordnungen setzen natürlich spezielle Preisvorschriften für bestimmte Güter nicht außer Kraft; vgl. § 3 VPöA.

[187] *Pribilla* II B § 1 S. 5.

[188] Die Zuständigkeit richtet sich nach dem PreisG; vgl. dazu *Pribilla* § 9 S. 3 und *Michaelis / Rhösa Verzeichnisse* IV A (Verzeichnis der Preisbehörden).

[189] *Pribilla* § 1 S. 18.

[190] § 11 VPöA; § 18 BPVO; *Michaelis / Rhösa* Erläuterungen Verordnung Präambel S. 3.

ziehen, „bei denen Umstände besonderer Art vorliegen“, und erwähnt zudem die Aufgabe der „Erhaltung eines selbständigen, leistungsfähigen Handwerks“[191] und der Berücksichtigung der „Verhältnisse in notleidenden Gebieten“[192]. Vor allem aber ist in diversen Gesetzen eine „normative Begünstigung“ bestimmter Bewerber vorgesehen.

So sind gemäß § 74 des Gesetzes über die Angelegenheiten der Vertriebenen und Flüchtlinge (BVFG)[193] Vertriebene und Flüchtlinge „bei der Vergabe von Aufträgen durch die öffentliche Hand ... bevorzugt zu berücksichtigen“. Das gleiche gilt für Verfolgte nach § 68 Abs. I des Bundesentschädigungsgesetzes (BEG)[194], für Evakuierte nach § 12 a des Bundesevakuiertengesetzes (BEvakG)[195] sowie für Schwerbeschädigte gemäß § 37 Abs. II des Schwerbeschädigtengesetzes (SchwBeschG)[196]. Die in diesen Bestimmungen vorgesehenen Richtlinien sind jetzt in den „Richtlinien für die Berücksichtigung bevorzugter Bewerber bei der Vergabe öffentlicher Aufträge“ v. 24. Februar 1969[197] zusammengefaßt. Danach sind Unternehmer, die nachweislich zu einer der genannten Gruppen gehören, zunächst bei beschränkten Ausschreibungen und freihändigen Vergaben „in angemessenem Umfang“ zur Angebotsabgabe mitaufzufordern. Sodann ist einem normativ Privilegierten der Zuschlag zu erteilen, wenn sein Angebot ebenso wirtschaftlich bzw. annehmbar ist wie das eines nicht Bevorzugten, aber auch dann, wenn sein Angebot nur geringfügig über dem günstigsten Angebot liegt. Bis wann von Geringfügigkeit gesprochen werden kann, wird detailliert dargelegt. Bei Angeboten bis zu 5 000 DM beispielsweise gilt ein Mehrpreis von 5 %, bei solchen zwischen 50 000 DM bis 100 000 DM ein Mehrpreis von 2 %, bei solchen über 500 000 DM ein Mehrpreis von 0,5 % noch als geringfügig. Treffen mehrere Privilegierungen auf einen Bewerber zu, gilt das „Kumulationsprinzip“[198].

Ohne gesetzlichen Auftrag erließ die Bundesregierung am 19. Juli 1968 die „Richtlinien für die bevorzugte Berücksichtigung von Personen und Unternehmen aus dem Zonenrandgebiet und aus Berlin (West) bei der Vergabe öffentlicher Aufträge“[199]. Die Prinzipien der Privile-

---

[191] § 9 Nr. 3 VOL/A.

[192] § 24 Nr. 3 S. 3 VOL/A.

[193] I. d. F. der Bekanntmachung vom 23. Okt. 1961 (BGBl I S. 1882).

[194] I. d. F. des Gesetzes vom 29. Juni 1956 (BGBl I S. 599).

[195] I. d. F. der Bekanntmachung vom 13. Okt. 1961 (BGBl I S. 1865).

[196] I. d. F. der Bekanntmachung vom 14. Aug. 1961 (BGBl I S. 1233, berichtigt S. 1348 und 1652).

[197] BAnz Nr. 42 S. 1; abgedruckt auch bei *Michaelis / Rhösa* Text-Teil II 5 c.

[198] *Rentrop* Darstellung S. 28.

[199] BAnz Nr. 138 vom 27. Juli 1968; auch bei *Michaelis / Rhösa* Text-Teil II 5 d.

gierung sind hierbei die gleichen wie die oben genannten, allerdings liegen die Prozentsätze für zulässige Mehrpreise noch höher (zum Vergleich mit den erwähnten sind es hier 6 %, 3 % und 1 %). Zusätzlich kann diesen Bietern bei Leistungen, die in Lose zerlegt wurden, der Eintritt in eines oder in mehrere Lose zu dem für den Zuschlag in Betracht kommenden Preis zuzüglich des zulässigen Mehrpreises dann angeboten werden, wenn ihr Angebot mehr als geringfügig über dem wirtschaftlichsten oder annehmbarsten liegt; es wird damit eine Ausnahme vom Verbot der Nachverhandlung gemacht.

Drittes Kapitel

Die staatlichen Bedarfsdeckungsgeschäfte in der Systematik der Verwaltungsverhandlungen

Um die juristische Qualifizierung der staatlichen Bedarfsdeckungsgeschäfte durch die herrschende Meinung zu untersuchen und kritisch zu betrachten, erscheint es unerläßlich, die herrschende Gesamttypologie staatlicher Handlungsformen darzustellen, um so die Kriterien, die dieser Qualifizierung zugrundeliegen, als Fundament der herrschenden Meinung in das Blickfeld zu rücken.

A. Die Einteilung staatlichen Handelns und ihre Differenzierungskriterien

Eine Typologie staatlicher Handlungsarten und der auf sie jeweils anzuwendenden Rechtsregeln[1] wird außerordentlich erschwert durch eine allseits beklagte Uneinigkeit über die termini technici[2] bzw. ihren leichtfertigen Gebrauch[3], dem letztlich ein Dissens über die maßgeblichen Einteilungskriterien zugrundeliegt.

Nicht zuletzt die Tatsache, daß sich Handlungszwecke und Handlungsformen nach herrschender Meinung nicht unbedingt decken müssen, führt zu zahlreichen Äquivokationen, weil teilweise das Hauptgewicht auf Aufgaben und Ziele[4], teilweise auf Rechtsformen[5] gelegt wird[6]. Das große Verdienst der Arbeit von *Siebert* liegt darin, in einem einzigen

---

[1] Streng genommen lassen sich Handlungen nicht abstrakt dem privaten oder öffentlichen Recht zuordnen; dies kann nur mit Rechtsnormen geschehen, so auch *Krause* S. 39 f. Handlungen lassen sich aber danach einteilen, welche Rechtsnormen auf sie anzuwenden sind; ähnlich *Krause* ebd.

[2] *Forsthoff*, Auftraggeber S. 20; *Rüfner*, Formen S. 132; *Wolff / Bachof* § 23 III.

[3] *Bull*, Staatsaufgaben S. 43 meint, „vollkommene Prägnanz" sei ein „Glücksfall".

[4] *Bachof* VVDStRL 12, 62; *Haas* DVBl. 1960, 304; *Rudolf* S. 19 f.

[5] *Mallmann* VVDStRL 19, 165; *Dürig*, Grundrechte S. 188. *Krause* S. 38 hält diese Abgrenzung abstrakt mit Recht für unmöglich.

[6] *Wolff / Bachof* § 3 I grenzen daher, um gewissermaßen den Kopf aus der Schlinge zu ziehen, sowohl nach dem materiellen Gehalt (ordnende, leistende, Bedarfsverwaltung), nach der Handlungsmodalität (pflegende, Eingriffs-, wirtschaftende Verwaltung) und nach der Rechtsform (öffentlich-rechtlich, zivilrechtlich) ab.

Schema Aufgaben, Handlungsmodalitäten und Rechtsformen erfaßt zu haben[7]. Versucht man daher ungeachtet des „terminologischen Wirrwarrs“[8] eine Einteilung vorzunehmen, die die wichtigsten Kriterien berücksichtigt, so könnte sie etwa wie folgt aussehen[9]:

I. Obrigkeitlich-hoheitliche Verwaltungshandlungen,
II. Schlichthoheitliche Verwaltungshandlungen,
III. Verwaltungsprivatrechtliche Verwaltungshandlungen,
IV. Rein fiskalische Verwaltungshandlungen.

I. Die obrigkeitlich-hoheitlichen Verwaltungshandlungen

Die obrigkeitlich-hoheitlichen[10] Verwaltungshandlungen entsprechen dem aus dem 19. Jahrhundert überkommenen Bild der mit den ausschließlich öffentlich-rechtlichen Formen des Befehls und des Zwanges[11] arbeitenden Verwaltung. Hier betätigen nach *Walter Jellinek*[12] die Träger der öffentlichen Gewalt die ihnen „eigentümliche“ Macht. Hier ist der Staat „potentior persona“[13], seine Verwaltung „ordnende“ und „Abgabenverwaltung“[14]. Es dürfen allein öffentlich-rechtliche Formen verwandt werden[15]. Unstreitig ist, daß eben wegen dieser Handlungsform der Staat sämtlichen Bindungen des öffentlichen Rechts unterliegt[16].

II. Die schlichthoheitlichen Verwaltungshandlungen

Die schlichte Hoheitsverwaltung[17] bedient sich zwar auch ausschließlich öffentlich-rechtlicher Mittel[18], jedoch nicht der des Eingriffs, viel-

---

[7] Kurz, aber prägnant auch die Einteilung bei *Schmidt-Rimpler* HDSW Bd. 12, S. 694 f.

[8] *Mallmann* VVDStRL 19, 196.

[9] Vgl. auch *Furtwängler* S. 82; *Zeidler* VVDStRL 19, 217. Natürlich bleibt ein solches Schema immer unvollständig, da Sachgebiete, Ziele, Handlungsformen und Mittel des Verwaltungshandelns sich vielfältig überschneiden, vgl. *Rüfner*, Formen S. 132.

[10] Auch hinsichtlich der Begriffe „obrigkeitlich“ und „hoheitlich“ meinte noch *Siebert* S. 220, sie würden nicht einheitlich verwendet. Inzwischen ist aber wohl ein allgemeiner Konsens darüber festzustellen, was mit diesen termini gemeint ist.

[11] *Siebert* S. 219.

[12] S. 21.

[13] *Fleiner* S. 51; *Kohorst* S. 8.

[14] *Wolff / Bachof* § 3 I a und b.

[15] *Zeidler* VVDStRL 19, 213.

[16] Repräsentativ *Dürig* MDH Art. 1 Rdnr. 109; für die Rspr. BGH v. 20. 12. 1968, LM Nr. 92 zu Art. 3 GG Blatt 1.

[17] Der Ausdruck stammt von *W. Jellinek* S. 22. *Mallmann* VVDStRL 19, 166 lehnt den Begriff ab; nach ihm ist alle Nichteingriffsverwaltung als

mehr tritt der Staat hier nicht-imperativ als „Geber" auf[19], er „pflegt"[20]. Schwierig wird die Systematik, wenn der Staat — etwa beim Anschluß- und Benutzungszwang für Wasserwerk, Müllabfuhr oder auch bei der Schulpflicht — die Bürger zwingt, seine Wohltaten anzunehmen. Die *Wolff*'schen Abgrenzungen nach materiellem Gehalt einerseits und Tätigkeitsart andererseits kreuzen sich hier, auch der „leistenden" Verwaltung sind Zwang und Eingriff nicht völlig fremd[21]. Entscheidend ist aber, daß mit der Konstruktion der schlichten Hoheitsverwaltung die „formelle Einheit" des hoheitlich, d. h. öffentlich-rechtlich handelnden Staates erreicht wird[22].

Sachlich[23] gehören in diesen Bereich beispielhaft Sozialversicherung und Wohlfahrtspflege, d. h. etwa die Beziehungen der Rentenempfänger zu den Trägern der Sozialversicherung, der Sozialhilfeempfänger zu den Behörden oder der Bürger zur hilfeleistenden Polizeiverwaltung, hierher gehören insbesondere die öffentlich-rechtlich geregelten Anstaltsnutzungsverhältnisse. Auch der öffentlich-rechtliche Vertrag hat hier seinen Platz[24]. Ebenso wird heute fast einhellig zumindest die Ob-Entscheidung bei Subventionen dem öffentlichen Recht und damit der schlichten Hoheitsverwaltung zugeordnet[25]. Ansonsten verschwimmt die Abgrenzung zum Verwaltungsprivatrecht ein wenig in der Grauzone der Unsicherheit, die die Unterscheidung von privatem und öffentlichem Recht kennzeichnet[26].

„Nichthoheitsverwaltung" zu kennzeichnen. Zustimmend *Rüfner*, Formen S. 133 Anm. 36. Kritik bei *Merk* S. 243.

[18] Vorsicht ist hier wieder bzgl. der Begriffsbildung geboten. So meint BGH v. 15. 6. 1967, BGHZ 48, 98, 103, im Bereich schlichthoheitlicher Verwaltung könne sich die öffentliche Hand auch privatrechtlicher Mittel bedienen.

[19] *W. Jellinek* S. 505.

[20] Vgl. *Wolff / Bachof* § 3 I c 1.

[21] Ebd. § 3 I b 2 und *Mallmann* VVDStRL 19, 168. Immerhin könnte man fragen, ob die Verwaltung mittels des Anschluß- und Benutzungszwangs nicht auch primär für die „gute Ordnung" sorgt, daher der „ordnenden" Verwaltung und im hier verwandten Schema der Kategorie „obrigkeitlich" zuzuordnen wäre. Vgl. dazu *Rüfner*, Formen S. 132 f. Anm. 33 und *Krause* S. 44.

[22] Vgl. *Heusser* S. 66.

[23] Wenn auch *Mallmann* VVDStRL 19, 172 meint, ein sachlich abgrenzbares Gebiet der schlichten Hoheitsverwaltung gebe es nicht.

[24] *Kohorst* S. 10. Vgl. auch *Layer* S. 17 f.

[25] Etwa *Hamann* BB 1953, 865. Radikaler (das gesamte Subventionsverhältnis gehört dem öffentlichen Recht an) die Auffassungen z. B. von *Götz* S. 32 und die bei *Metzmacher* S. 53 Anm. 2 zitierte Literatur, zu denen auch die Rspr. zunehmend tendiert, vgl. BVerwG v. 19. 12. 1958, DVBl 1959, 573, 574 und v. 21. 4. 1972, BVerwGE 40, 85, 86; BGH v. 12. 10. 1972, DÖV 1972, 313. Vgl. zum gesamten Komplex noch *Köttgen*, DVBl 1953, 485 ff.

[26] Ein interessantes Beispiel ist die Entscheidung des KG v. 18. 9. 1956, NJW 1957, 1076 f., wo der Senat es dahinstehen läßt, ob Herstellung und Vertrieb einer erläuternden Steuerfibel der schlichten Hoheitsverwaltung zugerechnet werden können. In BVerwG v. 3. 12. 1974, NJW 1975, 891 wird die

In unserem Zusammenhang entscheidend ist, daß der Staat, weil und soweit er sich exklusiv auf dem Terrain des öffentlichen Rechts bewegt, an alle Regeln des Verfassungs- und Verwaltungsrechts gebunden ist[27], selbstverständlich also auch die Grundrechte beachten muß[28]. Für die Wahl des richtigen Rechtsweges gelten — auch nach Meinung von ansonsten sehr kritischen Autoren[29] — rein formale Kriterien, mit anderen Worten: die gewählte Rechtsform ist entscheidend[30]. Für Streitigkeiten auf dem Gebiet der schlichten Hoheitsverwaltung ist demnach ausschließlich der Weg zu den Verwaltungsgerichten gegeben.

III. Die verwaltungsprivatrechtlichen Verwaltungshandlungen

a) Die Dogmatik des Verwaltungsprivatrechts

Nach traditioneller deutscher Rechtsauffassung kann sich die öffentliche Verwaltung auch der Formen des bürgerlichen Rechts bedienen[31]. Es steht dies in engem Zusammenhang oder wird sogar gefolgert aus der ohne weiteres vorausgesetzten Privatrechtssubjektivität des Staates[32]. Teilweise wird darüber hinausgehend sogar unter Berufung auf die „freiheitliche Verfassung"[33] vom Staat verlangt, er möge, wo dies eben möglich sei, von seinem hoheitlichen Roß auf die Ebene der Gleichordnung hinuntersteigen. Jedenfalls aber sei wegen seiner vielfältigen Gestaltungsmöglichkeiten das Privatrecht oft sachadäquater[34], befinde

---

Veranstaltung von Pressefahrten durch die Bundesbahn als schlicht-hoheitliche Tätigkeit angesehen.

[27] Laut *Evers* NJW 1960, 2073 m. w. N. ist hier allerdings die Bindung schwächer als bei obrigkeitlichen Verwaltungshandlungen.

[28] *Dürig*, Grundrechte S. 185 Anm. 62; *Pöttgen* S. 134 f.

[29] Etwa *Zeidler* VVDStRL 19, 239; *Metzmacher* S. 175 f.

[30] BVerwG v. 13. 3. 1970, BVerwGE 35, 103, 106. Gleiches gilt für die Haftungsgrundlage im Staatshaftungsrecht, *Kommission* S. 56 f.

[31] *Bullinger*, Vertrag S. 29 und 91; *Zeidler* VVDStRL 19, 215; *Schmidt-Salzer* WiR 1972, 103; *H. H. Klein* S. 129; *Kohorst* S. 12; *Peters* LB S. 129; *Antoniolli* S. 13; *Dürig* MDH Art. 1 Rdnr. 136; *Schmidt-Rimpler* S. 695 f.; *Wolff / Bachof* § 23 I a; *Gygi* S. 12; *Mayer* LB I S. 115. Aus der Rspr. BVerfG v. 28. 2. 1961, BVerfGE 12, 205, 244 (implizit), vgl. auch BVerfG v. 10. 2. 1960, BVerfGE 10, 302, 311; BGH v. 18. 3. 1964, BGHZ 41, 264, 267 meint, öffentlich-rechtliche und privat-rechtliche Formen seien „nicht selten" austauschbar; vgl. auch BGH v. 15. 6. 1967, BGHZ 48, 98, 103; BGH v. 16. 12. 1971, VwRspr 23, 923, 925; BGH v. 24. 10. 1974, NJW 1975, 106, 107; BayVerfGH v. 27. 5. 1971, VwRspr 23, 17, 18. Speziell zur Anstaltsnutzung bzw. Organisation wirtschaftlicher Unternehmen BGH v. 13. 7. 1954, BGHZ 14, 294, 297; BGH v. 26. 5. 1961, DVBl 1962, 102; BayVerfGH v. 20. 6. 1956, Bay VBl 1956, 274, 275.

[32] Vgl. nur *Bullinger*, Vertrag S. 102; *H. H. Klein* S. 135 ff.; *Layer* S. 19.

[33] So *Siebert* S. 246; vgl. auch *Zeidler* VVDStRL 19, 224 und 237, und *Imboden* S. 58 f. Ähnlich auch *Giacometti* S. 105, der aber wegen zahlreicher Einwände dem öffentlichen Recht dann doch den Vorzug gibt, vgl. S. 111.

[34] So *H. H. Klein* S. 129; ähnlich *Löw* DÖV 1957, 879; *Imboden* S. 63; *Bullinger*, Vertrag S. 91 (hier speziell zur Beschaffung); *Kohorst* S. 15 („elasti-

sich doch das System des öffentlichen Rechts in einem noch weitgehend „steinzeitlichen Zustand“[35].

Zwar gilt dies nicht uneingeschränkt. In bestimmten Fällen soll wegen der besonders engen Verknüpfung des Verwaltungshandelns mit einem „öffentlichen Zweck“ die Wahlfreiheit des Staates entfallen und ausschließlich öffentliches Recht anwendbar sein[36]. Generell aber wird die obige Feststellung nur von wenigen Stimmen angegriffen[37].

Die Argumente der Zweifler, die eine „Flucht“ ins bindungslose Privatrecht argwöhnen[38], sollen aber nun gerade nach herrschender Meinung nicht verfangen, weil diese Flucht weitgehend abgeschnitten wird[39]. Soweit nämlich der Staat sich des „Priratrecht(s) als Mittel öffentlicher Verwaltung“[40] bedient, soll es ein anderes Privatrecht, nämlich nach heutiger Begriffsbildung[41] eben ein „Verwaltungsprivatrecht“[42] werden. Die Normen des bürgerlichen Rechts werden zwar nicht ausgeschaltet[43], aber das öffentliche Interesse“ äußert in den Privatrechtsverhältnissen des Staates eine „modifizierende Wirkung“[44]. Das Zivilrecht gilt nur soweit, als die nun einsetzenden öffentlich-rechtlichen Bindungen es erlauben[45]. Einer „fast unübersehbaren Erweiterung ... (des) Machtbereichs“[46] der Verwaltung durch willkürliche

---

scher“); *Bogs* BB 1963, 1270 („legitim“); *Forsthoff*, Auftraggeber S. 12: die Anwendung des Privatrechts entspreche „vernünftiger (!) Logik (!)“. A. A. *Sailer* BayVBl 1966, 294: das Privatrecht sei nicht das „angemessenste Mittel“ zur Gestaltung von Leistungsverhältnissen der Verwaltung.

35 So *Haas* DVBl 1960, 306. Ähnliche Klage führen *Gygi* S. 12; *Kohorst* S. 14; *H. Krüger* DVBl 1955, 383 Anm. 19 und *ders.*, Rundfunk S. 80, Staatslehre S. 329; *Bethge*, Der Städtetag 1970, 68 f.

36 BVerwG v. 23. 7. 1958, BVerwGE 7, 180, 182 f. folgert dies aus Art. 20 I GG; ähnlich BVerwG v. 21. 4. 1972, BVerwGE 40, 85, 86 f.; vgl. auch BVerwG v. 3. 12. 1974, NJW 1975, 891. Anders BVerwG v. 7. 11. 1957, NJW 1958, 394, 395 und BVerwG v. 10. 11. 1972, DÖV 1973, 244, 245; OVG Berlin v. 27. 4. 1961, NJW 1961, 2130, 2131. Nach BVerfG v. 30. 4. 1963, DVBl 1963, 718, 726 hat der „Zusammenhang mit hoheitlichen Aufgaben“ auf die Rechtsform keinen Einfluß. Für Realhandlungen vgl. BVerwG v. 2. 11. 1973, NJW 1974, 817. Laut *Ossenbühl* DÖV 1971, 518 mit Anm. 64 sind die Grenzen der Wahlfreiheit noch nicht grundsätzlich untersucht und abgesteckt.

37 Vgl. *Mallmann* VVDStRL 19, 199; *Pestalozza*, Formenmißbrauch S. 7 und 168; *Giacometti* S. 114 f.; *Richter* S. 11; *Heusser* S. 36 und 42.

38 *Fleiner* S. 326; vgl. auch *H. Krüger*, Staatslehre S. 326; *Leisner*, Grundrechte S. 200 mit Anm. 7 und den Titel der Arbeit *Heussers*.

39 *Dürig*, Grundrechte S. 186.

40 *Siebert* S. 222. *Zippelius* EvStL S. 935 spricht von „materiellen Verwaltungszwecken“.

41 Vgl. *Wertenbruch / Schaumann* S. 425.

42 *Burmeister* WiR 1972, 314 nennt es „hoheitliches Privatrecht“.

43 Vgl. *Beitzke* MDR 1953, 1 ff.

44 *Siebert* S. 222; *Furtwängler* S. 90; vgl. auch *H. Krüger*, Staatslehre S. 914.

45 *Dürig* MDH Art. 3 I Rdnr. 492; *Leisner*, Grundrechte S. 207.

46 *Fleiner* S. 126.

Handhabung der Vertragsfreiheit soll damit ein Riegel vorgeschoben werden[47]. Ob man mit dem unklaren[48] Begriff der „Daseinsvorsorge" operiert, der am Beginn der Dogmatik des Verwaltungsprivatrechts stand[49], oder mit dem terminus „öffentliche Aufgabe", inhaltlich ist das gleiche gemeint[50].

Die verwaltungsprivatrechtlichen Verwaltungshandlungen sind demnach abzugrenzen einmal gegenüber den schlichthoheitlichen Handlungen der öffentlichen Verwaltung mittels des Kriteriums der Rechtsform: die Verwaltung bedient sich des Privatrechts[51]. Im Gegensatz zu den „rein fiskalischen" Verwaltungshandlungen erfüllt sie dabei jedoch öffentliche Aufgaben, und zwar „unmittelbar". Die Vokabel „unmittelbare Erfüllung öffentlicher Aufgaben" wird zum „zentralen Angelpunkt" der Systematik privatrechtlicher Handlungsformen der „öffentlichen Hand"[52]. Die öffentliche Verwaltung darf ihre Aufgaben in beiden möglichen Rechtsformen erfüllen, aber sie darf sich, solange sie „material" öffentliche Verwaltung bleibt, nicht durch bloße Auswechslung der Rechtsform ihren öffentlich-rechtlichen Bindungen entziehen. So lautet die herrschende Argumentation[53], der bezüglich der Grundrechte bisweilen noch der Hinweis auf Art. 1 Abs. III GG hinzugefügt wird[54].

Bachof stellt demgegenüber auf die spezifisch staatliche Machtüberlegenheit als Abgrenzungsinstrument zu den nach reinem Privatrecht zu beurteilenden Verwaltungshandlungen ab. Wo die Verwaltung

---

[47] In die Rspr. hat diese Konstruktion Eingang gefunden seit der Entscheidung des BGH v. 10. 12. 1958, BGHZ 29, 76.

[48] *Fischerhof* DÖV 1960, 41 ff.; *Pestalozza*, Formenmißbrauch S. 181 Anm. 127; *Ossenbühl* DÖV 1971, 517.

[49] Vgl. *Forsthoff*, Leistungsträger, passim; *ders.*, Staat S. 75 ff. mit Anm. 10; dazu *Herzog*, Staatslehre S. 528 und *ders.*, EvStL S. 699.

[50] *Erichsen* S. 90; *Wand* NJW 1975, 683; ähnlich *Ossenbühl* DÖV 1971, 516; *Herzog*, Staatslehre S. 529.

[51] Die Begriffe „Leistungsverwaltung" und „Daseinsvorsorge" sind dagegen weiter und umfassen auch die schlichthoheitlichen Verwaltungshandlungen. Bei der Daseinsvorsorge, so die h. M., sind Formen des öffentlichen und privaten Rechts vertauschbar, wenngleich das Privatrecht dominiert, so *Forsthoff* LB S. 410. Vgl. noch *H. H. Klein* S. 23; *Mallmann* VVDStRL 19, 168 f.; *Wolff / Bachof* § 23 IV b. Mißverständlich BGH v. 23. 9. 1969, BGHZ 52, 325, 329, wenn das Gericht sagt, alle Daseinsvorsorge sei nach öffentlichem Recht, nicht nach Zivilrecht zu beurteilen; ähnlich unklar BGH v. 30. 9. 1970, VwRspr 22, 209, 210; BGH v. 1. 6. 1970, VwRspr 22, 310, 311.

[52] *Imboden* S. 56; vgl. auch *Dürig* MDH Art. 3 I Rdnr. 489.

[53] *Wolff / Bachof* § 23 II b; *Siebert* S. 219; *Wertenbruch / Schaumann* S. 431; *Bender* JuS 1962, 180; *Dürig* MDH Art. 1 Rdnr. 111 und Art. 3 I Rdnr. 480; *Sailer* BayVBl 1966, 294; *Forsthoff* LB S. 72 f.; vgl. auch *Herzog*, Staatslehre S. 528 f.; *H. H. Klein* S. 25. Aus der Rspr. BGH v. 23. 9. 1969, BGHZ 52, 325, 327 f.; BGH v. 10. 12. 1958, BGHZ 29, 76, 80; BayVerfGH v. 27. 5. 1971, VwRspr 23, 17, 19.

[54] *Wolff / Bachof* § 23 II b 1.

existenzwichtige Leistungen vergebe, übe sie öffentliche Gewalt aus und sei daher den Bindungen des öffentlichen Rechts zu unterwerfen[55]; ob ihr Monopol ein rechtliches oder ein faktisches sei, könne keine unterschiedliche Betrachtung rechtfertigen[56]. Den Einwand, damit behandle er private Monopole anders als solche der „öffentlichen Hand", obgleich der Bürger ihnen in der gleichen inferioren Situation gegenüberstehe, versucht er mit der Betonung der Unterschiede zu entkräften: das Gemeinwesen habe diese mächtige Stellung mit spezifisch etatistischen Mitteln erworben, nämlich aufgrund seines Besteuerungsrechtes und anderer hoheitlicher Befugnisse, nicht aufgrund eigener Wirtschaftstätigkeit mit marktkonformen Mitteln wie die privaten Monopole[57].

Bachof ist mit seiner Ansicht auf fast einhellige Ablehnung gestoßen: einmal habe man bei dieser Lösung mit noch größeren Abgrenzungsschwierigkeiten zu kämpfen als bei der Verwendung des Kriteriums der unmittelbaren Erfüllung öffentlicher Aufgaben[58], zum anderen erlaube sie eine Freistellung der Verwaltung vom öffentlichen Recht durch Formenwechsel überall dort, wo keine staatliche Monopolstellung vorliege und keine existenzwichtigen Leistungen vergeben würden[59].

In dem skizzierten Bereich anerkannter öffentlicher Aufgaben greifen also die Bindungen des öffentlichen Rechts Platz. Über das Problem, wie diese Bindungen rechtstechnisch zu verwirklichen sind, besteht kein voller Konsens. *Dürig*[60] hatte in den fünfziger Jahren vorgeschlagen, bei gleichzeitiger strikter Ablehnung der Drittwirkungslehre die Wertungen der Grundrechte über die zivilrechtlichen Generalklauseln allgemein[61] in das bürgerliche Recht und damit auch und besonders in die privatrechtlichen Beziehungen zwischen Staat und Bürger einfließen zu lassen[62]. Eine unmittelbare Bindung sei weder systemgerecht noch notwendig: § 826 BGB sei geeignet und ausreichend, um etwa einem Monopolmißbrauch durch die „öffentliche Hand" entgegenzutreten[63].

---

[55] *Bachof* VVDStRL 12, 63 f.

[56] *Bachof* DÖV 1953, 423.

[57] VVDStRL 12, 64; DÖV 1953, 423 mit Anm. 14; VVDStRL 19, 259 f.

[58] *Forsthoff*, Auftraggeber S. 13 und *ders*. BayVBl 1964, 102; *Zeidler* VVDStRL 19, 262; *Dürig*, Grundrechte S. 188 und *ders*. MDH Art. 3 I Rdnr. 491; *Bogs* BB 1963, 1269; *Martens* S. 97; *Haak* S. 106. Nur *Leisner*, Grundrechte S. 198 ff. scheint *Bachof* folgen zu wollen. Vgl. aber auch *H. H. Klein* S. 22 f.

[59] *Dürig* MDH Art. 3 I Rdnr. 491.

[60] Eigentum S. 341; Grundrechte insbes. S. 188 f.

[61] Worin ihm das BVerfG im Lüth-Urteil v. 15. 1. 1958, BVerfGE 7, 198 gefolgt ist.

[62] *Furtwängler* S. 152 spricht von der „Zweitwirkung" der Grundrechte.

[63] *Dürig*, Grundrechte S. 189.

Das Verbot des venire contra factum proprium gebiete es dem Gemeinwesen, sich zu den Grundsätzen, an die es sich als Hoheitsträger halte, nicht in fundamentalen Widerspruch zu setzen: so sei eine schärfere Beurteilung der staatlichen Privatrechtsgeschäfte gegenüber denen, die nur von Privaten untereinander abgeschlossen werden, möglich[64]. Gegen den Vorwurf der Postulierung einer „doppelten Moral"[65] wehrt sich *Dürig*[66] zu Recht mit dem Vermerk, die Generalklauseln des Zivilrechts geböten es sehr wohl, „die Position der Beteiligten mitzubedenken".

Trotz vieler billigender Stimmen[67] kann diese Meinung zumindest nicht mehr als herrschend bezeichnet werden. Sie scheitert etwa, wenn die „öffentliche Hand" keine Monopolstellung innehat[68] oder wenn bewußt sittenwidriges Verhalten — was meist der Fall sein würde — nicht nachweisbar ist[69].

Allgemein wird daher heute von einer — etwa im öffentlichen Sachenrecht ja schon lange geläufigen[70] — Überlagerung des bürgerlichrechtlichen Rechtsverhältnisses durch öffentlich-rechtliche Elemente, also von unmittelbarer Geltung[71] der Grundrechte und sonstiger Prinzipien des Verwaltungshandelns[72] ausgegangen. Auch *Dürig* selbst[73] meldet im Bereich des Verwaltungsprivatrechts keinen Widerstand mehr gegen diesen „direkten Weg" an. Entgegen der traditionellen Nomenklatur, die den Staat immer dann, wenn er am Privatrechtsverkehr teilnimmt, als „Fiskus" bezeichnet[74], setzt sich immer mehr die

---

[64] *Dürig* MDH Art. 1 Rdnr. 135.

[65] *Zeidler* VVDStRL 19, 233 f.

[66] MDH Art. 3 I Rdnr. 501. Auch *Löw* DÖV 1957, 879 hat anscheinend die Lehre von den Generalklauseln als „Einfallstore" für die Grundrechte nicht ganz begriffen, wenn er moniert, in § 826 BGB könne nicht schon alles stehen, was der Verfassungsgeber mühsam an Grundrechten formuliert habe.

[67] *Bullinger*, Vertrag S. 99 f.; *Rinck* Rdnr. 167; *Wilhelm* BayVBl 1963, 80; *Beinhardt* VerwArch 1964, 242.

[68] *Zeidler* VVDStRL 19, 228 mit Anm. 89.

[69] *Furtwängler* S. 154. Ausdrücklich *Dürigs* Meinung ablehnend auch *Badura*, Verwaltungsmonopol S. 261 f.; *Bender* JuS 1962, 180; *Bachof* VVDStRL 12, 62; *Kohorst* S. 97; *Metzmacher* S. 142 f.

[70] *Rüfner*, Formen S. 379.

[71] Vgl. noch *Bachof* DÖV 1953, 423; BGH v. 23. 9. 1969, BGHZ 52, 325, 327 f. *Rüfner*, Formen S. 381 ff. erörtert verschiedene Techniken dieses „Einbaus".

[72] *Schmidt-Rimpler* HDSW Bd. 12, S. 697 f.; BGH v. 10. 7. 1969, Betr. 1969, 1790, 1791; zu den einzelnen Prinzipien *Wolff* LB III § 138. Die erwähnten Meinungen sind allerdings nicht völlig eindeutig; a. A. (keine Bindung an allgemeine verwaltungsrechtliche Regeln) *Zeidler* VVDStRL 19, 230.

[73] MDH Art. 3 I Rdnr. 495.

[74] *W. Jellinek* S. 22 und 24; *Kelsen*, Staatslehre S. 240; *Antoniolli* S. 11; *Giacometti* S. 87; *Altmann*, Auftragswesen S. 64; *Bullinger* DÖV 1960, 746; *Hatschek* S. 803. *Mallmann* VVDStRL 19, 165 bezeichnet diese Handhabung

Erkenntnis durch, daß diese Benennung dort nicht mehr angemessen ist, wo die Verwaltung Sonderregelungen unterliegt, weil sie unmittelbar öffentliche Aufgaben erfüllt. Für diese Tätigkeiten wird die Qualifizierung als fiskalisch zunehmend ganz abgelehnt[75]. Zumindest stuft man sie lediglich ein als „fiskalisch im weiteren Sinne" und behält die Bezeichnung als fiskalisch „im engeren Sinne" bzw. „rein fiskalisch"[76] der unten zu besprechenden vierten Kategorie der Verwaltungshandlungen vor[77]. Der Anwendungsbereich des Privatrechts und der Funktionsbereich des „Fiskus" decken sich also nicht mehr[78].

Die Konstruktion des Zivilrechts als „Basisrecht" mit Überlagerung durch das öffentliche Recht läßt die Frage auftauchen, ob es sich letztlich im Sinne der §§ 13 GVG, 40 VwGO um eine bürgerlich-rechtlich oder öffentlich-rechtlich zu beurteilende Rechtsmaterie handelt. *Rupp*[79] weist darauf hin, daß das Verwaltungsprivatrecht eben ein Sonderprivatrecht nur für die öffentliche Verwaltung sei. Nach der von *Wolff* entwickelten, mittlerweile wohl als herrschend zu bezeichnenden Subjekts- oder Sonderrechtstheorie[80] müßte es daher, so Rupp, „ins öffentliche Recht überwechseln", eine Konsequenz, die *Wertenbruch/Schaumann* auch ziehen wollen: verwaltungsprivatrechtliche Fälle gehörten „uneingeschränkt" vor die Verwaltungsgerichte[81].

Ungeachtet dieser Kritik wird allgemein die Anspruchsgrundlage für entscheidend gehalten[82] und diese dem bürgerlichen Recht entnommen[83], was in einer Entscheidung des OVG Berlin[84] zu der doch recht unge-

---

des Begriffes wohl zu Unrecht als noch herrschend. Vgl. auch *Wolff / Bachof* § 23 I a; *Bachof* VVDStRL 12, 55 Anm. 37; *Dürig*, Grundrechte S. 184 f.; BVerwG v. 8. 3. 1962, NJW 1962, 1535, 1537 (beiläufig).

75 *Wertenbruch / Schaumann* S. 426 und 432; *Forsthoff*, Auftraggeber S. 21; *Siebert* S. 220 f.; *Herzog*, Staatslehre S. 528 f.; *Kohorst* S. 23 f.; W. *Weber* HDSW Bd. 3 S. 744; *Metzmacher* S. 127. Vgl. schon *Richter* S. 9.

76 *Dürig* MDH Art. 3 I Rdnr. 476. Bei Art. 1 Rdnr. 135 spricht er von „wirklich fiskalischer" Verwaltung.

77 *Wolff / Bachof* § 23 I und II. Damit nicht zu verwechseln ist die *W. Jellinek*sche (S. 24) Differenzierung: Fiskus i. w. S. ist der Staat als Vermögenssubjekt schlechthin, auch wenn er sich auf öffentlich-rechtlichem Gebiet bewegt wie bei Steuern und Zöllen. Fiskus i. e. S. ist er, wenn er sich ganz auf privatrechtlichem Boden befindet. Vgl. auch *Richter* S. 10; *Kohorst* S. 20; *Herzog* EvStL S. 699. Ganz falsch aber *Strickrodt* S. 49, wonach der Staat „nach geltendem Recht" als „reiner Vermögensträger" Fiskus sei.

78 So treffend *H. H. Klein* S. 23.

79 Privateigentum S. 24 Anm. 42.

80 Dazu *Wolff / Bachof* § 22 II c und d.

81 S. 431; ebenso *Löw* DÖV 1957, 879. Vgl. auch *Zaengl* S. 99; *Furtwängler* S. 162 m. w. N.; a. A. *Bogs* BB 1963, 1269: es handle sich um echtes, nicht um „entliehenes" Privatrecht.

82 *Wolff / Bachof* § 22 II c. Vgl. auch BGH v. 10. 7. 1969, Betr. 1969, 1790.

83 Kritisch dazu *Furtwängler* S. 159.

wöhnlichen Konstruktion einer bürgerlich-rechtlichen Gleichbehandlungspflicht der Verwaltung aus Art. 3 GG führt. Die ganz herrschende Meinung hält am Rechtsweg vor die ordentlichen Gerichte fest[85]: der Staat sei in dem Gebiet zu stellen, dem er sich durch die Form seines Tätigwerdens jedermann erkennbar unterworfen habe[86]. Gespalten sind die Meinungen hinsichtlich des Haftungsrechts: eine im Zunehmen begriffene Ansicht will § 839 BGB in Verbindung mit Art. 34 GG hier zum Zuge kommen lassen[87].

Fataler ist, daß nach offensichtlich herrschender Ansicht Verfassungsrechtsschutz gegen verwaltungsprivatrechtliche Verwaltungstätigkeiten nicht gewährt wird: zwar scheint das BVerfG einen solchen Fall noch nicht entschieden zu haben[88], der BayVerfGH zählte aber solche Verwaltungshandlungen nicht zum Begriff der „öffentlichen Gewalt", wie auch Art. 93 Abs. I Nr. 4 a GG, § 90 Abs. I BVerGG ihn gebrauchen[89].

b) *Die Zwei-Stufen-Theorie*

Speziell zur dogmatischen Erfassung der staatlichen Subventionen entwickelt[90], hat sich zwischen die Kategorien der schlichten Hoheits- und der rein fiskalischen Verwaltungshandlungen ein weiteres Institut geschoben, das aus beiden Elementen besteht: das zweistufige Rechtsverhältnis[91]. Vor der Qualifikation des Subventionsverhältnisses als öffentlich-rechtlichen Vertrag zurückschreckend[92], kam man andererseits

---

[84] V. 27. 4. 1961, NJW 1961, 2130, 2131. Ein solcher Standpunkt, den auch *Hueck* S. 97 vertritt, ist nur auf dem Boden der Drittwirkungslehre verständlich.

[85] *Kohorst* S. 82; *Zeidler* VVDStRL 19, 239; *Zuleeg* NJW 1962, 2234; *Semler* S. 51; *Furtwängler* S. 162; *Metzmacher* S. 175 f.; *Dürig* MDH Art. 19 IV Rdnr. 19; vgl. auch *Burmeister*, Grundrechtsverständnis S. 69 f. Aus der Rspr. BGH v. 18. 3. 1964, BGHZ 41, 264, 266 f.; BVerwG v. 13. 3. 1970, BVerwGE 35, 103, 106. Dagegen spricht nicht die Entscheidung des BGH v. 30. 9. 1970, VwRspr 22, 209, weil hier ein öffentlich-rechtliches, der schlichten Hoheitsverwaltung zuzurechnendes Schuldverhältnis angenommen wurde.

[86] *Dürigs* „Erklärungstheorie", vgl. Grundrechte S. 188.

[87] So *Hamann / Lenz* Art. 34 Anm. B 3; *Maunz* MDH Art. 34 Rdnr. 17; *Kommission* S. 56 f. A. A. nach wie vor *Wolff / Bachof* § 64 II c 1 und § 65 I a.

[88] Vgl. aber BVerfG v. 10. 2. 1960, BVerfGE 10, 302, insbes. 311, wo es um das Institut der Vormundschaft ging.

[89] BayVerfGH v. 20. 6. 1956, BayVBl 1956, 274, 275; BayVerfGH v. 27. 5. 1971, VwRspr 23, 17, 19. Auch *Maunz* MDH Art. 93 Rdnr. 69 zählt nur die „hoheitliche Eingriffstätigkeit" zum Begriff der öffentlichen Gewalt; a. A. *Dürig* MDH Art. 19 IV Rdnr. 19; BFH v. 15. 3. 1972, JZ 1972, 742, 743; unentschieden *Schmidt-Bleibtreu* § 90 Rdnr. 68. *Leibholz / Rupprecht* § 90 Anm. 24 wollen die „fiskalischen" Tätigkeiten ausnehmen, ohne zu bezeichnen, was darunter verstanden wird.

[90] Vgl. *Wolff* LB III § 154 VI b; *Ipsen* DVBl 1956, 466.

[91] Grundlegend BVerwG v. 12. 1. 1955, BVerwGE 1, 308; *Bachof* DÖV 1953, 423; *Siebert* S. 236 ff. Ins Gesetz hat die Theorie Eingang gefunden in § 102 des II. Wohnungsbaugesetzes i. d. F. vom 1. 9. 1965 (BGBl I S. 1617).

nicht umhin, in der Entscheidung über das Ob der staatlichen Leistung, da „in Erfüllung sozialstaatlicher Pflichten“[93] ergehend, einen Verwaltungsakt zu sehen[94] und sie damit dem öffentlichen Recht, d. h. den schlichthoheitlichen Tätigkeiten zuzuordnen. Die Abwicklungsstufe hingegen, d. h. Abschluß, Durchführung und auch Beendigung etwa eines Darlehensvertrages, bleibt lediglich dem bürgerlichen Recht zugehörig[95]; hier unterliegt der Staat also keinen unmittelbaren öffentlich-rechtlichen Bindungen[96].

Über die dogmatischen[97] und praktischen Schwierigkeiten dieser Lehre geht die herrschende Meinung hinweg. So ist es im einzelnen so gut wie unmöglich, beide Stufen exakt zu trennen[98], was zu Kompetenz- und Rechtswegzweifeln führt[99]. Aber, so heißt es, der Vorteil überwiege, daß die Verwaltung nur insoweit ihres privatrechtlichen Handlungsspielraumes beraubt werde, als sie „hoheitlich verantwortlich“ sei; die Alternativen seien ein privatrechtlicher Vertrag mit Grundrechtbindung oder ein öffentlich-rechtlicher Vertrag, was noch unbefriedigender sei[100]. Dennoch wird möglicherweise auf lange Sicht *Zuleeg*[101] Recht behalten, der zweistufige Rechtsverhältnisse als „Zwischenstadium“ bezeichnet, das letztlich irgendwann zum vollen Einbau in das öffentliche Recht führen werde.

IV. Die rein fiskalischen Verwaltungshandlungen

Zur „wirkliche(n), d. h. nach innerem Zweck und äußerer Rechtsform fiskalische(n) Verwaltung“, wo die bürgerlich-rechtliche Form die „wirkliche und ehrliche Entsprechung“ des inneren Verwaltungsmotivs

---

[92] Vgl. aber die oben in Anm. 25 zitierten Stimmen und *Zuleeg* NJW 1962, 2233; auch *Wolff* LB III § 154 VI c und d, der beide Gestaltungsmittel für möglich hält, die zweistufige Konstruktion aber nur anwenden will, wenn das Gesetz diese eindeutig vorschreibe.

[93] BVerwG v. 12. 1. 1955, BVerwGE 1, 308, 310.

[94] *Dürig* MDH Art. 3 I Rdnr. 479.

[95] BGH v. 16. 12. 1971, VwRspr 23, 923, 925.

[96] *Dürig* MDH Art. 1 Rdnr. 138. Auch *Mallmann* VVDStRL 19, 195 geht davon aus, daß die h. M. diese Ansicht vertritt. A. A. ist *Pöttgen* S. 138 ff.

[97] So sagt *Renck* JuS 1971, 79, niemand könne erklären, wie ein öffentlich-rechtliches Verpflichtungsgeschäft zu einem privatrechtlichen Erfüllungsgeschäft führen könne.

[98] *Rüfner*, Formen S. 374; *Furtwängler* S. 50; *Emmerich* JuS 1970, 338 mit Zitat *Imboden*, der die Zwei-Stufen-Theorie als „juristisches Scheinkonzept“ abqualifiziert. *Pappermann* JZ 1969, 487 m. w. N. beruft sich auf die „Einheit der Rechtsordnung“. Ablehnend auch VG Wiesbaden v. 14. 1. 1974, DVBl 1974, 243, 244, das eine einheitlich-rechtliche Konstruktion bevorzugt.

[99] *Rüfner*, Formen S. 375.

[100] So *Bullinger*, Vertrag S. 101.

[101] NJW 1962, 2233.

ist[102], weil es der „öffentlichen Hand“ an „unmittelbarer öffentlicher Zielsetzung“ mangele[103], gehören nach herrschender Ansicht die beiden Unterkategorien der erwerbswirtschaftlichen Betätigung und der Hilfs-, also Bedarfsdeckungsgeschäfte der Verwaltung[104]. *Hamann*[105] trennt inhaltlich gleich in selbständige (nämlich erwerbswirtschaftliche) und abhängige, bestimmten Kategorien hoheitlicher (!) Tätigkeit bzw. ihren Zwecken untergeordnete fiskalische Verwaltungsbetätigung (Beschaffung). Ohne daß dieser Bereich in den einschlägigen Definitionsversuchen erwähnt wird, wird man bei Festhalten an der Zwei-Stufen-Theorie auch das Abwicklungsstadium von Subventionen hierher rechnen müssen[106].

Hinter der Abgrenzung dieser Verwaltungsagenden zu denen der Kategorie „Verwaltungsprivatrecht“ steht, so *Wolf/Bachof*[107], der typische Unterschied zwischen den Aufgaben und Zwecken, um derentwillen die Verwaltung da ist, und den Hilfsfunktionen. Dies sei zwar eine „nicht klar abgrenzbare“ soziologische Unterscheidung, juristisch dennoch aber ergiebig.

Verschiedentlich ist der Versuch gemacht worden, Privatautonomie und Bindungsfreiheit argumentativ zu untermauern, indem man die rein fiskalischen Verwaltungshandlungen aus dem Begriff der Verwaltung[108] oder doch der „öffentlichen“[109] bzw. „unmittelbar öffentlichen“[110] Verwaltung herausnahm. Wie unwohl den Autoren jedoch bei diesem Rückfall in die Lehre von der Doppelpersönlichkeit des Staates ist, zeigt der Gedankengang *Rüfners*, der zunächst die „Verwaltung“ von „rein privater Tätigkeit des Fiskus“ abgrenzen will, dann jedoch keinen Handlungsbereich der „öffentlichen Hand“ aus dem Begriff der Verwaltung „ganz ausklammern“ will[111].

---

102 *Dürig*, Grundrechte S. 186 f.

103 *Siebert* S. 244; *Sailer* BayVBl 1966, 295.

104 *Dürig* MDH Art. 3 I Rdnr. 476 und Art. 1 Rdnr. 135; *Kohorst* S. 21; *Herzog*, Staatslehre S. 529 und ders., EvStL S. 699; *Furtwängler* S. 84; *Imboden* S. 54 f.; *Strickrodt* S. 50.

105 NJW 1957, 1422.

106 A. A. *Pöttgen* S. 138.

107 § 23 IV a.

108 So offenbar *Emmerich* JuS 1970, 335, der implizit der h. M. unterstellt, zwischen einem „materiellen Verwaltungsbegriff“ und den unmittelbar zu erfüllenden öffentlichen Aufgaben nicht weiter zu unterscheiden. *Mäding* DV 1973, 257 weist ausdrücklich auf den „unmittelbaren Sachzusammenhang“ zwischen öffentlicher Verwaltung und öffentlichen Aufgaben hin. Vgl. auch *Leisner*, Grundrechte S. 205; *Bender* JuS 1962, 181; *Metzmacher* S. 127.

109 *Bullinger*, Vertrag S. 101.

110 *Badura*, Wirtschaftsverwaltungsrecht S. 287.

111 Formen S. 138 und 141. Unklar auch *Forsthoff* LB, der (S. 1 f.) nicht deutlich macht, ob auch „Hilfsgeschäfte“ unter den Verwaltungsbegriff fallen, die öffentliche Erwerbswirtschaft jedenfalls nicht dazu rechnet (S. 371).

Um sich offensichtliche Ungereimtheiten und Inkonsequenzen zu ersparen, betonen mehrere Autoren daher ausdrücklich, auch fiskalische Tätigkeit sei öffentliche Verwaltung[112]; allein die Qualität des Akteurs sei dafür entscheidend[113].

Ist dieser Schritt getan, kann man sich der Erkenntnis nicht mehr entziehen, daß die Verwaltung sich auch im Bereich fiskalischer Tätigkeit ihrer spezifischen Verantwortung nicht vollständig entschlagen kann. Für staatliches Handeln sei ein anderes leitendes Interesse als das öffentliche undenkbar[114]. Die öffentliche Verwaltung sei daher einem Privatmann nie völlig gleichzustellen[115] und dürfe sich nicht zu den grundsätzlichen Entscheidungen und Wertungen in Widerspruch setzen, an die sie als Hoheitsträger gebunden sei[116].

Dies auf dem Boden der herrschenden Meinung zu begründen, ist um so schwieriger, als an der Geltung nur des Privatrechts festgehalten („fiscus iure privato utitur")[117] und eine unmittelbare Geltung des öffentlichen Rechts bzw. der fast ausschließlich diskutierten Grundrechte als „Invasion aus der Hoheitsverwaltung" mit Vehemenz abgelehnt wird[118]. Der Begriff „fiskalisch" im modernen Sinne[119] wird mit „grundrechtsfrei" geradezu in eins gesetzt[120]. Diese Betrachtungsweise sei „uneingeschränkt zweckmäßig"[121] und schaffe ein Optimum an Rechtssicherung für den Bürger[122]. Es handle sich hier um den „klassischen" Bereich der Privatautonomie[123] des Staates, der lediglich intern

---

112 So schon *Richter* S. 20; *Dürig*, Eigentum S. 340 f., vgl. auch *ders.*, Grundrechte S. 157; *Ipsen* DVBl 1956, 465 f.; *Furtwängler* S. 86; *Wolff / Bachof* § 23 II; *Haak* S. 68; *Mallmann* VVDStRL 19, 197; *Zeidler* VVDStRL 19, 231; *Bull*, Staatsaufgaben S. 9.

113 *Zeidler* VVDStRL 19, 218 Anm. 39.

114 *Forsthoff* LB S. 114; zustimmend *Wertenbruch / Schaumann* S. 429.

115 *Wertenbruch / Schaumann* S. 425; *Bachof* VVDStRL 12, 61; *Dürig* MDH Art. 1 Rdnr. 135. Anders offenbar nur noch *F. Klein* GG Vorbemerkung A II 4 und Art. 1 Anm. V 3 b.

116 *Forsthoff*, Auftraggeber S. 16 und 21 f. und *ders.* BayVBl 1964, 103; *Altmann*, Auftragswesen S. 65; *Zippelius* EvStL S. 935; *Rentrop* Darstellung S. 7.

117 *Wolff / Bachof* § 23 II a; *Dürig*, Grundrechte S. 187; *Siebert* S. 221.

118 So *Bullinger* DÖV 1960, 748 und *ders.*, Vertrag S. 100; *Emmerich* JuS 1970, 338; *Brohm*, Strukturen S. 183; *Rupp*, Privateigentum S. 24 f. mit Anm. 25; *Dürig*, Eigentum S. 341; *W. Weber* HDSW Bd. 3 S. 744; zur h. M. auch *Zeidler* VVDStRL 19, 216 ff. und die von *H. H. Klein* S. 165 Anm. 64 zitierten Stimmen. Unentschieden zur Grundrechtgeltung für die Bedarfsverwaltung *Zuleeg* NJW 1962, 2234; *H. H. Klein* S. 24 f. Aus der Rspr. vgl. nur BGH v. 10. 12. 1958, BGHZ 29, 76, 96.

119 Vgl. oben bei Anm. 75.

120 *Kohorst* S. 24.

121 *Wertenbruch / Schaumann* S. 428.

122 *Forsthoff*, Auftraggeber S. 10 und 14; zustimmend *Schmölders* S. 216 Anm. 146.

123 *Imboden* S. 55 f.

danach zu streben habe, das Gemeininteresse zu wahren[124]. Dennoch wird ein besonderer Rechtswidrigkeitsmaßstab an das Verwaltungshandeln angelegt, der letztlich in der Identität von Fiskus und Hoheitsverband gründet; aber eine „Grundrechtsverletzung im exakten Sinne" kann es natürlich nach dem Gedankengang der herrschenden Meinung nicht geben[125]. Vielmehr operiert man mit dem Mißbrauchsargument[126] oder gar mit „Schranken, die strukturell vorgegeben sind"[127], was immer auch dies heißen und welche Konsequenzen es im einzelnen haben mag. Dogmatisch konsequent bleibt allein *Dürig*, der einer mittelbaren Grundrechtsbindung über die Generalklauseln des Zivilrechts Geltung verschaffen will[128]; leider fehlt es auch hier an einer Konturierung der daraus abzuleitenden Folgerungen.

In letzter Zeit lassen sich zunehmend auch Gegenstimmen vernehmen[129], die mit mancherlei Argumenten einer unmittelbaren Bindung auch des „Fiskus" an die Grundrechte, nicht allerdings an allgemeine verwaltungsrechtliche Normen[130] das Wort reden. Daß diese Meinungen inzwischen herrschend seien, wie *Pestalozza*[131] und *Leisner*[132] meinen, davon kann allerdings keine Rede sein. Insbesondere in die Rechtsprechung hat diese Argumentation keinen Eingang gefunden[133]. Obwohl die in die „Bastionen" der Fiskalverwaltung eindringende, die Grundrechte im Schlepptau mitführende „Vorhut"[134] eine „mannigfaltige und tiefgreifende Differenzierung" für geboten erachtet[135], kann sich die überkommene herrschende Meinung nicht zu weitergehenden Konzessionen verstehen. Sie stützt sich nicht zuletzt auf eine Interpretation des Art. 1 Abs. III GG, wonach der Begriff der fiskalischen

---

124 Ebd. S. 51.

125 *Forsthoff*, Auftraggeber S. 16.

126 *Forsthoff* LB S. 100; *Hesse*, Grundzüge S. 145.

127 *Forsthoff*, Auftraggeber S. 16. Ähnlich unklar *Wolff / Bachof* § 23 II a 1. Vgl. auch OVG Münster v. 14. 5. 1958, DVBl 1959, 103; OVG Berlin v. 27. 4. 1961, NJW 1961, 2130, 2131 und insbes. BGH v. 6. 6. 1967, NJW 1967, 1911 f.; BVerwG v. 7. 11. 1957, NJW 1958, 394, 395, wo von der durch das „Gemeinschaftsinteresse geprägten Verantwortung" die Rede ist, ohne daß diese Erwägung auf die Entscheidung irgendeinen Einfluß ausübt.

128 MDH Art. 3 I Rdnr. 501.

129 Zum status controversiae *Mallmann* VVDStRL 19, 201 f.

130 Dazu *Zeidler* VVDStRL 19, 230 m. w. N.

131 Formenmißbrauch S. 169.

132 DÖV 1967, 700; Grundrechte S. 206.

133 Etwa BGH v. 26. 10. 1961, BGHZ 36, 91, 96. Vgl. dazu allerdings *Furtwängler* S. 141.

134 *Mallmann* VVDStRL 19, 201.

135 *Mallmann* ebd. S. 202; *Zeidler* VVDStRL 19, 233; *Hesse*, Grundzüge S. 146 f.; *Furtwängler* S. 111; *Thieme* VVDStRL 19, 254 ff.; *Ossenbühl* DÖV 1971, 522.

Verwaltung herkömmlicherweise und schon ex definitione nicht der „vollziehenden Gewalt" zu subsumieren sei[136] und auf die Behauptung, die Rechtsordnung tendiere zu größtmöglicher Gleichbehandlung von Bürger und Staat als „Quasibürger"[137]. Letzteres wird auch geschlossen aus den sogenannten Fiskusprivilegien bzw. Sonderbestimmungen für den „Fiskus"[138]: gälte nicht grundsätzlich das Prinzip der Nichtprivilegierung des Fiskus, so hätte man die Ausnahmen davon nicht eigens anordnen müssen[139].

Nicht einig ist man sich, ob die Gleichstellung des Quasibürgers Fiskus mit den Privaten soweit geht, daß sich die „öffentliche Hand" hier sogar auf den Schutz der Grundrechte berufen kann. Soweit öffentliche Aufgaben erfüllt würden, schließt man das allerdings ziemlich einhellig aus[140]. Bei „rein" fiskalischer Tätigkeit ist wohl die Mehrheit der Literaturstimmen dagegen, weil dies eine „völlige Verdrehung der Grundrechtsidee" sei[141]. Das BVerfG[142] ließ die Frage im Grundsatz offen, hält aber eine Berufung auf das Prozeßgrundrecht des Art. 101 Abs. I Satz 2 GG und eine darauf gestützte Verfassungsbeschwerde für zulässig, da die Verwaltung hier wie jedermann der richterlichen Hoheitsgewalt unterworfen sei[143].

---

136 *Forsthoff*, Auftraggeber S. 14 und *ders.* BayVBl 1964, 101 ff.; *H. H. Klein* S. 169 ff.; *Wolff / Bachof* § 23 II a 1 d. Gelegentlich wurde auch Art. 19 Abs. IV GG herangezogen, *Dürig*, Eigentum S. 341, der dieses Argument aber aufgegeben hat, vgl. Grundrechte S. 187. Dazu auch *Zeidler* VVDStRL 19, 227 mit Anm. 84.

137 *Kisker* S. 52, der allerdings, wie sich auf S. 49 ergibt, nur die erwerbswirtschaftliche Betätigung der öffentlichen Hand im Auge hat.

138 Übersichten über solche Bestimmungen bei *Wolff / Bachof* § 23 II a; *Haas* DVBl 1960, 303; *Zeidler* VVDStRL 19, 215 f. mit Anm. 28; vgl. auch *Siebert* S. 221. Die bekanntesten Normen sind die §§ 1936, 928 Abs. II BGB, 882 a ZPO. *Hamann* WuW 1954, 302 stellt ihre Verfassungsmäßigkeit in Frage.

139 *Kisker* S. 49 f. mit Anm. 132.

140 *Fuß* DVBl 1958, 741; BGH v. 31. 10. 1974, NJW 1975, 158 ff.; BVerfG v. 2. 5. 1967, BVerfGE 21, 362 LS 1. A. A. *Bettermann* NJW 1969, 1324; differenzierend nach der Teleologie öffentlicher Verbände *Preuß*, Staatsrechtl. Begriff S. 35 ff. und ähnlich *Siepmann* DÖV 1975, 267 ff.

141 *Nipperdey*, Freie Entfaltung, S. 779; zustimmend *Dürig* MDH Art. 2 Rdnr. 67 und Art. 19 Abs. III Rdnr. 42 ff.; *Wolff / Bachof* § 23 II a 2; *Pöttgen* S. 62; *Siepmann* DÖV 1975, 269; *Bethge*, Der Städtetag 1970, 67 f.; *Zeidler* VVDStRL 19, 229 Anm. 91, der sich allerdings zu Unrecht auf *Fuß* beruft. Dieser DVBl 1958, 742 vertritt nämlich gerade die Gegenmeinung, ebenso wie *Forsthoff* BayVBl 1964, 102; *H. H. Klein* S. 235 (bei erwerbswirtschaftlicher Betätigung); *Bettermann* NJW 1969, 1323 und die bei *Dreier* S. 90 Anm. 38 zitierte Literatur. Differenzierend *Kisker* S. 47 ff. (nur bei erwerbswirtschaftlicher Betätigung in seltenen Fällen) und ebenso mit Hilfe systemtheoretischer Analyse *Dreier* ebd. Vgl. zum Problem auch die Arbeit von *Feine*.

142 V. 16. 1. 1957, BVerfGE 6, 45, 49 und v. 2. 5. 1967, BVerfGE 21, 362, 378.

143 BVerfG v. 16. 1. 1957, BVerfGE 6, 45, 50; zustimmend bei Prozeßgrundrechten MDH Art. 19 Abs. III Rdnr. 33; *Bethge*, Der Städtetag 1970, 69.

Unnötig ist es, näher auszuführen, daß für Rechtsweg und Haftung § 40 VwGO und § 839 BGB/Art. 34 GG nicht in Frage kommen sollen und Verfassungsbeschwerde gegen „rein“ fiskalische Akte nicht zulässig ist[144].

B. Die staatlichen Bedarfsdeckungsgeschäfte

I. Die staatlichen Bedarfsdeckungsgeschäfte als rein fiskalische Verwaltungstätigkeit

Als zweite Gruppe neben der sogenannten[145] erwerbswirtschaftlichen Betätigung der öffentlichen Hand[146] wird die Beschaffung der Sachmittel und -leistungen durch die „Bedarfs-“ oder „Intendanturverwaltung“[147] den rein fiskalischen Verwaltungstätigkeiten hinzugerechnet. Bekanntestes Schulbeispiel: „Finanzamt kauft Kohle“. Wenn *Forsthoff*[148] das Wort „fiskalisch“ nur auf die rechtsgeschäftliche Betätigung hinsichtlich des Finanzvermögens bezogen wissen will, die Vergabe von öffentlichen Bauaufträgen also nicht darunter fallen läßt, so ist das eine rechtlich folgenloser Eigenart *Forsthoff*scher Nomenklatur. *Bender*[149] nennt zwar die Inhaberschaft des Staates an Gewerbebetrieben ausdrücklich Fiskalvermögen im Gegensatz zum Verwaltungsvermögen und den öffentlichen Sachen im Gemeingebrauch, geht aber davon aus, daß eine Auftragsvergabe sich auf alle drei Kategorien beziehen kann, ohne daß jedenfalls im externen Rechtsverhältnis Differenzierungen angebracht wären.

II. Der Rechtscharakter der Bedarfsdeckungsverträge

So gut wie unbestritten ist allseits, daß die staatlichen Bedarfsdeckungsverträge mit den privaten Unternehmern Verträge des Privatrechts sind[150], d. h. den allgemeinen Regeln des bürgerlichen Rechts-

---

[144] *Bogs* BB 1963, 1272.

[145] Zur Problematik dieses vereinfachenden Begriffs *Geipel* S. 48 Anm. 1.

[146] Zu diesem Thema vgl. die Arbeiten v. *H. H. Klein* und *Wenger*, sowie *Köttgen*, Wirtschaftliche Betätigung der Gemeinden und *ders.*, Erwerbswirtschaftliche Betätigung; *E. R. Huber*, Wirtschaftsverwaltungsrecht insbes. S. 518 ff.; *Rüfner*, Formen insbes. S. 142 ff.; *Dürig* MDH Art. 2 Rdnr. 52. Zur Bindung an die Grundrechte *Zeidler* VVDStRL 19, 233 f.; *Emmerich* JuS 1970, 334.

[147] *Wolff / Bachof* § 3 I b 4.

[148] Auftraggeber S. 20; dazu *Furtwängler* S. 83 und 85, der *Forsthoff* wohl zu Unrecht als Vertreter einer allgemeinen Tendenz bezeichnet.

[149] JuS 1962, 179.

[150] *Kormann* S. 33; *Furtwängler* S. 42 ff. (der jedoch Ausnahmen für möglich hält und dem Urteil des BGH v. 26. 10. 1961, BGHZ 36, 91 zustimmt, wo es um Rahmenverträge zwischen Sozialversicherungsträgern und Apothekern ging); *Truninger* S. 14 m. w. N. in Anm. 59; *Bender* JuS 1962, 179; *Rüfner*, Formen S. 407; *Mees*, Verdingungsordnungen S. 35 ff.; *ders.* WuW 1961, 542;

verkehrs, konkret den §§ 433 ff., 631 ff.[151], gelegentlich auch 611 ff. BGB[152] unterliegen. Natürlich, so meint *Forsthoff*[153], könnte die Rechtsordnung dies auch anders regeln. In Frankreich etwa ist dies geschehen[154]; dort werden die fraglichen Geschäfte als Verwaltungsverträge (contrats administratifs) eingestuft. Laut *Forsthoff* ist die privatrechtliche Betrachtungsweise aber ein „Spezifikum deutschen Rechts“[155], mehr noch, sie entspreche — mit einer interessanten Tautologie — einer „vernünftige(n) Logik“ sowie „unabweisbaren Notwendigkeiten“[156]. Die Geltung des Privatrechts stehe völlig außer Frage[157]. Eine Ausschreibung ist sonach eine Einladung zur Offertenabgabe[158], das Bieten durch einen Unternehmer ein Angebot im Sinne des § 145 BGB, die Entscheidung über die Vergabe ein interner Willensbildungsakt der Behörde, wie bei einer privaten Kapitalgesellschaft etwa[159], und der Zuschlag eine Annahmeerklärung im Sinne der §§ 146 - 149 BGB[160]. Die Anfechtungs-

---

Bullinger, Vertrag S. 29 und 91; *Wolff / Bachof* § 22 III b 1; *A. Schneider* S. 155 f.; *Geipel* S. 42; *Rentrop* Darstellung S. 140; auch schon *Richter* S. 11 f.; des weiteren die bei *Furtwängler* S. 35 Anm. 4 zitierten Stimmen. Nur *H. Krüger*, Staatslehre S. 330 neigt einer öffentlich-rechtlichen Betrachtungsweise zu. Unklar ist die Meinung *Mengers* VerwArch 1958, 277: wegen der Sonderregelungen der Verdingungsordnungen bleibe für eine bürgerlich-rechtliche Betrachtungsweise kein Raum mehr. Da er in einer Auftragssperre aber auch keinen Verwaltungsakt sehen will (und sich damit den Weg zur Zwei-Stufen-Theorie verbaut), müßte er eigentlich einen öffentlich-rechtlichen Vertrag annehmen. Expressis verbis spricht er dies aber nicht aus. Aus der Rspr.: BGH v. 10. 7. 1954, BGHZ 14, 222, 226; BGH v. 6. 6. 1967, DVBl. 1968, 145, 146; BGH v. 15. 6. 1967, BGHZ 48, 98, 103; BGH v. 18. 11. 1957, abgedr. bei *Michaelis / Rhösa* Entscheidungen II Nr. 2; BVerwG v. 7. 11. 1957, NJW 1958, 394, 395; BVerwG v. 8. 3. 1962, BVerwGE 14, 65, 72; BVerwG v. 10. 11. 1972, DÖV 1973, 244, 245 (der Abschluß von privatrechtlichen Beschaffungsverträgen sei eine „ständige Verwaltungsübung“); BVerwG v. 13. 3. 1970, BVerwGE 35, 103, 104 f.; OVG Berlin v. 27. 4. 1961, NJW 1961, 2130, 2131.

151 *Korbion* Betr. 1974, 77.

152 *Haak* S. 14.

153 Auftraggeber S. 12 und 28.

154 Durch gesetzliche Unterstellung unter die Verwaltungsgerichtsbarkeit seit 1799 bzw. 1806. Dies gilt allerdings schon nach dem Gesetzeswortlaut nicht ausnahmslos, z. B. nicht für den Erwerb von Immobilien, und ist durch die Rspr. vielfältig modifiziert worden, vgl. *Beinhardt* VerwArch 1964, 164 ff.; *Lüthje* S. 14 ff.; *Constantinesco / Hübner* S. 69 ff.; *Bechtold* S. 96; auch *Semler* S. 6 ff. Zur Rechtslage in den anderen EG-Ländern vgl. *E. Schmitz*. Zur Betrachtungsweise in der Schweiz *Truninger* S. 58 ff., in Österreich den allerdings überholten Beitrag von *Layer* S. 68 f., der die Verträge als „gemischt privat- und öffentlich-rechtliche“ Rechtsverhältnisse einstufte. Zur öffentlich-rechtlichen Betrachtungsweise im alten Rom *A. Schneider* S. 117 und *H. H. Klein* S. 128.

155 Auftraggeber S. 31. Vgl. auch *Bullinger*, Vertrag S. 108.

156 *Forsthoff*, Auftraggeber S. 12.

157 Ebd. S. 11. Das französische Beispiel widerlegt andererseits *Rüfner*, Formen S. 353, der wegen der „Privatrechtsnähe“ einen öffentlich-rechtlichen Vertrag bei Hilfsgeschäften für „wohl“ nicht möglich hält.

158 *Truninger* S. 102.

159 BVerwG v. 13. 3. 1970, BVerwGE 35, 103, 104 f.

regeln des BGB gelten wie bei allen privatrechtlichen Willenserklärungen[161].

Es wäre in der Tat wirklichkeitsfern, im Gegensatz zu einer allseits geübten Praxis die Beschaffungsverträge de lege lata[162] als öffentlich-rechtliche postulieren zu wollen, wie *Dreyer* das in seiner Arbeit von 1938 hat tun wollen. Zur damaligen Zeit existierte zudem die Lehre vom Verwaltungsprivatrecht noch nicht. Heute wäre *Dreyers* Folgerung aus dem Gedankengang, die Verwaltung dürfe immer nur im öffentlichen Interesse handeln, Vertragsfreiheit und Gemeinwohlbindung aber seien inkompatibel[163] und daher die gesamte Materie dem öffentlichen Recht zuzuschlagen, und zwar ausschließlich, möglicherweise immer noch die konsequenteste; zwingend notwendig wäre sie nicht mehr, um *Dreyers* Intentionen Genüge zu tun[164].

Abweichendes gilt nur für die EVSt, deren Rechtsgeschäfte mit den Privaten nach Ansicht des BVerwG[165] rein öffentlich-rechtlichen Charakter haben.

III. Der Rechtscharakter der Verdingungsordnungen

Nach ganz herrschender Meinung[166] handelt es sich bei den Verdingungsordnungen um lediglich „interne Weisungen über die Ausübung der Privatautonomie"[167]. Den Verfahrensregeln der Teile A fehle die Kraft von Gesetzen, Verordnungen[168] oder Gewohnheitsrecht[169]. Sie seien Verwaltungsvorschriften[170] ohne unmittelbare Außenwirkung[171]

---

160 *HRS* § 28 Rdnr. 1; BVerwG v. 8. 3. 1962, NJW 1962, 1535, 1537.

161 *HRS* § 18 Rdnr. 20 ff.

162 Zumal das geltende Recht seiner Terminologie nach ganz offensichtlich von der Geltung des bürgerlichen Rechts ausgeht, vgl. *Furtwängler* S. 41 f.; *Mees*, Verdingungsordnungen S. 32.

163 *Dreyer* S. 44 f.

164 Ähnlich *Truninger* S. 59 f. Zumindest mißverständlich daher *Mees*, WuW 1961, 541 und *Furtwängler* S. 33 f.

165 V. 21. 4. 1972, DVBl 1973, 41. Dahingestellt bei BGH v. 10. 11. 1963, NJW 1963, 645. A. A. wohl *Rinck* Rdnr. 467, der die Zwei-Stufen-Theorie anwenden will.

166 Laut *E. Schmitz* S. 30 mit Anm. 11 war der Rechtscharakter der Verdingungsordnungen allerdings „nicht immer" unbestritten.

167 *Imboden* S. 53.

168 *Rentrop* Darstellung S. 9; *HRS* Einleitung Rdnr. 2; *Hereth / Naschold* S. 17.

169 *HRS* Einleitung Rdnr. 2 m. w. N.; *Ingenstau / Korbion* Einl. Rdnr. 7.

170 *HRS* Einleitung Rdnr. 3; *Michaelis / Rhösa* Erläuterungen Einführung S. 6 und Erläuterungen Verordnung Präambel S. 4; *Strickrodt* S. 211; *Mees*, Verdingungsordnungen S. 8; *ders.* WuW 1961, 545; *Geipel* S. 37; *Semler* S. 46; *Furtwängler* S. 26; *Schmölders* S. 217; *Holtz* HDSW Bd. 1 S. 434; *Fricke* S. 90 Anm. 1; *Bender* JuS 1962, 179; *Ingenstau / Korbion* Einl. Rdnr. 13; beiläufig *Rüfner*, Formen S. 389. Weitere Nachweise bei *Truninger* S. 38 Anm. 10.

(Verwaltungsanordnungen, Amtsrechtssätze, Dienstanweisungen[172]), Ausführungsbestimmungen zu § 46 Abs. II RHO (heute § 55 Abs. II BHO) und entsprechenden Bestimmungen des Landesrechts[173]. Eingehende Begründungen dafür werden kaum vorgetragen, die Bemerkungen *Furtwänglers* etwa[174] sind reine petitiones principii. Aber auch *Menger*[175], der von der herrschenden Meinung insofern abweicht, als er von einer Regelung des „Außenbezirks" zwischen Staat und Auftragnehmer durch ein Sonderrecht spricht, verzichtet auf nähere Erläuterungen[176].

Durch die Tatsache, daß VOB und VOL Verwaltungsvorschriften sind bzw. durch solche eingeführt worden sind, weisen sie zwar öffentlich-rechtliche Elemente auf[177]. Dennoch seien die Teile A keine öffentlich-rechtlichen Vorschriften, sondern eine das allgemeine Zivilrecht ergänzende, selbstgewählte Vergabeordnung[178], die sich nur an den Auftraggeber wende[179]. Folglich könnten Bewerber und Bieter aus ihnen nicht nur keine öffentlich-rechtlichen Ansprüche ableiten, weil die Verwaltung im Rahmen der Beschaffung keine Verwaltungsakte erlasse[180], sondern überhaupt keine unmittelbaren klagbaren Ansprüche[181], weder

---

171 Dies selbstverständlich nicht, wie *Furtwängler* S. 23 meint, weil VOL und VOB von den Verdingungsausschüssen ausgearbeitet wurden. Für verbindlich erklärt wurden sie ja durch Anordnung der Behördenspitzen.

172 Zur Terminologie *Ossenbühl*, Verwaltungsvorschriften S. 29 ff.

173 *Bogs* BB 1963, 1271 Anm. 23; *Semler* S. 47; *HRS* Einführung Rdnr. 3. *Truninger* S. 39 hält eine Delegationsbefugnis für entbehrlich.

174 S. 23 ff.

175 VerwArch 1958, 277.

176 Im Schweizer Recht gibt zu einigen Argumentationsketten und -hürden die Tatsache Anlaß, daß in etlichen Vergabevorschriften massive Rechte der (bereits am Verfahren beteiligten) Bewerber statuiert, andererseits einseitige Vertragsrevisionsrechte der Behörden vorgesehen, drittens aber auch Schutzbestimmungen zugunsten Dritter, etwa der Arbeitnehmer der Auftragbewerber, enthalten sind; vgl. dazu *Truninger* S. 14 und 39 ff.; *A. Schneider* S. 44. Im deutschen Raum tauchen diese Probleme nicht auf. Vgl. auch für das österreichische Recht *Layer* S. 64 ff., der von den Verdingungsrichtlinien annahm, sie wirkten wie Rechtsnormen für besondere Gewaltverhältnisse.

177 *E. Schmitz* S. 31; *Rentrop* Darstellung S. 11.

178 *Appelhagen* BB 1974, 343; *Rentrop* Darstellung S. 11; vgl. auch *Korbion* Betr. 1974, 77; *HRS* Einleitung Rdnr. 3.

179 *DMM* Vorbemerkung S. 32 f.

180 *DMM* Einführung S. 39; *Daub / Tomascewski* S. 510.

181 *Geipel* S. 37; *Semler* S. 46 f.; *Appelhagen* BB 1974, 343; *Furtwängler* S. 124; *Hereth / Naschold* Ez A 0.7; *Michaelis / Rhösa* Erläuterungen Einführung S. 6; *VOB-Fälle* Nr. 11 zu VOB/A; *Rentrop* Darstellung S. 10; *Winkler* Vorbemerkung zu Teil A S. 15; *DMM* Vorbemerkung S. 1 und etwa § 12 Anm. 3 g und § 25 Anm. 1 c; *Ingenstau / Korbion* § 3 Rdnr. 7 und Einl. Rdnr. 13; *HRS* § 13 Rdnr. 2 und § 20 Rdnr. 5 (mißverständlich § 13 Rdnr. 7, wo von „Rechten" der Bieter die Rede ist und ganz im Widerspruch zu den zitierten Stellen Einleitung Rdnr. 3; dazu unten bei Anm. 190 ff.

solche auf Einhaltung der Verfahrensbestimmungen noch gar solche auf den Zuschlag[182]. Im Verhältnis zu den Unternehmern sei die Verwaltung frei — wie jeder Privatmann[183]. Deshalb sei nur das Instrument der Dienstaufsichtsbeschwerde gegeben[184].

Allerdings seien die Verfahrensvorschriften der Teile A geeignet, die zivilrechtliche Pflichtenlage zu modifizieren und insofern auch für die Unternehmer von Bedeutung[185]. Zwar seien sie keine Schutzgesetze im Sinne des § 823 Abs. II BGB[186]. Im Vorstadium der Beschaffung entstehe aber ein vorvertragliches Vertrauensverhältnis[187], in dessen Rahmen es „zu den Sorgfaltspflichten einer Behörde, die eine öffentliche Ausschreibung durchführt, gehört ..., die Vergabe nach den Regeln des Teiles A der VOB durchzuführen“[188]. Tue sie dies schuldhaft nicht, so sei zwar mangels eines Anspruchs auf den Zuschlag Schadensersatz wegen Nichterfüllung dem Unternehmer nicht zuzuerkennen, wohl aber das negative Interesse aus culpa in contrahendo[189].

Im Widerspruch dazu stehen Äußerungen des Inhalts, die Verdingungsordnungen, Teile A, könnten in Verbindung mit Art. 3 Abs. I GG zu einer

---

182 *Truninger* S. 70 und 77 f.; *Furtwängler* S. 133; *Haak* S. 164; *Bender* JuS 1962, 180; *Mees,* Verdingungsordnungen S. 8; *Brügmann* Baugewerbe 1954, 636 f. (der S. 637 zutreffend darauf hinweist, daß auch eine Verdingungsordnung in Gesetzesform ein solches Recht nicht gewähren müßte); OLG Hamm v. 24. 11. 1971, BB 1972, 243.

183 *Truninger* S. 14 und 72.

184 *A. Schneider* S. 112; *Ingenstau / Korbion* Einl. Rdnr. 13; *Semler* S. 47; *DMM* Einführung S. 39.

185 Vgl. *DMM* Vorbemerkung S. 32 f.

186 *VOB-Fälle* Nr. 11 zu VOB/A; OLG Celle v. 21. 11. 1955, zitiert bei *Bogs* BB 1963, 1271 mit Anm. 23; BGH v. 21. 10. 1956, zitiert bei *Michaelis / Rhösa* Entscheidungen V Nr. 2; a. A. *Brügmann* Baugewerbe 1954, 638. Ansprüche aus den §§ 823 Abs. I, 824 und 826 BGB sollen sich bei Vorliegen der Voraussetzungen ohne Besonderheiten ergeben, *Ingenstau / Korbion* Einl. Rdnr. 19.

187 Und zwar nach *HRS* § 9 Rdnr. 23 (allerdings in sich widersprüchlich) bereits mit Übersendung der Verdingungsunterlagen an die Bewerber. Der von HRS als Beleg zitierte BGH v. 22. 2. 1973, NJW 1973, 752, 753 läßt das Vertrauensverhältnis erst mit Abgabe des Angebots durch den Unternehmer beginnen.

188 OLG Hamm v. 24. 11. 1971, BB 1972, 243. Enger *Ingenstau / Korbion* Einl. Rdnr. 14: ein Anspruch aus culpa in contrahendo komme nur in Betracht, wenn der Bieter darauf habe vertrauen dürfen, mit Sicherheit den Auftrag zu bekommen. Das sei ein seltener Ausnahmefall.

189 OLG Hamm ebd. (hier Verstoß gegen § 25 Nr. 1 a VOB/A); BVerwG v. 8. 3. 1962, BVerwGE 14, 65, 72; BGH v. 26. 9. 1960, MDR 1961, 34 (wo leider nicht ganz klar wird, ob die Pflicht zu „konsequentem Verhalten“ aus § 242 BGB oder aus öffentlichem Recht abgeleitet wird); *Bogs* BB 1963, 1272; *Winkler* Vorbemerkung zu Teil A S. 15; *DMM* Einführung S. 39; *HRS* § 9 Rdnr. 22 und 24 (bei mangelhafter Leistungsbeschreibung), Rdnr. 41 (bei unzulässiger Aufhebung der Ausschreibung), § 10 Rdnr. 6, § 27 Rdnr. 6 (bei mißbräuchlicher Verwendung eines Angebots).

Selbstbindung der Verwaltung führen. Bei *Furtwängler*[190] ist diese Haltung verständlich, weil er die Grundrechte immerhin für direkt anwendbar hält. Wenn aber *Heiermann/Riedl/Schwaab* ebenfalls einer Selbstbindung das Wort reden[191], so steht das im schroffen Gegensatz zur sonst von ihnen vertretenen Ansicht[192]. Diese Konstruktion führt nämlich konsequenterweise zu klagbaren Ansprüchen, auch auf den Zuschlag[193], wie *Heiermann/Riedl/Schwaab*[194] ausdrücklich anerkennen, wenn sie auch die Beweissituation des klagenden Bieters für fast aussichtslos halten. Zudem wurzelten solche Ansprüche im öffentlichen, nicht im bürgerlichen Recht, weil nach (noch)[195] herrschender Meinung eine Verbindlichkeit von Verwaltungsvorschriften nur über Art. 3 GG in Betracht kommt[196].

Die „Allgemeinen (Vertrags)Bedingungen“, die Teile B also, werden von der herrschenden Ansicht als Allgemeine Geschäftsbedingungen qualifiziert, wie sie auch sonst im Privatrechtsverkehr üblich sind[197], mit dem Unterschied, daß sie nicht einseitig von einem Vertragspartner aufgestellt wurden, sondern vom Verdingungsausschuß unter Mitarbeit einer Vielzahl von Beteiligten und Interessenten[198]. Weder sind sie also Gesetze noch Verordnungen[199], sondern fertig bereitliegende, das allgemeine Zivilrecht ergänzende und modifizierende Vertragsordnungen[200], die aber nur gelten sollen, wenn sie bei jedem einzelnen Vertrag in diesen durch Einigung der Parteien eingebracht sind[201]. Nach herrschender Meinung kann man nicht davon ausgehen, daß die Teile B sich zur Verkehrssitte verfestigt haben bzw. ihre stillschweigende Vereinbarung regelmäßig anzunehmen ist[202]. Auch bei Handelsgeschäften seien sie — jedenfalls als Ganzes — kein Handelsbruch im Sinne des § 346 HGB[203].

---

190 S. 27.

191 Einleitung Rdnr. 3; vgl. auch § 9 Rdnr. 24, wo das als Nachweis herangezogene BGH-Urteil v. 10. 12. 1958, NJW 1959, 431 sich allerdings auf anerkanntes Verwaltungsprivatrecht bezieht.

192 Vgl. oben Anm. 181.

193 So OVG Berlin v. 27. 4. 1961, NJW 1961, 2130, 2131.

194 Einleitung Rdnr. 3.

195 Vgl. W. *Schmidt*, Gesetzesvollziehung S. 16 mit Anm. 7.

196 A. A. OVG Berlin ebd.: die Bindung an Art. 3 GG begründe eine „zusätzliche bürgerlich-rechtliche Verpflichtung“.

197 *Furtwängler* S. 28 ff.; *Mees*, Verdingungsordnungen S. 9; *ders.* WuW 1961, 545; *Bogs* BB 1963, 1271; *Bullinger*, Vertrag S. 108 f.; *Geipel* S. 37 f.

198 *HRS* § 10 Rdnr. 5.

199 *HRS* ebd.

200 *HRS* § 1 VOB/B Rdnr. 2.

201 *HRS* § 10 Rdnr. 5; *Michaelis / Rhösa* Erläuterungen Verordnung § 2 S. 33; *Korbion* Betr. 1974, 78.

202 *DMM* Einführung S. 36 ff.; Ausnahmen werden zugestanden. A. A. *Korbion* Betr. 1974, 78, demzufolge bei Bauverträgen der öffentlichen Hand die VOB/B grundsätzlich Vertragsinhalt ist.

203 *HRS* § 1 VOB/B Rdnr. 4; *Ingenstau / Korbion* Einl. Rdnr. 8.

Etwas anderes gelte hingegen für die Allgemeinen Technischen Vorschriften, die Teile C also. Sie sind zumindest Handelsbrauch[204], sie werden als Regeln der (Bau)Kunst auch ohne ausdrückliche Vereinbarung Vertragsbestandteil[205].

IV. Der Rechtscharakter der Preisvorschriften

VPöA und BPVO stützen sich ausdrücklich auf die Ermächtigung des § 2 PreisG und sind daher Rechtsverordnungen mit zwingendem Rechtssatzcharakter[206], die daher, sollten sich Widersprüche ergeben, Vorrang vor den Verdingungsordnungen haben[207]. Bei Verstoß gegen sie ist wegen § 134 BGB wohl nicht der ganze Vertrag, aber die Preisvereinbarung nichtig[208]. Die Preisvorschriften als öffentlich-rechtliche Normen[209] tragen so ein „hoheitliches Element ins Submissionsverhältnis"[210]; sie gebieten mit anderen Worten entgegen der sonst im Preisrecht grundsätzlich geltenden Preisfreiheit[211] den Vertragspartnern, bei der Wahl zwischen Marktpreisen und Selbstkostenpreisen den Markt- bzw. Wettbewerbspreisen den Vorzug zu geben[212].

Dieser Vorgang ist aber wesensmäßig kein anderer, als er sich bei sonstigen Preisregelungen für Rechtsgeschäfte unter „rein" Privaten auch abspielt[213]. Das Nebeneinander, die „Kombination öffentlich-rechtlicher und privatrechtlicher Gestaltungsformen"[214] ist kein Spezifikum des öffentlichen Auftragsrechts.

Immerhin unterliegen aufgrund der Preisverordnungen die Auftragnehmer bei staatlichen Bedarfsdeckungsgeschäften Einschränkungen, die für ihre sonstigen Rechtsgeschäfte mit „anderen" Privaten nicht gelten. *Hamann*[215] hält diese besonderen, angeblich eine Vorzugsstellung der „öffentlichen Hand" begründenden Preisregelungen daher für

---

204 *HRS* ebd.

205 *HRS* § 9 Rdnr. 38.

206 *Schmölders* S. 217; *Holtz* HDSW Bd. 1 S. 434; *Altmann,* Auftragswesen S. 71 f.; *Geipel* S. 116; *Michaelis / Rhösa* Erläuterungen Verordnung Präambel S. 3.

207 *Michaelis / Rhösa* Erläuterungen Einführung S. 6 und Verordnung Präambel S. 4.

208 *Altmann,* Auftragswesen S. 83 ff.; *Michaelis / Rhösa* Erläuterungen Verordnung § 1 S. 15 m. w. N. Vgl. aber OLG Koblenz v. 16. 12. 1959, BB 1960, 497.

209 *Geipel* S. 116 und 131.

210 *Bogs* BB 1963, 1271.

211 *Geipel* S. 85.

212 Ebd. S. 119.

213 Vgl. zu den einzelnen Preisvorschriften *Rinck* Rdnr. 268 ff.

214 *Forsthoff,* Auftraggeber S. 19.

215 WuW 1954, 305.

verfassungswidrig; die allein in Frage kommenden Differenzierungskriterien des allgemeinen Vorrangs fiskalischer Interessen und der besonderen Verpflichtung des Staates zur Sparsamkeit hielten einer Prüfung anhand von Art. 3 GG nicht stand. Diese Ansicht ist allerdings vereinzelt geblieben[216].

V. Die Diskussion um die „Zweitwirkung"[217] der Grundrechte im Recht der staatlichen Bedarfsdeckung

Eine andere Beurteilung insbesondere der Rechtsstellung der Auftragsbewerber und -bieter könnte sich dann ergeben, wenn man von einer unmittelbaren Bindung der Verwaltung an das öffentliche Recht, insbesondere die Grundrechte[218], ausginge. *Dürig* etwa[219] konzediert, die Nähe der Aufträge zu den öffentlichen Aufgaben, denen sie dienen, sei viel größer als bei der erwerbswirtschaftlichen Betätigung der öffentlichen Hand, weshalb die These von der unmittelbaren Grundrechtsbindung nicht völlig inakzeptabel sei. Dennoch hält er sie für nicht sachgerecht: es mache keinen Unterschied, ob ein großer Chemiekonzern Aufträge vergebe oder ein Bundesland. Diese gleiche Problemlage würde durch Anwendung des gleichen Normenkomplexes deutlicher[220]. Zudem habe das Postulat einer unmittelbaren Bindung eher deklaratorische Bedeutung, müsse es doch durch zahlreiche Ausnahmen durchbrochen werden, so daß sich Regel und Ausnahme umkehrten[221]. Einem stärkeren Einfluß des öffentlichen Rechts will *Dürig* über die Generalklauseln des Zivilrechts den Weg bereiten[222].

Die herrschende Meinung kommt zum selben Ergebnis; unsere Rechtsordnung stelle keine Schranken der Bewegungsfreiheit für den Auftraggeber auf außer den allgemeinen, etwa strafrechtlichen Vorschriften[223]. Bestimmend für diese Betrachtungsweise ist das starre

---

[216] Ausdrücklich dagegen *Geipel* S. 126; vgl. auch *Forsthoff*, Auftraggeber S. 18. Die Rspr. hält die Verordnungen für gültig, vgl. BayObLG v. 30. 12. 1959, zitiert bei *Michaelis / Rhösa* Entscheidungen I Nr. 13; BGH v. 5. 12. 1968, NJW 1969, 425, 426.

[217] Der Begriff stammt von *Furtwängler* S. 152.

[218] Sowie an institutionelle Garantien, Kompetenz- und Staatszielbestimmungen und das Sozialstaatsgebot, dazu *Rüfner*, Formen S. 388; *Bogs* BB 1963, 1269. Eine Bindung an Normen des allgemeinen Verwaltungsrechts wird von *Zeidler* VVDStRL 19, 230 und *Haak* S. 36 für indiskutabel gehalten. Siehe dazu unten 5. Kap. C.

[219] MDH Art. 3 I Rdnr. 490; vgl. auch Rdnr. 498.

[220] Die beiden wirtschaftspolitischen Aspekte, die *Dürig* ebd. im weiteren aufführt, passen allerdings zwar auf die öffentliche Erwerbswirtschaft, kaum aber auf das Auftragswesen.

[221] Ebd. Rdnr. 499.

[222] Ebd. Rdnr. 504. Zustimmend *Beinhardt* VerwArch 1964, 242.

[223] *Hereth / Naschold* Ez A 0.6.

Festhalten am Kriterium der „unmittelbaren Erfüllung öffentlicher Aufgaben". Auch hier gälten nur „diejenigen Bindungen, denen alle öffentliche Verwaltung unterworfen ist"[224]. Zwar beschaffe die „öffentliche Hand" ihre Sachmittel im Interesse ihrer Funktionsfähigkeit, bzw. um sie den Bürgern in Form von Schulen, Straßen etc. zur Verfügung zu stellen, ergo im öffentlichen Interesse und erfülle somit zwar „öffentliche Aufgaben"[225], „vielleicht sogar unmittelbar"[226]. Dies gelte aber nur im Verhältnis zur Allgemeinheit. Den Auftragsbewerbern bzw. -bietern gegenüber würden in — jedem Falle bei „normalen", nicht normativ begünstigten Auftragnehmern — unmittelbar solche Zwecke nicht verfolgt[227]. Deshalb könne man die Bedarfsdeckungsgeschäfte nicht etwa dem Verwaltungsprivatrecht zuordnen[228], Grundrechte seien nicht anzuwenden[229].

Dies ist die herrschende Ansicht, doch ist die Diskussion in vollem Gange. Von inzwischen zahlreichen Autoren wird eine unmittelbare Bindung an Grundrechte und Verfassungsprinzipien mit unterschiedlichen Argumenten bejaht. So bezieht man sich auf die Überwindung der alten Fiskuslehre; der Staat habe keine Privatangelegenheiten mehr[230]. Wo öffentliche Mittel verbraucht würden, komme eine Suspendierung von den Grundrechten nicht in Betracht[231]. „Rechtsfreie" Reservate dürfe es im Rechtsstaat nicht geben[232]. Der Begriff der „unmittel-

---

224 Vgl. dazu oben bei Anm. 114 - 116. BVerwG v. 7. 11. 1957, NJW 1958, 394, 395 meint, der Staat müsse seine „hoheitlichen Aufgaben immer im Auge behalten"; ähnlich OVG Münster v. 14. 5. 1958, DVBl 1959, 103; BGH v. 6. 6. 1967, NJW 1967, 1911 f.

225 *Layer* S. 66; *Geipel* S. 55 f. Vgl. noch *Martens* S. 99; *Wertenbruch / Schaumann* S. 428; BVerwG v. 7. 11. 1957, NJW 1958, 394, 395; BGH v. 15. 6. 1967, BGHZ 48, 98, 103. Zurückhaltender BVerwG v. 23. 7. 1958, BVerwGE 7, 180, 182.

226 So *Bender* JuS 1962, 179.

227 *Bender* ebd.; *Kohorst* S. 30 f.; *Imboden* S. 54; *Wertenbruch / Schaumann* S. 431; *Semler* S. 52. Besonders deutlich BVerwG v. 7. 11. 1957, NJW 1958, 394, 395; auch BGH v. 15. 6. 1967, BGHZ 48, 98, 103; BVerwG v. 13. 3. 1970, BVerwGE 35, 103, 104 f. *Badura*, Wirtschaftsverwaltungsrecht S. 287 meint gar, eine Bindung komme nicht in Betracht, da „nicht unmittelbar öffentliche Verwaltung" ausgeübt werde; dazu oben A IV.

228 Auch hier anders die Rechtslage in Frankreich, wo die — wenigen — privatrechtlichen Beschaffungsverträge einer Art Verwaltungsprivatrecht unterliegen, *Bechtold* S. 100.

229 OVG Münster v. 13. 1. 1970, DVBl 1971, 115, 116: Art. 12 GG komme nicht in Betracht. A. A. — aber ohne Begründung — OVG Berlin v. 27. 4. 1961, NJW 1961, 2130, 2131 bzgl. Art. 3 GG.

230 *Mallmann* VVDStRL 19, 197; *H. Krüger* Staatslehre S. 327; *ders.* DVBl 1955, 384; *Zeidler* VVDStRL 19, 234 und 235 mit Anm. 122; *Rüfner*, Formen S. 387; *Furtwängler* S. 105 f.; *Haak* S. 93 f.

231 *Zeidler* VVDStRL 19, 235; *Furtwängler* S. 111 f.; *Löw* DÖV 1957, 880.

232 *Schnapp* S. 629; vgl. auch *W. Schmidt*, Gesetzesvollziehung S. 267; *Herdemerten* S. 70; *Hesse*, Grundzüge S. 144 f.; *Bogs* BB 1963, 1269; *Rüfner*, For-

baren Erfüllung öffentlicher Aufgaben" sei unscharf und nicht operationabel[233]. Man argumentiert, auch bei „Hilfsgeschäften" sei eine existentielle Abhängigkeit des Bürgers denkbar[234], oder beruft sich auf die Nähe zu den Subventionen[235].

Die herrschende Meinung hingegen läßt sich auf diese Kritik kaum ein. Die „marktkonforme" Art des staatlichen Einkaufs führe zum reinen Privatrecht[236]. Alles andere seien reine „Zweckmäßigkeitserwägungen"[237].

VI. Zur Anwendbarkeit des GWB

Folge der Beteiligung des Staates am Marktgeschehen soll die grundsätzliche Geltung des „Marktgrundgesetzes" GWB auch hier sein[238]. Zwar erklärt § 98 GWB das Gesetz für (nur?) anwendbar auf Unternehmen, die ganz oder teilweise im Eigentum der öffentlichen Hand stehen oder von ihr verwaltet oder betrieben werden, was auf einen Ausschluß der eigenbehördlichen Beschaffungstätigkeit hinzudeuten scheint. § 99 Abs. I GWB hingegen soll im Umkehrschluß ergeben, daß zumindest die Einkäufe von Bahn und Post dem Gesetz unterliegen[239]; für die übrige Beschaffungstätigkeit soll das schon aus dem funktionalen Unternehmensbegriff des § 1 GWB folgen[240] bzw. aus der Teleologie des GWB[241]. Auch wenn man die „Ein-Fronten-Theorie" ablehne, d. h. eine Beteiligung sowohl auf Nachfrager- als auch auf Anbieterseite fordere, sei der Staat ein Unternehmen im Sinne des GWB: er

---

men S. 388; *W. Böckenförde* S. 11; *Seidler* S. 97; *Nipperdey*, Freie Entfaltung S. 779; *Hamann*, Wirtschaftsverfassungsrecht S. 98; *Evers* NJW 1960, 2076.

233 *Rüfner*, Formen S. 389 und 397 ff.; *Erichsen* S. 88; *Rudolf* S. 21 mit Anm. 48; *Metzmacher* S. 128; *F. Möller* S. 171 f.; *H. H. Klein* S. 24 Anm. 77 („fragwürdig"); *Haak* S. 72 und 99; *Bogs* BB 1963, 1270; *Küchenhoff* S. 163; *Zeidler* VVDStRL 19, 238; ausdrücklich gegen *Zeidler Kohorst* S. 31. *Truninger* S. 114 erklärt den Zweck für unerheblich, da der Staat nur im öffentlichen Interesse tätig werden dürfe, und will daher zur alten Meinung zurück, wonach Bindungen nur dort angebracht seien, wo der Staat potentior persona sei.

234 *Leisner*, Grundrechte S. 207; *Bachof* VVDStRL 12, 63 ff.; *Furtwängler* S. 110 f.; einschränkend auch *Haak* S. 56; vgl. noch OLG Stuttgart v. 26. 10. 1973, JuS 1974, 456 Nr. 3.

235 *Zeidler* DVBl 1962, 302; *Metzmacher* S. 138.

236 *W. Weber* HDSW Bd. 3 S. 743.

237 *Zuleeg* NJW 1962, 2233.

238 *DMM* § 2 Anm. 4 g; *Michaelis / Rhösa* Erläuterungen Verordnung § 5 Anhang 1 S. 2; BGH v. 26. 10. 1961, BGHZ 36, 91, 99 ff.

239 *Mees*, Verdingungsordnungen S. 3.

240 *Mees* ebd. S. 57 f. und 73; *Forsthoff*, Auftraggeber S. 27 ff.; *Welter* S. 43 f.

241 *Semler* S. 64 f. Nach *Semler* soll das GWB nicht gelten, wenn zulässigerweise Aufträge zu Subventionszwecken vergeben würden, S. 80. Ebenso *I. Schmidt* BB 1963, 1406.

biete ja auch Leistungen an in Form der allgemeinen Verwaltung, Polizei, Gerichte usw.[242].

Die öffentliche Hand sei einem privaten Verbraucher, der nicht unter das GWB falle, nicht gleichzusetzen[243]. Daß auch Nachfrager marktbeherrschend im Sinne des GWB sein können, stelle § 22 Abs. I GWB klar[244]. Wichtigste Folge ist die Geltung des Anti-Diskriminierungsparagraphen 26 Abs. II GWB, soweit die öffentliche Hand marktbeherrschend ist[245].

Während die Parallelgeltung des GWB und der Verdingungsordnungen der herrschenden Meinung keine Schwierigkeiten macht[246], wird das Nebeneinandergelten des öffentlichen Rechts[247] und des GWB für unmöglich gehalten[248], mit unterschiedlichen Konsequenzen: *Emmerich* zufolge soll die Anwendbarkeit des GWB die Geltung der Grundrechte nicht nur unmöglich, sondern sogar systemwidrig werden lassen[249], während für *Metzmacher* wegen der fundamentalen Verschiedenheit staatlichen und privaten Handelns das Monopolprivatrecht unanwendbar sein soll[250]. Die letztere Meinung führte dann wohl zur analogen Anwendung des GWB im öffentlichen Recht: der BGH[251] geht zwanglos von der Existenz öffentlich-rechtlicher Streitigkeiten mit kartellrechtlichem Inhalt aus.

Eindeutig für ein Nebeneinander der Grundrechte, insbesondere des Art. 3 GG, und des GWB spricht sich *Dürig* aus, der mit beachtlichen Argumenten den Art. 3 GG nicht durch einfaches, zur Disposition des Gesetzgebers stehendes Recht für ersetzbar ansieht[252]. Im Zuge der von ihm bevorzugten mittelbaren Grundrechtsbindung über die zivilrechtliche Generalklausel ist dies auch dogmatisch konsequent, da ja § 26 Abs. II GWB etwa § 826 BGB nicht suspendiert[253].

---

242 *I. Schmidt* BB 1963, 1405.

243 *Semler* S. 67 f. Zu den von *Semler* gemachten Ausnahmen oben Anm. 241.

244 *Welter* S. 43 f.; OLG Stuttgart v. 26. 10. 1973, JuS 1974, 456 Nr. 3.

245 *Hereth* BB 1966, 311; *Emmerich* JuS 1970, 337 will die öffentlichen Unternehmen grundsätzlich als marktbeherrschend ansehen; ob er dies auch für den Staat als Nachfrager tut, ist nicht ganz eindeutig, vgl. S. 338. Ausdrücklich differenzierend *Semler* S. 90 ff.

246 *Mees,* Verdingungsordnungen S. 106.

247 Bzw. des „Außenrechts“, als das ja die Verdingungsordnungen nach h. M. nicht gelten.

248 Vgl. *Semler* S. 45.

249 JuS 1970, 336 und 338; auch *Mees* WuW 1961, 541 und 545 nimmt Unvereinbarkeit mit Präponderanz des GWB an.

250 S. 144 ff.; laut *Rüfner,* Formen S. 368 bekommt man die öffentliche Bedarfsdeckung mit dem GWB „nicht in den Griff“.

251 V. 23. 1. 1964, BGHZ 41, 194 ff. Ähnlich *Forsthoff,* Auftraggeber S. 31.

252 MDH Art. 3 I Rdnr. 494.

253 Vgl. dazu auch *Bogs* BB 1963, 1272.

VII. Auftragssperre, Rechtsweg und Schadensersatz im Recht der staatlichen Bedarfsdeckung

Wenn die angestrebten Verträge privatrechtlicher Natur sind und öffentliches Recht nicht zur Anwendung kommt, so ist ein Streit über die Rechtmäßigkeit eines — auch generellen — Ausschlusses vom Submissionsverfahren bürgerlich-rechtlicher Art und vor den ordentlichen Gerichten auszutragen. So die Argumentation der Rechtsprechung[254], die heute das BGH-Urteil vom 10. Juli 1954[255] als Fauxpas betrachtet. Dort war eine Auftragssperre öffentlich-rechtlich qualifiziert worden, mit der in der Tat abenteuerlichen Erwägung, sie sei aufgrund einer Dienstanweisung der vorgesetzten Behörde ergangen, Dienstanweisungen aber gehörten dem öffentlichen Recht an[256]. Einleuchtender schon das OVG Münster[257], das in casu eine „hoheitliche" Auftragssperre annahm, da sie aus sichterheits- bzw. gewerbepolizeilichen Gründen erlassen sei. Das Gericht stellte sich mit diesem Urteil aber in eine Außenseiterposition[258].

Für den Rechtsweg gilt folgerichtig, daß § 40 Abs. I Satz 1 VwGO in keinem Fall in Betracht kommt, auch nicht, wenn die Rechtmäßigkeit einer generellen Auftragssperre in Frage steht[259]. Der Rechtsschutz ist also minimal[260]; eine Verfassungsbeschwerde scheidet ebenfalls aus, weil keine „öffentliche Gewalt" eingegriffen hat[261].

Materiell soll gelten, daß Auftragssperren beliebig zulässig sind, wenn nicht die §§ 824 oder 826 BGB entgegenstehen[262]. Vereinzelt wird

---

[254] BGH v. 6. 6. 1967, DVBl 1968, 145; BVerwG v. 7. 11. 1957, NJW 1958, 394; BVerwG v. 10. 11. 1972, DÖV 1973, 244; OVG Berlin v. 27. 4. 1961, NJW 1961, 2130, 2131. Vergleichbar die Entscheidungen in den sog. Hausverbotsfällen, dazu nur BGH v. 26. 10. 1960, BGHZ 33, 230.

[255] BGHZ 14, 222.

[256] Ausdrücklich verworfen durch BGH v. 6. 6. 1967, DVBl 1968, 145, 146; BVerwG v. 7. 11. 1957, NJW 1958, 394, 395 f. Vgl. aber auch Württ.-Bad. VGH v. 25. 5. 1950, DRZ 1950, 500 f. Vgl. noch *Furtwängler* S. 69 f.; *Bender* JuS 1962, 182.

[257] V. 13. 1. 1970, DVBl 1971, 115 unter Berufung auf einem Satz im BVerwG-Urteil v. 7. 11. 1957, NJW 1958, 394 ff.

[258] Wie die herrschende Rspr. (oben Anm. 254) auch *Haak* S. 63; *Bender* JuS 1962, 179. Zurückhaltend *Bogs* BB 1963, 1272.

[259] Vgl. die drei oben in Anm. 254 zuerst genannten Urteile und OLG Stuttgart v. 26. 10. 1973, JuS 1974, 456 Nr. 3, wo es um Schadensersatz wegen einer möglicherweise mißbräuchlichen Auftragssperre ging. Ebenso *Hereth / Naschold* Ez A 0.47; *Semler* S. 111; *Bender* JuS 1962, 182. A. A. *Menger* VerwArch 1958, 277.

[260] *Bogs* BB 1963, 1272.

[261] *Bogs* ebd.; *Leibholz / Rupprecht* § 90 Anm. 24.

[262] *Hereth / Naschold* Ez A 0.47. Vgl. schon *F. C. Huber* S. 97, aber auch S. 166.

auch zaghaft Art. 3 GG ins Spiel gebracht[263]; dann sollen nur „sachliche“ Kriterien verwandt werden dürfen[264].

VIII. Die Rechtslage bei normativer Begünstigung

Alles bisher Gesagte gilt für die „normalen“ Bedarfsdeckungsgeschäfte, wenn also eine spezielle Begünstigungsnorm[265] nicht zur Anwendung kommt. Ist dies jedoch der Fall, so wird die Rechtslage von vielen Stimmen anders beurteilt. Am privatrechtlichen Charakter der Verträge soll sich zwar nichts ändern. Aber jetzt werden — so ein Teil der Literatur — auch gegenüber den privilegierten Auftragsbewerbern, ähnlich wie bei „offenen“ Subventionen[266], unmittelbar öffentliche Aufgaben wahrgenommen. Die Fürsorge für die begünstigten Gruppen sei eine staatliche Aufgabe, die im Wege der bevorzugten Vergabe öffentlicher Aufträge erfüllt werde[267]. Die in Frage kommenden Normen gehörten dem öffentlichen Recht an[268]; mithin wird der Zuschlag sowie die Ablehnung desselben teilweise als Verwaltungsakt gedeutet[269], während das Abwicklungsverhältnis in jedem Falle rein privatrechtlich bleibe[270]. Wenn auch zwei streng auseinanderzuhaltende Akte (Vergabeentscheidung, Antragsannahme) nicht vorlägen, so sei doch der Grundgedanke der Zwei-Stufen-Lehre anwendbar[271].

Insbesondere die Rechtsprechung ist dem mit wenigen Ausnahmen[272] nicht gefolgt. Im Urteil vom 8. März 1962[273] ist der VIII. Senat des

---

263 OLG Stuttgart v. 26. 10. 1973, JuS 1974, 456 Nr. 3.

264 OLG Stuttgart ebd.

265 Dazu oben 2. Kap. D. am Ende.

266 *Dürig* MDH Art. 3 I Rdnr. 504 mit Anm. 1. Auch *Pöttgen* S. 9 rechnet bei normativer Begünstigung die Auftragsvergabe zu den Subventionen; ebenso *Semler* S. 48 und *DMM* § 24 Anm. 22.

267 *Wolff / Bachof* § 23 II a 1; *Semler* S. 51; *Bender* JuS 1962, 179; *Zuleeg* NJW 1962, 2234; *Furtwängler* S. 93; *Kohorst* S. 32; *BVerwG* v. 6. 6. 1958, BVerwGE 7, 89, 91.

268 *Dürig* MDH Art. 3 I Rdnr. 504 Anm. 1; *Bender* JuS 1962, 179. A. A. *Bettermann* RzW 1967, 81 und *ders.* DVBl 1971, 113 f.

269 *Ipsen* DVBl 1956, 605; *Bender* JuS 1962, 179; *Badura,* Wirtschaftsverwaltungsrecht S. 288; *Haak* S. 66 f.; *Dürig* MDH Art. 1 Rdnr. 137 mit Anm. 1; *DMM* § 24 Anm. 19 a; *Bettermann* RzW 1967, 80 f.; *Ehrenforth* § 74 Anm. 2 d; BVerwG v. 6. 6. 1958, BVerwGE 7, 89, 91 f. *Furtwängler* S. 93 sieht in den Vergabeentscheidungen offenbar schlicht-hoheitliche Handlungen; ebenso wohl *Bullinger,* Vertrag S. 101.

270 *Haak* S. 122.

271 *Haak* S. 34; *DMM* § 24 Anm. 24; *Bettermann* RzW 1967, 81; BVerwG v. 6. 6. 1958, BVerwGE 7, 89, 90 f. Anders (aber in casu bei „normalem“ Auftrag) OVG Berlin v. 27. 4. 1961, NJW 1961, 2130, 2131.

272 So das erwähnte Urteil des VII. Senats des BVerwG v. 6. 6. 1958, BVerwGE 7, 89 ff.; BayVerwGH v. 7. 3. 1961, BayVBl 1961, 187; OVG Berlin v. 27. 4. 1961, NJW 1961, 2130.

273 BVerwGE 14, 65.

BVerwG unter ausdrücklichen Abrücken von der vorgenannten Entscheidung des VII. Senats zur vorherigen Linie des Urteils vom 7. November 1957[274] zurückgekehrt. Die Entscheidung, ob jemand etwa Flüchtling im Sinne des § 74 BVFG sei, könne als Verwaltungsakt qualifiziert werden. Darüber aber habe die Vergabebehörde nicht zu befinden, vielmehr habe sie allein kaufmännisch zu kalkulieren. Weder im Gesetz noch in Verwaltungsvorschriften sei vorgesehen, daß die Vergabeentschließung durch Verwaltungsakt zu treffen sei. Mit der Entscheidung über die Rangfolge der Bewerber regele der öffentliche Auftraggeber auch nicht verbindlich und hoheitlich den Einzelfall des Bieters bzw. Bewerbers.

Mit der Entscheidung vom 5. Oktober 1965[275] setzte das BVerwG allerdings seinen „Zickzackkurs"[276] fort. Ein zum Kreise des § 74 BVFG gehörender Bieter wehrte sich gegen seine Nichtberücksichtigung; die Behörde hatte ihn mit den Konkurrenten lediglich gleichgestellt, nicht aber diesen gegenüber bevorzugt. Hier hielt das BVerwG den Verwaltungsrechtsweg für gegeben (und die Klage für begründet). Das „Betreuungsgebot" des § 74 BVFG konstituiere ein öffentlich-rechtliches Rechtsverhältnis zwischen öffentlichem Auftraggeber und bevorzugtem Bieter[277]. Eine Verpflichtungs- oder gar Anfechtungsklage sei nicht zulässig, sondern lediglich eine Feststellungsklage.

Mit diesen Voten der Rechtsprechung, denen die Literatur inhaltlich überwiegend folgte[278], ist auch die Frage beantwortet, ob die Privilegierungsnormen den Betroffenen durchsetzbare subjektiv-öffentliche Rechte geben: sie tun es nicht[279]. Ein Vorgehen des Bieters bzw. Bewerbers gegen eine Ablehnung seiner Bewerbung, ja sogar gegen eine generelle Auftragssperre[280] ist im Verwaltungsgerichtswege in Form einer Verpflichtungs- bzw. Anfechtungsklage jedenfalls nicht möglich[281].

---

274 NJW 1958, 394.

275 RzW 1966, 464 mit ablehnender Anm. *Bettermann* RzW 1967, 80 f.

276 *Bettermann* ebd.

277 Die Zwei-Stufen-Theorie wird dennoch ausdrücklich für unanwendbar erklärt. Dagegen *Bettermann* ebd.

278 Zustimmend zum Urteil v. 8. 3. 1962 *Götz* S. 7; *Forsthoff*, Auftraggeber S. 22; *Semler* S. 49; *Mees*, Verdingungsordnungen S. 34; *Zuleeg* NJW 1962, 2232 f. mit der Begründung, auch im Geltungsbereich der Begünstigungsnormen sei der Förderungszweck nur Nebenzweck. Das Urteil v. 5. 10. 1965 nimmt, soweit ersichtlich, nur *Bettermann* (ebd.) zur Kenntnis.

279 In diesem Sinne auch *Straßmann / Nitsche* § 74 Anm. 1.

280 *Rüfner*, Formen S. 414 Anm. 286.

281 *Bender* JuS 1962, 180; *Furtwängler* S. 162. Anders die oben in Anm. 272 erwähnten Urteile sowie *Bettermann* ebd.; *Badura*, Wirtschaftsverwaltungsrecht S. 288; *Brunn / Hebenstreit* Schlußnachtrag § 68. Unklar *Ehrenforth* § 74 Anm. 2 d und *Werber / Bode / Ehrenforth* § 74 Anm. 1. Auch bei Zulässigkeit dieser Klagen ist für die Begründetheit umstritten, ob echte subjektive

Inwieweit eine Feststellungsklage in Betracht kommt, hat das wenig prägnante Urteil des BVerwG vom 5. Oktober 1965 nicht abschließend geklärt, aber eine solche Klage wäre auch für den Bieter nicht sehr hilfreich[282]. Im Zivilrechtsweg ist eine Klage zulässig; inwiefern sie aussichtsreich wäre, läßt sich aus Mangel an Rechtsprechungsmaterial nicht ermitteln.

Der Unterschied zur „normalen" Auftragsvergabe läge dann[283] also nur auf schadensersatzrechtlichem Gebiet, wenn man nämlich die Begünstigungsnormen entweder als Schutzgesetze im Sinne des § 823 Abs. II BGB einstufen würde oder bei Befürworten des Weges über § 839 BGB / Art. 34 GG[284] amtspflichtbegründend wirksam werden läßt[285].

Rechte geltend gemacht werden können. Dafür *Ipsen* DVBl 1956, 605; *Furtwängler* S. 21. BVerwG v. 6. 6. 1958, BVerwGE 7, 89, 90 läßt dahinstehen, ob ein Rechtsanspruch oder nur ein Reflexrecht vorliegt; BayVerwGH v. 7. 3. 1961, BayVBl 1961, 188 lehnt einen Rechtsanspruch ab.

[282] *Brunn / Hebenstreit* Schlußnachtrag § 68; *Bettermann* RzW 1967, 80 f.

[283] Abgesehen von der Nichtgeltung des GWB, insbes. des § 26 Abs. II, vgl. *I. Schmidt* BB 1963, 1406.

[284] So folgerichtig die Vertreter der „öffentlich-rechtlichen" Betrachtungsweise *Haak* S. 166; *Bettermann* RzW 1967, 80 f.

[285] Vgl. *Blessin / Giessler* § 68 Anm. III 1.

Viertes Kapitel

Die Kriterien der herrschenden Meinung

Ein gewisses Unbehagen an der skizzierten Typologie staatlicher Handlungsformen ist nie ganz gewichen[1], die privatrechtlichen Formen der Verwaltungstätigkeit hält nicht nur *Haas*[2] für „nicht befriedigend" erfaßt. Mit dem Sieg der Lehre vom Verwaltungsprivatrecht sind die althergebrachten, einfachen Abgrenzungsregeln dahin, eine „bedauernswerte systematische Auflösung"[3] die Folge. Diese zu beheben, ist, solange sie sich als aus übergeordneten Gesichtspunkten notwendig erwiese, aber kein Selbstzweck. Hinter den Angriffen, denen die herrschende Lehre ausgesetzt ist, stehen denn auch zwei verschiedene politische und staatsrechtliche Vorstellungswelten. Beide greifen sie zunächst den kategorialen Apparat der herrschenden Meinung mit seinem Kriterium der „unmittelbaren Erfüllung einer öffentlichen Aufgabe" an. Ist dieses aber gefallen, so bleiben zwei Wege zur Wiederherstellung einer schlüssigen Systematik: man könnte die rein fiskalischen Verwaltungshandlungen dem gebundenen Verwaltungsprivatrecht zuschlagen — oder umgekehrt. Beide Pfade werden beschritten; je nach dem rechtlichen und gesellschaftstheoretischen Impetus wird der „Vorrang des Privatrechts" oder der des öffentlichen Rechts postuliert[4]. Die letztere Richtung stützt ihre Entscheidung — zudem oder hauptsächlich — auf die Kritik an der Hypothese von der Wahlfreiheit des Staates hinsichtlich der Rechtsformen. Im folgenden wird daher zu untersuchen sein, ob das Merkmal der unmittelbaren Erfüllung staatlicher Aufgaben die unterschiedliche Behandlung der Kategorien „Verwaltungsprivatrecht" und „rein fiskalische Tätigkeiten" trägt. Sollte dies entweder unmöglich sein oder doch die Wahl dieses Kriteriums als sachinadäquat erscheinen, so wäre im weiteren eine Beantwortung der genannten Anschlußfrage erforderlich, wobei auf die Normaussagen des Grundgesetzes und auf die Diskussion über den Charakter des öffentlichen Rechts zurückzugreifen wäre.

---

[1] Vgl. *Pestalozza*, Formenmißbrauch S. 168; *Krause* S. 11.

[2] DVBl 1960, 303.

[3] *Naendrup* S. 88 f. Anm. 15.

[4] Vgl. *Dürig* MDH Art. 3 I Rdnr. 481 und ff.

A. Das Merkmal der „öffentlichen Aufgabe“[5]

Das „Gesetz der wachsenden Ausdehnung der öffentlichen, insbesondere der Staatstätigkeiten“ wurde schon gegen Ende des 19. Jahrhunderts von *Adolph Wagner*[6] „entdeckt“ und hat seitdem an Realitätswert nichts eingebüßt. Die generelle Wirksamkeit dieses „Gesetzes“ läßt sich auch für die Gegenwart nachweisen[7]. Haben auch insbesondere die beiden Weltkriege irreversible „Schübe“ an neu hinzugetretenen Staatsaufgaben bewirkt, so hängt doch die genannte Entwicklung insgesamt mit dem Charakter der fortgeschrittenen Industriegesellschaft derart zusammen, daß ein „Weg zurück“ in die vermeintliche Idylle einer selbstregulativen Wirtschaftsgesellschaft nicht gangbar ist[8].

Erstaunlicherweise fehlt dennoch eine allgemein konsentierte Theorie der „öffentlichen Aufgaben“[9] politik-, verwaltungs-[10] oder rechtswissenschaftlicher Provenienz. Wann „öffentliche“ oder staatliche Aufgaben vorliegen, ist weitgehend ungeklärt, obwohl weitreichende Konsequenzen daran geknüpft werden[11].

I. „Öffentliche Interessen“ und „öffentliche Aufgaben“

Öffentliche Aufgaben haben nicht nur eine Affinität zu, sie gründen in öffentlichen Interessen. Was die „Öffentlichkeit“ nicht „interessiert“, kann nicht Gegenstand ihrer Aufgaben sein. Das Interesse der Öffentlichkeit kann allerdings auch ein distanziertes sein. Sie kann der Auffassung sein, daß das betreffende Problem nicht so sehr auf den Nägeln brennt, als daß „öffentliche Stellen“ — was immer das sein mag, sei hier dahingestellt — sich damit befassen sollten. Öffentliche Aufgaben sind demnach solche, an deren Erfüllung die Öffentlichkeit“ maßgeblich interessiert“ ist[12].

Was aber sind öffentliche Interessen[13], und was ist „maßgeblich“? Sind diese termini als Rechtsbegriffe auch dort brauchbar, wo sie nicht

---

[5] Zum hier stark differierenden Wortgebrauch *Mäding* DV 1973, 258 ff.

[6] Zitiert bei *Knobloch* S. 1 und *Schmölders* S. 112.

[7] Dazu *Ellwein* DÖV 1972, 13 ff.

[8] *Ellwein* ebd. S. 14.

[9] *Ellwein* ebd. S. 13; *Mäding* DV 1973, 261.

[10] Vgl. aber *Mädings* Bericht DV 1973, 264 mit Anm. 32 über das Projekt „System öffentlicher Aufgaben“ der Kommunalen Gemeinschaftsstelle für Verwaltungsvereinfachung.

[11] *Martens* S. 21 beklagt die „unübersehbaren Rechtsfolgen“, die der „freigebig verliehene Titel“ der öffentlichen Aufgaben auslösen soll.

[12] *Peters*, Aufgaben S. 878. Nach BVerfG v. 18. 12. 1974, NJW 1975, 1265 muß an ihrer Erfüllung ein „gesteigertes Interesse der Gemeinschaft“ bestehen.

[13] Bzw. „öffentliche Belange“, „Gemeininteresse“ usw.: all diese Begriffe

als Gesetzesbegriffe[14] Verwaltung oder Gerichte zur umfassenden Berücksichtigung aller Gesichtspunkte im Einzelfall bewegen sollen, sondern als Kategorien mit mindestens typisiertem Gehalt ganze Rechtsmaterien voneinander scheiden sollen?[15]

Gäbe es ein objektiv bestimmbares, „wahres" Interesse, so wäre man der positiven Beantwortung der gestellten Frage ein Stück näher. Dies behauptet in der Tat *Wolff*[16]: ein von der Existenz und Stärke des subjektiven tatsächlichen Interesses unabhängiges, „wahres" Interesse eines Subjekts sei nicht nur vorhanden, es sei auch irrtumsfrei zu ermitteln. Leugne man dies, müsse man letztlich sogar die Möglichkeit einer Rechtsordnung verwerfen[17]. Wahre und lediglich tatsächliche Interessen gäbe es auch auf die Allgemeinheit bezogen[18]: die bloß tatsächlich feststellbaren könnten somit sowohl wahre als auch solche sein, die dafür fälschlicherweise gehalten werden[19]. Die wahren öffentlichen Interessen richteten sich auf die „Schaffung oder Bewahrung eines den jeweiligen Verhältnissen entsprechenden, materiellen Rechtszustandes"[20].

Es muß nicht erst auf das unermeßliche Unheil — mit dem *Wolff* selbstverständlich nicht in den geringsten unmittelbaren Zusammenhang gebracht werden soll — hingewiesen werden, das solche und ähnliche, Absolutheitsanspruch ex definitione herausfordernde Blankettformeln vom „wahren" und „falschen" Volksinteresse, vom „wahren" und „falschen" Bewußtsein usw. angerichtet haben und anrichten, wenn sie von politischen Machthabern mit nicht immer so wohlwollender Absicht, wie sie *Wolff* unterstellt werden soll, verbindlich ausgefüllt werden[21]. Sie sind auch konstitutive Begriffe normativer politi-

---

werden identisch verwandt. Vgl. dazu *W. Klein* S. 69; *Häberle* AöR Bd. 95, 89 f. Anm. 12.

14 Eine Aufzählung zahlreicher Stellen, wo die „öffentlichen Interessen" als unbestimmter Rechtsbegriff Eingang in das geschriebene Recht gefunden haben, findet sich bei *Martens* S. 171 f.; noch umfassender *v. Zezschwitz* S. 13 ff. im Hinblick auf „Gemeinwohl" und sinnverwandte termini. Ein in der Praxis besonders häufiger Fall ist neben § 1 Abs. IV BBauG der des § 80 Abs. II Nr. 4 VwGO; dazu *Häberle* DVBl 1967, 220 ff.

15 Auch *v. Zezschwitz* S. 13 unterscheidet „Gemeinwohl" als allgemeine staatsrechtliche Fundamentalnorm von der Verwendung der Vokabel als positivrechtlicher Begriff.

16 *Wolff / Bachof* § 29 I b 2. Zu den verschiedenen substantiellen Auffassungen vom „öffentlichen Interesse" vgl. *Fach* ARSP 1974, 240 ff.

17 *Wolff / Bachof* § 29 I b 3.

18 Ebd. unter Berufung auf Rousseaus volonté générale und volonté de tous.

19 Ebd. § 29 III a 1.

20 Weshalb „letztlich" zwischen den wahren Privatinteressen und dem wahren Gemeininteresse ein Widerspruch nicht denkbar sei, ebd. § 29 III a 3.

21 *Wolffs* Dilemma ist jedoch angedeutet, wenn er die „Kunst" von Gesetz-

scher Theorien, mit denen hochkomplexe Gebilde wie Gesellschaft, Staat und Recht nicht zureichend und befriedigend zu erfassen sind[22]. Zudem sind sie erkenntniskritisch nicht haltbar: gäbe es solche objektiven, wahren Interessen, so könnten „nur Götter" sie irrtumsfrei erkennen[23]. Einen apriorischen Bedeutungsinhalt des terminus „öffentliche Interessen" und seiner Synonyme gibt es nicht[24].

Es führt demnach kein Weg daran vorbei, den Versuch einer auf empirischer Grundlage beruhenden Definition der öffentlichen Interessen und aus ihnen sich ergebender öffentlicher Aufgaben zu machen. Solche Versuche hat es immer wieder gegeben. Wenn „öffentlich" das ist, was „unbestimmt welche und wie viele Personen" betrifft[25] im Gegensatz zu einem durch ein „inneres Band" „in sich verbundenen" und „bestimmt abgeschlossenen" Kreis[26], was also auf die „Polis, den Populus, das Politische im allgemeinsten Sinne"[27] sich bezieht, dann sind allerdings auch für einen nur überschaubaren Zeitraum solche öffentlichen Interessen schwerlich von nur privaten generell abzugrenzen, wenn man auf unüberprüfbare Ableitungen aus noch weniger überprüfbaren metaphysischen Prinzipien verzichtet. Denn weder ist statisch auszumachen, was den „Populus" betrifft, an was er „Anteil nimmt", noch ist damit ausgesagt, wie eng das erwähnte „innere Band" sein muß, das den „privaten" Bereich umschließt, d. h. wie straff eine solche Einheit organisiert nach außen in Erscheinung treten muß. Unendlich viele verschieden starke Bindungen sind feststellbar. Reicht eine Familie, eine Partei, ein Stadtteil, eine Religionsgemeinschaft; ist nicht vielleicht auch schon die Staatsangehörigkeit ein solches „inneres Band", und wenn nein, warum nicht? Ist im Sinne obiger Definition nicht auch der Lebenswandel eines Miteinwohners, über den im Dorf geklatscht wird, an dem also „Anteil genommen" wird, von „öffentlichem" Interesse? Man sieht, weder Subjekt noch Objekt öffentlicher Interessen sind mit den genannten Formeln befriedigend in den Griff zu bekommen.

---

gebung und Verwaltung „z. T." darin sieht, die faktischen Interessen der Menschen so zu beeinflussen, daß ihre Verfolgung dem wahren Gemeininteresse entspricht, vgl. ebd. § 29 III b 1. Im besten Fall führt *Wolffs* Konzeption zu einer patriarchalischen Staatsauffassung.

[22] Dazu *Denninger*, Staatsrecht S. 59.

[23] So *Denninger* JZ 1970, 150 Anm. 30, der anschließend rhetorisch fragt: „Quis iudicabit?" Kritik an *Wolff* auch bei *Martens* S. 175 f. und *Ryffel* S. 23 („bedenklich").

[24] *V. Zezschwitz* S. 35. *W. Schmidt* VVDStRL 33, 195 f. bezeichnet das „Gemeinwohl" als „durch und durch" polemischen Begriff.

[25] So *Wolff / Bachof* § 2 II b 1 im Anschluß an RG v. 5. 1. 1891, RGSt 21, 254, 255 f. (es ging hierbei um den Begriff „öffentlich" i. S. d. § 166 StGB).

[26] RG ebd.

[27] *Wolff / Bachof* § 2 II b 1.

Steiger[28] versucht das Problem vom Aktionsraum und vom Modus her zu bewältigen, in bzw. mit dem bestimmte Interessen geltend gemacht werden. Interessen seien dann öffentlich, wenn sie „auf die Ordnungen und Gestaltungen der verschiedenen Handlungsgefüge bezogen sind, in denen sich die Glieder der Gesellschaft als Gesamtheit begreifen und gegebenenfalls organisieren". Würden Interessen öffentlich geltend gemacht und auf die Öffentlichkeit, auf das Publikum bezogen, seien sie als „veröffentlichte Interessen" und als „Interessen der Öffentlichkeit" charakterisierbar.

Steigers Gleichsetzung vom „veröffentlichten Interessen" und „Interessen der Öffentlichkeit" kann jedoch schwerlich nachvollzogen werden und gibt jedenfalls für eine juristische Betrachtung nichts her. Denn andernfalls könnte jedermann durch „Veröffentlichung" beliebiger Belange auf den Bestand der öffentlichen Interessen mit rechtlichen Konsequenzen einwirken. Das wäre eine abenteuerliche Vorstellung, die zudem von den unterschiedlichen effektiven Möglichkeiten zur Veröffentlichung von Interessen unzulässigerweise abstrahierte. Zumal was „maßgebliche" öffentliche Interessen sind, die in öffentliche Aufgaben einzumünden haben, kann nicht ein „quivis ex populo" bestimmen[29].

Leisner[30] beklagt daher nicht ohne Grund das Fehlen bzw. die Unklarheit der Kriterien, mit deren Hilfe gemeinhin manipulativ private in öffentliche Interessen verwandelt würden. Irgendein öffentliches Interesse lasse sich immer finden, meint Leisner polemisch, dem die Wahrung privater Interessen diene, und sei es, wenn gar nichts anderes zur Hand sei, die „volkswirtschaftliche Bedeutung" der Belange eines Petenten[31]. Drei objektive Transformationskriterien seien denkbar:

a) die Interessen einer unbestimmten Vielheit von Privaten,
b) besonders vitale Belange von Privaten und
c) die Interessen einer bedeutenden Anzahl von Privaten[32].

Aber *Leisners* eingehende Untersuchung dieser Merkmale ergibt, daß auch sie keine größere Klarheit schaffen: es gibt keine Kriterien, die juristischen Anforderungen genügen könnten[33].

---

28 S. 398 f.

29 So daß selbstverständlich unerheblich ist, ob der „Absender" private oder genuin öffentliche Interessen zu vertreten vorgibt, „kaschiert" er doch letzterenfalls „in der Rolle eines am öffentlichen Wohl Interessierten" nur zu oft seine „geschäftlichen Absichten", so *Habermas* S. 230.

30 DÖV 1970, 217 ff.

31 Ebd. S. 219 f.

32 Ebd. S. 221 f.

33 Ebd. S. 223. Vgl. auch *Heusser* S. 85.

Alle Versuche also, sachlich-inhaltlich das Terrain der maßgeblichen öffentlichen Interessen abzustecken, müssen als gescheitert angesehen werden. Die Suche nach Kriterien erscheint „ausweglos"[34, 35]. Nicht nur für die angelsächsischen Länder gilt daher die Feststellung von *Glendon Schubert,* daß „there is no public-interest theory worthy of the name"[36].

Ist aber der Begriff der öffentlichen Interessen nicht generell definitorisch konkretisierbar, so konsequenterweise auch nicht der der öffentlichen Aufgaben, die ja in öffentlichen Interessen gründen. Der Umfang öffentlicher Aufgaben läßt sich weder enumerativ noch auch nur typisch bestimmen[37].

Zwar mag es einen unstreitigen Kernbereich, einen Mindestbestand öffentlicher Aufgaben geben, der sich aus den „zwingenden Bedürfnissen menschlichen Zusammenlebens" ergibt[38], wozu etwa Verkehr und öffentliche Sicherheit und Ordnung gehören sollen[39]. Für die Peripherie des Begriffes, um die es ja hier gerade geht, gibt eine solche Aussage aber gerade nichts her; hier sollen von Bedeutung sein die sich „jeweils ändernden Lebensbedingungen der Allgemeinheit" und der „technische Fortschritt"[40], was nicht minder Leerformeln sind.

II. „Öffentliche Aufgaben" und „staatliche Aufgaben"

a) Zur Notwendigkeit eines verbindlichen Entscheidungsverfahrens

Wenn also den Begriffen „öffentliche Interessen" und „öffentliche Aufgaben" eine derart große „Sinnvariabilität"[41] eignet, daß ihnen „jedes rechtlich greifbare Substrat abhandengekommen" ist[42], wenn

---

[34] *Ryffel* S. 25; *Kohorst* S. 28 f.

[35] Ob der Begriff der öffentlichen Interessen, soweit er in Gesetzen als unbestimmter Rechtsbegriff verwendet wird, einer juristischen Erfassung zugänglich ist, wie *E. Krüger* S. 25 behauptet, kann hier dahingestellt bleiben. Unmöglich erscheint es nicht, durch kasuistische Verdeutlichung Mindestanforderungen der Rechtssicherheit zu genügen, wobei unbedenklich ist, dem Begriff in jedem Gesetz einen anderen Inhalt beizulegen, so *E. Krüger* S. 27. Vgl. *Häberle*, Öffentliches Interesse S. 28 Anm. 49, S. 30 und 31 Anm. 57; StGH Bad.-Württ. v. 14. 2. 1975, NJW 1975, 1205, 1206. Kritisch *Fleiner* S. 143 Anm. 3 und *v. Zezschwitz* S. 89 und 175 im Hinblick auf das Bestimmtheitsgebot.

[36] S. 223.

[37] Vgl. *Krause* S. 19. Zu diesem Eingeständnis läßt sich — mit einer gewissen Inkonsequenz — auch *Wolff* herbei, *Wolff / Bachof* § 2 II b 1. Die Rspr. verwendet den Begriff dennoch so, als sei er in jedem Falle juristisch operationabel; kritisch dazu *Emmerich* JuS 1970, 334.

[38] *Wolff / Bachof* § 2 II b 1.

[39] Ebd.

[40] Ebd.

[41] *Naendrup* S. 69.

ein inhaltlicher Bereich „geborener“[43] öffentlicher Aufgaben „dem Wesen nach“ nicht abzustecken ist[44], wenn es sich um durch und durch normative Begriffe handelt[45], die der Subsumtion nicht zugänglich sind[46] und deshalb keine Rechtsbegriffe und maßgeblichen Kriterien sein können[47], dann gewinnt entscheidendes Gewicht das Verfahren, mit Hilfe dessen die Gesamtinteressen autoritativ festgelegt werden[48].

Dann wäre das öffentliche Interesse an einem Gegenstand gegeben, „wenn der Gegenstand nach Auffassung einer Personenmehrheit dem objektiven Wohl einer Personenvielzahl dient“[49]. Eine solche Feststellung läßt sich aber nur treffen, wenn der „Aufgabenfindungsprozeß“ sich innerhalb einer institutionalisierten und legitimierten Instanz abspielt. Das Problem ist dann ein direkt politisches[50]. Demgemäß können nur die politischen, und d. h. die staatlichen, Instanzen mit diesen Entscheidungen betraut werden[51]. Gerade in der interessen- und wertpluralistischen Gesellschaft bedarf es einer Autorität zur verbindlichen Festlegung von öffentlichen Interessen im Rechtssinn[52], d. h. zu einer verbindlichen Transformierung von Aufgaben in solche des Staates[53].

Subjekt der Entscheidungsfindung wäre dann die politische Organisation der Gemeinwesen[54]; nur diese kann die „kompetente Instanz“[55]

---

[42] *Burmeister*, Grundrechtsverständnis S. 34.

[43] *Erichsen* S. 88.

[44] *Schnapp* S. 638; vgl. auch *Erichsen / Martens* S. 227.

[45] *Bull*, Wandel S. 1.

[46] *Forsthoff*, Öffentliche Körperschaft S. 12 Anm. 1 hinsichtlich des Begriffs „öffentliches Interesse“.

[47] *Emmerich* JuS 1970, 355 m. w. N. in Anm. 27; *Rüfner*, Formen S. 389 und 397.

[48] *Ryffel* S. 27. Ähnlich *Leisner* DÖV 1970, 223; *Rupp*, Wohl der Allgemeinheit S. 119; *Häberle*, Öffentliches Interesse S. 208 ff. (zum Gemeinwohlbegriff). Vgl. auch StGH Bad.-Württ. v. 14. 2. 1975, NJW 1975, 1205, 1207. Gegen einen prozeduralen Ansatz *Fach* ARSP 1974, 252 f.

[49] So *H. H. Klein* S. 68.

[50] *Peters*, Aufgaben S. 882; *W. Schmidt* VVDStRL 33, 196.

[51] *Martens* S. 185: welche Interessen im einzelnen als Staatsinteressen zu verfolgen seien, regle im demokratischen Staat die Verfassung und im übrigen der Gesetzgeber.

[52] *Martens* S. 186 f. Vgl. *W. Schmidt* NJW 1975, 1753, 1757: „Weil das Gemeinwohl ... keine vorgegebene, im voraus feststehende Größe ist, vielmehr der politischen Entscheidung bedarf ...“

[53] Vgl. zum Staat als „politischer Entscheidungseinheit“ der Gesellschaft nur *E.-W. Böckenförde*, Bedeutung S. 16 f.; *Abendroth* S. 185. Diese Betrachtungsweise liegt fernab aller Dualismustheorien und scheidet Staat und Gesellschaft lediglich in funktionaler Hinsicht, so *Herzog* Staatslehre S. 146 und *Hesse*, Grundzüge S. 9. Dazu auch unten 5. Kap. C III. a.

[54] Ähnlich *Wolff / Bachof* § 2 II b 1.

[55] *Häberle* AöR Bd. 95, 101 im Hinblick auf die Konkretisierung des Gemeinwohlbegriffs.

sein, die öffentliche Interessen zu legitimieren und damit als staatliche[56] zu formulieren vermag[57]. Öffentliche bzw. staatliche Interessen würden dann nicht als präexistent fingiert, sondern im Laufe des politischen Entscheidungsverfahrens „zusammengesetzt"[58].

b) „Öffentliche Aufgaben" und Aufgaben der Träger staatlicher Verwaltung

Nicht nur dieser Gesichtspunkt zwingt zum Übergang vom Begriff „öffentlicher" auf den „staatlicher" Aufgaben[59]. Aus der Charakterisierung bestimmter Anliegen als öffentlich kann nämlich nicht ohne weiteres gefolgert werden, daß ihre Erfüllung den Trägern staatlicher Verwaltung obliegt[60]; nur die von ihnen zu erfüllenden Aufgaben sind aber vorliegend von Belang. Eine Reihe von Problemen berührt die Gemeinwesen durchaus sehr, ohne daß sie sich — aus welchen Gründen auch immer — entschlossen, sie selbst „anzupacken". Im Laufe der Geschichte, so *Littmann*[61], hat es kaum eine heute vom Staat übernommene Tätigkeit gegeben, die nicht auch einmal von Privaten ausgeübt worden wäre, wobei *Littmann* auf privaten Straßenbau in den USA und die heutigen Residuen privater Polizei wie Werkschutz usw. verweist[62]. Eine „öffentliche" Angelegenheit mag etwa — ein Beispiel *Wolffs*[63] — auch der Lebensmittelhandel sein, ohne daß der Staat ihn in seine Regie übernommen hätte. Öffentliche Angelegenheiten werden somit erst zu staatlichen, wenn der Staat sie zu seinen eigenver-

---

[56] Um Mißverständnisse zu vermeiden: es wird hier der Konzeption von *Martens* S. 178 f. gefolgt, der die Annahme der Interessenfähigkeit menschlicher Verbände als personifizierter Instanzen ablehnt. Es gibt aber Interessen von Menschen, die unter und im Namen solcher Verbände geltend gemacht werden, und dies ist bei Einhaltung der demokratischen Regeln nichts Verwerfliches, solange Interessenstrukturen transparent bleiben.

[57] A. A. *E. Krüger* S. 53, der die „öffentlichen Interessen" als materielles Merkmal begreift, das einer staatlichen Anerkennung nicht bedürfe.

[58] *Stolleis* VerwArch 1974, 14.

[59] Womit die Aufgaben der Träger staatlicher Verwaltung gemeint sind, und das soll zunächst einmal — vorbehatllich einer Feinabstimmung — heißen: aller juristischen Personen des öffentlichen Rechts. Vgl. dazu unten III. d.

[60] *Peters,* Aufgaben S. 877 hat darauf am nachdrücklichsten hingewiesen. Vgl. auch *Wolff / Bachof* § 2 II b 2; *Bull,* Wandel S. 4; *Rüfner,* Formen S. 389; *Burmeister,* Grundrechtsverständnis S. 34; *H. H. Klein* S. 25; *Forsthoff,* Öffentliche Körperschaft S. 18; *Kelsen,* Staatslehre S. 118 f. *Steiger* S. 398 betont, öffentliche Interessen seien nicht unbedingt auch staatliche.

[61] S. 35 Anm. 70.

[62] Ebd. Vgl. auch *Rupp,* Privateigentum S. 5. *Habermas* S. 237 verweist auf den sozialen Antagonismus der Tarifparteien, dessen Regelung aus bestimmten Gründen „aus dem Kompetenzbereich der staatlich institutionalisierten Öffentlichkeit überhaupt herausgehalten wird".

[63] *Wolff / Bachof* § 2 II c.

antwortlich wahrzunehmenden bestimmt[64]. Da materielle Kriterien unauffindbar sind, kann ausschließliches Differenzierungsmerkmal zwischen privaten und staatlichen Aufgaben nur „die konkrete Entscheidung des Staates darüber sein, was öffentlich und privat ist“[65]. Folge davon ist, daß der Begriffsinhalt der staatlichen Aufgaben „einem der sozialen Entwicklung korrespondierenden Wechsel“[66] nach Maßgabe der politischen Entscheidungen unterliegt. Die Ausdehnung staatlicher Aufgaben in concreto hängt also von der Verfassungsordnung und den politischen Entscheidungen des Gemeinwesens ab[67].

Somit lassen sich unterscheiden ein Bereich des Privaten, des Öffentlichen im Sinne öffentlich artikulierter und diskutierter Angelegenheiten[68] und des Staatlichen in der skizzierten Bedeutung[69, 70]. Damit ist nicht die mannigfaltige Interdependenz all dieser Bereiche in Abrede gestellt[71]. Nur der dritte, staatliche Bereich kann aber in unserem Zusammenhang von Interesse sein, weil letztlich nur in diesem „Subsystem“ des Gemeinwesens verbindliche Entscheidungen getroffen werden[72].

Auch hier mag die Frage dahinstehen, ob es Aufgaben gibt, die wesensmäßig der Verwaltung obliegen, deren Übernahme der Staat sich also nicht entziehen kann[73]. Die genannten *Littmann*schen Beispiele

---

64 *Mäding* DV 1973, 266 f. In diesem funktionalen Sinne ist es richtig, wenn *Peters*, Aufgaben S. 879 als tieferen Grund für die Unterscheidung zwischen öffentlichen und staatlichen Aufgaben die Nicht-Identität von Staat und Gesellschaft kennzeichnet. Ähnlich *E.-W. Böckenförde*, Bedeutung S. 22.

65 *Forsthoff*, Öffentliche Körperschaft S. 17; *Peters*, Aufgaben S. 895. Ähnlich, allerdings polemisch-resignativ, *Leisner* DÖV 1970, 219.

66 *H. H. Klein* S. 83; vgl. auch *Bogs* BB 1963, 1270 und BVerfG v. 17. 5. 1961, BVerfGE 12, 354, 363.

67 *Bull*, Wandel S. 6; vgl. BVerfG v. 17. 7. 1961, BVerfGE 13, 97, 107. Für diese politischen Entscheidungen der Aufgabenauswahl müssen Staatslehre und Politikwissenschaft „Faustregeln politischer Klugheit“ entwickeln, so *Herzog*, Staatslehre S. 151. Zur Aufgabenkritik und -überprüfung als Obliegenheit der Verwaltungswissenschaft *Mäding* DV 1973, 274.

68 Zum Bereich des hier „öffentlich“ genannten vgl. auch *Habermas* S. 173, der ihn als „repolitisierte Sozialsphäre“ bezeichnet; *Wiethölter* S. 48 deklariert ihn als „unbekanntes Zwischenmassiv“.

69 *H. Krüger*, Staatslehre S. 347. *Ridder*, Gewerkschaften S. 29 Anm. 57 a spricht von der „Dreifältigkeit“ der so abgegrenzten Bereiche. *Bull*, Staatsaufgaben S. 50 beklagt, daß das BVerfG die Sektoren des Öffentlichen und des Staatlichen nicht exakt auseinanderhalte.

70 Für eine vorschnelle Gleichsetzung des Öffentlichen und des Staatlichen macht *Häberle*, Öffentliches Interesse S. 25 f. die überlieferte, etatistische Gemeinwohltheorie verantwortlich. Ähnlich *Peters*, Aufgaben S. 881.

71 Vgl. *Schwacke* S. 27.

72 Vgl. hierzu *E.-W. Böckenförde*, Bedeutung S. 16 f. und ders., Verfassungstheoretische Unterscheidung S. 28. Von anderen Ausgangspunkten ähnlich *Preuß*, Staatsrechtlicher Begriff S. 151 und *Ridder*, Gewerkschaften S. 15.

73 So *Forsthoff* LB S. 519; dazu rechnet er den Bereich der „Daseinsvor-

sprechen eher dagegen[74], und das demokratische Prinzip könnte durch eine solche Behauptung ohne Not in Mitleidenschaft gezogen werden[75]; andererseits ist *Peters* Recht zu geben, daß in praxi zahlreiche Aufgaben kaum anders als von der öffentlichen Verwaltung durchführbar sind[76] und deshalb — auf breitem Konsens beruhend — als staatliche Aufgaben erfüllt werden. Um diesen Kernbereich unstreitig staatlicher Aufgaben geht es aber in unserem Zusammenhang gerade nicht.

c) Staatliche „Befassung" mit bestimmten Aufgaben und Eigenverantwortlichkeit der Träger staatlicher Verwaltung

Für die Brauchbarkeit des Begriffes der staatlichen Aufgaben zur Abgrenzung innerhalb dieser Dunkelzone ist es aber weiterhin entscheidend, ob es gelingt, die formellen Anforderungen herauszudestillieren, die an eine staatliche Entscheidung zur „Verwandlung" von Aufgaben in solche öffentlicher Verwaltungsträger zu stellen sind. Die Frage lautet mit anderen Worten: welche Akte staatlicher Organe sind notwendig, um eine Aufgabe als staatliche identifizieren zu können?

Im Fernsehurteil[77] hat das BVerfG neben materiellen Kriterien[78] auch auf die genannten formellen Merkmale abgestellt und dabei festgestellt, eine Aufgabe werde zur staatlichen, wenn der Staat sich mit ihr in „irgendeiner Form" befasse[79]. Dieses oberflächliche und undifferenzierte dictum hat zu Recht massive Kritik erfahren. Einmal nämlich hat *Bull*[80] auf einen wichtigen Einwand aufmerksam gemacht: der Staat kann eine Aufgabe zu Unrecht an sich ziehen. Ohne auf die Fragen der Omnipotenz bzw. Kompetenz des Staates[81] eingehen zu müssen, kann

---

sorge", wie er sich historisch (!) ergeben habe. Dagegen *Bull*, Wandel S. 20. Das BVerfG geht im Urteil v. 17. 7. 1961, BVerfGE 13, 97, 107 offensichtlich davon aus, daß es absolute, von der jeweiligen Politik des Gemeinwesens unabhängige Gemeinschaftswerte gebe, die in jedem Falle staatliches Interesse zu erheischen haben. Vgl. zum ganzen Komplex auch *Bull*, Staatsaufgaben S. 99 ff.

74 In diesem Sinne auch *Bogs* BB 1963, 1270; *Heusser* S. 58. Zur historischen Beliebigkeit der Übernahme bestimmter Agenden durch den Staat vgl. auch *Peters*, Aufgaben S. 892 (zur Post) und *Siebert* S. 225 (zu Bahn und Post).

75 Dazu auch *Brohm*, Strukturen S. 212.

76 *Peters*, Verwaltung S. 10.

77 V. 28. 2. 1961, BVerfGE 12, 205 ff. Ähnlich, aber in der Terminologie unklar, *Rüfner*, Formen S. 389: jede Aufgabe, mit der sich der Staat befasse, werde zur „öffentlichen".

78 Nämlich: der Rundfunk sei Publikationsträger und Nachrichtenmittel „ersten Ranges", ebd. S. 244.

79 Ebd. S. 243.

80 Staatsaufgaben S. 105.

81 Bedeutendster Vertreter des Kompetenz-Kompetenz-Gedankens ist *H. Krüger*, vgl. etwa Staatslehre S. 760 f. Weniger davon begeistert ist *Herzog*,

doch gesagt werden, daß auf der Grundlage unserer konkreten Verfassungsordnung sich jedenfalls negativ Bereiche ausgrenzen lassen, in denen staatlicher Zugriff unzulässig ist[82], weil dem Staat eine Reihe von Instrumenten verwehrt ist, die er zur Wahrnehmung bestimmter Aufgaben benötigen würde. Steckt auch das GG etwa in Art. 20 und den Grundrechten nur einzelne „Richtpunkte und Grenzen" ab[83], so wäre doch etwa die völlige Abschaffung des privaten Eigentums unter Einschluß des Konsumeigentums im Namen staatlicher Wirtschaftspolitik ebenso mit Art. 14 GG unverträglich wie die „Verstaatlichung" von Familie und Intimsphäre unter dem Gedanken der Planung der Bevölkerungsentwicklung mit Art. 6 GG.

Zum anderen ist die Vokabel „sich befassen" nicht nur extrem unbestimmt und vage, es ist auch ausreichend plausibel, daß selbst dort, wo ein „Sich-befassen" klar auf der Hand liegt, nicht ohne weiteres schon von einer staatlichen Aufgabe die Rede sein kann[84]. Oder soll, so *Peters*[85], die Emission einer Anleihe als staatliche Aufgabe qualifiziert werden, nur weil der Staat sich in den §§ 793 ff. BGB sich damit „befaßt" und einen Genehmigungsvorbehalt statuiert hat? Wie steht es, wenn der Staat sich in der „Konzertierten Aktion" mit dem Lohn- und Preisverhalten der Tarifparteien befaßt, oder, gänzlich ohne Institutionalisierung, die Kreditwirtschaft zu einer stärkeren Sicherung der Kreditgeber mittels eines Einlagensicherungsfonds anregt[86]?

Peters[87] unterscheidet fünf Stadien staatlicher „Befassung" mit bestimmten Aufgaben. Im ersten Stadium überläßt der Staat das Problem zur Gänze der privaten Sorge, im zweiten überwacht er das Handeln der Privaten, im dritten stellt er abstrakte Regeln auf, insbesondere hinsichtlich der Träger der Aufgaben und des Modus' der Aufgabenerfüllung, im vierten und fünften wird die Erledigung in mittelbare bzw. unmittelbare Staatsverwaltung übernommen. Nur in

---

Staatslehre S. 148, der aber „keine andere Lösung" sieht; ähnlich *H. H. Klein* S. 15. Dagegen die Vertreter des Subsidiaritätsprinzips, vgl. *Dürig* JZ 1953, 193 ff. Vgl. auch *Bachof* VVDStRL 12, 45.

82 Vgl. *Martens* S. 119. Das BVerfG verwendet den Begriff der „legitimen" öffentlichen Aufgabe, vgl. Urteil v. 18. 12. 1974, NJW 1975, 1265; weitere Nachweise bei Häberle AöR Bd. 95, 104 Anm. 54. Vgl. auch *Bull*, Staatsaufgaben S. 91.

83 *Hesse*, Grundzüge S. 203 f. A. A. *Pöttgen* S. 98, der aus einzelnen Verfassungsbestimmungen ein justiziables Subsidiaritätsprinzip deduzieren will. *Bull*, Staatsaufgaben S. 157 verweist demgegenüber auf die präponderante Rolle der Dezision gegenüber juristischer Hermeneutik.

84 *Peters*, Aufgaben S. 877 f. und 890. Vgl. auch *Häberle*, Öffentliches Interesse S. 49.

85 Ebd. S. 891.

86 Vgl. etwa FAZ v. 7. 6. 1975.

87 Aufgaben S. 878 f.

den letzten Fällen werde die Aufgabe zur staatlichen. Heftig polemisiert *Peters*[88] gegen *Rupp*[89], der die Überwachung von Kraftfahrzeugen durch die Technischen Überwachungsvereine, die also allenfalls in die dritte *Peters*sche Kategorie fällt, eine staatliche Aufgabe nennt.

So weit wie *Rupp* wird man in der Tat nicht gehen dürfen. Soll die skizzierte Dreiteilung in Bereiche des Privaten, des Öffentlichen und des Staatlichen, die ja auf einer funktionalen Differenzierung beruht, noch einen Sinn behalten, so wird man nicht bei jeder Intervention des Staates in den Bereich des Öffentlichen die *Rupp*sche Konsequenz ziehen dürfen. Die Verflochtenheit und gegenseitige Durchdringung beider Bereiche ist empirisch nachweisbar, und sie ist auch wünschenswert. Der Staat ersetzt im Bereich der Öffentlichen, der Gesellschaft, die abhandengekommene „invisible hand“; und damit er dies im Interesse und nicht losgelöst von der Gesellschaft tut, ist andererseits die Ingerenz der Gesellschaft auf das staatliche Handeln aus dem demokratischen Prinzip gerechtfertigt. Gerade dieses Prinzip rechtfertigt aber eine „Verstaatlichung“ der Gesellschaft abseits theoretischer Räsonnements nur in dem Maße, wie der Staat das — demokratisch legitimiert — ausdrücklich und offensichtlich anstrebt. Die Folgerung wäre, erst dort von staatlichen Aufgaben zu sprechen, wo der Staat sich selbst zum verantwortlichen Aufgabenträger bestimmt[90]. Aufsichts-, auch Eingriffsrechte reichen nicht aus, um eine ganze Materie als staatliches Aufgabenfeld kennzeichnen zu können.

III. Verfahrenserfordernisse an die „Umwandlung“ von Aufgaben in staatliche

Damit ist noch nicht geklärt, wie das erforderliche Verfahren beschaffen sein muß, um bestimmte Aufgaben in solche der staatlichen Verwaltung „umzuwandeln“. Wenn *Kelsen*[91] und *Bull*[92] auf Verfassung, Gesetz oder EG-Recht abstellen, so ist dies in einem demokratischen Rechtsstaat nur folgerichtig. Versuche, die Staatsaufgaben jenseits der positiven Rechtsordnung zu legitimieren, dürfen im Rechtsstaat keinen Platz haben[93].

An die Exaktheit der Formulierungen in Rechtsvorschriften sind dabei nicht die höchsten Anforderungen zu stellen. Klare Formulie-

---

88 Ebd. S. 884 f.; *Peters* wirft Rupp „*Etatismus*“ vor.

89 Privateigentum, passim.

90 *Bull*, Staatsaufgaben S. 50; *Kelsen*, Staatslehre S. 131.

91 Ebd.

92 Ebd.

93 Vgl. *v. Zezschwitz* S. 52 f., 174 und 179 f.; *Bull*, Staatsaufgaben S. 105.

rungen sind wünschenswert[94]; es muß aber ausreichen, wenn aus dem Zusammenhang hervorgeht, daß eine Materie der öffentlichen Verwaltung eigenverantwortlich obliegen soll[95]. In zahlreichen Fällen ist die Feststellung von Inhalt und Ziel staatlicher Aufgaben leider nur möglich im Wege des Rückschlusses aus der Zurverfügungstellung rechtlicher und finanzieller Mittel für einen bestimmten Zweck.

Mäding[96] unterscheidet folgende vier Kriterien für eine staatliche Aufgabe: öffentliches Bedürfnis[97], Sanktion durch das oberste Organ des Gemeinwesens, operationales Durchführungsprogramm und Zurverfügungstellen der erforderlichen (Finanz-)Mittel.

a) Das zuständige Organ

Im demokratischen Staat ist es im Grunde erstaunlich, daß über die Frage gestritten wird, welches Organ das „oberste" und damit zur Sanktion berechtigt ist. Durchaus zahlreich sind die Stimmen, die die Exekutive gleichwertig neben die beiden anderen Gewalten stellen, sie als „eigenständige", originär legitimierte Staatsgewalt anerkennen wollen[98]. Auf unseren Zusammenhang angewandt hieße das, daß die Verwaltung sich ihre Ziele und Aufgaben autonom setzen könnte. Bereits die französische Revolution hat aber, wie *G. Jellinek*[99] es formuliert, die Lehre *Montesquieus* modifiziert. Das höchste Staatsorgan ist das Parlament, jede andere Auffassung läuft auf eine „Heiligung ... vorkonstitutioneller Kompetenzen"[100], auf eine Wiederbelebung des monarchischen Grundsatzes „in dubio pro rege" hinaus[101]. Der Gesetzgeber allein kann die höchste Stufe demokratischer Legimation für sich beanspruchen[102]. Das bleibt auch dann richtig, wenn man die reale und vom Grundgesetz gewollte gegenseitige Verschränkung und Arbeitsteilung der Gewalten zur Kenntnis nimmt, eine Situation, die eine

---

[94] Vgl. etwa § 3 Abs. II Abfallbeseitigungsgesetz v. 7. 6. 1972.

[95] Vgl. beispielsweise das bad.-württ. Kindergartengesetz v. 29. 2. 1972.

[96] DV 1973, 267.

[97] Da das Vorhandensein dieses Erfordernisses aber wiederum nur vom dazu legitimierten Organ festgestellt werden darf, fiele dieses Kriterium mit der Sanktion praktisch zusammen.

[98] Vgl. dazu den Titel der Schrift von *Peters* „Die Verwaltung als eigenständige Staatsgewalt" und dort S. 12 f.; ähnlich *H. H. Klein* S. 154; *Wolff / Bachof* § 30; *Forsthoff* LB S. 15 f.; *Bullinger*, Vertrag S. 94; vgl. auch *Seidler* S. 68.

[99] S. 605. Vgl. auch *Dürig* MDH Art. 3 I Rdnr. 463.

[100] *Rupp*, Grundfragen S. 125.

[101] *Evers* NJW 1960, 2074 f.

[102] *Brohm*, Strukturen S. 246 f.; wie er außer den Genannten noch *Mallmann* VVDStRL 19, 185 f.; *Jesch*, Gesetz S. 99; *Spanner* S. 8; *Zaengl* S. 53 ff.; *Rüfner*, Formen S. 222; *Pöttgen* S. 114 f. Vgl. auch *Hesse*, Grundzüge S. 217.

totale Kontrolle der Legislative über die Exekutive verhindert und folgerichtig Forderungen nach direkter bürgerschaftlicher Partizipation an Verwaltungsentscheidungen nach sich zieht[103]. Die politische Aufgabenplanung jedenfalls kann und darf dem Parlament nicht entzogen werden[104].

b) Sanktion durch Gesetz?

In der Praxis ist nicht zu übersehen, daß die Träger öffentlicher Verwaltung zahlreiche Aufgaben eigenverantwortlich wahrnehmen, ohne durch ein Gesetz positiv und ausdrücklich dazu ermächtigt zu sein. Bei Subventionen etwa ist das häufig der Fall.

Das führt auf die Frage, ob die Sanktion, um gültig zu sein, in Form eines Gesetzes ergehen muß. Nach Ansicht des österreichischen Verfassungsrechtlers *Merkl*[105] ist „das Mittel durchgängiger Volksherrschaft auf dem Gebiet der Verwaltung ... nunmehr die Herrschaft des vom Volkswillen erzeugten Gesetzes in der Verwaltung". Die Verwaltung, so *Otto Mayer*[106], ist voll „Hunger nach Rechtssätzen". Nun berührt das damit angesprochene Prinzip der Gesetzmäßigkeit der Verwaltung aber sowohl einen rechtsstaatlichen als einen demokratischen Aspekt[107]. Die Notwendigkeit einer parlamentarischen Ermächtigung auf die sogenannte Eingriffsverwaltung beschränken zu wollen, hieße einem „Mißverständnis des geschichtlichen Ablaufs"[108] nachzuhängen. Ebensowenig läßt sich eine demokratische Generalermächtigung an die Verwaltung zur Entfaltung gesetzesfreier Initiative annehmen[109]. Aus dem demokratischen Gedanken allein läßt sich indes nicht entnehmen, daß die erforderliche Sanktion nur in Gesetzesform ergehen kann[110]. Ihm ist bereits Genüge getan, wenn irgendeine Willensäußerung des Parlaments die Verwaltung zum Handeln ermächtigt.

Was den rechtsstaatlichen Aspekt betrifft, so soll auf die Diskussion um die Rechtsmäßigkeit der Subventionsvergabe ohne gesetzliche Legitimation und um die Reichweite des Art. 20 Abs. III GG zurückgegriffen werden[111]. Daß bei der „sozialgestaltenden Tragweite"[112] der Sub-

---

103 Dazu *Bull*, Wandel S. 17.

104 So auch *Burmeister* WiR 1972, 330 Anm. 40.

105 Zitiert nach *Spanner* S. 8.

106 Zitiert nach *Antoniolli* S. 104.

107 *Spanner* S. 8.

108 *Dürig* MDH Art. 3 I Rdnr. 463; ähnlich *Pöttgen* S. 114 f.; *Hamann*, Wirtschaftsverfassungsrecht S. 41 und 66.

109 *Mallmann* VVDStRL 19, 186 mit Hinweis auf die a. A. von *Köttgen*.

110 So richtig *Rüfner*, Formen S. 225.

111 Dazu *Zaengl* S. 53 ff; aus der neueren Rspr. BVerwG v. 11. 6. 1975, NJW 1975, 1898.

112 *Mallmann* VVDStRL 19, 192 Anm. 104.

ventionen eine nicht nur haushaltsrechtliche Ermächtigung rechtspolitisch unbedingt wünschenswert ist, bedarf kaum noch einer Diskussion. Unzulässig ist es auch, diesen Grundsatz für den Fall, daß das Verwaltungshandeln auf privatrechtlicher Basis abläuft, zu leugnen[113] oder dahingehend einzuschränken, hier gelte nur das Prinzip der Verfassungsmäßigkeit, nicht aber der Gesetzmäßigkeit[114].

Aber auch die Stimmen, die nicht, wie *H. H. Klein*[115], bereits eine „andeutungsweise" Festlegung von Aufgaben wie etwa in den Art. 20 und 28 GG, ja sogar die „Rechtstradition" ausreichen lassen, sondern eine gesetzliche Grundlage für partout erforderlich halten[116], gehen selten so weit, ohne eine solche Basis verteilte Subventionen für rechtswidrig zu erklären. Indem das „oberste Organ" ein „operationales Durchführungsprogramm" aufstellt bzw. seine Erstellung durch Richtlinien der Exekutive immanent billigt[117] und die erforderlichen Finanzmittel qua Haushaltsgesetz zur Verfügung stellt, liefert es gewissermaßen die Sanktion gleich mit oder holt sie nach[118]. Der rechtsstaatliche Aspekt fällt dabei quasi unter den Tisch[119]. Diese rechtsstaatliche Bescheidung ist nichts anderes als der Versuch einer Versöhnung eines juristisch-dogmatischen Rigorismus mit der Rechtsfaktizität. Freilich ein unschönes Ergebnis. Es darf aber nicht übersehen werden, daß der Leidtragende eines zu großen Auseinanderklaffens von Norm und Realität letztlich der Bürger wäre[120].

Staatliche Leistungen, so die herrschende Meinung, sind also rechtmäßig, wenn die Mittelzuwendung im Haushaltsgesetz erfolgt ist[121];

---

113 So aber *H. H. Klein* S. 155. Dagegen treffend *Jesch*, Gesetz S. 183.

114 So aber *Zeidler* VVDStRL 19, 238. Dagegen *Jesch*, Gesetz S. 187. Vgl. auch *Spanner* S. 6 ff. zum Problemkreis Rechtmäßigkeit — Gesetzmäßigkeit der Verwaltung mit Hinweis auf *Merkl*.

115 S. 24.

116 *Mallmann* VVDStRL 19, 192 Anm. 104; *Götz* S. 289; *Pöttgen* S. 130; *Jesch*, Gesetz S. 227; weitere Nachweise bei *Friauf* DVBl 1966, 729 ff.

117 Bedenklich allerdings, wenn dies etwa unter nur formloser Mitwirkung eines Parlamentsausschusses geschieht und die Richtlinien nicht publiziert werden, vgl. *Ipsen* VVDStRL 25, 295. Kritisch auch *Renck* JuS 1971, 77.

118 Ähnlich *Wolff* LB III §138 III c 3 und § 154 V a; *Ipsen* VVDStRL 25, 289; *Jesch*, Gesetz S. 205; *Semler* S. 76 ff.; kritisch *Menger*, Verwaltungsrichtlinien S. 313 f.

119 Wie das BVerwG v. 21. 3. 1958, BVerwGE 6, 282, 287 jede parlamentarische Willensäußerung als Gesetz i. S. d. Art. 20 Abs. III GG gelten zu lassen, geht über den Wortlaut wahrscheinlich zu weit hinaus.

120 Vgl. *Bullinger*, Vertrag S. 96.

121 *Wolff* ebd.; BVerfG v. 19. 7. 1966, BVerfGE 20, 56; BVerwG v. 21. 3. 1958, BVerwGE 6, 282, 287. A. A. VG Berlin v. 31. 10. 1973, JuS 1974, 334 Nr. 12 und Berufungsurteil OVG Berlin v. 25. 4. 1975, NJW 1975, 1938 in Bezug auf Pressesubventionen (allerdings nicht wegen Art. 20 Abs. III GG, sondern aufgrund Art. 5 Abs. II GG).

mit anderen Worten: sie sind als Instrumente staatlicher Aufgabenerfüllung legitim. Dieser Grundsatz ist über die Materie der Subventionen hinaus verallgemeinerungsfähig. Allerdings müssen, um dem Gebot der Rechtssicherheit nachzukommen, die Aufgaben, für die Geldmittel bereitgestellt werden, im Haushaltsplan so konkret beschrieben sein, daß die Exekutive daraus Handlungsanweisungen ableiten kann[122]. So fordert es auch der Grundsatz der Haushaltswahrheit. Das betrifft zunächst aber nur die Sanktion der Aufgabe. Wie ausführlich das operationale Durchführungsprogramm die Handlungsmodalitäten der öffentlichen Verwaltung steuern muß, soll noch erörtert werden[123].

c) Die staatliche Verwaltung als Träger nicht-staatlicher Aufgaben?

Auch diese Anforderungen, die an die Charakterisierung von Aufgaben als staatliche zumindest gestellt werden müssen, reichen aber laut *H. H. Klein* noch nicht in jedem Falle aus. Das Gebrauchmachen von einer Handlungsermächtigung sei nur dann Erfüllung staatlicher Aufgaben, wenn es sich um „Ausübung hoheitlicher Gewalt oder solche Agenden handelt, deren Wahrnehmung das durch die verfassungsrechtliche Kompetensverteilung hergestellte föderalistische Gleichgewicht beeinflußt“[124]. Es sei daher nicht paradox, daß rechtlich möglich auch ein staatliches Handeln sei, das nicht auf Erfüllung staatlicher Aufgaben gerichtet ist[125].

Die Überprüfung dieser Behauptung führt tief hinein in fundamentale Fragen der Staatslehre; ihr kann deshalb hier nicht mit der notwendigen Intensität nachgegangen werden[126]. Die von *H. H. Klein* selbst erahnte Paradoxie wird jedenfalls durch die von ihm angeführten Argumente nicht plausibel aufgehoben. Wie der Staat als zentrale Ent-

---

122 *Bull*, Wandel S. 1; vgl. auch *Wenger* S. 401.

123 Vgl. einstweilen *Rupp*, Grundfragen S. 143 und *Menger* VerwArch 1960, 154 f.

124 S. 25. Ähnlich auch *Peters*, Aufgaben S. 879. Auch *Steiger* S. 339 meint, Interessen würden nicht schon dadurch notwendig zu staatlichen, daß der Staat sie als Aufgabe in sein Handeln aufnehme. Was sich zu ereignen hat, damit dies geschieht, läßt *Steiger* allerdings offen.

125 Ähnlich *Burmeister*, Grundrechtsverständnis S. 91 ff., der unterscheiden will zwischen dem Staat als „Hoheitsträger“ und als „staatsexternes Rechtssubjekt“. Auch *Löw* DÖV 1957, 879 f., der zunächst jegliche Differenzierung staatlicher Betätigungsformen unterlassen will, läßt einfließen, daß der Staat auch „sonst irgendwie in den Formen des Privatrechts“ tätig werden könne, ohne daß es „unmittelbar um die Erfüllung öffentlicher Aufgaben“ gehe. Damit schlägt er seine eigene Argumentationskette entzwei und versucht sie mit dem Hinweis zu flicken, „letztlich“ gehe es auch im rein fiskalischen Bereich um Wirtschaften mit öffentlichen Mitteln im öffentlichen Interesse.

126 Zur Fiskustheorie unten 5. Kap. A II.

scheidungseinheit des Gemeinwesens zulässigerweise Aufgaben erfüllen kann, welche ihm nicht vom Träger des Gemeinwesens, dem Staatsvolk, aufgetragen sind und die nicht im Interesse eben dieses Staatsvolkes liegen[127], ist kaum einsichtig. Der Staat als „Allgemeiner“[128] hat keine privaten Interessen[129], sondern als „Teil der umfassenden res publica“ nur öffentliche[130]. Nur die personalisierende Vorstellung einer „biologistisch-vitalistischen Existenz des Staates im Sinne einer naturalistischen Organismustheorie“[131] könnte dazu führen, den Staat losgelöst von der ihm zugedachten Funktion als Privatmann aufzufassen; er kann keine Privatangelegenheiten haben[132]. Zumindest der „Endzweck“ aller staatlichen Handlungen muß demnach immer ein „öffentlicher“[133], bzw. in der hier benutzten Terminologie ein „staatlicher“ sein[134]. *H. H. Kleins* Auffassung würde demgegenüber im Endeffekt dazu führen, daß die Exekutive ohne konkrete Handlungsermächtigung nicht vom Parlament definierte Interessen verfolgt.

Man ist geneigt, daraus den Schluß zu ziehen, daß nunmehr das Merkmal der staatlichen Aufgabe zwar schärfere Konturen gewinnt, gleichzeitig aber als Kriterium untauglich wird, weil es Abgrenzungen nicht mehr erlaubt[135]. Dennoch wäre das nicht nur deshalb voreilig, weil noch nichts zum Unmittelbarkeitserfordernis ausgesagt ist. Viel-

---

[127] Natürlich bedeutet das in einer pluralistischen Gesellschaft nicht, daß solche Aufgabenerledigung immer im Interesse des gesamten Staatsvolkes liegen muß; dies wäre schier unmöglich, *Martens* S. 188 und *Draht* EvStL S. 2442. Im demokratischen Staatswesen sind deshalb Mehrheitsentscheidungen maßgeblich, wobei dem in der Verfassung angelegten Minderheitenschutz Rechnung zu tragen ist, *Ryffel* S. 29. Ein dubioses Einstimmigkeitspostulat auf der Basis einer substantiellen Theorie des öffentlichen Interesses vertritt *Fach* ARSP 1974, 259 f.

[128] *H. Krüger*, Staatslehre S. 156 ff.

[129] *Rüfner*, Formen S. 389. A. A. *Heusser* S. 84.

[130] *Häberle* AöR Bd. 95, 278. A. A. *Apelt* S. 130.

[131] So *Mallmann* VVDStRL 19, 198; ähnlich *H. Krüger*, Staatslehre S. 325; anders teilweise *Rupp*, Privateigentum S. 25: der Staat sei kein „bloßes Funktionsbündel“.

[132] *Mallmann* VVDStRL 19, 197; ähnlich *Rüfner*, Formen S. 389; *Martens* S. 90.

[133] *Furtwängler* S. 106; *Bull*, Staatsaufgaben S. 14 und 279; *Martens* S. 99; *Emmerich* JuS 1970, 335; *Kutsch / v. Krakewitz* S. 446 und 451; BVerfG v. 30. 4. 1963, DVBl 1963, 727.

[134] Daß hiervon Ausnahmen zulässig sind und die erwerbswirtschaftliche Betätigung der öffentlichen Hand eine solche Ausnahme sei, wird von *H. H. Klein* und anderen nicht mit ausreichender Stringenz nachgewiesen. Der Streit hierüber muß aber beiseitegelassen werden. Vgl. nur *Dürig* MDH Art. 3 I Rdnr. 483 und 485 f. sowie *Emmerich* JuS 1970, 335.

[135] So *Leisner*, Grundrechte S. 204 Anm. 18 a. Diesen Schluß ziehen denn auch *Emmerich* ebd. und *Rüfner*, Formen S. 389 mit jeweils anderer Tendenz; für das Staatshaftungsrecht *Martens* S. 99. Vgl. auch *Forsthoff*, Auftraggeber S. 20: „Natürlich kann man alle Obliegenheiten der Behörden als öffentliche Aufgaben bezeichnen.“

mehr kann möglicherweise zwar als Indiz für das Vorhandensein von staatlichen Aufgaben gelten, wenn ein Träger öffentlicher Verwaltung ein bestimmtes Ziel in eigener Verantwortung verfolgt; eine rechtliche Vermutung dafür gibt es allerdings nicht[136]. Daß der Staat bestimmte Aufgaben hat, heißt ja, daß er in den damit umschriebenen Bereichen „zulässigerweise“ tätig wird[137]. Mit anderen Worten: die oben genannten Verfahrenserfordernisse sind allein nicht zureichend, vielmehr muß die Aufgabenbestimmung sich im Rahmen des verfassungsmäßig und gesetzlich Zulässigen halten.

d) Einheit der Verwaltung und staatliche Aufgaben

Vor allem jedoch ist die Aussage, der Staat dürfe nur staatliche Aufgaben erfüllen, unmittelbar nur da einsichtig, wo der Staat „Allgemeiner“ ist, d. h. wenn es sich um Gebietskörperschaften[138] handelt. Problematisch ist das jedoch bei öffentlichen Körperschaften, die zur Interessenvertretung ihrer Mitglieder in nur bestimmter Hinsicht berufen sind[139]. *Preuß*[140] hat im Zusammenhang mit der Grundrechtssubjektivität[141] öffentlich-rechtlicher Verbände die herrschende Einheitsbetrachtung kritisiert[142] und als auf „organizistische(n) Bilder(n)“ beruhend dargestellt[143]. Es gebe hingegen unbeschadet der notwendigen staatlichen Sanktion durch Verfassung und Gesetz öffentlich-rechtliche Verbände, die zwar öffentlichen, aber keinen staatlichen Charakter trügen[144]. Erkenne man dies nicht an, so würde das dergestalt öffentlich organisierte Verbandswesen zum „Satelliten“ des Staates gemacht[145]. Die Einheitstheorie habe eine disziplinierende Funktion[146].

---

136 *V. Zezschwitz* S. 140. Anders (d. h. für eine Vermutung) OLG Celle v. 6. 6. 1957, DVBl 1959, 103, 104. Kritik am BVerfG, das eine solche Vermutung implizit des öfteren ausgesprochen hat, übt *Hartmann* S. 25.

137 *Bull*, Staatsaufgaben S. 44; ähnlich *Kelsen*, Staatslehre S. 119. Im Ansatz wie hier *Erichsen / Martens* S. 227 f.

138 Zur Einteilung in Gebiets-, Real- und Personalkörperschaften vgl. *Wolff* LB II § 84 III d.

139 *Bull*, Staatsaufgaben S. 52.

140 Politisches Mandat, passim. Vgl. auch *Brohm*, Strukturen S. 16 f.; vorsichtig *Leisner* DÖV 1970, 218.

141 Dazu *Siepmann* DÖV 1975, 263 ff., in der Tendenz ähnlich wie *Preuß*. Vgl. auch *Bethge*, Der Städtetag 1970, 67.

142 *Preuß* ebd. S. 22. Vgl. als Beispiele für die herkömmliche Betrachtungsweise *Forsthoff*, Öffentliche Körperschaft S. 107 f.; *Burmeister*, Grundrechtsverständnis S. 31.

143 *Preuß* ebd. S. 18.

144 Ebd. S. 28. Vgl. auch *Ridder* DuR 1975, 204.

145 *Preuß* ebd. S. 24. Vgl. auch BVerfG v. 18. 12. 1974, NJW 1975, 1265, 1266, das aber in casu diesen Einwand verwirft.

146 *Preuß* ebd. S. 27.

Auch *Martens*[147] meint, daß bestimmte öffentlich-rechtliche Verbände „staatsfremde öffentliche Aufgaben" wahrnähmen. Das BVerfG[148] differenziert zwischen Aufgabengebieten (hier von Arbeitnehmerkammern), auf denen staatliche Zwecke wahrgenommen werden (etwa Beratung von Behörden) und solchen, bei denen es sich (nur?) um eine „Konkretisierung staatlicher Fürsorgepflichten" handele (Beratung der Arbeitnehmer). Diese letzte Unterscheidung, deren Konsequenzen das BVerfG nicht mitteilt, liefe wohl darauf hinaus, bestimmten juristischen Personen des öffentlichen Rechts einen gespaltenen Aufgabenbereich zuzusprechen, der aus genuin staatlichen und „nur" öffentlichen Aufgaben bestünde[149].

Eine solche Einteilung ist sicher denkbar. In Schwierigkeiten gerät sie aber zumindest dann, wenn das Gesetz — wie beispielsweise in § 54 Abs. I HandwO — einer Körperschaft lakonisch die Förderung der „gemeinsamen gewerblichen Interessen ihrer Mitglieder" aufträgt. Zudem ist sie im Hinblick auf den Bürger problematisch, wenn daraus unterschiedliche Konsequenzen für seine Rechtsstellung abgeleitet werden. Der Bürger weiß oft nicht und kann nicht wissen, ob, wie *Bullinger*[150] formuliert, hinter dem mit einer solchen Körperschaft abgeschlossenen Geschäft auf seiten der Verwaltung „öffentliche Ziele" stehen.

Das entscheidende, vorgelagerte Problem, das sich aus *Preuß*' Kritik ergibt, besteht wohl eher in der Zulässigkeit der Bildung solcherart private Interessen an die Kandare nehmender öffentlicher Verbände[151]. Setzt hier das Verfassungsrecht keine Schranken, so spricht zumindest die Vermutung dafür, daß die Aufgaben dieser Verbände staatliche sind[152]. Daß diese Vermutung im Einzelfall widerlegt werden kann, soll *Preuß* zugestanden werden. Indizien dafür wären etwa, daß „ein ökonomisch oder rechtlich gesicherter Status außerhalb des Verbandes in bestimmter Hinsicht zur Verbandsgrundlage gemacht"[153] worden ist, und daß die Aufgabe in demokratischer Selbstverwaltung der Mitglie-

---

147 S. 121. Vgl. auch BayVerfGH v. 1. 8. 1975, NJW 1975, 1733, 1736, der zwischen „staatlichen Aufgaben" und „Gegenständen der Hochschulautonomie" differenziert.

148 V. 18. 12. 1974, NJW 1975, 1265.

149 *Ridder* DuR 1975, 206 scheint zu trennen zwischen den gesetzlichen Aufgaben und einem sub specie der Grundrechte nur durch deren Schranken umgrenzten Raum eigeninitiativer Tätigkeit.

150 Vertrag S. 98.

151 Dazu im Hinblick auf Art. 2 Abs. I GG und Zwangsmitgliedschaft BVerfG v. 18. 12. 1974, NJW 1975, 1265 f. Der Senat geht zudem davon aus, daß es staatliche Aufgaben „im engeren Sinne" gebe, die der „Staat selbst durch seine Behörden wahrnehmen muß".

152 A. A. wohl *Brohm*, Strukturen S. 16 f.

153 *Preuß* ebd. S. 45; *Dreier* S. 92 f.; vgl. auch *Kisker* S. 37 und 57 f.

der wahrgenommen wird[154]. Wann dies in concreto vorliegt, muß einer Einzelfallanalyse vorbehalten bleiben, die hier nicht geleistet werden kann.

IV. Bedarfsdeckung als staatliche Aufgabe

Ausgehend von den vorangegangenen Überlegungen muß nun geklärt werden, ob die Bedarfsdeckung durch die öffentliche Verwaltung mittels privatrechtlicher Verträge zur zulässigen Erfüllung staatlicher Aufgaben zu rechnen ist.

Auf den ersten Blick mag es frappierend erscheinen, daß man überhaupt der Ansicht sein kann, es würden hier staatliche Aufgaben nicht erfüllt, sind doch mit den öffentlichen Aufträgen „bedeutende Behördenzweige ständig befaßt", gehören sie doch zu den „wichtigsten Obliegenheiten der modernen Verwaltung hochindustrialisierter und übervölkerten Länder", ist doch die Beschaffung einer „eigenen Verwaltungsfunktion"[155], sind die sogenannten Hilfsgeschäfte der Verwaltung zu einem „ihrer wesentlichen Teile geworden"[156] und berühren sie doch „wesentlich das Interesse der Allgemeinheit"[157]. Es sei daher nicht einzusehen, meint *Haak*[158], warum es nicht dem Gemeinwohl dienen solle, wenn die Verwaltung sich durch Beschaffung von Gütern und Leistungen intakt hält.

Die psychologische Eingängigkeit[159] der Qualifizierung der Bedarfsdeckung der Verwaltung als staatliche Aufgabe kann aber allein nicht zu rechtlichen Konsequenzen führen, da sie sich auf die Qualität der Aufgaben bezieht, die nach den oben gemachten Ausführungen wegen der Unauffindbarkeit materieller Kriterien hier nicht von Bedeutung sein kann[160]. Deshalb sind auch Erwägungen, ob solche „Hilfsgeschäfte" dem „Kernbereich der Staatsgewalt" unterfallen oder nicht[161], fehl am Platze. Die allein interessierende Frage ist, ob innerhalb der staatlichen Organe — d. h. entweder im Parlament oder mit Billigung des Parlaments in der Exekutive — ein Verfahren ordnungsgemäß abgelaufen ist, das die Bedarfsdeckungsgeschäfte zulässigerweise zu staatlichen Aufgaben werden ließ.

---

[154] *Preuß* ebd. S. 43.

[155] *Forsthoff*, Auftraggeber S. 20.

[156] *Forsthoff* ebd. S. 21; *Furtwängler* S. 86.

[157] *Pribilla* II A 2 a.

[158] S. 99; ähnlich *Martens* S. 99. Vgl. auch *Kelsen* AöR Bd. 31, 85 f.

[159] Auf die *Rüfner*, Formen S. 398 verweist; vgl. auch *Dürig* MDH Art. 3 I Rdnr. 490.

[160] *Zeidler* VVDStRL 19, 219 will sie dennoch nicht „zur völligen Bedeutungslosigkeit" abwerten. Das ist von seinen sonstigen Ausführungen her nicht konsequent und bleibt vage.

[161] Vgl. BVerfG v. 30. 4. 1963, DVBl 1963, 718, 727.

Geipel[162] sieht den „Sachverhalt“ der staatlichen Bedarfsdeckungsgeschäfte durch die Rechtsordnung in den §§ 26 und 46 RHO (heute §§ 6, 30 HGrG und 7, 55 BHO sowie die oben[163] genannten Landesvorschriften) und die Verdingungsordnungen gedeckt. Hinsichtlich VOB und VOL, denen ja die herrschende Meinung keinen Gesetzes- oder gesetzesähnlichen Charakter zubilligt, mag ein Fragezeichen angebracht sein. Die genannten Haushaltsvorschriften andererseits gehen zwar von der Tatsache der Beschaffung von Gütern und Leistungen durch die Verwaltung aus. Dies als klare Aufgabenbestimmung zu werten, wäre aber übereilt. Nicht „Bedarfsdeckung“ allgemein kann staatliche Aufgabe sein, sondern nur Bedarfsdeckung für einen bestimmten Zweck[164] und in bestimmten Formen. Was diese Formen angeht, so sanktioniert § 55 BHO den Tatbestand der Ausschreibung und damit auch implizit der Bedarfsdeckung durch Verträge mit Privaten. Der Zweck einer Beschaffung ist davon allerdings nicht berührt[165].

Man wird hier differenzieren müssen[166]. Einmal werden Bedarfsdeckungsgeschäfte abgeschlossen in Erfüllung ausdrücklich statuierter Pflichten wie z. B. Straßen- oder Schulhausbau[167] bzw. von den Gemeinden im Rahmen der Selbstverwaltungsangelegenheiten, also Geschäfte über Güter und Leistungen, die letztlich nicht der öffentlichen Verwaltung selbst zur Sicherung ihrer Funktionsfähigkeit zugute kommen, sondern der Bevölkerung oder Teilen derselben als öffentliche Sachen, Anstalten etc. Zum anderen dienen solche Güter und Leistungen der Verwaltung selbst (Ankauf von Büromaterial usw.); sie sind notwendig zur Erfüllung des „allgemeine(n) Verwaltungsauftrag(s)“[168]. Als dritter Fall kommt der Erwerb von bloßen Durchgangsgütern in Betracht, wie etwa die Käufe der EVSt.

Für den ersten Fall gilt, daß hier die Pflicht zu einem Tätigwerden überhaupt und in bestimmter Richtung gesetzlich fixiert ist. Eine

---

162 S. 22 f.

163 2. Kap. D mit Anm. 105.

164 Der Sicherstellung der parlamentarischen Souveränität nicht nur über die Beschaffung schlechthin, sondern über jede einzelne Anschaffung dient der Grundsatz der Haushaltsklarheit, dazu *Wolff* LB III § 162 III k.

165 Wenn oben 2. Kap. B am Ende gesagt wurde, nicht die Verwendung der Güter und Leistungen sei erheblich, sondern nur die Beschaffung selbst, so galt dies lediglich für die Abgrenzung staatlicher von privaten Bedarfsdeckungsgeschäften. Selbstverständlich beziehen sich staatliche Bedarfsdeckungsgeschäfte auf einen bestimmten Zweck, von dem her sie legitimiert sein müssen, andernfalls wäre das Erfordernis klarer Handlungsanweisungen (oben III. b) nicht erfüllt.

166 Zum folgenden vgl. *Zeidler* VVDStRL 19, 234 f. Die Unterscheidung deckt sich nicht ganz mit der in öffentliche Sachen im Gemeingebrauch, Verwaltungs- und Finanzvermögen.

167 Einige Gesetzesfundstellen bei *Zeidler* VVDStRL 19, 234 f. mit Anm. 120.

168 *Zeidler* ebd. S. 235.

solche Pflicht zu statuieren, ohne ihre Erfüllung zu sanktionieren, wäre aber schlichtweg widersinnig. Man wird also hier problemlos eine „Annexsanktion“ unterstellen dürfen[169]. Soweit fachliche Entwicklungspläne vorliegen und durch Gesetz oder Rechtsverordnung für rechtsverbindlich erklärt werden[170], liegt mit ihnen ein grobmaschiges operationales Durchführungsprogramm vor, das verfeinert wird in den Haushaltsgesetzen, die gleichzeitig die finanziellen Mittel zur Verfügung stellen. Daß die Verwaltung mit der Verpflichtung eines Unternehmens etwa zum Bau einer Straße staatliche Aufgaben wahrnimmt, steht damit außer Zweifel.

Schwieriger ist das Problem bei der zweiten Art von Geschäften, die allgemein die Funktionsfähigkeit der Verwaltung sicherstellen sollen. Durchführungsprogramm und Budgetierung sind mit der haushaltsrechtlichen Ermächtigung gegeben; was fehlt, ist eine ausdrückliche Sanktion.

In Übereinstimmung mit den obigen Darlegungen zur Subventionsvergabe bleibt aber nichts anderes übrig, als die Sanktion als im Haushaltsgesetz mit eingeschlossen zu betrachten[171]. Jede andere Auffassung käme mit der Realität in Konflikt, müßte sie doch davon ausgehen, daß hier staatliche Aufgaben nicht erledigt würden, diese Geschäfte mithin — da staatliches Handeln auf die Erfüllung staatlicher Aufgaben beschränkt ist — rechtlich nicht zulässig seien. Diese Konsequenz wäre im Rechtsstaat zwar nicht schon deshalb absurd, weil die Rechtspraxis sie nicht zieht. Angesichts einer übermächtigen Wirklichkeit und „Staatsnotwendigkeit“[172] begäbe sich aber die Rechtswissenschaft ihres gestaltenden Einflusses auf diesen Bereich staatlichen Handelns, wollte sie diese Realität rigoristisch ignorieren.

Die Tätigkeit der EVSt für Getreide, Fette, Fleisch und Zucker wirft in dieser Hinsicht keine Probleme auf. Sie sind — ebenso wie das Bundesamt für Ernährung und Forsten — durch die §§ 3 und 7 des Gesetzes zur Durchführung der gemeinsamen Marktorganisation vom 31. 8. 1972[173] zu Marktordnungs- und Interventionsstellen im Sinne der EWG-Agrarmarktordnungen bestimmt worden. Diese Agrarmarktordnungen zusammen mit den Normen, die Organisation und Geschäfts-

---

169 In diesem Sinne *Hamann*, Wirtschaftsverfassungsrecht S. 67; *Hamann / Lenz* S. 345; *Vetter* S. 77 f. (allerdings meint er eine Annexkompetenz zur Eigenproduktion).

170 Vgl. etwa § 27 Abs. I Satz 1 Landesplanungsgesetz Bad.-Württ.

171 *Mallmann* VVDStRL 19, 188 erblickt die Sanktion zusätzlich im „der Kompetenzregelung für das betreffende Organ immanente(n) Amtsauftrag“, *Furtwängler* S. 18 und 81 in der staatlichen Organisationsgewalt.

172 *Ossenbühl*, Verwaltungsvorschriften S. 551.

173 BGBl I S. 1617.

führung der EVSt regeln[174], geben die Rechtsgrundlagen für Existenz und Tätigkeit der EVSt ab[175].

Es läßt sich zusammenfassend daher festhalten: die staatlichen Bedarfsdeckungsgeschäfte werden abgeschlossen entweder in Erfüllung sondergesetzlich statuierter und in den Haushaltsgesetzen im Einzelfall konkretisierter staatlicher Aufgaben oder zum Zwecke des Intakthaltens der Verwaltungsarbeit selbst, wobei letzterenfalls Legitimation und Charakterisierung als staatliche Aufgabe wie bei der Subventionsvergabe allein aus der Bereitstellung finanzieller Mittel für bestimmte Beschaffungen im Haushaltsplan abgeleitet werden können. Die Argumentation eines Teils der herrschenden Meinung, Bedarfsdeckungsgeschäfte ließen sich der Erfüllung staatlicher Aufgaben nicht einordnen, läßt sich daher nicht halten[176].

Hinsichtlich der juristischen Personen des öffentlichen Rechts, die nicht Gebietskörperschaften sind, gilt das oben[177] Gesagte, daß nämlich im Zweifel ihre Aufgaben staatliche sind, die Bedarfsdeckung, die diese Aufgaben ermöglicht, als Annexkompetenz zulässig ist und als gleichfalls staatliche Aufgabe charakterisiert werden muß. Für diese Auffassung spricht zudem, daß die Preisverordnungen auch für Aufträge dieser juristischen Personen des öffentlichen Rechts gelten. Andererseits wenden diese juristischen Personen des öffentlichen Rechts allerdings oft die Verdingungsordnungen nicht an[178]. Dieses Faktum kann jedoch nicht zu einer abweichenden Betrachtungsweise führen, sondern nur zu der Frage, inwieweit es zulässig ist, staatliche Aufgaben ohne ein Programm zu erfüllen, das die Formen und Instrumente dieser Betätigung vorhersehbar umschreibt.

Aus diesen Überlegungen erhellt auch, daß die Größe und der Umfang eines Bedarfsdeckungsgeschäfts eine unterschiedliche Bewertung nicht tragen; zwischen dem Kauf eines Bleistiftes und dem Bau eines Krankenhauses ist qualitativ kein Unterschied auszumachen[179]. Bei beiden Geschäften werden — wenn auch verschiedene und unterschiedlich wichtige — staatliche Aufgaben erfüllt.

---

174 Z. B. §§ 7 und 8 GetreideG i. d. F. v. 24. 11. 1951 (SaBl S. 1316) oder §§ 15 und 16 Milch- und FettG i. d. F. v. 10. 12. 1952 (SaBl 1953 S. 2).

175 Vgl. *Rinck* Rdnr. 463.

176 So auch die oben 3. Kap. Anm. 225 genannten Stimmen sowie *Furtwängler* S. 36. Es soll aber noch einmal darauf hingewiesen werden, daß diese Autoren von einem substantiellen Begriff der öffentlichen bzw. staatlichen Aufgabe ausgehen und aus ihrem jeweils subjektiven Verständnis dieses Begriffs ableiten, auch die öffentlichen Aufträge fielen darunter. Besonders typisch dafür etwa *Haak* S. 99.

177 III d.

178 Vgl. oben 2. Kap. D.

179 Vgl. *Metzmacher* S. 133 f.

B. Das Unmittelbarkeitserfordernis

Die herrschende Literatur und Rechtsprechung lassen größtenteils im unklaren, ob bei Bedarfsdeckungsgeschäften staatliche Aufgaben erfüllt werden; nur einige Stimmen bejahen die Frage ausdrücklich[180]. Allerdings wird der Hilfs- oder besser Annexcharakter der staatlichen Bedarfsdeckung zum Anlaß genommen, das Erfordernis der Unmittelbarkeit einzuschieben. Unmittelbar würden staatliche Aufgaben nur erfüllt, wenn die Aufgaben gerade dem Partner des Geschäfts gegenüber bestünden[181]. Bei normativer Begünstigung eines bestimmten Personenkreises wird das teilweise angenommen; die Rechtsprechung ist nach wie vor anderer Ansicht. Bei „normaler“ Auftragsvergabe komme das aber, so die beinahe einstimmig vertretene Ansicht, nicht in Betracht.

I. Zur Bestimmbarkeit des Unmittelbarkeitserfordernisses

Furtwängler[182] gibt zu bedenken, das Erfordernis der Unmittelbarkeit sei weder gesetzlich bestimmt noch je genauer erforscht und definiert worden. Einige Zeilen später hält er es gleichwohl im Anschluß an *Ipsen* für die präziseste und ergiebigste Methode zur Abgrenzung des verwaltungsprivatrechtlichen vom rein fiskalischen Bereich; allerdings spricht er jetzt gar nicht mehr vom Unmittelbarkeits- sondern vom oben diskutiertem Zweck- bzw. Aufgabenkriterium.

Dieser Schlenker mag beispielhaft die Verwirrung andeuten, die angesichts des Unmittelbarkeitserfordernisses herrscht. Es handle sich, so *Nipperdey*[183], um keinen „rechtlich technischen Begriff mit präzise angebbarem Inhalt“; wo er auftauche, sei er nur „Ausdruck der dogmatischen und sachlichen Verlegenheit, (noch) nicht ganz präzise angeben zu können, was überhaupt gemeint ist“. Bedenken hinsichtlich der Vagheit des Erfordernisses, meint *Ossenbühl*[184], dürften aber nur zur Verfeinerung des Merkmals anregen. Gerade dies ist aber bisher nicht in Angriff genommen worden, und es muß bezweifelt werden, ob ein solcher Versuch erfolgversprechend ist. Dennoch wird meist kritiklos mit dem Kriterium gearbeitet; letztendlich wird es wegen der Unbehaglichkeit, die es verbreitet, weitgehend tabuisiert. Im Staatshaftungsrecht allerdings, wo die Vokabel ebenfalls eine Rolle spielt, zielen die Reformbestrebungen auf ihre Eliminierung[185].

---

[180] Oben 3. Kap. Anm. 225 und 226.
[181] *Semler* S. 50.
[182] S. 91.
[183] NJW 1967, 1990.
[184] DÖV 1971, 521.
[185] Vgl. *Kommission* S. 40 und 45.

Im hier interessierenden Bereich der Abgrenzung verwaltungsprivatrechtlicher von rein fiskalischen Verwaltungshandlungen hält etwa *Metzmacher*[186] wegen der gleitenden Übergänge und der fehlenden logischen Stringenz der Einteilung in concreto das Merkmal der Unmittelbarkeit für „problematisch". Ernstzunehmende Stimmen sind gleicher Ansicht[187].

Nun ist — mit gewissen Einschränkungen, es gibt sicher Grenzen — *Dürig*[188] darin Recht zu geben, daß Abgrenzungsschwierigkeiten nicht alleiniger Anlaß sein können, die ganze Abgrenzung über Bord zu werfen. Solche Probleme sind das tägliche Brot des Juristen. Wird die Kritik auf dieses Argument beschränkt, so wird im Grunde anerkannt, daß der Begriff der Unmittelbarkeit eine Basis abgibt, die lediglich schwankt, weil sie gar zu arg nebulös ist. Zweifelhaft ist aber gerade, woher die herrschende Meinung die Berechtigung nimmt, eine Erfüllung von staatlichen Aufgaben gerade dem Vertragspartner gegenüber zur Voraussetzung für die Bindungen des öffentlichen Rechts zu machen.

II. Zur juristischen Tauglichkeit des Kriteriums

Das einsichtige Argument *Richters*[189], ein rechtliches Unterscheidungsmerkmal könne nicht daraus gewonnen werden, daß ein Verwaltungskomplex mehr oder weniger unmittelbar den Staatszwecken diene, trifft heute nicht mehr ganz ins Schwarze[190]. Denn nur selten wird noch bezweifelt, daß die staatliche Bedarfsdeckung zur staatlichen Aufgabenerfüllung „unmittelbar" notwendig sei. Vielmehr wird die Unmittelbarkeit „abgebogen" auf die Beziehungen zwischen der öffentlichen Hand und dem privaten Vertragspartner. Der Versuch, diese argumentative Schwerpunktverlagerung plausibel zu machen, wird jedoch — soweit ersichtlich — nirgends unternommen[191].

Entscheidend ist nach herrschender Ansicht also die rechtliche Position des kontrahierenden Bürgers, der Grad seiner Einbeziehung in das Netz staatlicher Aufgabenverwirklichung. „An" ihm müssen staatliche

---

186 S. 133.

187 *Martens* S. 99; *Mäding* DV 1973, 263; *H. H. Klein* S. 24 Anm. 77.

188 MDH Art. 3 I Rdnr. 483.

189 S. 58 f.

190 Es sei denn für den Bereich der erwerbswirtschaftlichen Betätigung der öffentlichen Hand.

191 Wie wenig die Rspr. selbst auf diesen Gesichtspunkt vertraut, zeigt BVerwG v. 3. 12. 1974, NJW 1975, 891: für die Klage eines Journalisten auf Zulassung zu Pressefahrten der Bundesbahn wurde der Verwaltungsgerichtsweg zugelassen, ohne auf dieses Kriterium abzustellen. Soweit sich die Öffentlichkeitsarbeit auf die staatlichen Aufgaben beziehe, sei der Fall wegen des „engen Zusammenhangs" (rein!) öffentlich-rechtlich zu beurteilen.

Aufgaben erfüllt werden, ihr direktes Objekt soll er sein müssen[192], die besondere staatliche Verantwortung muß „das Beziehungsfeld Staat—Bürger beherrschen“[193]. Der Transmissionsriemen zur Anwendbarkeit des öffentlichen Rechts ist damit aber noch nicht hergestellt[194]. Wäre die Applikation des öffentlichen Rechts gleichbedeutend mit einer bloßen Minderung der Rechtsposition des Auftragsbewerbers, -bieters oder -nehmers, so könnte rechtsstaatlicher Impetus sie so weit wie möglich „hinauszuschieben“ versuchen, auf „krasse“ Fälle beschränken, wo sie im Interesse ordnungsgemäßer Aufgabenerfüllung unumgänglich erscheint. Es liegt aber auf der Hand, daß in erster Linie die Verwaltung stärkeren Bindungen unterliegt, wenn sie öffentliches Recht zu beachten hat, welche es im einzelnen auch sein mögen. Weshalb es darauf ankommen soll, daß dem (potentiellen) Vertragspartner gegenüber staatliche Aufgaben wahrgenommen werden, ist also — abgesehen von der Kompliziertheit einer solchen Unterscheidung — nicht plausibel. Es handelt sich um ein Argument, dem es gewissermaßen an „Zuständigkeit“ für den vorliegenden Fragenkomplex mangelt; es ist „künstlich“[195].

An dieser Stelle gewinnt das schon erwähnte, zugunsten des Bürgers streitende Argument erheblich mehr an Bedeutung als an der Stelle, an der *Bullinger*[196] es plaziert. Ist es nämlich nach allem Gesagten schon schwierig festzustellen, ob die Verwaltung überhaupt staatliche Aufgaben zulässigerweise erfüllt, so kann der Bürger noch weniger erkennen, ob nun gerade er Objekt staatlicher Zweckverfolgung ist. In staatlichen Willensakten wird das ja nie ausdrücklich dargetan, vielmehr ließe es sich fast immer nur aus den zur Verfügung gestellten rechtlichen und finanziellen Möglichkeiten rückschließen. Auch vom Standpunkt der Rechtsklarheit und Rechtssicherheit für den Bürger aus gesehen ist das Unmittelbarkeitsmerkmal daher entbehrlich, wenn nicht gefährlich.

III. Aufgabenbestimmung und Unmittelbarkeitserfordernis

Geht man mit der herrschenden Meinung von einem substantiellen Verständnis der staatlichen Aufgaben aus, so ist damit zwar die Sachnähe des Unmittelbarkeitsarguments nicht dargetan, wohl aber ist auf

---

192 Vgl. *Rüfner*, Formen S. 399.

193 *Menger* VerwArch 1958, 276.

194 Erst recht nicht für Vertreter einer mehr kasuistisch orientierten, Einzelfallanalyse gegenüber streng systematischer Vorgehensweise bevorzugenden Richtung, die, wie etwa *Brohm*, Strukturen S. 153, behaupten, öffentliche Bedeutung, öffentliche Verantwortung und öffentliches Recht brauchten sich nicht zu decken.

195 *Zeidler* DVBl 1962, 302.

196 Vertrag S. 98.

dieser Basis der Streit um das Vorliegen dieses Merkmals immerhin verständlich. Denn die substantiellen Auffassungen bemessen das Vorliegen einer staatlichen Aufgabe meist nach ihrer politischen, ökonomischen oder auch psychologischen Relevanz für die Allgemeinheit. Dann sind natürlich Aufgaben denkbar, deren Bedeutung sie unter die staatlichen Aufgaben einreiht, aber nicht ausreichend ist, sie als „unmittelbare“ zu deklarieren. Solche Denkweise fällt andererseits auf ein schon von *Richter*[197] nicht mehr akzeptiertes argumentatives Niveau zurück.

Die herrschende Meinung verneint, jedenfalls soweit normative Begünstigungen nicht im Spiele sind, von einem weitgehend ungeklärten und je subjektiven Verständnis staatlicher Aufgaben her das Vorliegen unmittelbarer Staatsaufgabenerfüllung dem Vertragspartner gegenüber. Einzelne Stimmen leiten daraus hingegen keine Konsequenzen ab. Vielmehr betonen sie das starke öffentliche Interesse an der Materie der Bedarfsdeckung, etwa im Hinblick auf sparsame Verwendung staatlicher Gelder[198], heben auf die Politisierung der Verwaltungstätigkeit mit der Folge ab, daß immer auch öffentliche Interessen und Zwecke mitschwingen, und halten aus diesem Grunde die Unmittelbarkeit für ein „in der Praxis unbrauchbares Kriterium“[199]; oder es wird darauf hingewiesen, daß hinter einem privatrechtlichen Bedarfsdeckungsgeschäft oft genug die zwangsweise Enteignung lauere[200]. Immerhin läßt sich am französischen Beispiel zeigen, daß die herrschende deutsche Betrachtungsweise alles andere als zwingend ist: im Nachbarland wird bei öffentlichen Arbeiten und Lieferungen ein so „ausgeprägter Zusammenhang mit der Besorgung öffentlicher Angelegenheiten“[201] angenommen, daß die Materie sogar ganz dem Privatrecht entzogen wurde[202]. Für den deutschen Rechtskreis ließe sich anführen, daß die „Beschaffung“ der persönlichen Dienstleistungen der Beamten, ein durchaus paralleler Vorgang[203], ausschließlich dem öffentlichen Recht unterliegt. Daraus erhellt, daß eher historische Zufälligkeiten als die krampfhaft bemühten Gesichtspunkte der „öffentlichen“ Aufgabe und der Unmittelbarkeit für die herrschende Sichtweise verantwortlich sind.

Unter der Prämisse der Existenz materieller Kriterien noch am einleuchtendsten wäre es, auf die Tatsache abzustellen, daß die Vergabe

---

197 S. 58 f.

198 *Rüfner*, Formen S. 398.

199 *F. Möller* S. 171 f. und 177.

200 *Mallmann* VVDStRL 19, 196; *Haas* DVBl 1960, 304. Vgl. auch *H. H. Klein* S. 176 Anm. 113.

201 *Zeidler* DVBl 1962, 302.

202 Vgl. auch *Rüfner*, Formen S. 398 und schon *Otto Mayer* AöR Bd. 3 S. 20 Anm. 24.

203 *Dreyer* S. 50 f.; *A. Schneider* S. 114.

von Aufträgen durch die öffentliche Verwaltung auch beihilfenähnliche und wirtschaftslenkende Funktionen hat, mit anderen Worten „der Wirtschaftsverwaltung dient“[204]. Wenn *Semler*[205] zwischen der Einflußnahme auf einzelne Unternehmer und der auf die Gesamtwirtschaft unterscheidet, so wäre die Anerkennung der Unmittelbarkeitsvoraussetzung mindestens im ersteren Falle zwingend. Das Subventionsmotiv bezieht die Bewerber direkt in staatlich gesetzte Zwecke mit ein, die Auswahl unter den Bewerbern unter dem Blickwinkel dieses Motivs erginge in unmittelbarer Durchführung staatlicher Aufgaben[206]. Selbst diesem Gedankengang folgt aber, wie wir gesehen hatten, die herrschende Ansicht mitnichten: auch bei Existenz privilegierender Normen rückt sie nicht von der Zurechnung der Bedarfsdeckungsgeschäfte zu den rein fiskalischen Verwaltungshandlungen ab.

Es zeigt sich aber — und das ist das Entscheidende — daß vom hier zugrundegelegten Begriff staatlicher Aufgaben aus eine Differenzierung in „mittelbare“ und „unmittelbare“ Erfüllung dieser Aufgaben nicht möglich ist. Bestimmt der Staat gewisse Aufgaben zu solchen, die er selbst übernehmen will, und tut er das darüberhinaus fast immer dadurch, daß er sich selbst mehr oder minder klar umschriebene rechtliche und finanzielle Mittel zur Verfügung stellt, so bleiben die Motive demgegenüber indifferent. Sie sind nicht nur selten rein und isoliert vorhanden[207], sie treten zurück. Man muß also gar nicht erst, wie *Zeidler,* auf die Ungereimtheit hinweisen, daß der Schulunterricht, eine gesetzlich anerkannte und definierte staatliche Aufgabe, ausfallen wird, wenn der Schulträger für den Winter keine Kohlen kauft[208], daß also die sogenannten Hilfsgeschäfte nicht wegzudenkende Voraussetzungen[209], ja Elemente der Erfüllung staatlicher Obliegenheiten sind, wie „der mitzudenkende Unterlassungsfall bestätigt“[210]. Alle zulässigen Tätigkeiten der Verwaltung dienen gleichermaßen dem vom Gesetzgeber konkretisierten „Allgemeinwohl“[211].

Auf die staatliche Bedarfsdeckung überragen heißt das, daß die staatliche Aufgabe sich teils darauf beschränkt, den Verwaltungsbedarf möglichst günstig zu decken, teils darüberhinaus der Verwaltung aufgetragen ist, lenkend in die Wirtschaft einzugreifen, beispielsweise bestimmten Anbietern Vorteile zu gewähren. Soweit das im Rahmen

---

204 *Semler* S. 69; *Metzmacher* S. 130 f.

205 Ebd.

206 Vgl. auch *Haak* S. 72.

207 *Bachof* VVDStRL 12, 55 Anm. 37.

208 VVDStRL 19, 238. Vgl. auch *Bogs* BB 1963, 1270.

209 *Zeidler* DVBl 1962, 302.

210 *Zeidler* VVDStRL 19, 238 und *ders.* DVBl 1962, 302 Anm. 12.

211 *Küchenhoff* S. 163.

der geforderten Verfahrensmodalitäten geschieht, ist damit das öffentliche Interesse nur jeweils in Nuancen anders definiert. Rechtliche Folgerungen daraus zu ziehen im Sinne der Anwendung oder Nichtanwendung eines ganzen Normenkomplexes, nämlich des öffentlichen Rechts, entbehrt einer sachlich-logischen Grundlage[212].

IV. Ergebnis

Der Begriff der öffentlichen bzw. staatlichen Aufgabe und ihrer unmittelbaren Erfüllung mag als ephemerer Aufhänger für den Rechtsschutz eine wichtige Funktion gehabt haben[213]; mit seiner Hilfe wurde die Dogmatik des Verwaltungsprivatrechts entwickelt. Wenn jemals, so läßt diese Begrifflichkeit sich jedenfalls heute nicht mehr aufrecht erhalten[214]. Auf dem Boden eines unmetaphysischen Begriffs der staatlichen Aufgaben und einer Auffassung, die sich nicht auf die Existenz materieller Kriterien bezieht, ohne diese anzugeben oder ihre innere Logik nachzuweisen, fehlt es an der Folgerichtigkeit der Unterscheidungen. Die dem Verwaltungsprivatrecht subsumierten Verwaltungshandlungen und die sogenannten fiskalischen Hilfsgeschäfte, also die Bedarfsdeckungsgeschäfte der Verwaltung, sind hinsichtlich der auf sie anzuwendenden Rechtsmaterien gleich zu behandeln[215]. Eine ungleichartige Behandlung „einfacher" Bedarfsdeckungsgeschäfte und solcher, bei denen privilegierende Normen zu beachten sind, verbietet sich somit erst recht. Entweder stellt man nur auf die Rechtsform ab und befreit die Verwaltung bei allen privatrechtlichen Tätigkeiten von den Bindungen des öffentlichen Rechts, oder man bindet sie durchgehend daran. Im folgenden muß geklärt werden, welcher Weg der gangbarere ist.

---

212 Im Beamtenrecht, also im Bereich der „Beschaffung" persönlicher Dienstleistungen, differenziert folgerichtig niemand danach, ob Ernennung, Beihilfengewährung etc. in erster Linie unmittelbar dem Beamten oder mittelbar dem „Gemeinwohl" durch Funktionserhaltung des öffentlichen Dienstes nutzen.

213 *Zeidler* VVDStRL 19, 217 Anm. 33.

214 Ähnlich *Küchenhoff* S. 163; *Metzmacher* S. 125 (unklar wieder S. 127); *H. Krüger*, Rundfunk S. 80 f.

215 Die erwerbswirtschaftliche Betätigung der öffentlichen Hand ist nicht Untersuchungsgegenstand. Ob sich für sie möglicherweise etwas anderes ergibt, weil rechtslogische Unterscheidungsmerkmale eine abweichende Behandlung rechtfertigen oder gar erfordern, bleibt dahingestellt.

Fünftes Kapitel

Die Bedarfsverwaltung und das öffentliche Recht

A. Privatrecht und Sonderrecht der Verwaltung

I. Das Privatrecht als zulässige Handlungsform der Verwaltung

Wenn oben dargelegt wurde, daß der öffentlichen Verwaltung immer nur staatliche Aufgaben obliegen und sich der Streit auf die Frage reduziert, ob bestimmte Agenden zulässigerweise und verfahrensmäßig korrekt zu staatlichen bestimmt worden sind, so erhellt daraus, daß staatliche Behörden nie ipso iure tätig werden dürfen. Die Bestimmung eines Bereichs zu staatlichen Aufgaben obliegt dem „obersten Organ", der Legislative, die diese Kompetenz im demokratischen Rechtsstaat nur in engen Grenzen delegieren darf. Eine grundsätzliche Handlungsautonomie kann der öffentlichen Verwaltung nicht zugebilligt werden[1]. Nicht nur darf sie ausschließlich im „öffentlichen" bezw. staatlichen Interesse tätig werden; da dies kein a priori definierbarer terminus ist, muß er von der Legislative jeweils in Form einer speziellen Legitimationsgrundlage konkretisiert werden. Die Verwaltung bedarf somit einer „Handlungs- und Abschlußermächtigung"[2], die ihr im Rahmen des jeweiligen Haushalts gewährt ist, um sich selbst intakt zu halten und die ihr gesetzlich auferlegten Aufgaben zu erledigen. Diese Legitimation wurzelt im öffentlichen Recht[3]. Damit ist freilich nicht unvereinbar, daß die öffentliche Verwaltung sich der Formen des Zivilrechts bedienen darf[4]. Das öffentliche Recht ist wohl das der Verwaltung „eigentümliche" Recht[5], das „in erster Linie für solche Rechtsverhältnisse" zwischen Staat und Bürger entwickelt wurde[6], doch ist denk-

---

[1] *Krause* S. 34 ff.

[2] *Haak* S. 75. Vgl. *Zeidler* VVDStRL 19, 235 Anm. 122: „Die öffentliche Hand hat keine Freiheit, ob sie überhaupt tätig werden will." Sie sei zur Beschaffung ihrer Mittel „gezwungen". Ein solcher Zwang bestehe im Rahmen der erwerbswirtschaftlichen Betätigung allerdings nicht. Vgl. auch *Mallmann* VVDStRL 19, 198.

[3] Vgl. *Burmeister* WiR 1972, 349 f.: Privatrechtsnormen können nicht kompetenzbegründend sein.

[4] A. A. *H. Krüger*, Staatslehre S. 323.

[5] *Giacometti* S. 99; *Schmidt-Salzer* WiR 1972, 111.

[6] *Truninger* S. 50.

bar, daß es selbst die Verwaltung dem Privatrecht unterstellt[7]. Das privatrechtliche Handeln der Verwaltung würde dann im öffentlichen Recht wurzeln[8], wäre „Verwaltungsrecht im weiteren Sinne“[9].

Bei den Bedarfsdeckungsgeschäften der öffentlichen Verwaltung stellt nun das positive Recht öffentlich-rechtliche Handlungsfiguren nicht bereit[10]. Nach Ansicht von *Burmeister*[11] folgt daraus nicht zwangsläufig die Legitimation zu privatrechtsförmiger Aktivitätsentfaltung der Verwaltung. Ob diese gegeben ist, ist in der Tat die logisch vorausgehende „Schlüsselfrage“[12]. *Burmeisters* Gedankengang jedoch konsequent weiterzuverfolgen, hieße, der öffentlichen Verwaltung die staatliche Aufgabe der Bedarfsdeckung verunmöglichen zu wollen. Diese Folgerung de lege lata zieht denn auch niemand[13]. Man wird sich damit abzufinden haben, daß die Legitimation zur Handhabung des Privatrechts „eingebrachtes Gut des Absolutismus“[14] ist und als vom Willen des Verfassungsgebers gedeckt gelten kann. Hinzu kommt, daß das geltende Recht der Bedarfsdeckung seiner ganzen Struktur nach schlicht den privatrechtlichen Charakter der Bedarfsdeckungsgeschäfte unterstellt[15].

Wie die Lehre vom Verwaltungsprivatrecht zeigt, muß jedoch die Erlaubnis an die Verwaltung, bürgerliches Recht anzuwenden, nicht mit völliger Exmittierung des öffentlichen Rechts aus dem jeweiligen Rechtsverhältnis einhergehen[16]. Die Frage ist somit zu stellen, ob die Verwaltung dem für sie entwickelten „Sonderrecht“[17] entschlüpfen kann, und wenn ja, ob dies bei Bedarfsdeckungsgeschäften geschehen ist.

---

[7] *Giacometti* S. 106; vgl. auch *G. Jellinek* S. 385; *H. Krüger*, Staatslehre S. 320; *Pestalozza*, Formenmißbrauch S. 177; *Imboden* S. 50; *Richter* S. 11.

[8] Vgl. *Martens* S. 98: auch privatrechtlich kann der Staat nur handeln aufgrund der durch Verfassung und Gesetze zugestandenen Handlungsbefugnisse.

[9] *Giacometti* S. 91.

[10] Vgl. *Schmidt-Salzer* WiR 1972, 103.

[11] WiR 1972, 325.

[12] Ebd. S. 318; vgl. dort auch S. 323 und 342 sowie *H. Krüger*, Staatslehre S. 323.

[13] Vgl. oben 3. Kap. B. II.

[14] *Zeidler* VVDStRL 19, 224 im Anschluß an Erich Kaufmann.

[15] Vgl. oben 3. Kap. Anm. 162.

[16] Schief daher *H. Krüger*, Rundfunk S. 82.

[17] Unabhängig von den diversen Theorien zur Unterscheidung von öffentlichem und privatem Recht besteht doch Einigkeit darüber, daß das öffentliche Recht seine Daseinsberechtigung aus der Funktion als Spezialrecht des Staates bzw. der Verwaltung bezieht; vgl. dazu etwa *H. Krüger*, Staatslehre S. 319 ff. Gestritten wird in erster Linie über die Reichweite öffentlich-rechtlicher Regeln, d. h. über die „Kollisionsnorm“. Vgl. dazu unten C I.

II. Die Fiskustheorie

Auf der Grundlage der alten, von *Otto Mayer* erst ausformulierten Fiskustheorie[18, 19] von der Doppelpersönlichkeit des Staates hatte man es mit der Beantwortung dieser Frage leicht. Die Aufspaltung des Staates in zwei getrennte Rechtspersönlichkeiten, gewissermaßen einen Dr. Jekyll und einen Mr. Hyde[20], von denen die eine als „eine Art von Lebewesen" mit freiem Willen und Privatautonomie[21] gedeutet wurde[22], verzichtete ja sogar auf die Notwendigkeit einer Legitimation zum Tätigwerden überhaupt. Diese Lehre ist heute von der Konstruktion her[23] sowie — nach Einrichtung und Vervollständigung verwaltungsgerichtlichen Rechtsschutzes — von der Funktion her obsolet[24]. Inzwischen steht völlig außer Frage, daß Staat als Hoheitsverband und als Fiskus identisch sind[25]. Meist wird formuliert, daß es sich beim „Fiskus" um eine als „alter ego" konstruierte Denkfigur handele[26], daß wir es nicht mit zwei Einzelwesen, sondern, so die gemeinhin vertretene Ansicht, mit zwei verschiedenen Seiten derselben Rechtspersönlichkeit[27], mit einer „personnalité à double face"[28], mit einem „Lebewesen mit zwei Köpfen"[29] zu tun hätten. *Dürigs* Diktum, niemand wolle dies Fiskuslehre als solche revolutionieren[30], ist dennoch mit Einschränkungen richtig. Denn zwar häufen sich die Stimmen, die die Fiskustheorie „an

---

[18] Nachweise bei *Zeidler* VVDStRL 19, 221 ff.

[19] Mag *Otto Mayers* Wertung der geschichtlichen Entwicklung zutreffend sein oder aber falsch, wie *Rüfner*, Verwaltungsrechtsschutz S. 169 ff. und *Bullinger*, Vertrag S. 204 ff. nachgewiesen zu haben glauben. Ihnen zustimmend auch *H. H. Klein* S. 167 f.

[20] *Wiethölter* S. 55.

[21] *H. Krüger*, Staatslehre S. 325.

[22] Insofern ist die Idee des privatautonomen Fiskus untrennbar verknüpft mit der von der originären Gewalt der Exekutive, so *Mallmann* VVDStRL 19, 198.

[23] Vgl. schon *Bähr* S. 55: „Als ob das zwei verschiedene Leute wären! ... Ist nicht das Geld des Staates bestimmt, für die ganz nämlichen Zwecke ... zu dienen, für welche auch die staatlichen Hoheitsrechte ... zu Gebote stehen? Ist nicht insofern auch der Geldbeutel des Staates iuris publici?"

[24] *Forsthoff*, LB S. 112 f. und *ders.*, Auftraggeber S. 11; *H. Krüger*, Staatslehre S. 324; *Boehmer* S. 183; *Kohorst* S. 19; *Antoniolli* S. 50; *Haak* S. 85; *Zeidler* VVDStRL 19, 223. Zur heute rückschrittlichen Funktion der ehemals, weil Rechtsschutz ermöglichenden, progressiven Fiskustheorie *Evers* NJW 1960, 2075; *Erichsen* S. 92; *Zeidler* VVDStRL 19, 225 und 231.

[25] *Bender* JuS 1962, 181; *Emmerich* JuS 1970, 334; *Fleiner* S. 47; *W. Weber* HDSW Bd. 3 S. 743.

[26] *Wertenbruch / Schaumann* S. 428.

[27] *Truninger* S. 71; ähnlich *Peters*, LB S. 129; *Antoniolli* S. 11; *W. Jellinek* S. 27; auch schon *Richter* S. 3 und 8.

[28] *Boehmer* S. 181.

[29] *Altmann*, Auftragswesen S. 86 f.

[30] MDH Art. 1 Rdnr. 136.

der Wurzel" treffen wollen[31], und zwar ist die Lehre vom Verwaltungsprivatrecht ein Schritt in diese Richtung[32]. Nicht nur zieht aber die herrschende Meinung diese Lehre noch immer heran, um aus ihr die Erlaubnis für die Verwaltung abzuleiten, überhaupt auf dem Boden des Privatrechts sich zu bewegen[33]. Darüberhinaus bedient man sich ihrer, um jedenfalls einen Teil der privatrechtlichen Verwaltungshandlungen, die „rein fiskalischen", von den Bindungen des öffentlichen Rechts freizustellen. Relikte zumindest der Fiskuslehre leben somit fort[34]; die Identität von Staat und „Fiskus" wird zugegeben, aber nicht ganz zu Ende gedacht[35].

Ein Irrtum allerdings wäre es zu glauben, eine konsequente Verfolgung des Einheitsgedankens führte geradewegs und automatisch zur Bindung der Verwaltung an die Normen des öffentlichen Rechts, insbesondere an die Grundrechte[36]. Die Verwaltung bedarf nämlich, gleichgültig ob sie öffentlich-rechtlich oder bürgerlich-rechtlich tätig wird, zwar jeweils einer legitimierenden Grundlage, einer Ermächtigung. Inwieweit jedoch die Verfassung für alle staatlichen Tätigkeiten gilt, entscheidet diese selbst, für die Grundrechte also etwa Art. 1 Abs. III GG[37]; es ist ja denkbar und wäre zulässig, daß die Verfassung einzelne ihrer Bestimmungen auf gewisse Handlungsbereiche für nicht anwendbar erklärt[38]. Für die allgemeinen Regeln des Verwaltungsrechts gilt

---

[31] So *Dürig* selbst MDH Art. 1 Rdnr. 135 mit Anm. 2 zur Ansicht *Löws* DÖV 1957, 879 f., die er im übrigen für vertretbar hält.

[32] Vgl. *Rupp,* Privateigentum S. 24 f. Anm. 43; *Mallmann* VVDStRL 19, 195 zieht u. a. daraus den Schluß, die von *Dürig* nicht gesehene Revolution sei „in vollem Gange".

[33] Schon *Otto Mayer* LB I S. 116 Anm. 4 warnte vor dem Zirkelschluß dieser „Begründung" nach Art des Satzes: auf dem Gebiet des Zivilrechts unterliegt der Staat dem Privatrecht. Vgl. auch *Haak* S. 87.

[34] Vgl. *Truninger* S. 46; *Haas* DVBl 1960, 304; ähnlich *Bender* JuS 1962, 181.

[35] *Mallmann* VVDStRL 19, 197.

[36] Die „progressive" Richtung unterstellt dies problemlos, so *Mallmann* und *Zeidler* in ihren Beiträgen in VVDStRL Bd. 19 und *Metzmacher* S. 121; vgl. auch *Schnapp* S. 639. Dagegen *H. H. Klein* S. 169: mit der Identitätslehre könne man eine Grundrechtsbindung nicht begründen, da der Fiskus keine Schöpfung der Fiskustheorie sei. Vgl. auch *Hatschek* S. 803, der die deutsche Konstruktion des Fiskus als juristische Person des privaten Rechts, die „als solche immer vorhanden" sei, der französischen Variante gegenüberstellt, wonach der Staat nur in einzelnen Beziehungen und Bereichen sich ausnahmsweise des Privatrechts bedienen dürfe.

[37] Zur Ergiebigkeit von Verfassungsnormen vgl. aber oben 1. Kap. C.

[38] *Pestalozza,* Formenmißbrauch S. 169 f.; *Heusser* S. 80; *Apelt* S. 123. *H. Krügers* Zweifel in VVDStRL 15, 121, ob der Staat sich selbst „entverfassen" darf, können daher nur für die Ansicht gelten, die den Staat teilweise als „staatsexternes Rechtssubjekt" von vornherein neben die Verfassung stellt, wie *Burmeister,* Grundrechtsverständnis S. 91 ff. dies tun will. „Ohne Ermächtigung", wie *H. Krüger* ebd. S. 120 argwöhnt, kann sich die Verwaltung natürlich nicht volle Bewegungsfreiheit verschaffen.

ähnliches: entweder läßt sich auch hier schon der Verfassung etwas entnehmen, oder man wird sonstwie die Frage klären müssen, ob die Verwaltung von diesen Normen suspendiert werden kann und wenn ja, wo dies geschehen ist.

B. Zur Bindung an die Verfassung

I. Bindung an die Grundrechte

Ob zum Privatrecht, zum BGB als „lex generalis“, als überlagernder Normenkomplex Verfassungsrecht zu den Regeln hinzutritt, denen die öffentliche Verwaltung bei Bedarfsdeckungsgeschäften unterliegt, ist hinsichtlich der Grundrechte anhand des Art. 1 Abs. III GG zu prüfen. Es ist dies keine Frage der Zweckmäßigkeit, wie etwa *Emmerich*[39] glauben machen will, wenn er die Anwendung der Grundrechte für „entbehrlich“ hält, weil das Kartellrecht genüge, um der Verwaltung Schranken zu ziehen[40]. Nicht nur ist das GWB eine unterverfassungsrechtliche Norm[41]; Zweckmäßigkeitsgesichtspunkte können erst zum Tragen kommen, wenn das GG absolut nichts hergäbe.

a) Wortlautinterpretation des Art. 1 Abs. III GG

Vor allem die Wortlautinterpretation des Art. 1 Abs. III GG ist Gegenstand wissenschaftlichen Streites. Der Ausdruck „vollziehende Gewalt“, so der größte Teil der Literatur, sei „herkömmlich“ und weise auf eine Über- und Unterordnung hin[42]. Ex definitione gehöre jedoch zum Wesen der rein fiskalischen Betätigung des Staates, daß sie nicht Gewaltausübung sei[43].

Wenn *Zeidler* demgegenüber versucht, durch den gewiß wertvollen Hinweis auf den durch Abs. II hergestellten, engen Zusammenhang zwischen Art. 1 Abs. I und Abs. II GG nachzuweisen, daß Art. 1 Abs. III GG für alles staatliche Handeln bindend sei, weil in Abs. I Satz 2 von „aller staatlichen Gewalt“ die Rede sei[44], so überzeugt diese Argumentation nicht. Die herrschende Meinung stützt sich ja gerade speziell auf

---

[39] JuS 1970, 336 ff.

[40] Ganz abgesehen davon, daß nicht nur Grundrechte, sondern auch andere Verfassungsprinzipien Anwendung finden könnten, die der Verwaltung auch Kompetenzen verleihen, die den Privaten nicht zustehen.

[41] *Dürig* MDH Art. 3 I Rdnr. 494.

[42] *Forsthoff*, Auftraggeber S. 13 und *ders.* BayVBl 1964, 101 ff.; *H. H. Klein* S. 170 f.

[43] *Forsthoff*, Auftraggeber S. 14; ähnlich *Wolff / Bachof* § 23 II a 1.

[44] VVDStRL 19, 226 f.; zustimmend *Bender* JuS 1962, 181; kritisch *Sailer* BayVBl 1966, 295; ablehnend *H. H. Klein* S. 170.

den Terminus „Gewalt“, der in Abs. I und III gleichlautend verwandt wird.

Allerdings wäre der herrschenden Meinung zunächst entgegenzuhalten, daß der Begriff „vollziehende Gewalt“ erst durch das 7. Änderungsgesetz zum GG vom 19. März 1956[45] den Ausdruck „Verwaltung“ ersetzt hat. Hierdurch sollte unmißverständlich klargestellt werden, daß auch die damals gerade geschaffenen Streitkräfte der Grundrechtsbindung unterliegen, ohne daß im übrigen eine sachliche Änderung angestrebt wurde[46]. Dann aber ist nicht überzeugend, daß „Verwaltung“ im Sinne des Art. 1 Abs. III GG nur die hoheitliche Verwaltung meint[47], und daß der Staat auch bei seinen rein „fiskalischen“ Tätigkeiten als öffentliche Verwaltung tätig wird, bestreitet zumindest bei den Bedarfsdeckungsgeschäften heute so gut wie niemand mehr[48].

Zum anderen ist auch der Begriff „Gewalt“ nicht eindeutig und dient vor allem der dargestellten traditionellen Lehre realiter gar nicht als Kriterium. Fordert man nämlich eine rechtliche Subordination, um von „Gewalt“ sprechen zu können, so fiele jegliche privatrechtliche Betätigung der öffentlichen Verwaltung aus der Grundrechtsbindung heraus und, wenn man für die rechtliche Subordination Befehls- und Eingriffsbefugnisse der Verwaltung verlangt, sogar die öffetlich-rechtliche schlichte Hoheitsverwaltung.

Niemand aber bestreitet zum einen, daß die Verwaltung bei allen öffentlich-rechtlichen Handlungsformen die Grundrechte beachten muß[49]. Dies immerhin wäre dann logisch, wenn man die öffentlichrechtliche Qualität der Rechtsbeziehungen zwischen Staat und Bürger als für das Unterordnungsverhältnis konstituierend aussieht; diese Prämisse hinwiederum ist mehr als fragwürdig[50]. Die allseitige Anerkennung der Lehre vom Verwaltungsprivatrecht bedeutet andererseits

---

[45] BGBl I S. 111.

[46] *Löw* DÖV 1957, 880 Anm. 11; *Pöttgen* S. 142 f.; *Metzmacher* S. 124.

[47] *Löw* ebd.

[48] Vgl. oben 3. Kap. Anm. 112 und 113.

[49] Vgl. oben 3. Kap. Anm. 27 und 28.

[50] Sie zeigt im übrigen die Hoffnungslosigkeit der — zumindest als eine von mehreren (vgl. *Boehmer* S. 164 ff.) Theorien zur Abgrenzung von öffentlichem und Priratrecht noch oft bemühten — Subjektions- oder Subordinationstheorie, die auf den befehlenden, als potentior persona auftretenden Staat (vgl. *Fleiner* S. 51) zugeschnitten ist (*H. Krüger*, Staatslehre S. 322), offenbar aber bestimmte Leistungs- und Nutzungsverhältnisse als öffentlich-rechtlich qualifiziert, obwohl der Staat — z. B. bei öffentlich-rechtlicher Nutzung eines Krankenhauses — gerade nicht als übergeordnet in Erscheinung tritt. Jedenfalls ist dies zu schließen aus der Kritik an der Subjektionstheorie, die für das Argument, auch im öffentlichen Recht gebe es Gleichordnungsverhältnisse, nur die Beziehungen zwischen Körperschaften des öffentlichen Rechts anführt; vgl. etwa *Wolff / Bachof* § 22 II a 7. Die *Kommission* S. 56 spricht das offen aus. Wie hier *Rüfner*, Formen S. 349.

Grundrechtsbindung auch für einen Bereich staatlicher Tätigkeit, bei dem rechtlich keinerlei Überordnung des Staates über seine Bürger, also keine „Gewalt“ feststellbar ist. Der Grund der Geltung der Grundrechte für diese Rechtsmaterie liegt, wie wir gesehen hatten, nach herrschender Meinung darin, daß die Verwaltung hier unmittelbar „öffentliche“ Aufgaben erfülle. Von diesem Kriterium ist im Art. 1 Abs. III GG aber nicht die Rede. Die Ansicht, die eine rechtliche Subordination verlangt, müßte demnach, wäre sie konsequent, die Grundrechtsbindung auch im verwaltungsprivatrechtlichen Bereich ablehnen, was sie ersichtlich nicht tut.

Bachof interpretiert den Begriff der öffentlichen Gewalt von der faktischen Lage des Bürgers her: vergebe die öffentliche Verwaltung existenzwichtige Leistungen, oder habe sie rechtliche oder faktische Monopole inne, so übe sie öffentliche Gewalt aus[51] und sei dann an die Grundrechte gebunden. Es ist dieser Begriff der „Gewalt“ zweifellos wirklichkeitsnäher. Er beruht auf der unschwer nachvollziehbaren Erwägung, daß die außerordentliche ökonomische Macht des Staates und das existentielle Angewiesensein des Bürgers auf viele seiner Leistungen den Einzelnen in eine nicht geringere Inferiorität verweisen, als wenn der Staat mit Befehl und Zwang in die Sphäre des Bürgers eingreift[52], daß es also nicht auf eine rechtliche Subordination allein ankommen kann[53]. Bei Bedarfsdeckungsgeschäften führt bereits das Volumen der Aufträge[54] und die daraus resultierende Tatsache, daß eine Reihe von Unternehmen auf Aufträge der öffentlichen Verwaltung angewiesen sind[55], zu einer Einschränkung der „Waffengleichheit“[56]. Die öffentliche Verwaltung bestimmt — vor allem indem sie die Teile B der Verdingungsordnungen als Allgemeine Geschäftsbedingungen in die Verträge einführt[57] — weitgehend die Vertragsmodalitäten[58, 59].

---

[51] *Bachof* VVDStRL 12, 63 f.; *ders.* DÖV 1953, 423; *Leisner*, Grundrechte S. 198 ff. Vgl. BFH v. 15. 3. 1972, JZ 1972, 743: die Verwaltung übe öffentliche Gewalt auch aus, wenn sie sich der Formen des Handelsrechts bediene. In casu ging es um einen Versorgungsbetrieb der öffentlichen Hand.

[52] *Forsthoff*, LB S. 73 und 130; *Leisner*, Grundrechte S. 199; *Mallmann* VVDStRL 19, 191; *Zeidler* VVDStRL 19, 237; *Schmidt-Salzer* WiR 1972, 108. Vgl. schon *Bähr* S. 55: „Oder ist nicht Geld (des Staates) Macht?“

[53] Vgl. *Erichsen* S. 93.

[54] *Vonäsch* S. 11.

[55] *Forsthoff*, Auftraggeber S. 8; *Bender* JuS 1962, 178; *Altmann*, Auftragswesen S. 89 f.

[56] *Stern* JZ 1962, 182; vgl. auch *Menger* VerwArch 1958, 277.

[57] *Furtwängler* S. 60.

[58] *Truninger* S. 56 und 60; vgl. *Giacometti* S. 108.

[59] A. A. zur Machtüberlegenheit des Staates bei Bedarfsdeckungsgeschäften *Bullinger*, Vertrag S. 47 mit dem Argument, die Aufträge zersplitterten sich auf eine Vielzahl von Verwaltungsträgern, die nicht straff und hierarchisch geführt würden, und *Gandenberger* S. 239, der wegen der Teile A

Die geläufigen Gegenargumente sind schon oben[60] erwähnt worden. Sie treffen allerdings nur die Praktibilität und die Systemgerechtigkeit des *Bachof*schen Gedankengangs; nicht ist damit die Möglichkeit in Zweifel gezogen, Art. 1 Abs. III GG derart zu interpretieren. Treffender ist schon die Erwägung, die dergestalt zutage tretende ökonomische Macht der öffentlichen Hand sei — aus der Sicht des Bürgers, auf die je *Bachof* abhebt — nicht strukturell verschieden von der privater Monopole[61], sie sei keine spezifisch „staatliche“[62]. Wenn private Organisationen teilweise über eine ähnlich große ökonomische Potenz verfügen wie der Staat, aber dem „Sonderrecht“ der Grundrechte nicht unterliegen, wird die Begründung für den Sonderstatus des Staates, die sich auf seine Macht stützt, hinfällig, es sei denn, man wollte gegenüber jeglicher sozialen Macht eine Grundrechtsanwendung bejahen[63]. Eine abwegige Überlegung ist dies nicht. Das Grundgesetz verpflichtet jedoch in Art. 1 Abs. III in Verbindung mit Art. 1 Abs. I Satz 2 die „staatliche“ Gewalt, nicht zunächst auch die gesellschaftlichen Kräfte auf Menschenwürde und Grundrechte[64], setzt also einen Sonderstatus des Staates voraus.

Nun könnte dieser Sonderstatus damit begründet werden, daß hinter jeglicher staatlichen Aktion die potentielle rechtliche Superiorität des Staates steht[65]. Benötigt der Staat bestimmte Sachmittel und sind die Privaten nicht bereit, sie ihm anzubieten, so wird er sie sich auf andere Art und Weise zu beschaffen wissen[66]. Hiermit befinden wir uns aber auf einem Argumentationsfeld, das die qualitativ andersartige Legitimation des Staates im Gegensatz zu gesellschaftlichen Machtzentren betrifft[67] und mit der faktisch feststellbaren Markt- und Machtüberlegenheit im Einzelfall nichts mehr zu tun hat. Im Gegenteil ist ja dieser Gesichtspunkt auf sämtliche Aktionen der öffentlichen Verwaltung anwendbar, spricht im Ergebnis also gegen eine Freistellung auch

---

der Verdingungsordnungen dem Staat die Möglichkeit abspricht, sich monopolistisch zu verhalten. Ähnlich offenbar *Rinck* Rdnr. 167.

[60] 3. Kap. bei Anm. 58 und 59.

[61] *H. H. Klein* S. 175.

[62] *Rüfner*, Formen S. 397; *Rupp*, Privateigentum S. 24 f. Anm. 43.

[63] Dies wollen in der Tat tun *Däubler* S. 228; *Ballerstedt* S. 58 f. (bei „überragende[r] Markt- oder Verbandsmacht“). Vgl. auch *Conrad* S. 108 ff.

[64] *H. H. Klein* S. 170.

[65] *Bogs* BB 1963, 1269, dessen dafür gegebene Begründung nebst Beispielen allerdings nicht überzeugt.

[66] Vgl. *Haas* DVBl 1960, 305 und *Mallmann* VVDStRL 19, 126. Auf die Rechtsgrundlagen eines „Umschaltens“ auf zwangsweise Bedarfsdeckung wurde oben 2. Kap. A mit Anm. 4 - 6 hingewiesen.

[67] So argumentiert im Grunde auch *Bachof*, wenn er die „spezifisch etatistische Machtkonzentration“ betont, die auf dem Besteuerungsrecht und anderen hoheitlichen Befugnissen beruhe. Vgl. *Bachof* VVDStRL 12,64 und VVDStRL 19, 259 f.

der Bedarfsdeckungsgeschäfte von der Grundrechtsbindung. Auf die tatsächliche Überlegenheit kann also, das zeigt die Inkonsistenz des *Bachof*schen Gedankengangs, der selbst auf tiefergründende, staatstheoretische Gesichtspunkte zurückzugreifen sich genötigt fühlt, die Interpretation des Art. 1 Abs. III GG nicht gestützt werden[68].

Einen interessanten Aspekt wirft *Haak*[69] in die Debatte. Er verlagert den Schwerpunkt der Diskussion, die um den Begriff „Gewalt" kreist, auf das Wort „vollziehende". Art. 1 Abs. III GG verpflichte jedes Organ der öffentlichen Verwaltung, das eine „vollziehende" Aufgabe wahrnehme. „Im Prinzip" sei diese Voraussetzung auch bei — jeglichem — privatrechtlichem Handeln gegeben.

Wenngleich gerade der Beitrag *Haaks* überzeugt, weil, wie wir gesehen haben, die Verwaltung keine, auch die Bedarfsdeckungsaufgabe nicht, aus eigener Originärkompetenz wahrnehmen darf, so ist doch summa summarum *Erichsens*[70] resignierende Aussage naheliegend, daß die Wortlautinterpretation kein sicheres Ergebnis zutage fördere[71]. Die Vokabel „vollziehende Gewalt" ist zumindest breiterer Interpretationsmöglichkeiten zugänglich als beispielsweise der Begriff der „gesamten staatlichen Verwaltung", den Art. 18 des österreichischen Bundesverfassungsgesetzes[72] verwendet.

b) *Historische Interpretation des Art. 1 Abs. III GG*

Mag die grammatikalische Auslegung eher für eine Grundrechtsbindung auch der Bedarfsverwaltung sprechen, so gilt für eine historische Betrachtung, daß der Parlamentarische Rat bei der Konzipierung des Art. 1 Abs. III GG im Einklang mit der antifaschistischen Grundtendenz des Grundgesetzes wohl eher nur an hoheitsrechtliche Eingriffe gedacht haben mag[73]. Freilich heißt dies nicht, die Grenzen staatlicher Handlungsmöglichkeiten auf ewig dort belassen zu müssen, wo die „Tradition sie gezogen hat"[74]. Die isolierte Interpretation des Art. 1

---

[68] So im Ergebnis auch *Furtwängler* S. 53; *Kohorst* S. 78 f.; *Forsthoff*, Auftraggeber S. 13.

[69] S. 108 f.

[70] S. 91.

[71] So auch *Zippelius* EvStL S. 935; a. A. *Furtwängler* S. 107; *Haak* S. 108 ff.

[72] Diese Bestimmung ist allerdings nicht Parallelnorm zu Art. 1 Abs. III, sondern zu Art. 20 Abs. III GG. Vgl. *Mallmann* VVDStRL 19, 181.

[73] So *Leisner*, Grundrechte S. 206. *Furtwängler* S. 107 Anm. 5 streicht heraus, daß es sich ebenso um eine „Anti-Weimar-Reaktion" gehandelt habe. Zum gleichen Ergebnis einer historischen Interpretation gelangen auch *Erichsen* S. 92; *F. Klein* GG Art. 1 Anm. V 3 b; *H. H. Klein* S. 169 m. w. N.

[74] *Leisner*, Grundrechte S. 108. Vgl. auch *Däubler* S. 147 f., mit dessen „entstehungszeitlicher Interpretation" eine solche Aussage jedenfalls im konkreten Falle wohl nicht in Konflikt käme.

Abs. III GG endet aber doch gewissermaßen mit einem Patt. Eine „Gesamtschau-Interpretation[75]“ ist vonnöten, um die Frage endgültig zu entscheiden.

c) *„Gesamtschau“-Interpretation des Art. 1 Abs. III GG*

Als naheliegend bietet sich dabei der Rückgriff auf die bereits erwähnte[76] besondere Legitimationsgrundlage des Staates an. Der Staat tritt als nicht-fakultativer Verband[77], als Sachwalter von Allgemeininteressen auf, die er zu konkretisieren beansprucht. Wie weit er dies jeweils tatsächlich tut, darüber sind sicher die unterschiedlichsten Auffassungen denkbar. Immerhin unterliegt der demokratische Staat aber einem Legitimationszwang für alle seiner Tätigkeiten, ob öffentlich- oder privat-rechtlich, dem private Organisationen oder Individuen nicht unterworfen sind. Um mit *Naendrup*[78] zu sprechen, so ist das „im Staat aktuell werdende Tun des Allgemeinen von vornherein an einen anderen Träger gebunden und wegen dieser Bindung auch anders zu fixieren“. Der „öffentliche Status“ der Verwaltungsträger „wird bei privatrechtlichem Handeln nicht abgestreift“[79].

Nicht verunmöglicht, wenngleich auch nicht unmittelbar gefordert ist dadurch das rechtspolitische Desiderat, die gesellschaftliche Macht der Verbände und Marktmonopole bzw. — oligopole mittels einer „sozialen Strategie des Privatrechts“[80] zu zügeln, d. h. mit Hilfe der Generalklauseln des Zivilrechts[81], oder aber durch Ausdehnung öffentlich-rechtlicher Bindungen auf gesellschaftliche Gebilde[82]. Diesen Weg mag man gehen; der logisch vorausgehende Schritt wäre aber zunächst die umfassende Unterstellung des Staates, d. h. der auch den mächtigsten sozialen Gebilden rechtlich noch übergeordneten „obersten Entscheidungseinheit“[83] einer Gesellschaft, in allen seinen Äußerungen unter die Grundrechte. Weder schließt das eine das andere aus, noch bedingt der erste Schritt, daß auch der zweite getan werden muß.

---

[75] *Erichsen* S. 93 ff.

[76] Oben I. a am Ende.

[77] Vgl. *Smend*, Verfassung S. 196.

[78] S. 77.

[79] *Bethge*, Der Städtetag 1970, 68 f.

[80] *E. Schmidt* S. 149 f.

[81] Dies ist längst Praxis der Rspr.; vgl. aus neuerer Zeit BGH v. 2. 12. 1974, NJW 1975, 771 ff. zur Aufnahmepflicht eines Monopolverbandes. Gegen eine „Sozialisierung des Privatrechts“ *Geipel* S. 128.

[82] Vgl. dazu *Brohm*, Strukturen S. 151 ff.; *Habermas* S. 248 und 292; *Föhr* NJW 1975, 617 ff. Einen anderen Weg bevorzugt *Abendroth*, der bestimmte existentielle Bereiche „der Zufälligkeit der privaten Disposition“ ganz entziehen und sie der Verantwortung der Gesellschaft, d. h. ihrer „obersten Entscheidungseinheit“, dem Staat, unterstellen will. Vgl. *Abendroth* S. 185.

[83] *Abendroth* S. 185; *E.-W. Böckenförde*, Bedeutung S. 16 f.

Die Frage der generellen Drittwirkung der Grundrechte ist hier nicht zu erörtern[84]. *Leisner*[85] befindet sich nämlich durchaus im Unrecht, wenn er Bedarfsdeckungskäufe für grundrechtlich nicht erfaßbar glaubt, solange an der (alleinigen) Staatsrichtung der Grundrechte festgehalten würde, verkennt er doch damit gerade den qualitativ anderen Charakter der öffentlichen Verwaltung gegenüber privaten Machtgebilden. Eine Absage an die Drittwirkungslehre hindert keinesfalls eine Unterstellung der „rein fiskalischen" Tätigkeiten des Staates unter die Grundrechte[86].

Freilich mag man dem BVerfG[87] Recht geben, daß der Abschluß eines privatrechtlichen, hier eines Reparaturvertrags, nicht in den „Kernbereich der Staatsgewalt" falle. Das Schreckensbild des Leviathan entsteht hier kaum. Und doch handelt es sich um Beziehungen der „obersten Entscheidungseinheit" zum Bürger, hinter der die potentiell hoheitliche Eingriffsmacht steht. Diese Sonderstellung des Staates hat nicht zuletzt psychologische Konsequenzen für die Bewerber um öffentliche Aufträge, die auch eine ungeladene Pistole auf ihrer Brust als Bedrohung empfinden und dem Staat als Abnehmer gegenüber eine ganz andere Einstellung zeigen, als sie sie „anderen" Privaten entgegenbringen[88]. Dem Schutz der Bieter und Bewerber würde aber eine Grundrechtsbindung in erster Linie dienen.

Die Tatsache, daß der Staat gegenüber sozialen, gesellschaftlichen Kräften ganz anders legitimiert ist, und daß er Staat bleibt, wie immer er auftritt[89], spricht demnach gegen eine Suspendierung von den Grundrechten bei Bedarfsdeckungsgeschäften. Die (potentielle) Hoheitsträgerschaft des Staates legt dies nahe[90].

---

[84] Umfassend dazu *Leisner,* Grundrechte, der mit diesem Werk einen „Allgemeinen Teil" der Lehre von der Drittwirkung hat schreiben wollen, vgl. Vorwort S. VII. Repräsentativ für die ablehnende h. M. *Dürig* MDH Art. 1 Rdnr. 130 und Art. 3 I Rdnr. 505 ff. und BVerfG v. 15. 1. 1958, BVerfGE 7, 198 ff. Differenzierend *Däubler* S. 236 ff.

[85] Grundrechte S. 195.

[86] Zur weiteren Begründung sei verwiesen auf *Dürig* MDH Art. 3 I Rdnr. 498; *Mallmann* VVDStRL 19, 202; *Zeidler* VVDStRL 19, 228 f.; *Löw* DÖV 1957, 880.

[87] V. 30. 4. 1963, DVBl 1963, 718, 727.

[88] Dazu *Welter* S. 50 und schon *Beutinger* S. 27.

[89] Vgl. *Martens* S. 98; auch *Zeidler* VVDStRL 19, 231: der Staat könne nicht in die Rolle des „Biedermannes" schlüpfen.

[90] *Furtwängler* S. 105. Vgl. auch *Zeidler* VVDStRL 19, 229: „fundamentaler Unterschied zwischen privatem und staatlichem Handeln"; *Wolff / Bachof* § 2 III e: „... eignet ihr (scil. der Verwaltung) doch in der Regel eine nur ihr zukommende Besonderheit. Sie ergibt sich daraus, daß sie Verwaltung durch Organe eines Gemeinwesens ist und die gemeinsamen Angelegenheiten seiner Mitglieder wahrnimmt."

Die besondere Rechtsqualität des Staates, sein spezifischer Anspruch lassen überdies die komplementäre Verpflichtung als sinnvoll erscheinen, der „Entfaltung von ‚sozialen' Grundsätzen ein Modell in seinem Verhältnis zu den Rechtsunterworfenen" zu geben[91], sich als „Musterkunde"[92] besonders „vorbildlich" zu verhalten[93]. Denn, so fragt *Leisner*[94] mit Recht, was solle der Bürger von Grundrechten halten, die so unveräußerlich und unantastbar seien, daß der Staat sie ihm nehmen könne, wenn er als Privatrechtssubjekt erscheine. Der Privatmann, so *H. Krüger*[95], habe sein Eigentum so zu nutzen, daß es „zugleich" dem Wohle der Allgemeinheit diene (Art. 14 Abs. II Satz 2 GG); für den gemeinwohlverpflichteten Staat könne es nur eine Ausschließlichkeit der Sozialpflichtigkeit geben.

Spätestens an dieser Stelle pflegt das Gegenargument aufzutauchen, die Privilegien[96] und die größere Freiheit des nur dem Privatrecht unterliegenden Staates seien „eine Mär"[97], und die öffentliche Verwaltung habe ganz andere Sorgen, als sich durch Flucht ins Zivilrecht den Grundrechten zu entziehen[98]. Man mag dies zugeben[99] und mit *Rüfner*[100] davon ausgehen, daß es der Verwaltung in der Regel nicht darum zu tun ist, etwa willkürlich zwischen den Bietern und Bewerbern zu differenzieren, statt kaufmännisch zu kalkulieren. Wollte man mit dieser Argumentation allerdings ernst machen, so müßte man sie auch auf die öffentlich-rechtlichen Handlungsformen übertragen, wo jedoch noch nie jemand auf die Idee gekommen ist, eine Ermessensüberprüfung für sinnlos und unnötig zu erklären, weil die öffentliche Verwaltung ja in der Regel keine bösartigen Absichten hege[101]. Bei Anwendung der Grundrechte, die das Verhältnis der Bürger zum Staat betreffen, ist zudem die interne Motivation der Verwaltung zweitrangig. Entscheidend sind die objektiven Auswirkungen des staatlichen Handelns[102], seine Rationalität und Berechenbarkeit.

---

91 *Leisner*, Grundrechte S. 173, aber inkonsequent S. 209.

92 *Welter* S. 327.

93 Dazu auch *Semler* S. 55 f. m. w. N.

94 Ebd. S. 201.

95 Staatslehre S. 328.

96 *Schmidt-Salzer* WiR 1972, 105.

97 *Dürig* MDH Art. 3 I Rdnr. 500, der auf das Urteil des BVerfG v. 21. 1. 1970, BVerfGE 27, 364 ff. hinweist, wo die öffentliche Hand sogar stärker gebunden worden sei als bei Anwendbarkeit des öffentlichen Rechts. *Leisners* Behauptung (Grundrechte S. 200), die rein fiskalische Verwaltung agiere praktisch im rechtsleeren Raum, ist zugegebenermaßen überzogen.

98 *Ossenbühl* DÖV 1971, 519; ähnlich *Kohorst* S. 95; *Rüfner*, Formen S. 364.

99 *Furtwängler* S. 79 meint gar, für den Komplex der öffentlichen Aufträge sei das Wort von der Flucht ins Privatrecht noch nie gefallen.

100 Formen S. 364.

101 Vgl. dazu auch *Rüfner* selbst ebd. S. 365.

102 *Pestalozza*, Formenmißbrauch S. 168.

Ein weiterer, eher bedenkenswerter, weil auf die Effizienz der Handlungsermächtigung abzielender Hinweis ist der, bei Bindung der Bedarfsverwaltung an die Grundrechte sei die Bewegungsfreiheit der öffentlichen Hand derart eingeschränkt, daß eine sachgemäße Erfüllung der Bedarfsdeckungsaufgabe unzumutbar erschwert sei. Irgendeinen Beleg für diese Auffassung gibt es jedoch nicht[103]. Sicher ist bei der Interpretation der Grundrechte die Eigenart der jeweiligen Aufgabe zu berücksichtigen[104] sowie die jeweilige soziale Realität[105]. Eine völlige Elastizität der öffentlichen Verwaltung bedeutet aber eben auch Undurchschaubarkeit für den Bürger und damit weniger Rechtssicherheit und Rechtsschutz.

Dies alles spricht systematisch nicht dafür, Art. 1 Abs. III GG wolle die öffentliche Verwaltung bei Bedarfsdeckungsgeschäften von den Grundrechten salvieren. Art. 1 Abs. III GG setzt einen Trennungsstrich zwischen staatlichen und anderen Sektoren voraus. Diesen Strich zwischen den Bedarfsdeckungsgeschäften und dem Bereich der nach herrschender Meinung dem Verwaltungsprivatrecht unterfallenden Tätigkeiten zu ziehen, entbehrt der Grundlage, wenn, wie wir gesehen haben, diese Trennung nicht mit der zwischen staatlichen und sonstigen Aufgaben zusammenfällt und das Unmittelbarkeitskriterium untauglich ist.

Einen hundertprozentigen „Beweis" zu führen, wie ihn *Bullinger*[106] verlangt, ist natürlich nicht möglich. Erinnert werden muß jedoch an die Ausgangslage: die Verwaltung bedarf für ihre Bedarfsdeckungsgeschäfte wie für ihre sämtlichen Aktionen einer Ermächtigung, die im öffentlichen Recht wurzelt. Demgemäß ist es nur logisch, daß sie bei der Ausführung ihrer Aufgaben den Grundsätzen unterworfen ist, die in der Verfassung für das staatliche Handeln niedergelegt sind. Es besteht daher eine Art Vermutung für die Anwendbarkeit der Grundrechte[107]. Diese Vermutung kann widerlegt werden. Der „Beweis" dafür, daß Art. 1 Abs. III GG die Bedarfsdeckung durch die öffentliche Verwaltung von der Grundrechtsbindung hat ausnehmen wollen, fehlt aber gerade[108] und läßt sich weder aus Art. 1 Abs. III GG noch einer systematischen Betrachtung entnehmen.

---

[103] *Hesse*, Grundzüge S. 146 f.

[104] Ebd.

[105] Zur „aktualtypischen" Grundrechtsauslegung *Däubler* S. 147 f.

[106] Öffentliches Recht S. 90.

[107] *Zeidler* VVDStRL 19, 220. Nichts anderes meint offenbar auch *Dürig*, Grundrechte S. 157, wenn er davon ausgeht, „an sich" gehöre auch die rein fiskalische Verwaltung zu den in Art. 1 Abs. III GG genannten Staatsfunktionen.

[108] *Pestalozza*, Formenmißbrauch S. 169: es fehle eine Klausel, die den Staat von der „Last" der Grundrechte „salviere".

d) *Grundrechtssubjektivität der Verwaltung bei privatrechtlichem Handeln?*

Das Problem der Grundrechtssubjektivität der öffentlichen Verwaltungsträger bei privatrechtlichem Handeln, also auch bei Bedarfsdeckungsgeschäften, kann auf der Basis der vorhergehenden Überlegungen zwanglos im Sinne der ohnehin wohl herrschenden Meinung[109] gelöst werden. Da Wesensunterschiede zwischen den verschiedenen Kategorien der Verwaltungstätigkeit nicht auszumachen sind, kann diese Frage nur einheitlich beantwortet werden. Wenn aus plausiblen Gründen die öffentliche Verwaltung keinen Grundrechtsschutz genießen soll, „soweit" sie „öffentliche Aufgaben" erfüllt[110], wenn sie dies, wie festgestellt, aber auch bei Bedarfsdeckungsgeschäften tut, so folgt daraus, daß sie nicht die (jedenfalls primär) als Bürgerschutzrechte konzipierten Grundrechte gegen den Bürger „umdrehen" kann. Die Verwaltung kann nicht gleichzeitig Adressant und Adressat von Grundrechten sein.

e) *Ergebnis*

Die öffentliche Verwaltung bedarf für ihre Bedarfsdeckung nicht nur öffentlich-rechtlicher Legitimationsgrundlagen, sie ist auch bei der Erledigung dieser Aufgabe durchgängig an die Grundrechte gebunden, ohne diese selbst in Anspruch nehmen zu können. Dies folgt aus der Untauglichkeit des Kriteriums der unmittelbaren Erfüllung einer staatlichen Aufgabe als Abgrenzungskriterium und dem Mangel einer aus der Verfassung ableitbaren oder sonst systematisch mit ihr zu vereinbarenden „salvatorischen Klausel". Einen grundrechtsfreien Raum staatlicher Tätigkeit gibt es jedenfalls bei der Bedarfsdeckung nicht[111, 112].

II. Andere Verfassungsgrundsätze

Mit Recht bedauert *Pestalozza*[113], daß gemeinhin über die Anwendbarkeit der Grundrechte diskutiert wird, sonstige Bindungen hingegen weitgehend außer acht gelassen werden[114]. Nur bisweilen erwähnt die

[109] Vgl. 3. Kap. A IV. am Ende.

[110] BGH v. 31. 10. 1974, NJW 1975, 158 ff.

[111] Im Ergebnis wie hier außer den schon genannten Autoren auch *W. Böckenförde* S. 11; *Seidler* S. 97; *Bethge,* Der Städtetag 1970, 66 ff.; *Erichsen / Martens* S. 227 f.

[112] Die von *Burmeister,* Grundrechtsverständnis S. 71 gesehene Gefahr, daß bei durchgehender Grundrechtsbindung die Notwendigkeit außer Acht gelassen werde, den Staat am exzessiven Vordringen in die Gesellschaft zu hindern, kann als logisch davon unabhängiges Problem diese Lösung nicht in Frage stellen. Hierzu auch *Pestalozza,* Formenmißbrauch S. 169 Anm. 106.

[113] Formenmißbrauch S. 169; *ders.* DÖV 1974, 189.

[114] Vgl. etwa *Furtwängler* S. 96, der sich ausdrücklich auf die Grundrechte beschränkt.

Literatur eher beiläufig die „Grundsätze der Verfassung", Willkür- und Übermaßverbot und Sozialstaatsprinzip[115] bzw. die institutionellen Garantien, die Kompetenz- und Staatszielbestimmungen[116].

Die Bejahung der Anwendbarkeit der Grundrechte impliziert die Geltung der aus ihnen entwickelten institutionellen Garantien. Für eine Auseinandersetzung mit den verschiedenen Grundrechtstheorien und Interpretationsmethoden, deren es nach *E.-W. Böckenförde*[117] fünf gibt, die sich teilweise überschneiden, ist hier nicht der Raum. Neben der Funktion der Grundrechte als negative staatliche Kompetenznormen leitet die Rechtsprechung des BVerfG jedenfalls aus einzelnen Grundrechten wie etwa Art. 5 Abs. I Satz 2[118] und Art. 5 Abs. III GG[119] eine staatliche Verpflichtung[120] zum Schutz und zur „Objektivierung" dieser Freiheiten durch normative Gestaltung ab.

Für dergestalt grundrechtsvermittelte Verfassungsprinzipien erübrigt sich also eine gesonderte Prüfung ihrer Beachtlichkeit bei der Bedarfsdeckung. Ein gleiches gilt für das von *Rüfner*[121] erwähnte Willkür- und Übermaßverbot, das als Bestandteil des Rechtsstaatsprinzips über Art. 2 Abs. I GG grundrechtsrelevant ist[122].

Die Frage ist, inwieweit das auch gilt für sonstige Verfassungsgrundsätze, von denen im vorliegenden Zusammenhang, soweit ersichtlich, wohl nur das Sozialstaatsgebot der Art. 20 Abs. I und 28 Abs. I Satz 1 GG und die staatliche Kompetenzverteilung (Art. 30 und 70 ff. GG) in Betracht kommen. Im Sinne der oben[123] aufgestellten Vermutung für das grundsätzliche Eingreifen von Verfassungsbestimmungen kann dies ohne weiteres bejaht werden, denn Ausnahmebestimmungen sind nicht vorhanden.

a) Kompetenznormen

Für den Art. 30 GG hat das BVerfG[124] festgestellt, jedenfalls die Erfüllung öffentlicher Aufgaben unterfalle ihm, auch wenn mit zivilrecht-

---

115 *Rüfner*, Formen S. 388.

116 *Bogs* BB 1963, 1269. Dazu auch *Bull*, Staatsaufgaben S. 7 ff.

117 NJW 1974, 1529 ff.

118 Vgl. BVerfG v. 6. 10. 1959, BVerfGE 10, 118, 121; v. 28. 2. 1961, BVerfGE 12, 205, 260.

119 Vgl. BVerfG v. 29. 5. 1973, BVerfGE 35, 79 LS 2 (zur Wissenschaftsfreiheit); *Mallmann* VVDStRL 19, 203 (zur Kunstpflege).

120 Oder, wie *Burmeister* (Grundrechtsverständnis S. 86) meint, staatliche Berechtigungen, die als „Grundrechtsschutz für Staatsfunktionen" die „Fluttore zur Verstaatlichung der Gesellschaft" öffneten.

121 Formen S. 1 Anm. 3.

122 Vgl. nur BVerfG v. 16. 1. 1957, BVerfGE 6, 32, 41 und v. 8. 1. 1959, BVerfGE 9, 83, 88. Allgemein zur „grundrechtsvermittelten Rechtsstaatlichkeit" *Maunz / Dürig* MDH Art. 20 Rdnr. 70 ff.

123 B I. c am Ende.

lichen Mitteln vorgegangen werde. Die Untauglichkeit des Aufgabenkriteriums wurde oben dargelegt. Einen einleuchtenden Grund, warum der Art. 30 GG in irgendeiner Form sollte unterlaufen werden können, gibt es nicht. Art. 30 GG in Verbindung mit den Art. 70 ff. GG wollen die Kompetenzen zwischen Bund und Ländern vollständig abgrenzen[125].

Forsthoffs Einwand, bei Trennung zwischen „Fiskus“ und vollziehender Gewalt könne der Bundesfiskus der Landeshoheitsgewalt unterstellt werden, ohne Art. 30 GG zu verletzen, bei der hier vertretenen Betrachtungsweise sei dies hingegen nicht möglich[126], ist unschwer zu widerlegen. Auch der öffentlich-rechtlich handelnde Bund kann sich nicht ohne weiteres über die Vorschriften der Länder hinwegsetzen[127]. Nicht mehr und nicht weniger gilt dann, wenn er privatrechtlich handelt. Der Grundsatz der Bundestreue hindert in beiden Fällen das jeweilige Land, dem Bund die Erfüllung seiner Aufgaben unzumutbar zu erschweren.

b) Das Sozialstaatsgebot

Im Hinblick auf das Sozialstaatsgebot — wie immer man es im einzelnen auslegen mag — ist ein gleiches anzunehmen, außerdem ist die Feststellung angebracht, daß es auf jeden Fall zur Inhaltsbestimmung des Art. 3 GG heranzuziehen ist[128], also bereits unmittelbar Eingang in den Komplex der relevanten Normen findet.

Die möglichen Konsequenzen daraus sollen erst später erörtert werden[129]. Sicher ist, daß Zielkonflikte unvermeidlich sind zwischen den verschiedenen an die öffentliche Verwaltung zu stellenden Anforderungen[130], insbesondere zwischen der — jedenfalls primär — staatsbegrenzenden und der — jedenfalls auch — ermächtigenden, evtl. sogar verpflichtenden Funktion[131] des Sozialstaatsprinzips zur Sozialgestal-

---

124 V. 28. 2. 1961, BVerfGE 12, 205, 244.

125 *Bull,* Staatsaufgaben S. 54; *Erichsen / Martens* S. 226; *Rüfner,* Formen S. 389 f.; *Pestalozza,* Formenmißbrauch S. 170 Anm. 107; vgl. auch schon *Richter* S. 21. Zur gleichen Frage im Subventionsrecht *Pöttgen* S. 145 ff.

126 *Forsthoff,* Auftraggeber S. 15.

127 Z. B. kann die Bundeswehr nicht selbstverständlich eine Straßensondernutzung in Anspruch nehmen. Vgl. zur Polizeipflicht von Hoheitsträgern (hier des Bundes) etwa BGH v. 27. 4. 1970, DVBl 1970, 499 und allgemein auch BVerwG v. 16. 1. 1968, BVerwGE 29, 52.

128 Das gilt auch dann, wenn man das Sozialstaatspostulat als primär an den Gesetzgeber gerichtet ansieht, vgl. *Zaengl* S. 78.

129 Vgl. unten 6. Kap. C bei Anm. 84 ff.

130 *Bull,* Staatsaufgaben S. 370 spricht von Konflikten zwischen den verschiedenen Staatsaufgaben, was mit dem hier vertretenen Gedanken auf der gleichen Linie liegt, wenn man die Gewährleistung der Grundrechte als staatliche Aufgabe begreift. Vgl. dazu *Rupp,* Wohl der Allgemeinheit S. 118 und *Häberle,* Öffentliches Interesse S. 421 f. mit Anm. 36.

131 So *Bachof* VVDStRL 12, 63.

tung[132]. Daß viele dieser Konflikte nicht justiziabel sind und politisch gelöst werden müssen, sei *Bull*[133] zugegeben. Die Ambivalenz der Bindung des Staates an die Verfassung, die eben sowohl staatslimitierende als auch kompetenzbegründende Normen enthält[134], ist aber nicht so unauflösbar, daß sie zur Freistellung des Staates von beiden Normgruppen führen könnte[135]. Selbstverständlich muß jeweils abgewogen werden[136], ein nicht immer leichtes Problem, das auch mit einem Patt enden kann. Um abwägen zu können, müssen aber zunächst einmal die in diesen Vorgang einzubringenden Elemente verbindlich festgelegt sein. Dies bestreitet zudem niemand, solange die öffentliche Verwaltung in den Formen des öffentlichen Rechts agiert — auch dort, wo sie „leistet". Die Rationalität des staatlichen Handelns ist hier entscheidend; sie kann nur mittels Statuierung von Leitlinien angestrebt werden, die — zunächst isoliert — hinreichend eindeutig sind. Ihr Zusammenstimmen im Einzelfall muß dann jeweils typisierend augelotet werden.

C. Zur Bindung an Regeln des allgemeinen Verwaltungsrechts

Nach den bisherigen Ergebnissen wäre es auf den ersten Blick folgerichtig, auch den größtenteils durch die Verwaltungsrechtslehre entwickelten Regeln des „Allgemeinen Teils" des Verwaltungsrechts[137]

---

132 *Furtwängler* S. 110 f. drückt den Gedanken so aus, daß der „öffentliche Zweck" auch zu einer „Befreiung" der Verwaltung von den Grundrechten führen könne. Ein „öffentlicher Zweck" in seiner abstrakten Form kann dies natürlich nicht, und von einer Totalbefreiung kann ebensowenig die Rede sein.

133 Staatsaufgaben S. 370.

134 Vgl. dazu auch *Bechtold* S. 142.

135 So aber *Forsthoff*, der damit (Staat S. 154) seine ablehnende Haltung zur Grundrechtsbindung der leistenden Verwaltung begründet, andererseits (VVDStRL 12, 27) auch das Sozialstaatsprinzip als lediglich ethisches Postulat begreifen will.

136 Dazu *Seidler* S. 101 f.

137 Es handelt sich um die Regeln, die zu einem großen Teil Eingang gefunden haben in den EVerwRO-Wü und den EVwVfG, und die sich u. a. beziehen auf Willenserklärungen (Art. 20 ff. EVerwRO-Wü), Ermessensausübung (Art. 65 EVerwRO-Wü, § 36 EVwVfG), Vollmachten (§ 14 EVwVfG), Amtshilfe (§ 4 ff. EVwVfG; vgl. auch *Wolff / Bachof* § 30 II b 4), Amtssprache (§ 19 EVwVfG), Unparteilichkeit (§ 16 EVwVfG; vgl. auch *Wolff / Bachof* § 30 II b 3), rechtliches Gehör und Anhörung Beteiligter (§ 24 EVwVfG und dazu *Schickedanz* ZRP 1975, 182 ff.), Akteneinsicht (§ 25 EVwVfG); relevant auch die Regeln über Verwaltungsakte, deren Nichtigkeit, Rechtswidrigkeit und Aufhebung (Art. 61 ff. EVerwRO-Wü, §§ 31 ff. EVwVfG). Vgl. darüber hinaus *Wolff / Bachof* § 30 II b und *Wolff* LB III § 138 V und VI; von den dort erwähnten Grundsätzen kommen noch in Betracht das Übermaßverbot (das die Prinzipien der Geeignetheit, Erforderlichkeit und Angemessenheit des Mittels und das Koppelungsverbot umfaßt), das Verbot der Sittenwidrigkeit und der Willkür, evtl. das Prioritäts- und Rotationsprinzip, das Gebot der Förderung der Regierungspolitik und das Prinzip des Vertrauensschutzes.

Gültigkeit für den Komplex der Bedarfsdeckungsgeschäfte des Staates zuzuerkennen. Erstaunlicherweise lehnen das aber auch die Autoren ab, die sich mit Vehemenz für die Grundrechtsbindung im fraglichen Bereich einsetzen[138], und, was noch frappanter anmutet, ohne jede Begründung bzw. mit dem lapidaren Hinweis auf *Forsthoffs* Ansicht, die das Finanzvermögen betreffenden Rechtssätze gehörten nicht zum Verwaltungsrecht[139]. Nur *Mallmann*[140] geht, ebenso undiskutiert, von der generellen Geltung dieser Regeln aus.

Dies nötigt zu einer näheren Betrachtung. Der erwähnte *Forsthoff*sche Hinweis scheidet allerdings als nicht durchschlagend gleich aus: nicht nur wird er nicht näher erläutert, zudem können sich die Bedarfsdeckungsgeschäfte sowohl auf öffentliche Sachen im Gemeingebrauch als auch auf das Verwaltungs- und Finanzvermögen beziehen. Daß zwischen den Beschaffungen für diese drei Komplexe zu differenzieren sei, dafür lassen sich Anhaltspunkte nirgends finden.

Die ablehnende Haltung der Literatur ist um so verblüffender, als es sich beim überwiegenden Teil der hier interessierenden Verwaltungsrechtsregeln um „konkretisiertes Verfassungsrecht" handelt. Es kann bei diesen Grundsätzen, wie etwa beim Übermaß- oder Willkürverbot, gar keine Frage sein, daß sie — da ja vom Grundgesetz nicht nur erlaubt, sondern gefordert — Geltung auch bei staatlichen Bedarfsdeckungsgeschäften haben[141].

Nicht alle Regeln des allgemeinen Verwaltungsrechts lassen sich allerdings unmittelbar auf die Verfassung zurückführen[142]. Sie sind großenteils veränderbar, wie die EVwVfG zeigt, der etwa die Akteneinsicht sowie Rücknahme und Widerruf begünstigender Verwaltungsakte teilweise abweichend von der bisherigen Praxis regeln will[143]. Soweit sich aber allgemein anerkannte Prinzipien herausgebildet ha-

---

Vgl. auch noch *Mallmann* VVDStRL 19, 204 (Treu und Glauben, Verbot des venire contra factum proprium). Zum Gebot der Sparsamkeit vgl. *Truninger* S. 11; *Vialon* S. 508; *Zeidler* VVDStRL 19, 235; VG Wiesbaden v. 14. 1. 1974, DVBl 1974, 243, 245. Allgemein auch *Becker* VVDStRL 14, 104; *Beitzke* MDR 1953, 1 ff.; *Kreussler* S. 88 ff.; *Brohm*, Strukturen S. 40 Anm. 30.

138 *Zeidler* VVDStRL 19, 230 mit Anm. 98; *Haak* S. 36; *Furtwängler* S. 108 Anm. 1; *Hesse*, Grundzüge S. 144.

139 *Zeidler* und *Furtwängler* ebd.

140 VVDStRL 19, 204 mit Anm. 153; nach seiner ganzen Konzeption wohl auch *Pestalozza*, Formenmißbrauch S. 169.

141 *Sailer* BayVBl 1966, 296, allerdings bezogen auf „anerkanntes" Verwaltungsprivatrecht.

142 Vgl. *Rüfner*, Formen S. 392, der jedoch nur auf die Grundrechte rekurriert und aus ihnen das Verbot des Ermessensmißbrauchs und der sachwidrigen Verknüpfung nicht für ableitbar hält. Wegen Art. 2 Abs. I und Art. 3 GG ist das zumindest fraglich.

143 Vgl. §§ 25, 44 und 45 EVwVfG sowie die amtlichen Begründungen dazu.

ben, stellt sich die Frage, inwieweit sie auch bei der Bedarfsdeckung gelten sollen. Es ist dies Problem nicht so einfach zu lösen, wie es zunächst den Anschein haben mag. Es kompliziert sich nicht nur, weil eben das Grundgesetz keine Schützenhilfe für seine Lösung bietet, sondern auch deswegen, weil die erwähnten Regeln meist an Einzelfällen aus den verschiedensten Verwaltungsbereichen entwickelt wurden und nicht immer unmodifiziert auf andere Materien zu übertragen sind. Denkbar wäre, daß diese Modifizierung bis zur völligen Eliminierung fortschreitet, nämlich dann, wenn eine Regel in Konflikt mit einer anderen, in casu sachnäheren, oder mit einem Grundrecht oder Verfassungsgrundsatz gerät. So ist bei der Bedarfsdeckung leicht vorstellbar, daß Sparsamkeitsgebot auf der einen, Sozialstaatsgebot auf der anderen Seite in Widerstreit geraten. Diese Probleme in concreto entbinden allerdings nicht von der Prüfung der Frage, welche Regeln überhaupt in Betracht kommen können.

Von besonderer Bedeutung in diesem Kontext könnten sein die Teile A der Verdingungsordnungen. Unterstellt man nämlich einmal, daß in diesen Vorschriften die allgemeinen Verwaltungsrechtsregeln sachgerecht modifiziert wiederzufinden sind, so wäre leicht die Schlußfolgerung zu ziehen, daß die hier gestellte Frage sich erübrigt. Die VOB und die VOL werden nun aber nicht von allen öffentlichen Verwaltungen angewandt. Welche Regeln zur Geltung kommen, wo dies nicht der Fall ist, bliebe danach ungeklärt. Unerläßlich ist es daher, einen Blick zu werfen auf Funktion und Daseinsberechtigung des Verwaltungsrechts[144] als das „auf die Bedürfnisse der Verwaltung zugeschnittene öffentliche Recht“[145].

I. Subjekttheorie und Kollisionsnorm

Pestalozza[146] hat die für unser Problem entscheidende Dimension herausgearbeitet, indem er den mit viel Aufwand geführten Streit um die Abgrenzungskriterien zwischen öffentlichem und privatem Recht auf den zweiten Rang verweist. Auch die immer mehr sich durchsetzende und auch hier als Ausgangspunkt zugrundegelegte *Wolff*sche Subjektstheorie[147] ist nämlich zwar — wenn auch wegen mancher historischen Zufälligkeit nicht durchgängig[148] — in der Lage anzugeben,

[144] Vgl. *Mees* WuW 1961, 541.

[145] *Fleiner* S. 60 f.

[146] Formenmißbrauch S. 172 ff.

[147] *Wolff / Bachof* § 22 II c; *Wolff* AöR Bd. 76, insbes. S. 208 f.; *Menger*, Stand der Meinungen, passim und *ders.* VerwArch 1958, 276; BGH v. 17. 11. 1967, DVBl 1968, 148; OVG Münster v. 14. 5. 1958, DVBl 1959, 103.

[148] Vgl. dazu *H. Krüger*, Staatslehre S. 328; *Boehmer* S. 194; *Rüfner*, Formen S. 13.

welcher Rechtssatz dem Verwaltungsrecht zuzuordnen ist; nicht aber, wann öffentliches bzw. Verwaltungsrecht gilt[149]. *Pestalozza*[150] beantwortet diese Kernfrage nach der Kollisionsnorm damit, daß das Amtsrecht des Staates für sämtliche seiner Verhaltensweisen gelte, daß also der Staat — bzw. auf jeden Fall die Exekutive[151] — nicht beliebig über die Kollisionsnorm verfügen, sich seinem Sonderrecht nicht beliebig entziehen kann[152]. Öffentliches Recht sei also zwingendes Sonderrecht, „Staatsrecht"[153]. Diese Strenge des öffentlichen Rechts sei nur für den ungewöhnlich, der glaube, obrigkeitliches, schlichthoheitliches, verwaltungsprivatrechtliches und fiskalisches Handeln in „irgendeinem relevanten Sinne" unterscheiden zu können[154].

Zwei Fragen bleiben bei *Pestalozza* indes offen. Einmal glaubt er auf eine „materielle Verortung" seines Postulats verzichten zu können[155] und läßt dahingestellt, ob *H. Krügers* Versuch in dieser Richtung[156] „nützlich, möglich oder falsch" sei. Rein formale Zuordnungen setzen sich nun aber immer dem Verdacht aus, beliebig zu sein. Zum anderen läßt *Pestalozza* folgerichtig die Anwendung privaten Rechts dort zu, wo öffentlich-rechtliche Normen fehlen[157]. Im vorliegenden Kontext interessiert aber gerade, ob bei Bedarfsdeckungsgeschäften die Normen des allgemeinen Verwaltungsrechts „fehlen", ob die Verwaltung hier aus ihrem Bannkreis entlassen ist. Zu einfach macht *Pestalozza* es sich mit dem Vermerk an den ratlosen Leser, die „Lösung konkreter Rechtsanwendungsfragen" dürfe von seiner Hypothese nicht erwartet werden[158].

II. Öffentliches Recht als Recht der „Nicht-Identifikation"?

Für *H. Krüger*[159] ist der zwingende Charakter des öffentlichen Rechts als des Sonderrechts des Staates determiniert durch die durch „Nicht-Identifikation" und „Repräsentation" geprägte Eigenart des Staates gegenüber Individuen und gesellschaftlichen Gruppen. Die Privaten seien nicht genötigt, die Beziehungen untereinander uneigennützig zu

---

149 *Pestalozza* DÖV 1974, 190; auch *Rüfner*, Formen S. 350 Anm. 8.

150 Formenmißbrauch S. 174 f.; *ders.* DÖV 1974, 190.

151 *Pestalozza*, Formenmißbrauch S. 177.

152 Ebd. S. 175 f.; vgl. auch *ders.* JZ 1975, 54. A. A. offenbar BGH v. 17. 11. 1067, DVBl 1068, 148.

153 *Pestalozza*, Formenmißbrauch S. 179.

154 Ebd. S. 177.

155 Ebd. S. 174 f. Anm. 117.

156 *H. Krüger*, Staatslehre S. 323.

157 Formenmißbrauch S. 175.

158 Ebd. S. 176; *ders.* DÖV 1974, 190.

159 Staatslehre S. 323. Ihm folgend *Naendrup*, insbes. S. 102 f.

gestalten. Anders der Staat, der sich mit keinen Besonderheiten seiner Bürger identifizieren, keine Religion, Weltanschauung oder Meinung haben dürfe: die Erfahrung der Religionskriege habe ihn zur Indifferenz gegenüber solchen Themen genötigt, da ein positives Bekenntnis auf Spaltung des Staates hinauslaufen würde[160]. Der Staat sei der Idee der Repräsentation[161] verpflichtet. Das öffentliche Recht sei nun aber das Medium, mittels dessen der repräsentative Charakter des modernen Staates herausgearbeitet worden sei[162]. Die Ausschließlichkeit der Unterstellung unter das öffentliche Recht solle dem Staat jegliche „private" Motivation ein für allemal unmöglich machen[163].

Man mag den einzelnen Elementen des staatstheoretischen Entwurfs *H. Krügers* zu Recht skeptisch gegenüberstehen[164]. Leugnen läßt sich indes nicht, daß die — nicht aprorische[165] — Trennung zwischen öffentlichem und privatem Recht ein „Abbild der staatsrechtlichen Unterscheidung von Staat und Gesellschaft" darstellt[166] und als solches Ergebnis einer modernen Entwicklung ist[167]. Die politische Dimension der Differenzierung bestand — jedenfalls in Deutschland[168] — in einer unterschiedlichen inhaltlichen Akzentuierung beider Normkomplexe[169]: Privatrecht als Recht der Gesellschaft und damit der Freiheit oder negativ der Ungleichheit, öffentliches Recht als das des Staates und somit des Zwanges oder positiv der Gleichheit, bzw. öffentliches Recht

---

160 *H. Krüger*, Staatslehre S. 179. Zur Nicht-Identifikation vgl. auch *Bull*, Staatsaufgaben S. 107 f.

161 Dazu *H. Krüger*, Staatslehre S. 232 ff.

162 Ebd. S. 319.

163 *H. Krüger* VVDStRL 15, 120; *ders.*, Rundfunk S. 83.

164 Vgl. insbes. zur ideologischen Funktion des Nicht-Identifikationsgrundsatzes, wenn leichtfertig im Wege der Fiktion Postulat und Empirie ineinsgesetzt werden, *Denninger*, Staatsrecht S. 48 ff. und 112 ff. (auch S. 33 mit Hinweis auf *Radbruch*, der die angebliche Neutralität als „Lebenslüge des Obrigkeitsstaates" brandmarkte), aber auch *H. Krüger* selbst, Staatslehre S. 165 Anm. 32; vgl. auch *Habermas* S. 111. *H. Krüger* stellt zudem durch Vernachlässigung des demokratischen Elements (ebd. S. 893), durch sein Elitendenken (ebd. S. 351 ff.) und durch seine mystifizierende Verknüpfung von Sittlichkeit und Staat (im letzteren soll die Einzelpersönlichkeit ihre „sittliche Erfüllung" finden, ebd. S. 807) seine „an sich ... nüchterne Betrachtungsweise" selbst in Frage, so *P. Schneider* S. 587. Vgl. zu *H. Krügers* Staatstheorie auch *Grebing* S. 393 ff. m. w. N.

165 Vgl. *Bachof* VVDStRL 12, 65; *Brunner* S. 122; *Nawiasky* S. 306; *Bullinger*, Öffentliches Recht S. 13 ff.; *Giacometti* S. 93; *Buddeberg* AöR Bd. 47, 141.

166 *Preuß*, Staatsrechtlicher Begriff S. 83; ähnlich *Brunner* S. 122 f.; *Boehmer* S. 157 ff.; *Molitor* S. 13; *Buddeberg* AöR Bd. 47, 142 f. Vgl. auch *Stolleis* VerwArch 1974, 27.

167 Vgl. auch *Molitor* S. 23: „jeder verfeinerten Rechtsentwicklung immanent".

168 *Smend*, Problem S. 473; vgl. für Frankreich *Bechtold* S. 137.

169 Vgl. dazu — differierend — *Bullinger*, Öffentliches Recht S. 54 f.; auch *Forsthoff*, Auftraggeber S. 11; *Kelsen*, Staatslehre S. 16.

als das der „Solidarinteressen“[170], privates als das der Privatnützigkeit[171]. Auch *H. Krügers* Konzeption ist eine solche Identifizierung mit je andersartigen ideologischen Inhalten immanent.

Häberle[172] versucht dagegen nachzuweisen, daß eine konkrete Gesetzgebungsanalyse die letztere Vorstellung jedenfalls heute Lügen strafe. Zahlreiche Gesetze verpflichten auch den Privaten, insbesondere den sozial und ökonomisch Mächtigen, auf das „Gemeinwohl“[173], während andererseits das öffentliche Recht als angebliches „Recht des Zwanges“ dem Bürger oft erst zur Materialisierung seiner Rechtsgüter verhelfe[174]. Man könne heute bestimmte materielle Gehalte und Ziele mit den Kategorien öffentliches und privates Recht nicht mehr klassifikatorisch identifizieren[175]; der Staat habe kein Monopol auf das Gemeinwohl[176].

Nun hindert das allerdings nicht die Annahme, das Gemeinwohl habe umgekehrt beim Staat ein Monopol[177]. Wegen der Inhaltslosigkeit des Begriffs ist mit dieser Aussage jedoch nichts gewonnen; der Pluralismus seiner Interpretationsmöglichkeiten gebietet jeweils seine autoritative Feststellung in concreto durch die staatlichen Organe[178].

In der Tat ist nicht zu leugnen, daß sich eine starke inhaltliche Angleichung des nicht-imperativen öffentlichen Rechts und des Privatrechts vollzogen hat. Die Anforderungen an das privatrechtliche Handeln vor allem sozial mächtiger nicht-staatlicher Verbände haben derart zugenommen, daß möglicherweise von der Privatautonomie als dem konstituierenden Element des Privatrechts nur noch schwerlich zu sprechen ist. Andererseits sind die Einschränkungen der Privatautonomie eher punktuell, während sie im öffentlichen Recht den Staat durchgehend begleiten. Immerhin geschieht doch die erwähnte Annäherung

---

170 Vgl. *Köttgen,* Erwerbswirtschaftliche Betätigung S. 11; *Wenger* S. 517.

171 *H. H. Klein* S. 140.

172 Öffentliches Interesse S. 49.

173 Wenngleich *Bachof* VVDStRL 12, 65 Recht zu geben ist, daß immer noch „in der Regel“ der Bürger bei Unterstellung seiner Rechtsbeziehungen unter das öffentliche Recht stärker geschützt ist.

174 Vgl. *Seidler* S. 95 und auch *Apelt* S. 2.

175 *Häberle,* Öffentliches Interesse S. 711; *Bechtold* S. 139; *Bullinger,* Öffentliches Recht S. 112 ff. und S. 90; *Bogs* BB 1963, 1269; *Bull,* Staatsaufgaben S. 69; *Kutsch / v. Krakewitz* AöR Bd. 79, 453; *Rüfner,* Formen S. 368 und 380 ff.; *Wolff* AöR Bd. 76, 208; *Schmidt-Salzer* WiR 1972, 106: auch das Zivilrecht sei „angewandtes Verfassungsrecht“. A. A. wohl *Giacometti* S. 99; *Haas* DVBl 1960, 307; *Heusser* S. 73; *Emmerich* JuS 1970, 338; *Gygi* S. 7 ff.; *Burmeister* WiR 1972, 348 f.

176 *Häberle,* Öffentliches Interesse S. 49; *Naendrup* S. 77. Deshalb wenig sinnvoll im Endeffekt die Überlegungen von *Menger / Erichsen* VerwArch 1968, 379.

177 Vgl. *Häberle* selbst, Öffentliches Interesse S. 52.

178 Vgl. dazu oben 4. Kap. A II.

der Rechtskomplexe von verschiedenen Polen aus und hat sicher nicht zu einer völligen Verwischung der Grenzen geführt. Entscheidend aber ist, daß es selbst dann, wenn mit der Kategorie des öffentlichen Rechts nicht mehr generell an die „Besonderheit der Arbeitsmaximen“[179] des Staates anzuknüpfen sein mag, sinnvoll sein könnte, den Staat im Hinblick auf eine mögliche „Eigentümlichkeit“ einer eigens für ihn geschaffenen, funktionell abgrenzbaren Rechtsordnung zu unterwerfen[180]. Diese funktionale Scheidung wäre dann gerechtfertigt, wenn nicht eine weitgehende — empirisch nachweisbare oder wünschenswerte — gegenseitige Durchdringung von Staat und Gesellschaft sie illusorisch machen würde und wenn eine „Eigentümlichkeit“ des Staates feststellbar ist.

III. Öffentliches Recht und Privatrecht als funktional getrennte Normenkomplexe

a) Staat und Gesellschaft als getrennte Funktionsbereiche

Wegen der internen Wechselwirkung zwischen Staat und Gesellschaft hält *Brohm*[181] es weniger denn je für möglich, die Reichweite des öffentlichen Rechts nach dem handelnden Subjekt abzugrenzen. Weil eine vereinfachende Gegenüberstellung von Individuum und Staat nicht mehr zulässig sei, wollen andere Stimmen die kategoriale Trennung von öffentlichem und Privatrecht ganz überwinden und durch ein „differenziertes Gemeinrecht“ ersetzen[182].

Einer naiven, unreflektierten Dualismustheorie soll hier nicht das Wort geredet werden. Heftig widersprochen werden muß allerdings *Grebing*, wenn sie denjenigen den Vorwurf des Konservatismus’ und der Gegnerschaft gegen „Formen permanenter Demokratisierung“ macht[183], die bei aller „aktiven Interdependenz“[184] und trotz oder gerade wegen des osmotischen Verhältnisses zwischen Staat und Gesellschaft noch getrennte Funktionsbereiche glauben feststellen zu können und die Gefahren einer „Privatisierung öffentlicher Funktionen“[185], einer „Refeudalisierung“[186] durch „para-konstitutionelle Gewalten“[187]

---

[179] *Köttgen*, Erwerbswirtschaftliche Betätigung S. 15.

[180] Vgl. *Köttgen* ebd. S. 11.

[181] Strukturen S. 183; vgl. auch S. 41 ff.

[182] *Bullinger*, Öffentliches Recht S. 81. Dagegen *Martens* S. 92 Anm. 73. Ein ähnlicher Versuch war der *v. Gierkes*, als dritte Kategorie die des „Sozialrechts“ einzuführen; dazu *Molitor* S. 15 f. und *G. Jellinek* S. 384.

[183] *Grebing* S. 120.

[184] *Denninger*, Staatsrecht S. 44.

[185] *Däubler* S. 160.

[186] *Habermas* S. 273.

[187] *E.-W. Böckenförde*, Bedeutung S. 23.

ernst nehmen. Konservativ mag sein, wer, wie *Forsthoff*[188], den starken, autonomen Staat will, um die Völker zu schützen, „zum Kriegsschauplatz revolutionärer Auseinandersetzung zu werden", weil er den Staat als etwas der Gesellschaft Äußerliches begreift und nicht als ihre Funktion. Nicht plausibel ist aber, warum derjenige demselben Vorwurf auszusetzen ist, der an der alleinigen Kompetenz des Staates zur letzt- und rechtsverbindlichen Entscheidung festhält[189], weil die sozialen Organisationen, die die klassische Gewaltenteilung „vertikal durchdringen", eben nur Teile der Gesellschaft repräsentieren und zumal jene nicht, wie die moderne Pluralismuskritik ergeben hat[190], deren Organisations- und Konfliktpotential zu gering ist. Es ist also gerade das demokratische Prinzip, das der Gleichstellung „prominenter Gruppen wie Kirche, Gewerkschaft, Arbeitgeber, Presse und eines Tages Milchhandel" mit dem staatlichen Apparat widerstreitet[191], aber auch der Rechtsschutzgedanke, würden doch dem Bürger gegenüber privaten Großorganisationen viele Abwehrmechanismen verloren gehen, die erkämpft zu haben das Verdienst liberalen Verfassungsdenkens ist. Die demokratische und die freiheitssichernde[192] Funktion des Festhaltens am „bewußt produzierten Handlungszentrum" Staat[193] ist offenbar, und ebensowenig ist empirisch eine Identität erkennbar. Jedenfalls für die rechtliche Betrachtung kann und muß daher auf der organisatorisch und funktional zu verstehenden Trennung[194] beharrt werden[195]. Nicht im mindesten verbaut wäre damit die von *Grebing* vertretene Demokratisierungsstrategie, wenn sie im Bereich des „Öffentlichen"[196] nach Publizierung und öffentlicher Legitimation formell privater gesellschaftlicher Funktionen strebt[197].

---

188 Zitiert nach *Grebing* S. 115.

189 Dies tun auch *Preuß*, Staatsrechtlicher Begriff S. 151; *Ridder*, Gewerkschaften S. 15 und 18; *Abendroth* S. 185 und *ders.* VVDStRL 12, 89. Dies bedeutet nicht eine Monopolisierung des „Politischen" beim Staat, vgl. *Preuß* ebd. S. 147 und auch *Wiethölter* S. 54 ff. Der Staat ist gleichwohl das „politische Optimum", so *Heller* S. 205; vgl. auch ebd. S. 242.

190 Vgl. *Offe*, bes. S. 167 ff.

191 *E.-W. Böckenförde*, Bedeutung S. 22 f.

192 *E.-W. Böckenförde*, Bedeutung S. 17 und *ders.*, Verfassungstheoretische Unterscheidung S. 29 und 31; auch *Ehmke*, Staat und Gesellschaft S. 25; *Forsthoff*, Staat S. 21, 29 und 121; *Burmeister*, Grundrechtsverständnis S. 30; *Stolleis* VerwArch 1974, 27 (Trennung als Voraussetzung für status negativus). Vgl. auch Art. 12 der Déclaration des Droits de l'Homme et du Citoyen v. 26. 8. 1789.

193 *Preuß*, Staatsrechtlicher Begriff S. 131.

194 Vgl. *Herzog*, Staatslehre S. 145: Staat und Gesellschaft seien „unterschiedliche Aggregatzustände eines Volkes".

195 *H. H. Klein* S. 42; *Bull*, Staatsaufgaben S. 63; vgl. auch *Brohm*, Strukturen S. 155.

196 Vgl. oben 4. Kap. bei Anm. 69 und 70.

b) Zur „Eigentümlichkeit" des Staates

Aus dem Dargelegten erhellt auch die „eigentümliche" Stellung des Staates gegenüber anderen sozialen und ökonomischen Gebilden: wegen seiner besonderen Legitimationsgrundlage[198], seiner Funktion als politischer Entscheidungseinheit der Gesellschaft kann der Staat nicht gleichgesetzt werden mit einer „Räuberbande, (einem) Kohlenkartell oder Kegelklub"[199]. Es folgt daraus zwar nicht denklogisch zwingend die Notwendigkeit der Bereitstellung getrennter Rechtskreise. Es entbehrt andererseits aber auch nicht der inneren Folgerichtigkeit, dies zu tun, und unsere positive Rechtsordnung geht nun einmal von der Geltung besonderer Regelungen für das Verwaltungshandeln aus[200], genauso wie sie ein Sonderrecht z. B. des Kaufmanns kennt. Man kann es also ganz unmetaphysisch sehen und lediglich kompetenzrechtliche Folgerungen daraus ziehen[201], wenn dem Staat und seinen Organen ein besonderer Normenkomplex als Recht der politischen Organisation[202] reserviert wird[203]. Man kann, wie *Burmeister*[204], trotz inhaltlich fortschreitender Angleichung der Rechtsbereiche am Postulat der unterschiedlichen Zielsetzung und Motivation von Verwaltungshandeln einerseits und privater Rechtsausübung andererseits festhalten, man muß es freilich nicht unbedingt: es handelt sich um eine rechtspolitische Frage. Der Gesetzgeber bestimmt im Rahmen der Verfassung, welche Zielsetzung und Motivation er der Exekutive geben will, und welche Zügel er der privaten Zwecksetzung anzulegen beabsichtigt.

Wenn nun, wie gezeigt, rechtlich relevante Unterschiede zwischen den verschiedenen staatlichen Betätigungsmodi nicht gemacht werden können[205], insbesondere nicht im Hinblick auf eine angeblich nicht vorliegende oder nicht unmittelbare Erfüllung staatlicher Aufgaben, so bleibt bei konsequenter Extrapolation der Sonderrechtsgedankens als einziges Kriterium für die Reichweite der Regeln des Verwaltungsrechts die Bezugnahme auf die Verwaltungsorganisation[206], auf die Qua-

---

197 Vgl. *Bull*, Staatsaufgaben S. 66 ff. A. A., aber mit schwacher Begründung, *Preuß*, Staatsrechtlicher Begriff S. 101 ff.

198 Vgl. auch oben B I c.

199 *Heller* S. 203.

200 Vgl. *Pestalozza* DÖV 1974, 190; *Burmeister* WiR 1972, 348 f.

201 *Wenger* S. 515.

202 Vgl. *Buddeberg* AöR Bd. 47, 143.

203 Vgl. *Burmeister*, Grundrechtsverständnis S. 74 ff.

204 WiR 1972, 348 f.

205 Wobei, um es zu wiederholen, die erwerbswirtschaftliche Tätigkeit nicht Untersuchungsgegenstand ist.

206 Ohne die ja auch andere Theorien nicht auskommen, vgl. *Brohm*, Strukturen S. 135; auch *Nawiasky* S. 301; *Rüfner*, Formen S. 352.

lität des Akteurs[207]. Verwaltungsrecht als Sonderrecht findet demnach Anwendung auf jeden Sachverhalt, an dem die Exekutive beteiligt ist[208, 209].

Nach *Martens*, der der Sonderrechtstheorie in der hier vertretenen Form nahekommt[210], gibt es allerdings keine allen juristischen Personen des öffentlichen Rechts gemeinsame Rechtsordnung, das Sonderrecht gälte vielmehr nicht für alle oder doch für einige nur in verminderter Intensität[211]. Überlegungen zur „Einheit der Verwaltung" wurden schon oben[212] angestellt. Aus ihnen ging hervor, daß juristische Personen des öffentlichen Rechts jedenfalls im Zweifel staatliche Aufgaben wahrnehmen. Soweit diese Vermutung nicht in casu widerlegt ist, ist nicht einzusehen, warum unterschiedliche Rechtsnormen auf verschiedene juristische Personen des öffentlichen Rechts Anwendung finden sollen. Selbstverständlich steht es dem Gesetzgeber frei, jeweils adäquate Bestimmungen aufzustellen und er tut dies ja auch durchweg. Hier geht es aber um die allgemeinen verwaltungsrechtlichen Regeln, dien mangels modifizierender Spezialnormen Auwendung finden. Insoweit kann deshalb *Martens* nicht gefolgt werden.

c) Verdrängung des Privatrechts?

Diese Konzeption ist nicht zu verwechseln mit der Lösung, die *Otto Mayer* vorgeschwebt haben mag[213]. *Mayer* hätte wohl tendenziell das Privatrecht gern ganz aus den Rechtsbeziehungen zwischen Staat und Bürger verbannt[214]. Über einen solchen Entwurf, der in seiner Radikalität immerhin bestechend wirkt[215], mag man streiten. Er ließe sich in

---

207 *Pestalozza* DÖV 1974, 191 f.; vgl. auch *Zeidler* VVDStRL 19, 218 Anm. 39, der dies aber auf die Grundrechtsgeltung beschränkt.

208 *Pestalozza*, Formenmißbrauch S. 174 f.

209 Das hindert nicht in Ausnahmefällen (so *Sigloch* S. 20 Anm. 31) öffentlich-rechtliche Rechtsverhältnisse zwischen Privaten. Auch hier liegt nämlich die endgültige Disposition bei der Verwaltung, vgl. *Pestalozza* JZ 1975, 52.

210 S. 99 und 108.

211 Ebd. S. 113 ff.

212 4. Kap. A III. d.

213 So *Rüfner*, Formen S. 369.

214 Vgl. *Otto Mayer* LB I S. 14. Diese Lehre ist in Frankreich insbes. von *Duguit* vertreten worden, vgl. *Bechtold* S. 33 ff., und hat auch in der französischen Rspr. Widerhall gefunden, *Bechtold* S. 45 und 57. Der einzige, der sie konsequent heute für den deutschen Rechtskreis vertritt, ist *H. Krüger*, Staatslehre S. 323; in der Tendenz ebenso, aber gegen „Purismus", *Naendrup* S. 103 und 105 Anm. 58; vgl. auch *Giacometti* S. 111 (so wenig Verwaltung wie möglich, aber wenn, dann öffentlich-rechtliche Verwaltung). Ähnlich auch *Burmeister* WiR 1972, 350.

215 Jedenfalls macht *H. Krüger*, Staatslehre S. 330 nicht ohne Stringenz darauf aufmerksam, daß bei der Zuordnung des Staatsgebietes oder der Beamtenschaft zum Staat die bürgerlich-rechtliche Betrachtungsweise —

Realität nur umsetzen, wenn das öffentliche Recht über ein vollständiges Instrumentarium verfügen würde. Ein solches müßte weitgehend in Analogie zu den vorhandenen zivilrechtlichen Normen entwickelt werden[216]. Die existierenden Figuren des Privatrechts fänden wir in öffentlich-rechtlichem Gewande wieder vor[217], weshalb die Frage nach der Relation von Aufwand und Nutzeffekt berechtigt ist. Nach der hier vertretenen Auffassung geht es — ebensowenig wie einst bei der Lehre vom Verwaltungsprivatrecht — nicht um eine Verdrängung des Zivilrechts[218], sondern um eine umfassende Erstreckung der Normen des öffentlichen Rechts auf alle Handlungen des Staates und seiner Organe, d. h. teilweise eben im Wege der Überlagerung des BGB als „lex generalis", also dort, wo sich die Verwaltung erlaubtermaßen des privaten Rechts bedient[219]. Deshalb „ziehen" auch alle gegen *Otto Mayers* „ältere Subjekttheorie" und gegen *H. Krüger* vorgebrachten Argumente[220] hier nicht. Die Beziehungen zwischen Bürger und öffentlicher Verwaltung sollen nicht totaliter als öffentlich-rechtlich qualifiziert werden[221]. Gefragt war nur nach der Reichweite öffentlich-rechtlicher Vorschriften[222], mit dem Ergebnis, daß jede privatrechtliche Willenserklärung oder sonstige Handlung der Verwaltung zugleich einen Akt des öffentlichen Rechts darstellt[223].

---

die durchaus einmal üblich war — im Zuge der Entwicklung zum „Modernen Staat" längst aufgegeben sei.

216 *Kormann* S. 9; kritisch *Krause* S. 15.

217 So geht BGH v. 23. 1. 1964, BGHZ 41, 194 beispielsweise davon aus, daß es „öffentlich-rechtliche Streitigkeiten kartellrechtlichen Inhalts" gebe, die analog dem GWB zu lösen seien.

218 Zumal das geltende Recht vom privatrechtlichen Charakter der Bedarfsdeckungsverträge ausgeht; vgl. *Furtwängler* S. 41 f.; *Mees*, Verdingungsordnungen S. 32.

219 Dazu schon *Kormann* S. 14. Vgl. *Pestalozza* JZ 1975, 52 f.; unklar *ders.* DÖV 1974, 191.

220 Vgl. *Rüfner*, Formen S. 370; *Wolff / Bachof* § 22 II c; *W. Jellinek* S. 47 f.; *Martens* S. 93 und 97; *Leisner*, Grundrechte S. 209; auch *Bechtold* S. 84 ff.

221 Ob das langfristig wünschenswert wäre, sei hier dahingestellt. Auf jeden Fall kann man sich *Pestalozzas* (Formenmißbrauch S. 8) Diktum anschließen, für einen „Um- oder gar Neubau" sei „die Zeit nicht reif".

222 Daher zu Recht gegen die Ausführungen von *Menger / Erichsen* VerwArch 1968, 378 *Pestalozza*, Formenmißbrauch S. 175 Anm. 118. Neben der Sache auch die Räsonnements in BGH v. 10. 7. 1954, BGHZ 14, 222, 226 (der öffentlich-rechtliche Charakter einer Maßnahme könne nicht schon aus dem „öffentlich-rechtlichen Charakter von Amt und Behörden" geschlußfolgert werden) und BGH v. 25. 4. 1960, BGHZ 32, 214, 215 (die Abgrenzung zwischen öffentlich-rechtlichem und privatrechtlichem Vertrag richte sich nicht nach den beteiligten Rechtssubjekten). Auch auf einen Vertrag lassen sich teils das öffentliche, teils das private Recht anwenden, so *Pestalozza*, Formenmißbrauch S. 181. Vgl. auch schon *Layer* S. 68.

223 *Martens* S. 98; zustimmend *Bull*, Staatsaufgaben S. 116. Vgl. auch *Imboden* S. 50.

D. Zwingender Charakter des öffentlichen Rechts?

Oben[224] war offen gelassen worden, ob möglicherweise die Verwaltung, wenn sie sich des Privatrechts bedient und bedienen darf, von den Normen des öffentlichen Rechts freigestellt werden kann. Nach allem Gesagten muß die Frage verneint werden, soweit es sich um Vorschriften mit Verfassungskraft handelt, über die kein einfacher Gesetzgeber verfügen kann. „Das Verwaltungsrecht" gibt es hingegen als das „auf die Bedürfnisse der öffentlichen Verwaltung zugeschnittene Recht"[225] nur dort als geschlossenen Regelungskomplex, wo der Gesetzgeber keine Spezialnormen erlassen hat. Die gesetzgebenden Gremien können nämlich die allgemeinen Regeln sowohl generell als auch für spezifische Verwaltungsbereiche und -tätigkeiten abändern, soweit sie nicht gleichzeitig Sätze des Verfassungsrechts sind. Wenn gesagt wird, das öffentliche Recht würde sich „selbst aufheben", wenn sich seine Prinzipien nicht auf jegliches Verwaltungshandeln erstreckten[226], kann das nur stimmen für das Verfassungsrecht. Soweit damit gemeint ist, daß nicht die Exekutive selbst über die Regeln disponieren kann, denen sie unterliegt, ist dem zuzustimmen[227]. Überall dort, wo Spezialregeln nicht vorliegen, gelten deshalb die allgemeinen, von Lehre und Rechtsprechung entwickelten Regeln des Verwaltungsrechts; das fordert schon der Aspekt der Rechtssicherheit, den *Pestalozza*[228] hervorhebt. Als „normativ inexistent"[229] kann die Verwaltung in diesen Fällen das Verwaltungsrecht nicht behandeln.

---

224 C I.

225 *Mees* WuW 1961, 541.

226 *Rüfner*, Formen S. 388.

227 Vgl. aber BGH v. 18. 3. 1964, BGHZ 41, 264, 267.

228 DÖV 1974, 191 Anm. 14; vgl. auch *Rüfner*, Formen S. 359.

229 *Naendrup* S. 103 Anm. 54.

Sechstes Kapitel

Konsequenzen der Geltung des öffentlichen Rechts bei staatlichen Bedarfsdeckungsgeschäften

Im folgenden sollen nun die Konsequenzen dargestellt werden, die sich aus der umfassenden Bindung der Exekutive an alle Normen des Verfassungs- und Verwaltungsrechts für das Recht der Bedarfsdeckung ergeben. Verständlicherweise kann im Rahmen diese Arbeit nicht allen Problemen bis in alle Verästelungen nachgespürt werden. Es sollen aber einige Hauptprobleme herausgegriffen und analysiert werden, vor allem solche des Verfahrensrechts und der Ingerenz wirtschaftspolitischer und -rechtlicher Zielsetzungen auf Verfahren und Methode staatlicher Bedarfsdeckungsgeschäfte.

Zu den GG-Bestimmungen, die für den Bedarfsdeckungsbereich relevant sind, gehört in erster Linie Art. 3[1], während die anderen Grundrechte ihn vorwiegend nur spezialisieren[2]. Die Tatsache, daß die Auslegung der Grundrechte und etwa des Sozialstaatsangebots im einzelnen umstritten ist[3], kann vorliegend nur dazu führen, sich auf einen Minimalkonsens über den Inhalt der Verfassungssätze zu beziehen. Zur Klarstellung sei aber darauf verwiesen, daß im folgenden in Art. 2 GG kein verfassungskräftiger Aufruf zur Installierung der Wettbewerbswirtschaft gesehen wird[4] und daß Art. 3 GG im Bereich der Nicht-Eingriffsverwaltung einen relativ großen Spielraum läßt[5] und

---

1 *Zeidler* VVDStRL 19, 235; *Emmerich* JuS 1970, 333. Zu den Art. 2, 11, 12, 14 GG vgl. *Zeidler* ebd. S. 236 f.; *Furtwängler* S. 136 ff., 142 ff., 150; *Haak* S. 151 ff.

2 Für die anderen Grundrechte vgl. *Metzmacher* S. 144; *Seidler* S. 100 f.; *Rüfner*, Formen S. 390 f.; *Furtwängler* S. 136; für Art. 20 GG *Furtwängler* S. 128. Wenn *Metzmacher* S. 143, *Haak* S. 124 und *Bender* JuS 1962, 180 Anm. 13 meinen, bestimmte Grundrechte schieden aus, weil sie sich „ihrer Natur nach" nur gegen die Eingriffsverwaltung richteten, so kann dies allerdings nur bedeuten, daß in diesem Bereich, den sie regeln, traditionellerweise mit Mitteln des Zwangs und Eingriffs gearbeitet wird. Die genannten Autoren beziehen sich auf die Art. 10, 13 II, 16, 17 a GG.

3 Vgl. für Art. 3 GG etwa *Hartmann* S. 50; *Furtwängler* S. 116; *Forsthoff* LB S. 135; *Rüfner*, Formen S. 396; *Buhren* DVBl 1975, 329; für Art. 20 GG *Preuß*, Staatsrechtl. Begriff S. 139 einerseits, *Forsthoff* VVDStRL 12, 14 f. andererseits; Nachweise zur Sozialstaatsdiskussion bei *Hesse*, Grundzüge S. 84 Anm. 26. Allgemein zu den verschiedenen Grundrechtstheorien *E.-W. Böckenförde* NJW 1974, 1529 und kurz *Schwacke* S. 27.

4 A. A. *Haak* S. 125 f.; *Furtwängler* S. 142 ff.

nicht absolute Gerechtigkeit anstrebt, weil damit andere wichtige Prinzipien Schaden leiden könnten[6], daß aber als Kompensation dafür eine unterverfassungsrechtliche Konkretisierung zu fordern ist[7, 8].

A. Die rechtliche und wirtschaftliche Struktur der staatlichen Bedarfsdeckung

I. Staatliche Bedarfsdeckungsgeschäfte in der Wirtschaftsordnung

a) Zur Deckung des staatlichen Bedarfs am Markt

Oben[9] war bemerkt worden, daß in der Bundesrepublik die Beschaffung des staatlichen Bedarfs regelmäßig am Markt erfolgt. Der Staat tritt als „Kunde" auf, wenn auch anderen Privaten nicht vergleichbar. Ob man im GG eine „Wirtschaftsverfassung" angelegt sieht oder nicht[10], so wird doch niemand bestreiten, daß das GG eine „soziale Marktwirtschaft" zumindest zuläßt. Wenn sich in der Bundesrepublik eine solche Marktwirtschaft mit letztendlicher Entscheidungsgewalt privater Kapitaleigner über Investitions- und darin implizierte Entscheidungen durchgesetzt hat, so mag man dies gutheißen oder in Frage stellen[11]. Eine Inflation der Inanspruchnahme des GG für diese oder jene Richtung macht aber die jeweiligen Protagonisten nur unglaubwürdig[12]. Weder fordern Art. 2 I und 14 GG das Beharren auf einer Unternehmerwirtschaft noch verlangen Art. 15 und 20 I GG Vergesellschaftung und Demokratisierung der Wirtschaft. Der Kompromißcharakter des GG, seine „wirtschaftspolitische Neutralität"[13], lassen beides vielmehr lediglich zu. So ist es in der aktuellen politischen Situation konsequent und verfassungsmäßig erlaubt, auch das Gebiet staatlicher Bedarfsdeckung fast ausschließlich dem Marktwirtschaftssystem zu unterstellen[14], den Bedarf also am Markt zu beschaffen.

---

[5] Vgl. nur BGH v. 23. 9. 1969, BGHZ 52, 325, 330.

[6] VG Wiesbaden v. 14. 1. 1974, DVBl 1974, 243, 245. Vgl. auch *Bull*, Staatsaufgaben S. 370.

[7] *W. Schmidt*, Rechtsetzung S. 19.

[8] Zum hier nicht sonderlich relevanten Sozialstaatsprinzip vgl. *Abendroth* S. 184 f. und StGH Bad.-Württ. v. 14. 2. 1975, NJW 1975, 1205, 1210.

[9] 2. Kap. A.

[10] Vgl. dazu die Beiträge in *Scheuner*, Staatliche Einwirkung, sowie *Rinck* Rdnr. 57 ff., und BVerfG v. 20. 7. 1954, NJW 1954, 1235 f.

[11] Vgl. *E.-W. Böckenförde*, Bedeutung S. 28 ff. m. w. N.

[12] Zum Erfordernis einer „broad interpretation" des GG vgl. *Maunz / Dürig* MDH Art. 20 Rdnr. 68 mit Hinweis auf *Bachof* VVDStRL 12, 54.

[13] BVerfG v. 20. 7. 1954, NJW 1954, 1236.

[14] Die Präambel der VPöA, in der von „marktwirtschaftlichen Grundsätzen" die Rede ist, setzt diese Entscheidung bereits voraus, da sie die genannten Grundsätze lediglich „verstärkt" durchsetzen will.

Von einem Verbot der Eigenproduktion kann allerdings nicht gesprochen werden[15]. Die dafür vorgebrachten Argumente sind zu einem Großteil ökonomischer Art oder reine petitiones principii[16] und deutlich von wirtschaftlichen Interessen bestimmt[17]. Wenn *Martens*[18] auf Art. 12 GG als Schranke verweist, so wird nicht ganz einsichtig, wie sich das Grundrecht der Berufsfreiheit konkret auswirken soll. Art. 12 GG schützt nicht davor, daß eine bisher von Privaten betriebene Tätigkeit auf den Staat überführt wird. Das gilt sogar dann, wenn bestimmte Berufe ganz „verstaatlicht", also in den öffentlichen Dienst übernommen werden[19]. Freilich wird hier im Rahmen des Verhältnismäßigkeitsgrundsatzes gefordert, daß „vernünftige Erwägungen des Gemeinwohls" im Sinne der „Stufentheorie" des BVerfG[20] aufgestellt worden sind[21]. Ein Begründungszwang ist also gegeben. Wenn man ihn auch hier fordert, so läßt sich darüber reden. Ihm nachzukommen, dürfte aber keine argumentativen Probleme aufwerfen.

Auch der Gedanke des Vertrauensschutzes — gleich ob man ihn auf dem Grundsatz von Treu und Glauben und der Rechtssicherheit basieren läßt oder, wie moderne Meinungen, auf Art. 14 GG stützt[22] — führt nicht weiter. Im Hinblick auf etwaige Entschädigungsforderungen im Rahmen eines „Plangewährleistungsanspruches"[23] gilt, daß der Schwerpunkt des Vertrauensschutzes auf bereits erworbenen Rechtspositionen liegt und vergangenheitsbezogen ist. Nur auf dem Umweg über den Bestandsschutz kann er ausnahmsweise zukunftsgerichtete Schutzfunktionen übernehmen[24].

Mehr als fraglich ist aber, wie Unternehmer eine solche Rechtsposition außerhalb eines konkreten Falles sollten erwerben können. Allenfalls denkbar wäre dies, wenn für einen bestimmten staatlichen Bedarf nur ein Produzent existiert. Auch dieser wäre aber nicht quasi durch eine

---

15 Vgl. oben 2. Kap. A.

16 So etwa, wenn *Forsthoff* LB S. 74 f. behauptet, der Staat dürfe die industrielle Produktion nicht im Sinne einer „Identifikation" zum Staatszweck erheben. Ob er auch die Produktion für den eigenen Bedarf miteinbezieht, wird nicht ganz klar.

17 So etwa die Ansicht, der Staatsapparat sei zu Innovationsleistungen nicht fähig, was *Littmann* S. 162 für das schwächste Glied in einschlägigen Argumentationsketten hält.

18 S. 120.

19 Vgl. BVerwG v. 28. 9. 1965, BB 1966, 431.

20 BVerfG v. 11. 6. 1958, BVerfGE 7, 377.

21 BVerwG v. 28. 9. 1965, BB 1966, 431. Zu den rechtlichen Grenzen von „Verwaltungsmonopolen" *Badura*, Verwaltungsmonopol, insbes. S. 333 ff.

22 *W. Schmidt* JuS 1973, 533.

23 Um diesen Unterfall des Vertrauensschutzprinzips handelt es sich hier, da nicht Vertrauen im Einzelfall, sondern durch generelle Änderung staatlicher Planungen enttäuscht wird.

24 So *W. Schmidt* JuS 1973, 532.

Anwartschaft davor geschützt, daß Konkurrenten sich etablieren, an die dann verfahrensmäßig korrekt die Aufträge vergeben werden, von denen bisher er profitierte[25].

Genausowenig wie vor einem Konkurrenten kann er dann Schutz vor einer veränderten Beschaffungsdisposition der Verwaltung erlangen. Die ausnahmsweise Zubilligung von Entschädigungsansprüchen setzt nämlich voraus, daß eine Rechtspflicht der Verwaltung existiert, so wie bisher zu verfahren[26]. *Furtwängler*[27] folgert aus Art. 20 I GG eine Verpflichtung des Staates zum Schutz von auf öffentliche Aufträge spezialisierten Unternehmen. Gleichzeitig warnt er vor einer Überstrapazierung des Art. 20 Abs. I GG im Sinne der Unterstützung eines Traditionslieferantentums und will Konsequenzen nur ziehen bei „unerträgliche(r) Ungerechtigkeit“[28].

Solche Extremfälle sind nicht undenkbar mit der Folge, daß der Staat bei Übergang zur Eigenproduktion dem betreffenden Unternehmen entschädigungspflichtig wird. Ansonsten aber legt das GG nicht fest, daß überhaupt und in welchem Umfange der Bedarf durch Aufträge an Private gedeckt werden muß[29].

Das ist um so selbstverständlicher beispielsweise für den Fall, daß ein bestimmter Bedarf gar nicht oder qualitativ nicht befriedigend durch einen privaten Unternehmer befriedigt werden kann oder kein Unternehmer dazu bereit ist[30]. Auch wenn ein bestimmter Markt derart verzerrt ist, daß eine, wie *A. Schneider* es ausdrückt, „illoyale Preisbildung“ die Folge ist[31] und, wie man wird hinzufügen müssen, die Bewerber sich auf die Höchstpreise nach den Preisverordnungen nicht einlassen, können Sparsamkeits-[32] und Effizienzgrundsatz eine Eigen-

---

[25] Wenn *Furtwängler* S. 149 meint, die Einstellung der Auftragsvergabe an auf öffentliche Aufträge spezialisierte Unternehmer könne enteignend wirken, so ist dies möglicherweise richtig, wenn eine Auftragssperre verhängt oder Konkurrenten rechtswidrig bevorzugt werden. In diesen Fällen nämlich ist denkbar, daß schon konkrete Rechtspositionen erworben worden sind.

[26] *W. Schmidt* JuS 1973, 530.

[27] S. 128.

[28] S. 129.

[29] *Leisner* DÖV 1967, 700. *Leisner* erwähnt S. 701 auch, daß nicht etwa Filmproduzenten im Namen des Art. 5 GG den Fernsehanstalten ihre Produktionen aufzwingen können.

[30] So auch *Welter* S. 141 f. Vgl. auch in weiterem Zusammenhang *H. H. Klein* S. 16.

[31] S. 14 ff. *A. Schneider* erwähnt Schweizer Rechtsnormen, die die Eigenproduktion in diesem Falle ausdrücklich zulassen. Vgl. auch *Welter* S. 142 Anm. 2, der US-amerikanische Beispiele schildert.

[32] Vgl. KG v. 18. 9. 1956, NJW 1957, 1077: das BM für Finanzen darf eine Steuerfibel für den Bürger selbst erarbeiten und herstellen, wenn diese Aufgabe der Fürsorge auf diese Weise billiger und zuverlässiger erfüllt werden kann.

produktion sogar erfordern[33]. Das trifft auch auf andere Gesichtspunkte zu, die in bestimmten Fällen ausdrücklich von der Verwaltung zu berücksichtigen sind. So wird die angestrebte Unabhängigkeit der Programmgestaltung der Rundfunkanstalten nicht zu einem Verbot der Vergabe von Aufträgen an private Hersteller von Sendungen führen können, spricht aber, so zu Recht *Leisner*[34], eher für als gegen eine Übernahme in „eigene Regie"[35].

Die Deckung staatlichen Bedarfs durch Eigenproduktion ist heute selbst in ihrer früheren Domäne, der Rüstungswirtschaft, so gut wie ganz zurückgedrängt worden. Dagegen sind ebensowenig rechtliche Einwände zu erheben. Allenfalls für Mangel- und Notstandslagen oder bei extrem kartelliertem „Markt" könnten die in § 6 HGrG und § 7 BHO niedergelegten Grundsätze der Wirtschaftlichkeit und Sparsamkeit eine differenzierte Betrachtung erfordern, für die es aber in der aktuellen ökonomischen Situation keinen Anlaß geben dürfte.

b) Bedarfsdeckungsverträge mit „Einrichtungen der öffentlichen Hand"

Gemäß § 8 Nr. 5 VOB/A sind „Justizvollzugsanstalten, Fürsorgeheime(-anstalten), Aus- und Fortbildungsstätten und ähnliche Einrichtungen sowie Betriebe der öffentlichen Hand und Verwaltungen (...) zum Wettbewerb mit gewerblichen Unternehmern nicht zuzulassen". § 9 Nr. 4 VOL/A spricht im gleichen Zusammenhang von Bundes-, Landes- oder Gemeindebehörden, Gefangenenanstalten, „Anstalten sozialer Art und dgl.". Mit dieser „obligatorischen Ausschlußklausel" soll eine befürchtete „Verzerrung des Wettbewerbs" vermieden werden[36]. Die Verzerrung soll daraus resultieren, daß „solche Einrichtungen der öffentlichen Hand (...) keinesfalls erwerbswirtschaftlichen Maximen unterliegen"[37]. Diese Begründung ist zumindest für die in § 8 Nr. 5 VOB/A genannten „Betriebe der öffentlichen Hand" fragwürdig. Immerhin besteht laut *Wolff*[38] die Eigenart von Regie- und Eigenbetrieben

---

[33] *Leisner* DÖV 1967, 702. Man wird dafür nicht, wie offenbar *Truninger* S. 72 f., eine erfolglose Ausschreibung in jedem einzelnen Falle fordern müssen, weil eben ein Grundsatz der Beschaffung am Markt dem GG nicht entnommen werden kann.

[34] Ebd.

[35] Vgl. noch zur französischen Rechtslage *Constantinesco / Hübner* S. 59: eine Gemeinde kann selbst „Initiativen ergreifen, wenn dies im lokalen öffentlichen Interesse liegt und die Leistungen keinen unlauteren Wettbewerb gegenüber Privatunternehmen darstellen". Vgl. auch das interessante Urteil in Anm. 10.

[36] *HRS* § 8 Rdnr. 24.

[37] *HRS* ebd.; ähnlich *DMM* § 9 Anm. 9 b.

[38] LB II § 98 II c 1 und 2.

gerade darin, daß für sie eine „kaufmännische Buchführung" eingerichtet wurde[39]. Eine zweifelhafte Begründung allein muß aber eine Vorschrift noch nicht rechtswidrig machen, jedenfalls dann nicht, wenn der Staat sich quasi selbst benachteiligt.

Aus den genannten Normen ergibt sich andererseits, daß an diese „Einrichtungen der öffentlichen Hand" freihändig Aufträge sehr wohl vergeben werden dürfen[40], und § 3 Nr. 3 i VOL/A nennt sogar die Absicht, an die genannten Stellen Aufträge zu vergeben, als ausreichenden Grund, von einer Ausschreibung abzusehen[41]. Was zunächst wie eine Benachteiligung der „öffentlichen" Betriebe aussah, stellt sich im Rahmen der VOL als ihr Privileg heraus. Diese Vorschrift ist aus dem Wirtschaftssystem ihrer Entstehungszeit verständlich; umso seltsamer mutet es an, daß sie bisher nicht verändert wurde. Die weite Gestaltungsfreiheit, die das GG in bezug auf die Ordnung der Wirtschaft läßt, kann freilich auch in dieser Form in Anspruch genommen werden. Politische Inkonsequenz ist kein im engeren Sinne juristitisches Argument, mit dem gegen die genannte Vorschrift zu Felde gezogen werden könnte.

II. Die Verwaltungsorganisation der staatlichen Bedarfsdeckung

Die strikte Unterscheidung eines Innenbereiches der Verwaltung von einem Außenbereich oder gar die dazu kongruente Abscheidung von Recht und Nicht-Recht[42] ist problematisch geworden. Freilich gibt es nach wie vor Bereiche einer staatlichen Organisationsgewalt, in denen Verfassungsgrundsätze und Grundrechte eine geringe Rolle spielen, wenn es sich nicht gerade um Kompetenzregelungen handelt. Viele der organisatorischen Vorschriften sind derart „harmlos", daß von einer Verletzung öffentlichen Rechts mit Sicherheit nicht die Rede sein kann.

a) Zentralisierung und Dezentralisierung

So etwa bezüglich der Bestimmungen, die die zentrale oder mehr oder weniger dezentrale Beschaffung großer öffentlicher Auftraggeber regeln. Die Bundesbahn z. B. hat recht detailliert geregelt, welche Be-

---

[39] Nach *DMM* § 9 Anm. 9 d soll § 9 Nr. 4 VOL/A nicht für „erwerbswirtschaftliche Betätigungszweige der öffentlichen Hand" gelten. Nach dem Wortlaut der VOL sind aber wohl alle öffentlich-rechtlich organisierten Unternehmen vom Vergabewettbewerb ausgeschlossen. Bei § 8 Nr. 5 VOB/A, der die „Betriebe der öffentlichen Hand" erwähnt, könnte man sogar fragen, ob auch die von juristischen Personen des öffentlichen Rechts beherrschten privatrechtlichen Gesellschaften einbezogen sind.

[40] *DMM* § 3 Anm. 7.

[41] In der VOB/A fehlt eine entsprechende Bestimmung. *Maaßen* S. 83 geht hier von der umgekehrten Rechtslage aus.

[42] Vgl. *Otto Mayer* LB I S. 13 und *Rupp*, Grundfragen S. 4.

schaffungen die Bundesbahn-Zentralämter in Minden (Westf.) und München zu tätigen haben[43].

Die Literatur über die Zweckmäßigkeit der Organisation und die betriebswirtschaftlichen Aspekte zentraler und dezentraler Beschaffung ist nahezu unübersehbar. Entsprechend uneinheitlich ist der Meinungsstand[44]. Wahrscheinlich kommen die differenzierten Erwägungen in der Arbeit Frickes der Wirklichkeit am nächsten[45]. Aus ihnen läßt sich entnehmen, daß der konkrete Nachweis einer Verletzung der Prinzipien der Wirtschaftlichkeit und Sparsamkeit sich nur sehr schwer einmal wird erbringen lassen[46]. Erst recht kann die Rechtsstellung von (potentiellen) Bewerbern nicht tangiert sein, wenn die Bekanntmachungsvorschriften für Ausschreibungen eingehalten werden[47]. Welche Stelle die verantwortliche Beschaffungsstelle im Sinne des § 2 Nr. 2 S. 1 VOL/A sein soll, unterliegt somit dem freien Ermessen des Auftraggebers[48]. Eine Kontrolle über Fehlentwicklungen muß eine politische sein, wie sie auch etwa vom Haushaltsausschuß des Bundestages[49] ausgeübt wird.

b) *Kooperation der Bedarfsdeckungsverwaltungen*

Ein gleiches gilt für die Mitsprache- und Beratungsrechte, die von den Beschaffungsstellen anderen Behörden derselben oder einer anderen juristischen Person des öffentlichen Rechts eingeräumt werden, wie etwa die Mitspracherechte eines Verbindungsreferats des BM für Wirtschaft beim Bundeswehrbeschaffungsamt[50]. Solche Regelungen sind verfassungsneutral.

c) *Auftragsberatungsstellen*

Es bleiben noch die Probleme zu untersuchen, die sich aus der Existenz und der Tätigkeit der sogenannten Auftragsberatungs- oder

---

[43] Einzelheiten bei *Michaelis / Rhösa* Verzeichnisse IV c; dort auch zur Post. Zur Bundeswehr ebd. Erläuterungen Verordnungen § 2 S. 23 ff.

[44] Vgl. einerseits *Vialon* S. 521 (für Zentralisierung), andererseits *Welter* S. 72 ff.

[45] Vgl. auch *Gandenberger* S. 107 ff.

[46] Kein Argument kann natürlich sein, daß in anderen Staaten oft der zentrale Einkauf bevorzugt wird. Vgl. für Belgien und die USA *Welter* S. 308 und 335.

[47] Alle Ausschreibungen des Bundes und seiner Anstalten, Sondervermögen etc. werden in einem Bundesausschreibungsblatt veröffentlicht. Vgl. Erlaß des BM der Finanzen v. 14. 8. 1954, abgedr. bei *Michaelis / Rhösa* Text-Teil II 5 l.

[48] *Rentrop* Darstellung S. 93.

[49] Der z. B. in BT-Drs. 7/749 S. 3 aufgrund aufgetretener Mängel forderte, die Bundesregierung möge bei Beschaffungsvorhaben eine Verbesserung der Planung, eine Straffung der Organisation und Vereinfachung des Verfahrens sowie ein wirksameres Management herbeiführen.

[50] Dazu *Michaelis / Rhösa* Erläuterungen Verordnung § 2 S. 17 ff.

Landesauftragsstellen ergeben. Diese erstmals 1916 in Württemberg errichteten[51] Stellen sind gemeinschaftliche Einrichtungen der ländermäßigen Organisationen und Verbände der Wirtschaft[52]. Im allgemeinen werden sie von den Industrie- und Handelskammern getragen[53]. Sie beraten ihre Mitgliedsverbände und deren einzelne Mitglieder im Zusammenhang mit Fragen staatlicher Bedarfsdeckungsgeschäfte, aber auch die öffentlichen Auftraggeber, indem sie ihnen etwa Firmen für beschränkte Ausschreibungen und freihändige Vergaben nennen[54, 55]. In den 20er Jahren schlossen sich die Auftragsberatungsstellen zur „Reichsausgleichsstelle für öffentliche Aufträge" zusammen, die es heute nicht mehr gibt[56]. Statt dessen treffen sich die einzelnen Stellen zu einer „Ständigen Konferenz der Landesauftragsstellen" in Stuttgart[57]. Darüber hinaus gibt es sogenannte VOB-Auslegungs- und Beratungsstellen, die Stellungnahmen zu VOB-Zweifeilsfragen abgeben[58].

Gegen die Existenz solcher Stellen ist nichts einzuwenden. Es steht den Auftraggebern frei, sich im Vorfeld ihrer Vergabetätigkeit beliebig beraten zu lassen. Fühlt sich ein Bewerber durch eine Entscheidung des Auftraggebers, die durch Konsultation einer Landesauftragsstelle beeinflußt wurde, benachteiligt, so bleibt sein verantwortlicher Gegenüber der Auftraggeber, der ja keine Entscheidungsbefugnisse abgegeben hat. Politisch mögen diese Einrichtungen kritisch zu beurteilen sein[59], weil eine unsachgemäße und eventuell bestimmte Unternehmer diskriminierende Einflußnahme auf die Bedarfsdeckungsstellen nicht ausgeschlossen werden kann. Die Frage ist, ob und welche Rechte ein Unternehmer gegen die Auftragsstellen hat. Dieses Problem ist aber nicht zu erörtern.

Kaum notwendig scheint es, zu erwähnen, daß die Stellungnahmen einer VOB-Auslegungs- und Beratungsstelle keinerlei Rechtsverbindlichkeit zu erlangen vermögen.

---

[51] *Welter* S. 273.

[52] *Michaelis / Rhösa* Verzeichnisse IV D. Dort findet sich auch ein Anschriftenverzeichnis der Landesauftragsstellen.

[53] *Welter* ebd.

[54] *Michaelis / Rhösa* ebd.; ähnlich *Welter* S. 273; vgl. auch *DMM* § 2 Anm. 7 d.

[55] Insbesondere können die Landesauftragsstellen den Auftraggebern bevorzugte Bewerber nennen; vgl. § 3 II Richtlinien v. 19. 7. 1968 (oben 2. Kap. Anm. 199) und Richtlinien v. 24. 2. 1969 (oben 2. Kap. Anm. 197).

[56] *Welter* S. 273 und 275. Insofern ist § 2 Nr. 2 VOL/A gegenstandslos, *Rentrop* Darstellung S. 18. Vgl. aber S. 19.

[57] *Michaelis / Rhösa* Verzeichnisse IV D.

[58] *VOB-Fälle,* Einführung.

[59] So etwa *Welter* S. 275.

d) Übertragung der Bedarfsdeckungsaufgabe an Privatunternehmen

Wenn festgestellt wurde, daß es grundsätzlich dem einzelnen öffentlichen Auftraggeber überlassen bleibt, wie er seine Bedarfsdeckung organisiert, so sind nun die Grenzen dieser Kompetenz zu untersuchen. Diese Grenzen wird man dort suchen müssen, wo die klare Verantwortung für die Auftragsvergabe dem öffentlichen Verwaltungsträger zu entgleiten beginnt. Wenn die Deckung des staatlichen Bedarfs eine staatliche Aufgabe ist und die Verwaltung bei ihrer Erfüllung an das öffentliche Recht gebunden ist, dann kann ebendieses öffentliche Recht eine Selbstentmachtung der Verwaltung nicht dulden und erst recht nicht — was aber in der Regel die notwendige Folge wäre — seine eigene Außerkraftsetzung.

§ 2 Abs. I VPöA umfaßte bis zum Jahre 1961 einen zweiten Halbsatz folgenden Inhalts: „... ferner, soweit dies der BM für Wirtschaft allgemein oder im Einzelfall verfügt, ... die Aufträge der Unternehmungen des Privatrechts, denen die Vergabe von Aufträgen durch juristische Personen des öffentlichen Rechts übertragen wurde“. Diese Aufträge galten mit anderen Worten als öffentliche im Sinne der VPöA. Durch die Verordnung PR Nr. 8/61 wurde dieser Halbsatz gestrichen, angeblich, weil er nie praktisch geworden und daher entbehrlich sei[60].

Diese Aussage widerspricht augenfällig der von Schmidt-Salzer[61], es sei im „öffentlichen Bauwesen“ Praxis, Gesellschaften privaten Rechts, etwa GmbH, zu errichten, die dann für den „eigentlichen“ Auftraggeber die Auftragsvergabe übernehmen.

Man wird hier zu unterscheiden haben. Fest steht, daß nicht selten GmbH etc. „im Namen und für Rechnung“ einer juristischen Person des öffentlichen Rechts Aufträge ausschreiben. Inwieweit es sich dabei um Gesellschaften des von Schmidt-Salzer erwähnten Typus handelt, also um von der juristischen Person des öffentlichen Rechts beherrschte, reine „Bedarfsdeckungsgesellschaften“, konnte Verf. nicht ermitteln. Wenn dem so wäre, so kann wohl mit Fug nicht daran gezweifelt werden, daß diese Art von „Flucht ins Privatrecht“ dem öffentlichen, hinter der Gesellschaft stehenden Auftraggeber nicht die möglicherweise mit dem Wechsel der Organisationsform erhofften Vorteile einer Befreiung von öffentlich-rechtlichen Vorschriften bringen darf[62]. Eine

---

[60] *Michaelis / Rhösa* Erläuterungen Verordnung § 2 S. 5; *Ebisch / Gottschalk* Erläuterungen VPöA § 2 Rdnr. 1.

[61] WiR 1972, 109.

[62] Vgl. auch oben 2. Kap. Anm. 40. Siehe auch *Püttner* DVBl 1975, 354. Kritisch *Krause* S. 314.

solche Gesellschaft privaten Rechts ist mit ihrem Träger gleichzustellen, unterliegt also denselben Regeln wie dieser[63]. Den (Um-)Weg über eine Ingerenzpflicht des Trägers gegenüber der Gesellschaft, wie *Püttner*[64] ihn vorschlägt, wird man deshalb gar nicht zu gehen haben. Auch mindern sich dann die Bedenken gegen die Zulässigkeit dieser Übertragung der Bedarfsdeckungsaufgabe, weil sie rechtlich folgenlos bleibt[65] und, laienhaft ausgedrückt, der Auftraggeber nur seinen Namen wechselt.

Bei dieser Fallgestaltung, das sei der Vollständigkeit halber erwähnt, ist es gleichgültig, ob die private Gesellschaft die Bedarfsdeckungsgeschäfte als Kommissionär für die juristische Person des öffentlichen Rechts tätigt oder ob sie im eigenen Namen und für eigene Rechnung handelt.

Weit kritischer wird die Lage, wenn ein öffentlicher Auftraggeber einer rein privaten Firma praktisch die ganze Beschaffungsaufgabe im Rohstadium übergibt, d. h. einschließlich Netzplanung („Planung der Planung") und aller weiteren Verfahrensabschnitte, ohne organisatorisch Einfluß auf die Gesellschaft des privaten Rechts zu besitzen. Dies scheint häufig vorzukommen bei „kleinen" juristischen Personen des öffentlichen Rechts, die mit Fachkräften schwach besetzt sind, aber auch sonst bei Mammutprojekten. So übertrug beispielsweise das Land Berlin sehr weitgehend die mit dem Bau eines geplanten Kongreßzentrums einzuleitenden Schritte einer privaten Firma, nämlich das „Aufstellen und Weiterführen eines Netzplans, Massen- und Kostenberechnungen, die technische und geschäftliche Oberleitung, die Bauführung und die Bauleistung"[66]. Neben anderen dabei aufgetretenen Unregelmäßigkeiten rügte der Rechnungshof von Berlin, daß die Planung des Großvorhabens seitens der Verwaltung mit ungenügendem Personaleinsatz in Angriff genommen worden war, so daß die „Initiative weitgehend den beteiligten Privatfirmen überlassen blieb" und die Verwaltung „schon vor Vertragsabschluß in eine enge Bindung" zur privaten Firma geriet[67]. Das ging soweit, daß selbst eine klare Regelung der Auskunftsverpflichtung unterblieb und die Privatfirma dem Rechnungshof die Einsicht in die Vergabe- und Auftragsunterlagen verwehrte[68].

---

[63] *Schmidt-Salzer* WiR 1972, 109.

[64] DVBl 1975, 354 ff.

[65] *Welter* stimmt damit offenbar nicht überein und macht neben praktischen (S. 83 f.) auch rechtliche Einwände geltend (S. 85).

[66] Abgeordnetenhaus v. Berlin, Drs. 7/121 S. 10. Wahrscheinlich hat sich ein Druckfehler eingeschlichen: statt „Bauleistung" wird es „Bauleitung" heißen müssen.

[67] Ebd. S. 11.

[68] Ebd. S. 4 und 11.

Abgesehen von dem Problem, ob der vertraglichen Vereinbarung mit dem Privatunternehmen zu Recht keine Ausschreibung voranging und Einzelheiten der Frage, inwieweit sogenannte „Generalübernehmer“ als Vertragspartner in Frage kommen, noch abzuhandeln sind[69], ist festzustellen, daß der hier eingeschlagene Weg „zu einer grundlegenden Verschiebung der Gewichte und Gegengewichte innerhalb der öffentlichen Finanzfunktion“ führt[70]. § 9 Nr. 10 VOB/A läßt zu, daß neben der Bauausführung auch der Entwurf für die Leistung dem Wettbewerb unterstellt wird[71]. Solange dabei wirklich Wettbewerb herrscht und der Vertrag erst nach Prüfung der Angebote zustande kommt, ist dagegen grundsätzlich nichts einzuwenden. Wenn aber, wie hier geschehen, diese Art der Verbindung von Planung und Ausführung zusätzlich mit dem freihändigen Vergabeverfahren nach § 3 Nr. 5 b VOB/A gekoppelt wird und darüber hinaus das betreffende Unternehmen noch entgegen dem ausdrücklichen Wortlaut des § 7 VOB/A quasi als „Sachverständiger“ an der Vorbereitung der Verdingungsunterlagen mehr als lediglich mitwirkt, so ist das Maß dessen überschritten, was vom Grundsatz „economy and efficiency“ und vom Prinzip der Verantwortlichkeit der Verwaltung als noch gedeckt gelten kann. Planung und technische und finanzielle Durchführung gerade solch gigantischer Vorhaben müssen entweder völlig getrennt[72] oder dürfen doch nur im Wettbewerbsverfahren verbunden werden. Sonst fehlt dem Auftragnehmer jeder Anreiz zur Kostensenkung; weder hat er Konkurrenz zu fürchten noch eine sachverständige Prüfung seiner Berechnungen durch von ihm unabhängige Stellen.

Nicht jede Verwaltung kann ständig über hervorragende Fachkräfte verfügen, die geeignet sind, die Vergabe vorzubereiten und dem Auftragnehmer „auf die Finger zu sehen“. Deshalb mag sie sich Sachverständiger bedienen. Diese aber müssen unbedingt neutral und unbefangen sein; die Vorschriften der §§ 7 Nr. 1[73] und 8 Nr. 2 zweiter Halbsatz VOB/A entsprechen einem selbstverständlichen Grundsatz des Verwaltungsrechts[74]. Zudem darf ihnen die letztendliche Verantwortung nicht übertragen werden[75]. Die Tatsache, daß gesetzliche Prüfungsrechte dem Rechnungshof wie im geschilderten Fall abhanden kommen,

---

69 Vgl. unten B III. a am Ende.

70 So *Strickrodt* S. 213 Anm. 104.

71 *DMM* § 10 Anm. 2 g gehen davon aus, daß auch die VOL/A diese „funktionelle“ Leistungsbeschreibung zuläßt. Vgl. auch *Rentrop* Darstellung S. 142.

72 Vgl. *Strickrodt* S. 213 Anm. 104.

73 Eine nachträgliche Vergabe an einen schon vorher beteiligten „Sachverständigen“ mag grundsätzlich zulässig sein, *HRS* § 7 Rdnr. 8, kaum aber, wenn — wie hier — der Bedarfsdeckungsvertrag bereits geschlossen ist.

74 Vgl. § 16 EVwVfG.

75 *DMM* § 8 Anm. 4 a; HRS § 7 Rdnr. 9.

ist wohl nur als Skandal zu bezeichnen. Die Vorgehensweise der Verwaltung im dargestellten Fall bedeutet nichts anderes als die Ausstellung eines Freibriefes an das betreffende Unternehmen[76].

Mit einer hochinteressanten Fallgestaltung schließlich haben wir es zu tun, wenn die Durchführung eines Bauvorhabens zur Gänze einem privaten Bauträger mit der ausdrücklichen oder stillschweigenden Garantie der Verwaltung überlassen wird, das Gebäude nach Fertigstellung ständig mietweise zu nutzen[77]. Mit dem hier zu behandelnden Thema „Bedarfsdeckungsgeschäfte" hat das aber wohl nur noch am Rande zu tun und fällt eher in die neuerdings häufig diskutierte Problematik der „(Re-)Privatisierung" staatlicher Aufgaben.

III. Bedarfsdeckung und Rechtsstaatsprinzip

a) Zur Frage eines Vergabegesetzes

Bereits mehrfach ist erwähnt worden, daß die Exekutive für ihre Tätigkeiten einer Handlungsermächtigung bedarf. Anderenfalls könnte sie selbst souverän bestimmen, welchen Aufgaben die Qualität „staatlicher" Aufgaben zuzusprechen ist, ein angesichts der davon abhängigen weitreichenden Rechtsfolgen untragbarer Zustand. Wir hatten gesehen, daß die Sanktion für einzelne Bedarfsdeckungsgeschäfte wohl oder übel in den von den Parlamenten gebilligten Haushaltstiteln allein oder in Verbindung mit Gesetzen gefunden werden muß, die bestimmte Aufgaben an die Verwaltung übertragen und als Annex die Beschaffungskompetenz beinhalten. Über den Modus der Erfüllung der Bedarfsdeckungsaufgabe sagen diese Vorschriften jedoch nichts aus.

Aus § 30 HGrG und § 55 Abs. I BHO läßt sich entnehmen, daß im Regelfall die Bedarfsdeckung durch den „Abschluß von Verträgen über Lieferungen und Leistungen" geschieht. Sie ordnen an, daß im Normalfall verfahrensmäßig eine Ausschreibung vorauszugehen hat. Beim Abschluß von Verträgen — so § 55 Abs. II BHO und die entsprechenden Ländervorschriften[78] — ist nach einheitlichen Grundsätzen zu verfahren. Diese Grundsätze normiert weder die BHO noch ein anderes Gesetz. Sie sind vielmehr in den Verdingungsordnungen niedergelegt, die von der herrschenden Meinung als Verwaltungsvorschriften klassifiziert werden. Die Pflicht der Verwaltung zum Handeln nach Grund-

---

[76] Erschwerend kam hinzu, daß entgegen § 5 VOB/A ein Pauschalpreis gezahlt werden sollte, dessen Höhe beim Abschluß des Vertrages noch ungewiß war. Vgl. Abgeordnetenhaus v. Berlin, Drs. 7/121 S. 5 und 11.

[77] Dieser Plan bestand ursprünglich auch beim Bau des Berliner Kongreßzentrums, wurde aber „aus Kostengründen fallengelassen", so Abgeordnetenhaus v. Berlin, Drs. 7/121 S. 4.

[78] In § 30 HGrG fehlt eine solche Vorschrift.

sätzen, wie *W. Schmidt*[79] aus Art. 3 Abs. I und Art. 20 Abs. III GG folgert, die Forderung nach festen Richtlinien[80] ist also zunächst einmal erfüllt, jedenfalls dort, wo gemäß VOL bzw. VOB verfahren wird.

Die Frage, die sich stellt, ist somit nicht mehr die nach der Handlungsermächtigung überhaupt, und noch nicht die nach dem Inhalt der Richtlinien, nach denen verfahren wird, sondern lautet: wie konkret und detailliert muß das Verwaltungshandeln durch ein Gesetz determiniert sein, und wie weit kann man es der Exekutive selbst überlassen, ihr Handlungsprogramm festzulegen? Wie weit reicht der Vorbehalt des Gesetzes auch bei Verfahrensvorschriften?

Otto Mayer[81] hatte formuliert, die Verwaltung „hungere" nach Rechtssätzen. Aber traditionellerweise wird der Vorbehalt des Gesetzes nur geltend gemacht bei Eingriffen[82]. Zur Zweifelhaftigkeit der Unterscheidung von Eingriff und Leistung ist viel geschrieben worden im Hinblick auf die daraus abgeleiteten unterschiedlichen Rechtsfolgen[83]. Mag sie sich in gewissen Kernbereichen halten lassen, so doch schwerlich dort, wo bereits ein Rechtskontakt zwischen Bürger und Staat besteht. Natürlich ließe sich argumentieren, die Erfüllung der in VOB und VOL statuierten Anforderungen an die Bieter sei letzten Endes nicht mit Hoheitsgewalt erzwingbar, und die Teilnahme der Bieter an der Ausschreibung sei schließlich freiwillig[84]. Diese Übertragung des zivilrechtlichen Musters von Pflichten und Obliegenheiten krankt aber an der Begründung, die Nichtbeachtung der „Obliegenheiten" bringe eben „nur" rechtliche Nachteile mit sich. So schlicht läßt sich das allgemeine Gewaltverhältnis zwischen Staat und Bürger nicht eskamotieren[85]. So käme in bezug auf das Beamtenverhältnis heute kaum noch jemand auf die Idee, die Überprüfung der dienstrechtlichen Pflichten der Beamten[86] an dem eher zynischen Hinweis scheitern zu lassen, der Beamte könne sich ihnen ja durch Austritt aus dem öffentlichen Dienst entziehen[87]. *Rüfners*[88] Bedingung, wer mit dem (hier zentralen) Rechts-

---

79 Gesetzesvollziehung S. 103 f.

80 *Dürig* MDH Art. 3 I Rdnr. 466.

81 Zit. nach *Antoniolli* S. 104.

82 *Forsthoff* LB S. 15.

83 Vgl. nur *Rüfner*, Formen S. 13; *Renck* JuS 1971, 77; VG Frankfurt v. 12. 1. 1960, DVBl 1961, 53.

84 Vgl. *Zippelius* EvStL S. 935.

85 Dazu *W. Schmidt*, Gesetzesvollziehung S. 74.

86 Jedenfalls im „Grundverhältnis". Zur Unterscheidung von Grund- und Betriebsverhältnis grundlegend *Ule* VVDStRL 15, 151 ff.; BVerwG v. 29. 6. 1957, BVerwGE 5, 153.

87 Vgl. *Wolff / Bachof* § 25 VIII a.

88 Formen S. 227.

staatsgesichtspunkt operiere, müsse die Sinnlosigkeit einer Differenzierung zwischen Eingriff und Leistung nachweisen, läßt sich also bei Bedarfsdeckungsgeschäften vom Bewerbungszeitpunkt an unschwer erfüllen[89].

Nach einer verbreiteten Meinung intensiviert sich der Zusammenhang mit dem Legalitätsprinzip dort, wo die Verwaltung „gestaltend auf die Sozialordnung einwirkt und den Bürgern existentielle Leistungen erbringt“[90]. Daß zumindest das erste Kriterium auf die Auftragsvergabe zutrifft, könnte sich aus dem gewaltigen Umfang der für die Bedarfsdeckung aufgewendeten Mittel und dem Realförderungscharakter der Aufträge ergeben[91]. Aber auch, wenn man, wie die wohl herrschende Meinung, dem Subventionscharakter der Bedarfsdeckungsgeschäfte kritisch gegenübersteht[92], kann dies kein schlagendes Gegenargument sein. Die Klarheit und Bestimmtheit der das Handeln der Verwaltung durch Gesetz steuernden Regeln haben eine rationalisierende Funktion schlechthin. Die alte „Freiheit-und-Eigentum“-Formel ist nicht hinfällig. Gesetze haben aber heute generell als „Regulativ der Sozialabläufe“ zu wirken[93]. Auch bei einer Nichtberührung der Rechts-)Sphäre des Bürgers ist das Legalitätsprinzip anwendbar[94].

Zur Bestimmtheit der Regeln, nach denen die Verwaltung verfährt, gehört aber auch, daß die Exekutive sie nicht im Einzelfall[95] außer Kraft setzen kann. Verwaltungsvorschriften sollen sich jedoch, soweit überhaupt ihr Rechtssatzcharakter angenommen wird, von anderen Rechtssätzen durch den fehlenden Vorrang vor willkürfrei abweichenden Einzelfallentscheidungen unterscheiden[96]. Auch wenn ein „Verdingungsgesetz“ den Auftragsbewerbern und/oder -bietern keine materiellen Rechte zuerkennen würde, 'was ja durchaus der Fall sein könnte[97], bedeutete ein solches Gesetz ein Plus an Vorhersehbarkeit des Verwaltungshandelns. Von einem solchen Gesetz dürfte die Ver-

---

[89] A. A. wohl *Metzmacher* S. 87 ff., insbes. S. 89. Vgl. *Rupp,* Grundfragen S. 115 f.: jede Regelung, die sich auf das Außenverhältnis Staat-Bürger bezieht, muß vom Gesetz gedeckt sein.

[90] *Mallmann* VVDStRL 19, 190.

[91] Vgl. *Kreussler* S. 20 f.; *Leisner,* Grundrechte S. 195; *Zuleeg* NJW 1962, 2233 („subvention cachée“).

[92] Vgl. unten C II. a.

[93] VG Frankfurt v. 12. 1. 1960, DVBl 1961, 53.

[94] *Vonäsch* S. 29.

[95] BGH v. 10. 1. 1963, NJW 1963, 644, 646 für Änderungen während einer laufenden Ausschreibung.

[96] *W. Schmidt,* Gesetzesvollziehung S. 267 und *ders.* AöR Bd. 96, 341 f. Vgl. auch *Michaelis / Rhösa* Erläuterungen Verordnung § 2 Anhang 2 S. 2.

[97] *Brügmann,* Baugewerbe 1954, 637. Das BM für Finanzen geht sogar davon aus, wegen der zahlreichen Soll-Bestimmungen würde eine gesetzliche Einführung der VOB an der Rechtslage nichts ändern, BT-Drs. II/1397 S. 2.

waltung nicht abweichen, auch nicht „willkürfrei“[98]. Die Meßbarkeit und Vorausberechenbarkeit staatlicher Maßnahmen muß sich im Grundsatz deshalb anhand formeller Gesetze ergeben[99].

Wenn also gegen eine gesetzliche Regelung des Vergabeverfahrens eingewandt wird, sie wäre „zu starr“[100], so ist dem entgegenzuhalten, daß eine gewisse Starrheit durchaus aus rechtsstaatlichen Gründen erwünscht ist[101]. Eine übertriebene Starrheit müßte durch eine entsprechende Fassung des Gesetzes vermieden werden.

Ein allgemeines Unbehagen an einem „Übermaß an Normenproduktion“[102] ist nicht geeignet, diese Überlegungen zu konterkarieren. Ernstzunehmen hingegen ist die Erwägung, daß der „Durchnormierung der Verwaltung natürliche Grenzen gesetzt sind“[103]. Einer „völligen Vergesetzlichung“ stehen praktische Hindernisse entgegen[104]. Diktiere die Sache aber eine „Flucht in die Generalklausel“[105] oder in „kautschukartige Gesetze“[106], so sei dies ein bloß formales Festhalten am Prinzip und somit fragwürdig.

Es handelt sich indes um ein Problem, das sich, so zu Recht *Rupp*[107], für alle Handlungsbereiche der öffentlichen Verwaltung stellt, von der herrschenden Meinung aber nur für die sogenannte Leistungsverwaltung aufgeworfen wird. Weshalb diese Unterscheidung gemacht wird, ist aber im Rahmen dieses Arguments erst recht unverständlich.

Die Aufgaben der eingreifenden Verwaltung sind nicht weniger vielgestaltig als bei anderen Tätigkeiten, und die herrschende Meinung hat ja auch selbst keine Bedenken, die Forderung nach gesetzlicher Normierung im Bereich der nichteingreifenden, schlichthoheitlichen Verwaltungshandlungen anzuerkennen.

So gibt es nicht nur in anderen Staaten Vergabegesetze[108], sondern mit VOL und VOB liegen recht detaillierte Vergabegrundsätze vor, die

---

98 Unrichtig daher *A. Schneider* S. 113: eine stärkere Bindung der Verwaltung trete nicht ein.

99 *Maunz / Dürig* MDH Art. 20 Rdnr. 86.

100 *Truninger* S. 43; *A. Schneider* S. 113.

101 Vgl. *Semler* S. 106 f. zur Rechtslage und ihrer Rechtfertigung in Frankreich und Belgien.

102 *Scheuner* DÖV 1960, 603.

103 *Mallmann* VVDStRL 19, 179, vgl. auch S. 193.

104 Ebd. S. 188; vgl. *Bachof* VVDStRL 19, 269 f.; *H. H. Klein* S. 156.

105 *H. H. Klein* S. 157, der zustimmend *Peters* zitiert.

106 *Leisner*, Grundrechte S. 201.

107 Grundfragen S. 126 f.

108 Etwa in Frankreich das Décret Nr. 64-729 du 17 juillet 1964 portant codification des textes réglementaires relatifs aux marchés publics, Journal Officiel v. 21. 7. 1964, S. 6438 ff.

auch in der Regel eingehalten werden. Man mag die Vorschriften der Verdingungsordnungen als noch immer zu vage kritisieren[109], wenngleich eine solche Kritik wohl überzogen ist. Fest steht zumindest, daß VOL und VOB wesentlich konkretere Maßstäbe festlegen als § 30 HGrG und § 55 BHO, zumal sie zur Ausfüllung dieser Vorschriften ergangen sind. Eine gesetzliche Regelung würde sicherstellen, daß die Verwaltung die Verdingungsordnungen eigenmächtig weder generell noch im Einzelfall abändern oder ganz außer Kraft setzen kann.

Wieweit ins einzelne gehend ein solches Vergabegesetz ausgestaltet sein müßte, läßt sich abstrakt schwer festlegen[110]. Aber dies ist logisch bereits eine Anschlußfrage[111]; sie setzt voraus, daß die Notwendigkeit einer über den § 55 BHO hinausgehenden Regelung mit Gesetzescharakter gesehen wird. Die erwähnten rechtsstaatlichen Erwägungen legen sie dringend nahe; die Funktion des Gesetzes ist eine einwandfreie „allgemeine Steuerung der vollziehenden Gewalt pro futuro durch das Parlament und nachträgliche Kontrolle der Ausübung vollziehender Gewalt“[112]. Eine Steuerung aber entfällt, eine Kontrolle[113], steht auf unsicherem Boden, wenn der zu Kontrollierende den Kontrollmaßstab jederzeit ändern kann. Deshalb wird die Tendenz zur Verlagerung der Steuerungskompetenz in die Hände der Verwaltung mit Recht beklagt[114], nicht zuletzt auch deswegen, weil damit einer Zersplitterung Tür und Tor geöffnet wird: jede juristische Person des öffentlichen Rechts kann dann letztlich ihr eigenes Recht setzen, ihren eigenen „Kontrollmaßstab bestimmen“[115]. Man hätte, folgt man der einen weiten Entscheidungsspielraum der Verwaltung gutheißenden Auffassung, letztlich auch die Preisverordnungen als interne Richtlinien erlassen können. Offenbar hielt der Verordnungsgeber die mit VPöA und BPVO verfolgten Ziele für zu wichtig, um sie der Dispositionsbefugnis der einzelnen Auftraggeber zu überlassen. Die Preisverordnungen können also zwar vom Verordnungsgeber, d. h. einem Exekutivorgan, geändert werden. Dieses Verfahren aber entspricht Art. 80 GG und hat sich im Rahmen der vom Gesetzgeber gewährten Befugnis zu halten.

Genauso wichtig wie die mit den Preisverordnungen verfolgten wirtschaftspolitischen Absichten sind aber mit Hinblick auf die Auftrags-

---

109 So *Rothacker* S. 4.

110 *Jesch,* Gesetz S. 222.

111 *Rupp,* Grundfragen S. 143; *Menger* VerwArch 1960, 154 f.

112 *W. Schmidt,* Gesetzesvollziehung S. 32.

113 Auch wenn sie — was ja nicht zwingend ist — nicht durch die Gerichte erfolgt.

114 *Renck* JuS 1971, 78; *Rupp,* Grundfragen S. 119 ff. Vgl. auch *Bachof* DÖV 1953, 423.

115 Schon *F. C. Huber* S. 121 f. forderte aus Vereinheitlichungsgründen eine gesetzliche Regelung.

bewerber und -bieter die verfahrensrechtlichen Fragen. Damit ist ein weiterer Aspekt angesprochen. Wenn Rechtsstaatlichkeit u. a. definiert wird als Bindung der Exekutive an bestimmte Rechtsinhalte durch Positivierung der Grundrechte[116], dann obliegt diese Aufgabe zuvörderst der Legislative[117] als Verfassungsauftrag[118]. Insbesondere Art. 3 GG benötigt dringend Anknüpfungspunkte, die die Gleichheit der Entscheidung sicherstellen[119]. Sie sind vom Gesetzgeber zur Verfügung zu stellen, und nur für eine angemessene Übergangszeit wird man bei einem „tradierte(n) Ordnungsgefüge", wie es das Beschaffungswesen sicher darstellt, im Einklang mit der Rechtsprechung[120] eine Regelung durch Verwaltungsrichtlinien statt durch Gesetz hinnehmen dürfen.

Wie detailliert ein Vergabegesetz zu sein hätte, ist von Verfassungs wegen schwierig zu bestimmen[121]. Art. 80 Abs. I GG gibt immerhin eine Richtschnur[122]. Gesetzesperfektionismus wäre ebenso unangebracht wie der Rückzug auf Generalklauseln. Sicher müßten nicht alle in VOB/A und VOL/A niedergelegten Verfahrensprinzipien in ein Vergabegesetz übernommen werden. Einiges über die Vergabearten und ihre Ausgestaltung, über Öffentlichkeit des Verfahrens, Fristen und Auswahlkriterien müßte aber in ihm enthalten sein. Natürlich könnten VOB/A und VOL/A auch vollständig — vorbehaltlich der Verfassungskonformität der einzelnen Regelungen — vom Gesetzgeber übernommen werden.

Die Frage der Gesetzgebungskompetenz für ein Vergabegesetz wurde schon um die Jahrhundertwende aufgeworfen. Das Preußische Abgeordnetenhaus hielt das Reich für unzuständig[123]. *Beutinger*[124] zitierte ein Rechtsgutachten, das zum gegenteiligen Ergebnis gelangt: ein solches

---

[116] *Wiethölter* S. 54.

[117] *Hesse*, Grundzüge S. 145; *Ehmke* VVDStRL 19, 259.

[118] BVerwG v. 15. 11. 1974, NJW 1975, 1181; BVerwG v. 11. 6. 1975, NJW 1975, 1898; a. A. *Furtwängler* S. 115 hinsichtlich des Bedarfsdeckungsverfahrens.

[119] *Dürig* MDH Art. 3 I Rdnr. 18; *Rupp*, Grundfragen S. 118. Siehe auch *Spanner* S. 8 und 12.

[120] BVerwG v. 15. 11. 1974, NJW 1975, 1180, 1181 (zum Schul-Disziplinarrecht) mit zahlreichen Nachweisen aus der Rspr.

[121] Mit der Forderung nach einem Vergabegesetz ist ja nicht die Einsicht in Abrede gestellt, daß das Parlament „die Merkmale der Gleichbehandlung niemals erschöpfend" regeln kann, so *W. Schmidt*, Gesetzesvollziehung S. 259. Aber die von *W. Schmidt* ebd. S. 274 geforderte „sinnvolle" Kompetenzabgrenzung ist erst dann möglich, wenn die Grundsatzkompetenz des Parlaments und seine Pflicht zum Tätigwerden zweifelsfrei feststehen.

[122] *Rupp*, Grundfragen S. 144. Vgl. auch *Jesch*, Gesetz S. 222, und *Brohm*, Strukturen S. 246 f., die möglichst spezielle Ermächtigungen fordern. Ähnlich VG Frankfurt v. 12. 1. 1960, DVBl 1961, 53. Die Ermächtigung des § 91 Abs. II Nr. c des II. Wohnungsbaugesetzes i. d. F. v. 1. 9. 1965 (BGBl I S. 1617) dürfte diesen Anforderungen kaum genügen.

[123] *Beutinger* S. 206. A. A. soll laut *Beutinger* (ebd.) *Laband* gewesen sein.

[124] S. 207 ff.

Gesetz sei eine Regelung des bürgerlichen Rechts, daher das Reich zuständig.

Nach allem Gesagten und bei folgerichtiger Applikation der Sonderrechtstheorie kann dem freilich nicht gefolgt werden. Das Vergabegesetz würde sich speziell an die Verwaltung als Zuordnungssubjekt wenden. Art. 74 Nr. 1 GG kommt daher nicht in Betracht. Allenfalls könnte man Art. 74 Nr. 11 GG diskutieren, daß „Recht der Wirtschaft“[125].

Merkwürdigerweise ist die Frage der Zuständigkeit im Zusammenhang mit den Preisverordnungen, die ja auch einen wesentlichen Ausschnitt des Bedarfsdeckungswesens regeln, soweit ersichtlich, nie aufgeworfen worden. Denn zwar ist der § 2 PreisG, auf dem die Preisverordnungen basieren, kompetenzmäßig beim Bund über Art. 74 Nr. 11 GG angesiedelt[126], weil er sich auf alle Wirtschaftssektoren bezieht. Nun kann freilich der Verordnungsgeber bestimmte Preisregelungen auf einzelne Wirtschaftsbereiche beschränken, wenn Art. 3 GG nicht im Wege ist. Wegen der unser Recht durchziehenden Differenzierung zwischen öffentlichem und privatem Recht lassen sich aber öffentliche Verwaltungsträger und metallverarbeitende Industrie nicht ohne weiteres gleich behandeln. Wenn offensichtlich unbestritten ist, daß VPöA und BPVO Vorschriften des öffentlichen Rechts sind[127], dann scheint die herrschende Meinung aber nur deswegen zu diesem Ergebnis zu gelangen, weil Zuordnungssubjekt die Preisbehörden sind. Das ist im gesamten Preisrecht der Fall, so daß es in toto dem öffentlichen Recht zuzuordnen ist. Bei VPöA und BPVO kommt aber hinzu, daß sie materiell Rechtsbeziehungen zwischen juristischen Personen des öffentlichen Rechts und Privaten regeln, Zuordnungssubjekte also auch die öffentlichen Auftraggeber sind. VPöA und BPVO sind deshalb aus zweifachem Grund öffentlich-rechtliche Vorschriften. Sie steuern das Verhalten auch der Verwaltungen, die nicht Bundesexekutive sind, geben ihnen bestimmte Rechte, wenn auch nicht Zwangsrechte im engeren Sinne[128], und gehen teilweise über die eigentliche preisrechtliche Materie hinaus[129]. Die Kompetenz des Bundesverordnungsgebers aus Art. 74 Nr. 11 GG zum Erlaß von VPöA und BPVO ist daher mehr als zweifelhaft.

Um so mehr muß dies für eine Vergaberegelung gelten, die in erster Linie ein Verwaltungsverfahren regelt. Daß mit diesem Verfahren auch

---

[125] Worunter laut *Hamann / Lenz* Art. 74 Rdnr. 18 auch die wirtschaftliche Betätigung des Staates fällt.

[126] Vgl. BVerfG v. 12. 11. 1958, BVerfGE 8, 274.

[127] *Geipel* S. 116 und 131.

[128] § 10 V PöA, § 17 BPVO.

[129] Vgl. § 4 BPVO.

wirtschaftspolitische Ziele, vor allem das der Wettbewerbsförderung, verfolgt werden, tritt demgegenüber zurück. Bundeskompetenzen können sich also nur aus Art. 83 ff. GG ergeben. Ein Bundesvergabegesetz würde — ebenso wie das geplante Verwaltungsverfahrensgesetz — die Länder nur binden, soweit sie Bundesgesetze ausführen und im Rahmen dieser Aufgaben Bedarfsdeckungsgeschäfte notwendig sind. Wenn sich die Bedarfsdeckungsaufgabe als Annex von Landesrecht ergibt, bzw. bei Bedarfsdeckung zur Erfüllung der sogenannten allgemeinen Verwaltungsaufgabe wäre es hingegen nicht anwendbar[130].

Es führt demgemäß kein Weg daran vorbei, neben einem Bundesgesetz jeweils Landesvergabegesetze zu verabschieden.

b) Verdingungsordnungen als „gesetzesvertretende Verordnungen"?

Gemäß der von *Paul Laband* und *Georg Jellinek* begründeten Impermeabilitätslehre[131] galten verwaltungsinterne Regelungen als Nicht-Recht, das demnach für eine Rechtskontrolle außer Betracht blieb[132]. Durch die Anerkennung einer „Selbstbindung der Verwaltung" wurde diese Lehre faktisch relativiert. Wenn allerdings die Entgegensetzung Recht — Nicht-Recht auch mehr und mehr ersetzt wurde durch das Gegensatzpaar Außenrecht — Innenrecht[133], so gelangte doch letzteres nicht ipso iure zur Geltung. Für notwendig gehalten wurde vielmehr die Transmissionsfunktion des Art. 3 Abs. I GG[134]. Erst wenn eine Übung der Verwaltung feststellbar war, nach den verwaltungsinternen Vorschriften zu verfahren, konnten sie mittelbar als Verwaltungsrechtsquelle Anerkennung finden.

In letzter Zeit mehren sich die Stimmen auch aus der Rechtsprechung[135], die die Verwaltungsvorschriften auch ohne den „Umweg" über Art. 3 Abs. I GG unmittelbar als Maßstab anwenden wollen. W. *Schmidt*[136] begründet dies damit, daß jede Normsetzung letztlich darüber entscheide, was als gleich oder ungleich zu behandeln ist[137]. Da

---

130 Vgl. im einzelnen EVwVfG, Begründung zu § 1, BT-Drs. 7/910 S. 32.

131 Dazu *Rupp*, Grundfragen S. 19 ff. und JuS 1975, 610.

132 So *Otto Mayer* LB I S. 13; *Rupp* JuS 1975, 610.

133 *Rupp* ebd. S. 612.

134 Nachweise zur „Selbstbindungs"-Diskussion bei *W. Schmidt* AöR Bd. 96, 338 Anm. 75.

135 Nachweise bei *W. Schmidt*, Gesetzesvollziehung S. 16 mit Anm. 7. Vgl. aber im Gegensatz dazu aus neuerer Zeit BVerwG v. 19. 6. 1974, NJW 1975, 180 f.

136 AöR Bd. 96, 341 f.; Gesetzesvollziehung S. 145, 200 und 267.

137 Vgl. auch *HRS* § 3 Rdnr. 1.

diese Funktion auch den Verwaltungsvorschriften eigne, seien auch sie Rechtssätze. Die Verwaltung habe sich an Gesetz und Recht zu halten. Zum Recht gehöre aber auch die Verpflichtung zum Handeln nach Grundsätzen, d. h. auch nach denen, die die Verwaltung selbst entwickelt habe[138]. Im Unterschied zu Rechtssätzen anderer Art hätten sie aber keinen Vorzug vor willkürlos abweichenden, „programmändernden" Entscheidungen. Deswegen könne ihr Rechtssatzcharakter auch nicht von Art. 80 GG her in Frage gestellt werden.

Während W. *Schmidt* also meint[139], bei den Verwaltungsvorschriften handle es sich um Rechtssätze eigener Art, die man nicht ausnahmslos im Interpretationswege in die Form der Rechtsverordnung überführen könne, geht *Ossenbühl* einen wesentlichen Schritt weiter. Ausgehend von der These, die Vergabe von Subventionen müsse durch den Gegesetzgeber geregelt werden[140], erfüllen seiner Ansicht nach die Verwaltungsvorschriften, wenn und soweit der Gesetzgeber einer ihm obliegenden Ordnungsaufgabe nicht nachkomme, die Funktion „gesetzesvertretender Verordnungen"[141]. Die Frage nach dem Rechtssatzcharakter der Verwaltungsvorschriften dringe zum eigentlichen Kern der Problematik noch nicht vor[142]. Von den Verwaltungsvorschriften abweichende Einzelfallentscheidungen könnten nicht hingenommen werden[143]. Nur die Gleichsetzung der internen Richtlinien mit den Rechtsverordnungen eröffne den „Zugang zur rechtsstaatlichen Disziplinierung verfassungsmäßiger Zustände"[144].

Dieser Gedanke ist nicht so ungewöhnlich, wie es zunächst den Anschein hat. Im Rahmen sogenannter besonderer Gewaltverhältnisse hat sich *Wolffs* Ansicht weitgehend durchgesetzt, „einseitig hoheitlich erlassene, abstrakte und generelle Anordnungen" seien sogenannte Sonderverordnungen mit materiellem Gesetzescharakter[145]. Wenn *Maunz/ Dürig*[146] meinen, von der Ausnahme des Art. 119 GG abgesehen, hätten gesetzesvertretende Verordnungen im geltenden Verfassungssystem keinen Platz, so beziehen sie sich offensichtlich auf den Fall eines Ermächtigungsgesetzes oder eines Notverordnungsrechtes. In diesen Fällen steht das Gewaltentrennungsprinzip eindeutig dagegen. Die von

---

138 Gesetzesvollziehung S. 140.

139 Ebd. S. 18.

140 Verwaltungsvorschriften S. 361.

141 Ebd. S. 551 f.

142 Ebd. S. 182.

143 Ebd. S. 551 f.; gleicher Ansicht hinsichtlich der Subventionsrichtlinien *Ipsen* VVDStRL 25, 296.

144 *Ossenbühl*, Verwaltungsvorschriften S. 551 f.

145 *Wolff / Bachof* § 25 VIII a 1.

146 MDH Art. 20 Rdnr. 84.

Rupp[147] gegen *Ossenbühl*[148] formulierten Bedenken, der Verwaltung neue Kompetenzen verschaffen zu wollen, sind dann in der Tat wegen Art. 80 GG gerechtfertigt. Auch in unserem Falle bleibt ein Unbehagen; die Konstruktion verhilft aber gerade dem Rechtsstaatsprinzip zum Durchbruch, statt es außer Kraft zu setzen, indem sie für eine Übergangszeit[149] und ohne die Verantwortung des Gesetzgebers zu leugnen, feste Maßstäbe für die Rechtskontrolle ermöglicht. Die „Krükkenfunktion" der Konstruktion muß aber besonders herausgehoben werden, um Mißverständnisse zu vermeiden.

Nicht zu den Sonderverordnungen allerdings sollen nach *Wolff/Bachof*[150] zählen „die allgemeinen Verwaltungsvorschriften, die von leitenden Organen und Ämtern an die ihnen nachgeordneten, weisungsabhängigen Organe und Ämter ergehen". Das Merkmal des Adressaten ist jedoch für eine Grenzziehung ungeeignet[151]. Insofern bestehen keine Bedenken, auch die Verdingungsordnungen als Sonderverordnungen bzw. gesetzesvertretende Verordnungen einzustufen. Der BGH[152] hat sogar die Ausschreibungsbedingungen[153] der EVSt[154] als öffentlich-rechtliche Vorgänge, nämlich als „Anstaltsordnungen mit Rechtsnormcharakter" qualifiziert[155], demnach die Beziehungen zwischen der EVSt und den Privaten als einem besonderen Gewaltverhältnis zumindest rechtsähnlich eingestuft. Das ist nicht ganz unproblematisch, zeigt aber die fließenden Übergänge zwischen „allgemeinem" und „besonderem" Gewaltverhältnis[156].

Folgt man der Konstruktion *Ossenbühls*, so ist damit der Gesetzgeber keineswegs aus seiner Verantwortung entlassen. Es sind aber damit, bis die Legislative ihrer Aufgabe nachkommt, feste und allgemein gültige[157] Maßstäbe gewonnen, die die Verwaltung nicht im Einzelfall außer Kraft setzen kann. Freilich bedingt die faktische Gleichstellung

---

147 JuS 1975, 612, 616.

148 Verwaltungsvorschriften S. 211 und 221.

149 BVerwG v. 15. 11. 1974, NJW 1975, 1180, 1181.

150 *Wolff / Bachof* § 25 VIII a 2.

151 So — wenn auch in einem nicht ganz identischen Zusammenhang — *Ossenbühl*, Verwaltungsvorschriften S. 173 und *W. Schmidt*, Gesetzesvollziehung S. 45.

152 V. 10. 1. 1963, NJW 1963, 644 f.

153 Der Senat spricht von „Ausschreibungen", was jedoch offensichtlich keinen Sinn ergibt.

154 Zur Sonderstellung der Geschäfte der EVSt in der h. M. oben 3. Kap. (Anm. 165).

155 Vgl. schon *Layer* S. 64 ff.

156 Vgl. auch *Ossenbühl*, Verwaltungsvorschriften S. 501 f. zu den intensiven „faktischen Ausstrahlungen" der Verwaltungsrichtlinien in den Bereich der „allgemeinen Rechtsordnung".

157 Natürlich nur, soweit sie verfassungs- und gesetzeskonform sind.

mit den Rechtsverordnungen, daß die Verdingungsordnungen zwar nicht im Einzelfall, aber doch generell von der jeweiligen Verwaltungsspitze unter Beachtung bestimmter Publizitätsanforderungen[158] abgeändert werden können. Besondere Aufmerksamkeit ist wegen der Weite der Quasi-Ermächtigungsnorm § 55 Abs. II BHO angebracht.

Das bisher Gesagte bezog sich auf die Teile A der VOL und der VOB. Hinsichtlich der Teile B, die ja keine Verfahrensregeln enthalten, wird allgemein davon ausgegangen, daß es sich um AGB-ähnliche Phänomene handele[159]. Ob bei Bedarfsdeckungsgeschäften der „öffentlichen Hand“ in der Regel davon auszugehen ist, daß die Teile B Vertragsgrundlage werden, ist strittig[160], wird aber mehrheitlich abgelehnt[161]. In der zivilrechtlichen Literatur setzt sich allerdings mehr und mehr die Auffassung durch, daß AGB als „fertig bereitliegende Vertragsordnung“ eo ipso gelten[162]; bei den AGB der Banken etwa ist diese Ansicht weitgehend anerkannt. Bei genügendem „Bekanntheitsgrad“ und insbesondere bei Einfluß einer Behörde auf ihre inhaltliche Gestaltung werden AGB als „Rechtsnormen untergesetzlichen Ranges“ behandelt[163].

Folgt man dieser modernen Ansicht, so brauchen die Teile B der Verdingungsordnungen nicht jeweils ausdrücklich vereinbart werden. Sie gelten ohne weiteres als (dispositive) Normen. Für die Technischen Vorschriften des Teils C der VOB ist ohnehin von der Rechtsprechung anerkannt, daß sie als Regeln der Baukunst auch ohne ausdrückliche Bezugnahme Vertragsbestandteil werden[164].

c) Zur ubiquitären Geltung der Verdingungsordnungen

Mit den vorstehenden Ausführungen ist noch nicht das Problem gelöst, daß § 55 Abs. II BHO und das entsprechende Landesrecht nicht alle Verwaltungen erfassen und daß VOL/A und VOB/A nicht von allen selbständigen Verwaltungsträgern „eingeführt“ worden sind[165]. Auch bei ihrer Qualifizierung als „gesetzesvertretend“ können sie zunächst nur der juristischen Person der öffentlichen Rechts zugerechnet werden, die auf sie Bezug genommen hat. Etwas anderes ergäbe sich,

---

[158] *Korbion* Betr. 1974, 80 fordert, wenn auch aus anderen, praktischen Motiven, eine über die Veröffentlichung im BAnz hinausgehende Publizität.

[159] *HRS* § 10 Rdnr. 5.

[160] Dafür *Korbion* Betr. 1974, 78. Vorsichtig *DMM* Einführung S. 36 ff.

[161] Vgl. oben 3. Kap. B III.

[162] *Ebel* NJW 1975, 1766.

[163] So *Ebel* ebd. hinsichtlich der Allgemeinen Versicherungsbedingungen der Kfz-Versicherer.

[164] *HRS* § 9 Rdnr. 38.

[165] Vgl. oben 2. Kap. D am Ende.

wollte man VOL/A und VOB/A als Gewohnheitsrecht behandeln[166]. Mit dem „halb-mystischen“ Begriff des Gewohnheitsrechts[167] sollte man jedoch äußerst vorsichtig umgehen[168]. Vor allem aber konnte sich bei den in Rede stehenden juristischen Personen des öffentlichen Rechts eine „consuetudo“ gerade nicht entwickeln.

Keiner näheren Diskussion bedarf auch die Erwägung, eine Bindung an die Verdingungsordnungen aus dem Vertrauensschutzprinzip zu entwickeln. Ein Vertrauenstatbestand wurde ja nicht gesetzt.

Sich mit der gegebenen Lage abzufinden, hieße aber, den rechtsstaatlichen Grundsatz der Vorhersehbarkeit staatlichen Handelns zu ignorieren. Wenn die Verwaltung eine „Pflicht zum Handeln nach Grundsätzen“[169] trifft, dann müssen solche Grundsätze entwickelt und veröffentlicht werden.

Eine andere Frage ist, inwieweit sie mit denen der VOL und VOB übereinstimmen müssen. Dazu wäre erforderlich, daß die Bestimmungen der Verdingungsordnungen mit Verfassungs- und Verwaltungsrecht nicht nur vereinbar sind, sondern daß sie von ihm gefordert werden. Das trifft nur auf wenige zentrale Vorschriften zu. Die 24-Tage-Frist des § 19 Nr. 2 VOB/A könnte sicher ohne Verfassungsverstoß auf 28 Tage ausgedehnt werden. Aber eine grundsätzliche Pflicht zur öffentlichen Ausschreibung folgt auch für juristische Personen des öffentlichen Rechts, die die Verdingungsordnungen sonst nicht anwenden, aus Art. 3 GG[170], wohl auch aus dem Wirtschaftlichkeitsgrundsatz[171].

Eine Untersuchung im einzelnen, welche VOB- bzw. VOL-Vorschriften von der Verfassung oder vom Verwaltungsrecht her zwingend erforderlich sind, würde zuviel Raum in Anspruch nehmen. Soviel Bedeutung hat das Problem in der Praxis nicht. Als „Leitsatz“ wäre zu formulieren, daß gewisse zentrale, insbesondere die Muß-Bestimmungen der Teile A der Verdingungsordnungen allenthalben Gültigkeit beanspruchen. Dazu gehören in jedem Falle der Grundsatz der öffentlichen Ausschreibung und die Regeln über den Zuschlag und die dabei zu berücksichtigenden Wertungsgesichtspunkte.

---

166 Wie das laut *E. Schmitz* S. 30 Anm. 11 (leider ohne Quellenangabe) zeitweilig im Gespräch gewesen sein soll.

167 *M. Weber* S. 282.

168 Treffend *van Gelder / Leinemann* S. 141.

169 *W. Schmidt,* Gesetzesvollziehung S. 103 f.

170 *Dürig* MDH Art. 3 I Rdnr. 504.

171 *Daub / Tomascewski* S. 508.

d) Zum Verhältnis der bei staatlichen Bedarfsdeckungsgeschäften anzuwendenden Rechtsvorschriften

Zur Klarstellung und zur Erörterung einiger Einzelprobleme ist noch einmal zurückzukommen auf die Frage, welche Rechtsvorschriften bei staatlichen Bedarfsdeckungsgeschäften überhaupt gelten und in welchem Verhältnis zueinander sie stehen. Wie wir gesehen hatten, bedient sich die Verwaltung hier zulässigerweise des privaten Vertragsrechts. Das BGB stellt quasi die „lex generalis", das „Basisrecht" dar. Die Verwaltung als „Sondersubjekt" untersteht darüber hinaus unmittelbar auch dem für sie konzipierten Sonderrecht, dem öffentlichen Recht also, das insoweit überlagernd Anwendung findet; eine vom Verwaltungsprivatrecht her bekannte Konstruktion. Zu diesem Sonderrecht gehören zunächst einmal Grundgesetz und Europäisches Gemeinschaftsrecht[172], an denen alle anderen Vorschriften zu messen sind. Sodann gilt Verwaltungsrecht; als spezielles, positives Normengebilde kommt zunächst das Haushaltsrecht in Betracht, insbesondere § 55 BHO und die entsprechenden Landesvorschriften. Sie steuern, ausgefüllt durch die Preisverordnungen und die Teile A der Verdingungsordnungen, das Verhalten der öffentlichen Auftraggeber bis zum Vertragsschluß[173], mit anderen Worten das vorbereitende und das Auswahlverfahren. Daß dabei laut *Michaelis/Rhösa*[174] die Preisverordnungen Vorrang vor den Verdingungsordnungen haben sollen, hat rein theoretische Bedeutung, da Kollisionen nicht erkennbar sind[175]. Soweit die Teile A der Verdingungsordnungen Regeln des allgemeinen Verwaltungsrechts konkretisieren oder auch — im Rahmen, den die Verfassung und die wenigen einfachgesetzlichen Bestimmungen vorgeben — modifizieren, ist nach ihnen zu verfahren; schweigen sie oder verstoßen sie gegen höherrangiges Recht, so kommen die Regeln des Verfassungs- und allgemeinen Verwaltungsrechts wieder zum Durchbruch. Diese Rangordnung der öffentlich-rechtlichen Normen ist selbstverständlich. Entscheidend ist, daß die Verwaltung von zivilrechtlichen Rechten und Möglichkeiten nur insoweit Gebrauch machen darf, als das öffentliche Recht dies entweder ausdrücklich oder durch Schweigen gestattet.

---

172 Eine Kollision beider Rechtskomplexe scheidet beim vorliegenden Untersuchungsgegenstand aus, so daß dieses Problem keiner Erörterung bedarf. Unter EG-Recht sind das primäre Gemeinschaftsrecht sowie Verordnungen und Entscheidungen zu verstehen, während Richtlinien nicht unmittelbar für die einzelnen Rechtssubjekte verbindlich sind, sondern noch einer Transformation ins nationale Recht bedürfen.

173 Exakt lassen sich die Teile A von VOL und VOB nicht unter dem Etikett „Verfahrensvorschriften" von den Teilen B trennen. Die Teile A bereiten den künftigen Vertragsinhalt schon teilweise vor. Dazu *Winkler* Vorbemerkung zu Teil A S. 15.

174 Erläuterungen Präambel S. 4.

175 So auch *Michaelis / Rhösa* ebd.

Zum öffentlichen Recht gehören auch die Teile A der Verdingungsordnungen, die sich ja nach einhelliger Meinung speziell an den öffentlichen Auftraggeber wenden[176]. Die verwaltungsgerichtliche Rechtsprechung zur Auslegung von Muß-, Soll- und Kannvorschriften ist daher entgegen *Ingenstau/Korbion*[177] heranzuziehen.

Vertragsinhalt werden die im Hinblick darauf bedeutsamen Vorschriften der Teile A der Verdingungsordnungen und die Teile B, soweit sie nicht zulässigerweise[178] abgeändert werden. Enthalten sie keine Spezialregeln, ist auf das allgemeine Zivilrecht, also insbesondere das BGB, zurückzugreifen[179]. Auch hier entstehen keine besonderen Schwierigkeiten.

Zu klären ist allerdings noch der Geltungsbereich des GWB. Die im Wettbewerb um öffentliche Aufträge stehenden Unternehmer haben sich ohne Frage an das Kartellrecht zu halten[180]. Die herrschende Meinung geht davon aus, daß auch der Staat als Nachfrager dem GWB unterliegt[181]. Dabei wird aber vorausgesetzt, daß der Staat bei seinen Bedarfsdeckungsgeschäften öffentliches Recht nicht zu beachten habe. Sei dies ausnahmsweise der Fall, könne das GWB keine Anwendung finden[182].

Dieser Gedankengang beruht auf dem alten Mißverständnis, öffentliches und privates Recht schlössen dergestalt einander aus, daß entweder nur das eine oder das andere zu beachten sei. Wäre dem so, könnte im Geltungsbereich des öffentlichen Rechts das GWB als „Monopolprivatrecht" nicht angewandt werden[183]. Öffentliches Recht kann aber das bürgerliche Recht überlagern, und das ist die Situation bei Be-

---

176 Vgl. ähnlich *Menger-Erichsen* VerwArch 1968, 379 hinsichtlich der sog. Fiskusprivilegien.

177 Vor § 2 Rdnr. 7 a. Ähnlich wie hier *Semler* S. 126.

178 Nämlich im Rahmen der §§ 10 VOB/A und 12 VOL/A. Laut *DMM* § 11 Anm. 7 sind bei Anwendung der VOL — anders bei der VOB — zusätzliche Vertragsbedingungen möglich, die die VOL/B abändern, wenn auch nicht „jede Freiheit" erlaubt sei, so *DMM* ebd. Anm. 7 a. Dem muß widersprochen werden, weil sonst die Rechtssicherheit erheblich leiden würde.

179 BGH v. 18. 11. 1957, bei *Michaelis / Rhösa* Entscheidungen II Nr. 2.

180 Vgl. *Welter* S. 182; *Hereth / Crome* S. 14.

181 Vgl. oben 3. Kap. B VI.

182 *Mees* WuW 1961, 541; *Semler* S. 45; *BGH* v. 26. 10. 1961, BGHZ 36, 91 ff. *Semler* S. 80 zieht diese Konsequenz bei dem Teil der Aufträge, die seiner Ansicht nach zu Subventionszwecken vergeben werden und daher dem öffentlichen Recht unterlägen; ähnlich *I. Schmidt* BB 1963, 1406. Vgl. auch OLG Köln v. 28. 11. 1973, NJW 1974, 802; hier ging es um die Geltung des UWG, ein vergleichbarer Fall, da der Staat zwar nicht als Nachfrager, aber als Anbieter von Leistungen auftrat. BGH v. 23. 1. 1964, BGHZ 41, 194 dagegen spricht von einer „öffentlich-rechtlichen Streitigkeit kartellrechtlichen Inhalts", will das GWB im öffentlichen Recht also offenbar analog anwenden.

183 So *Metzmacher* S. 144 f.

darfsdeckungsgeschäften des Staates. Diese Denkfigur ist längst aus dem Verwaltungsprivatrecht bekannt, so daß die geschilderte Argumentation erstaunt. Wenn das GWB dem Privatrecht zuzuordnen ist, d. h. immer dann gilt, wenn bürgerliches Recht überhaupt, sei es allein oder als Basisrecht, angewandt wird[184], dann ist eine gleichzeitige Applikation öffentlich-rechtlicher Normen durchaus denkbar und normal, sei es, daß sie das GWB noch näher ausfüllen, teilweise außer Kraft setzen oder modifizieren. In erster Linie ist es aber Sache und Kompetenz des Gesetzgebers, ob er staatliche Bedarfsdeckungsgeschäfte vom Kartellgesetz ausnehmen will oder nicht.

Untersucht man das GWB daraufhin, so erklärt § 98 Abs. I das Gesetz zunächst für anwendbar auf „Unternehmen, die ganz oder teilweise im Eigentum der öffentlichen Hand stehen oder die von ihr verwaltet oder betrieben werden". Wer schlichtweg die „behördenwirtschaftliche Tätigkeit" des staatlichen Einkaufs auch ohne Bildung verselbständigter Einrichtungen dem Begriff des „Unternehmens" subsumieren will, weil das Marktverhalten der Verwaltung dem Privater vergleichbar sei[185], der nimmt keine Kenntnis von der Trennung, die § 98 Abs. I GWB zwischen der „öffentlichen Hand" selbst und ihren Unternehmungen vornimmt.

Ein „öffentliches" Unternehmen, das mit der privaten Wirtschaft im Wettbewerb steht, hat zwar nach der unmißverständlichen Fassung des § 98 Abs. I GWB auch bei seinen Einkäufen das Kartellgesetz zu beachten, und zwar ohne Rücksicht auf seine Rechtsform oder etwaige „gemeinnützige" Ziele[186]. Handelt es sich um eine juristische Person des öffentlichen Rechts und sind sonach ihre Aufträge staatliche Bedarfsdeckungsgeschäfte, so ist auf sie das GWB anwendbar. Für die Bedarfsdeckung durch juristische Personen des öffentlichen Rechts, die nicht mit der privaten Wirtschaft im Wettbewerb stehen, liegt hingegen ein Umkehrschluß nahe, den *Mees*[187] nicht hier, sondern eigenartigerweise bei § 99 Abs. I GWB ziehen will. Die letztgenannte Vorschrift stellt lediglich klar, daß Bundespost, Bundesbahn und andere Verkehrsträger, auch soweit sie mit Verkehrsleistungen am Wettbewerb teilnehmen, dem GWB nicht unterliegen. Freilich ist in § 99 Abs. I GWB die Rede nur von Leistungen, die durch die Post, Bahn etc. angeboten werden, nicht von denen, die sie selbst nachfragen. Die dem § 98 GWB nachgestellte Vorschrift kann aber schon von der Gesetzessystematik

---

184 So offenbar BGH v. 27. 2. 1962, BGHZ 36, 1, 16 bzgl. des UWG.

185 *Welter* S. 43 f.; *Mees*, Verdingungsordnungen S. 57 f. und 73.

186 Insofern handelt es sich bei § 98 Abs. I GWB um eine „gesetzliche Teilauslegung" des Unternehmensbegriffs des GWB, so *Müller / Giessler* § 98 Rdnr. 1. Das Argument von *I. Schmidt* BB 1963, 1405, die Verwaltung sei generell sowohl Nachfrager als auch Anbieter, ist absurd.

187 Verdingungsordnungen S. 3.

her allenfalls zusätzlich solche Gebiete vom Geltungsbereich des Kartellrechts ausnehmen, deren Exemtion § 98 GWB noch nicht oder jedenfalls nicht zweifelsfrei vorgenommen hat[188].

Die Konsequenzen der offenbar herrschenden Meinung, die das GWB generell bei staatlichen Bedarfsdeckungsgeschäften anwenden will, sind zudem bisher selten durchdacht worden[189]. Erwähnt wird durchweg nur der Anti-Diskriminierungsparagraph 26 Abs. II GWB, der zwar problemlos applizierbar, andererseits so gut wie inhaltsgleich mit Art. 3 GG ist. Die grundgesetzliche Vorschrift geht sogar viel weiter[190]. Wollte aber das Bundeskartellamt nach § 24 Abs. I und II Satz 1 etwa die Zusammenlegung zweier Behörden oder ihrer Bedarfsdeckungsabteilungen verbieten, so griffe es doch wohl unzulässig in die Organisationshoheit der juristischen Person des öffentlichen Rechts ein, deren Organe die betreffenden Behörden sind[191]. Auch eine Kooperation von Beschaffungsstellen könnte durch die §§ 1 ff. GWB in einem Maße in Frage gestellt sein, das die Organisationsgewalt und nicht zuletzt das Gebot der Wirtschaftlichkeit und Sparsamkeit berühren würde. Es bleibt daher festzuhalten, daß für Bedarfsdeckungsverträge nicht am allgemeinen Wettbewerb teilnehmender juristischer Personen des öffentlichen Rechts das GWB nicht gilt.

B. Konsequenzen für das Verfahren

I. Die Vorbereitung von Bedarfsdeckungsgeschäften

a) Dispositionen im Vorstadium und Haushaltsrecht

Von den zahlreichen Überlegungen, die eine Behörde anzustellen hat, bevor sie ein Vergabeverfahren einleitet, sollen hier zunächst die haushaltsrechtlich relevanten herausgegriffen werden. Wie das Beispiel des Berliner Kongreßzentrums zeigt, kommen selbst oder gerade bei so gigantischen Projekten massive Verletzungen eindeutiger und zwingender Normen vor. Gemäß § 16 Abs. I und II HGrG dürfen Mittel für Baumaßnahmen und größere Beschaffungen erst dann in den Haushaltsplan eingestellt werden, wenn die Planungen soweit fortgeschritten

---

188 Wie hier — Anwendbarkeit des GWB nur bei voller Marktteilnahme durch Erwerb und Wiederveräußerung — die bei *Semler* S. 58 f. zitierte Literatur, u. a. das BKartA. Anders BGH v. 26. 10. 1961, BGHZ 36, 91 ff.

189 Vgl. aber die Arbeit *Semlers*. *Semler* muß, um seine Konzeption von der Einschlägigkeit des GWB durchzuhalten, sowohl den gängigen Wettbewerbsbegriff (S. 88) als auch den Inhalt der Gleichbehandlungsmaxime (S. 94 ff.) umdefinieren.

190 *Dürig* MDH Art. 3 I Rdnr. 494.

191 Wie hier *von Köhler* DVBl 1961, 605. *Semler*, der das GWB grundsätzlich anwenden will, nimmt auf S. 83 davon die Bestimmungen über die Befugnisse der Kartellbehörden aus.

sind, daß die Kosten der Maßnahmen ersichtlich sind und ein Zeitplan erstellt ist. In einer inflationären Wirtschaft ist es nie möglich, die Kosten bei großen Projekten Jahre im voraus exakt zu berechnen. Wenn sich eine Kostenschätzung allerdings innerhalb von vier Jahren verfünffacht[1], dann können „Fehleinschätzungen dieses Ausmaßes" nicht entschuldigt werden[2]. Hinzu kommt, daß nicht selten die vertraglich eingegangenen Zahlungsverpflichtungen die Haushaltsansätze für die jeweilige Verpflichtungsermächtigung weit überschreiten[3], wohl in der Hoffnung, im folgenden Haushaltsjahr werde der Fehlbetrag vom Parlament bewilligt. Es widerspricht dies einer sparsamen und wirtschaftlichen Haushaltsführung ebenso wie der Fall, daß Vorhaben sogar schon in Angriff genommen werden, obwohl ausführliche Kostenberechnungen nicht vorliegen. Wenn § 29 HGrG für den Zeitpunkt des Beginns von Baumaßnahmen bzw. größeren Beschaffungen auf den Unterlagen für die Aufstellung des Haushaltsplanes beruhende, aber weit konkretere, abgeschlossene Planungen verlangt, so findet damit nur der Grundsatz des § 6 HGrG eine spezielle Ausprägung[4], die auch zu beachten ist, wenn eine dem § 29 HGrG entsprechende Regelung für einen öffentlichen Auftraggeber — aus welchem Grunde auch immer — nicht gilt[5].

Es bedarf keiner näheren Erläuterung, daß die unbestimmten Rechtsbegriffe der §§ 16, 29 HGrG („größere" Bechaffungen, „erhebliche" Abweichungen) und die Ausnahmen des § 16 Abs. III HGrG stark mißbrauchsanfällig sind, weshalb konkretisierende Richtlinien absolut erforderlich sind[6]. Wo sie fehlen oder auch sie einen weiten Spielraum lassen, ist eine stark restriktive Auslegung am Platze.

b) *Die Auswahl unter den Vergabearten*

§ 30 HGrG und die entsprechenden Normen der BHO und der Länderhaushaltsordnungen schreiben als Muß-Vorschriften eine öffentliche Ausschreibung vor Abschluß von Bedarfsdeckungsgeschäften vor. Aus-

---

[1] So beim erwähnten Kongreßzentrum, vgl. Abgeordnetenhaus von Berlin, Drs. 7/121 S. 6.

[2] Ebd.

[3] Ebd. S. 10 f.

[4] Ebd. S. 11.

[5] Ebd.

[6] Zu den §§ 24 und 54 BHO, die den §§ 16 und 29 HGrG entsprechen, sind „Vorläufige Verwaltungsvorschriften" ergangen, und zwar im MinBl des BM für Finanzen und des BM für Wirtschaft 1973 S. 208 und 268, auch abgedruckt bei *Morell* Erläuterungen zu §§ 24 und 54 BHO. Nach diesen Richtlinien gelten als „größere Beschaffungen" i. S. d. § 24 Abs. II BHO solche mit einem Aufwand von über 500 000 DM, als „kleine" Maßnahmen i. S. d. § 54 Abs. I S. 1 BHO solche unter 250 000 DM. „Erhebliche" Abweichungen i. S. d. § 54 Abs. I S. 2 BHO beginnen bei einer Kostenüberschreitung von 15 %.

nahmen werden nur durch die „Natur des Geschäfts“ oder „besondere Umstände“ gerechfertigt. § 3 VOB/A und § 3 VOL/A spezifizieren, wann davon abweichend eine nur beschränkte Ausschreibung oder gar eine freihändige Vergabe zulässig sein soll.

Die Argumente, mit denen die Literatur das Prinzip der öffentlichen Ausschreibung verteidigt, sind vielfältiger Natur. Die wichtigsten kurz zu erörtern, ist notwendig, weil sie die Interpretation und Wertung der Ausnahmeregeln weitgehend bestimmen[7]. Die erste Gruppe von Gesichtspunkten ist allgemein wirtschaftspolitischer Natur. Als „organisiertes Zusammentreffen von Angebot und Nachfrage“ diene die öffentliche Ausschreibung der „Vervollkommnung des Wettbewerbs“[8]. Neben der Förderung des Wettbewerbs auf der Anbieterseite, der die wirtschaftliche Entwicklung „im Fluß“ halte[9], verhindere eine öffentliche Ausschreibung aber auch, daß der Staat selbst sich monopolistisch verhalte[10].

Weil das Grundgesetz, wie bereits dargetan[11], sich für eine bestimmte Wirtschaftsordnung nicht definitiv entschieden hat, sind die genannten Argumente von geringerem Gewicht. Etwas anderes mag gelten für die Ansicht, nur eine (öffentliche) Ausschreibung führe näher zu dem Ziel, öffentliche Mittel sparsam und wirtschaftlich zu verwalten. Dieses Prinzip ist in § 6 HGrG niedergelegt, durchzieht als allgemeine Regel aber auch das gesamte Verwaltungsrecht[12]. Die Ausschreibung sei das spezifische Verfahren, nach dem der Staat seinen Bedarf decke[13], und dies müsse so sein, weil im Gegensatz zu privaten Einkäufen der öffentliche Einkauf einen optimalen Nutzen für die Allgemeinheit erbringen müsse[14], wegen der persönlichen Desinteressiertheit der Beamten aber ein Antrieb zu wirtschaftlichem Verhalten fehlen[15]. Eine (öffentliche) Ausschreibung konterkariere den Hang öffentlicher Auftraggeber zum Protektionismus, zum Beharren auf einem eingespielten Lieferantenkreis vor allem von Großbetrieben und zur Reserve gegenüber jungen, unbekannten Unternehmen[16]. Dies alles könne des Staates Geld kosten.

---

[7] Generell gilt der Satz, daß Ausnahmebestimmungen restriktiv auszulegen sind, vgl. auch *DMM* § 3 Anm. 5 b.

[8] *Gandenberger* S. 32; vgl. auch *Schmölders* S. 223; *H. Schmid* S. 74. Ähnlich schon *F. C. Huber* Vorwort S. VIII: „Personifikation der freien und allgemeinen Konkurrenz.“

[9] *Welter* S. 184.

[10] *Gandenberger* S. 239.

[11] Oben A I. a.

[12] Vgl. *Daub / Tomascewski* S. 508.

[13] *DMM* Einführung S. 32.

[14] *Gandenberger* S. 62.

[15] Ebd. S. 58; vgl. auch *Daub / Tomascewski* S. 505.

[16] *Gandenberger* S. 218; *Welter* S. 223.

Das Gebot der Sparsamkeit rechtfertige und fordere die (öffentliche) Ausschreibung[17] als das einzige objektive Verfahren zur Ermittlung „angemessener“ Preise[18].

Demgegenüber wird allerdings auch angeführt, daß die zum Wesen der Ausschreibung gehörige Geheimhaltung der Angebote zu einem „Scheuklappen-Effekt“ führe; die mangelnde Transparenz des Marktes wirke sich — meist verteuernd — auf die Angebote aus[19]. Die kategorische Behauptung, Wirtschaftlichkeit und Ausschreibung seien beinahe synonym zu verstehen, sei daher zu relativieren[20]. Das einzige Verfahren, den geschilderten Effekt zu verhindern, wäre die Lizitation, die „umgekehrte“ Versteigerung bei gleichzeitiger Anwesenheit der Bieter[21]. Dieses Verfahren, das in § 6 Nr. 2 VOB/A und § 6 Satz 1 VOL/A überlebt hat[22], bringt andererseits so zahlreiche Nachteile mit sich[23], daß es nicht geeignet erscheint, die Ausschreibung zu ersetzen. Bei wiederkehrenden Unterhaltungsarbeiten, für die VOB und VOL es zulassen, kann es toleriert werden, weil in diesen Fällen der Auftraggeber laufend mit Marktinformation versorgt ist[24] und u. a. die Vorprogrammierung der Preise durch ihn gerechtfertigt ercheint[25].

Das gewichtigste Argument gegen eine Ausschreibung im Rahmen der Diskussion über „efficiency and economy“ ist, daß ein förmliches Verfahren zu höheren Verfahrenskosten führt[26]. § 6 und § 30 HGrG könnten daher in einem Spannungsverhältnis stehen[27]. Bei „Bagatellkäufen“[28] müsse sorgfältig geprüft werden, ob Kosten und Ersparnis in einem angemessenen Verhältnis stünden[29]. Wegen des Grundsatzes der Ausschreibung sei aber ein strenger Maßstab anzulegen[30] und die Höchstsummen für die freihändige Vergabe seien eindeutig festzusetzen[31].

---

[17] *Truninger* S. 11; *Gandenberger* S. 58 f.

[18] *F. C. Huber* S. 64 ff.

[19] *Gandenberger* S. 180 ff.

[20] Ebd. S. 192.

[21] Ebd. S. 180 ff.

[22] *H. Müller* S. 25; *Rentrop* Darstellung S. 95.

[23] Vgl. *Gandenberger* S. 193 f.; *HRS* § 6 Rdnr. 3; *H. Schmid* S. 79 f.

[24] *Ingenstau / Korbion* § 6 Rdnr. 7.

[25] Unbegründet kritisch zu diesem Aspekt *HRS* § 6 Rdnr. 1 und *Ingenstau / Korbion* § 6 Rdnr. 6.

[26] *Gandenberger* S. 60 und 251; kritisch *Welter* S. 202 f.

[27] *Rentrop* Darstellung S. 38; auch *DMM* § 3 Anm. 4 b.

[28] *Rentrop* Darstellung S. 1.

[29] *Gandenberger* S. 66; *Hereth / Naschold* Ez A 3. 16.

[30] *DMM* § 3 Anm. 5 c; *Daub / Tomascewski* S. 514.

[31] *Gandenberger* S. 66.

Diese Argumente immerhin muten stichhaltig an. Eine Abwägung ist aber insbesondere erforderlich mit der dritten Gruppe von Gründen, die für die Ausschreibung sprechen. Schon *Rothacker*[32] argwöhnte, daß auf dem uns interessierenden Sektor der Verwaltungstätigkeit größte Gefahren für „Lauterkeit, Pflichttreue, Wahrheits- und Gerechtigkeitsliebe der Beamten" lauerten. *Beutinger*[33] beklagte das grassierende Bestechungsunwesen. Um Willkür und unerwünschten Lobbyisteneinfluß zurückzudrängen, ist ein förmliches, streng gehandhabtes Verfahren eines der besten Mittel[34]. Das ist nicht nur ein politischer Gesichtspunkt[35], sondern steht in direktem Zusammenhang mit der Forderung, Privilegien bestimmter Bewerber auszuschalten[36] und allen Bewerbern Zugang zum Verfahren mit den gleichen Startbedingungen zu gewährleisten[37]. Die Pflicht zur öffentlichen Ausschreibung folgt demnach aus Art. 3 GG[38]. Diese Verpflichtung rechtfertigt nicht nur bis auf seltene Ausnahmefälle die höheren Verfahrenskosten[39], sie ist vielmehr auch nicht bei geringem Auftragswert suspendiert. Wird bei Bagatellbeschaffungen vom öffentlichen Verfahren Abstand genommen, ist ihre Erfüllung auf andere Art sicherzustellen. Wenn der Staat seinen Bedarf bei Privaten deckt, gebietet ihm die Verfassung durchgehend die Gleichbehandlung der Bewerber. Allenfalls überragende andere Verfassungsprinzipien können ihn von dieser Pflicht entbinden[40]. Anhand dieses Leitgesichtspunktes sind die Bestimmungen der Verdingungsordnungen zu untersuchen.

Wenn *Gandenberger*[41] beklagt, die Vorschriften der Verdingungsordnungen seien so vage, daß der Auftraggeber fast immer auf eine Ausschreibung, jedenfalls eine öffentliche, verzichten könne, so trifft dies allerdings nach Neufassung der VOB auf diese nicht mehr in vollem Umfange zu. Denn auch bei beschränkter Ausschreibung und freihändiger Vergabe ist durch die Verpflichtung, einen öffentlichen Teilnahmewettbewerb zu veranstalten, Art. 3 GG Genüge getan, soweit es die Zulassung zum Bieterwettbewerb betrifft. Die Ausnahmefälle, in denen auch vom öffentlichen Teilnahmewettbewerb abgesehen werden

---

[32] S. 14; vgl. auch S. 22.

[33] S. 97. Zum schlechten Ruf der Bedarfsverwaltung auch *Mengert* S. 34.

[34] Ähnlich *Gandenberger* S. 58 f.; *Welter* S. 182 f.; *Rentrop* Darstellung S. 4 und 122; *Daub / Tomascewski* S. 508; *Truninger* S. 15, auch schon *F. C. Huber* S. 64 ff. A. A. *Schmölders* S. 219.

[35] So *Gandenberger* S. 270.

[36] *Welter* S. 182.

[37] *Gandenberger* S. 217; *Rentrop* Darstellung S. 4; *Dreyer* S. 75 ff.

[38] *Dürig* MDH Art. 3 I Rdnr. 504; vgl. auch *Haak* S. 136.

[39] *Gandenberger* S. 61 und 251.

[40] Vgl. auch *Haak* S. 140 f.

[41] S. 28 f.

kann, sind relativ eng und nicht derart generalklauselartig gefaßt wie die Vorschriften der VOB über die Wahl der Vergabeart. Diese Normen[42] stehen aber wegen der Einrichtung des öffentlichen Teilnahmewettbewerbs[43] für die Frage der Zulassung zum Bieten nicht mehr im Vordergrund des Interesses[44].

Gegen die Ausnahme des § 3 Nr. 6 a VOB/A kann nichts eingewendet werden. Wenn beispielsweise aus Gründen des Patentschutzes nur ein einziges Unternehmen in Betracht kommt, läuft Art. 3 GG leer. Problematischer ist Nr. 6 b. Sie widerspricht § 29 Abs. I HGrG und § 16 Nr. 1 VOB/A, die eine Vergabe erst nach Fertigstellung aller notwendigen Unterlagen zulassen. Zu welchen Mißbräuchen sie führen kann, zeigt einmal mehr das Beispiel des Berliner Kongreßzentrums, wo offenbar ohne Ausschreibung bzw. Teilnahmewettbewerb Aufträge vergeben wurden[45]. Diese Bestimmung führt zu einer „Bankrotterklärung"[46] des Ausschreibungsgrundsatzes; sie dürfte ungültig sein.

In den Ausnahmefällen des § 3 Nr. 6 c und d VOB/A ist der Begriff des nicht vorhersehbaren Ereignisses äußerst eng zu fassen[47]. Nr. 6 e wiederum ist unproblematisch, ebenso wie im Grundsatz Nr. 6 f (Geheimhaltung)[48]. Im letzteren Fall ist allerdings äußerste Wachsamkeit angebracht, nicht nur gegen „Wichtigtuerei"[49], sondern gegen einen bequemen Weg, den Ausschreibungsgrundsatz zu unterlaufen. Die Vorschrift dürfte nur anwendbar sein, wenn anderenfalls der Beamte strafbar im Sinne des § 353 b StGB wäre.

Weit unbestimmter ist die VOL/A, die zudem einen öffentlichen Teilnahmewettbewerb nicht kennt. Eine Reduzierung der zahlreichen und meist vagen Ausnahmebestimmungen ist dringend angezeigt[50], die Maschen sind wesentlich enger zu knüpfen, um nicht die Ausnahme zur Regel werden zu lassen[51]. So läßt § 3 Nr. 3 a VOL/A freihändige Verfahren auch zu, wenn „nur bestimmte" Unternehmer[52] in Frage kom-

---

42 § 3 Nr. 3, 4 und 5 VOB/A.

43 Die VOB kennt nicht die Begrenzung des Art. 7 EG-Richtlinie auf Aufträge ab 1 Mio. Rechnungseinheiten = ca. 3,6 Mio. DM.

44 Die in VOB-Fälle Nr. 2 zu VOB/A geäußerten Bedenken gegen die Praxis eines Auftraggebers, nur noch freihändig mit Teilnahmewettbewerb auszuschreiben, müssen deshalb auf anderen Gründen beruhen.

45 Vgl. Abgeordnetenhaus von Berlin, Drs. 7/121 S. 5.

46 *Rothacker* S. 5.

47 Dazu *Ingenstau / Korbion* § 3 Rdnr. 44. Kritisch zu den oft nur vorgeschobenen „Eilfällen" *Mengert* S. 35.

48 Vgl. *Haak* S. 121 f.

49 *Welter* S. 207.

50 *Gandenberger* S. 266 f.

51 *Welter* S. 193 f.

52 Laut *DMM* § 3 Anm. 5 e allerdings höchstens zwei.

men. Auch bei nur zwei Bewerbern ist allerdings der Gleichbehandlungssatz zu beachten. Die „gewissen Börsenwaren" der Nr. 3 b sind ein nebulöser Begriff. Die besondere Dringlichkeit nach Nr. 3 f ist nicht nur oft vorgeschoben und ein „Armutszeugnis"[53], vielmehr ist diese Bestimmung ebenso wie Nr. 3 g aus den gleichen Gründen verfassungswidrig wie § 3 Nr. 6 b VOB/A. Was immer eine „vorteilhafte Gelegenheit" im Sinne der Nr. 3 l des § 3 VOL/A sein mag, so kann das jedenfalls nicht der subjektiven Beurteilung der einzelnen Beamten unterliegen. Auch diese Vorschrift kann somit Geltung nicht beanspruchen.

§ 3 Nr. 3 m VOL/A verwirklicht den Grundsatz „de minimis non curat praetor"[54]. Allerdings muß der Höchstwert nach dieser Bestimmung durch „Ausführungsbestimmungen" ausdrücklich zugelassen sein. Die Grenze von 10 000 DM, die *Welter*[55] setzen will, mag als Richtwert dienen.

Warum es sich schließlich von selbst verstehen soll, daß sich eine Ausschreibung für Entwicklungsaufträge verbietet[56], ist nicht ganz einleuchtend. § 9 Nr. 10 ff. VOB/A sieht für solche und ähnliche Fälle gerade vor, daß auch der Entwurf dem Wettbewerb zu unterstellen ist.

Es wurde bereits dargetan, daß auch bei freihändiger Vergabe dem Art. 3 GG Genüge zu tun ist; „patriarchalisch"[57] darf das freihändige Verfahren nicht sein. Obwohl der Abschnitt II der VOL für die freihändige Vergabe nicht unmittelbar gilt[58], wird doch zu prüfen ein, welche Einzelregelungen auch hier „aus Gründen einer geordneten Verwaltungsführung"[59] beachtet werden müssen, evtl. entsprechend modifiziert[60]. Aus dem Gleichbehandlungsgrundsatz dürfte sich die Verpflichtung ergeben, eine „offene Liste" aufzustellen, wie sie in den USA üblich ist, und in die sich alle interessierten Unternehmer eintragen können[61]. § 3 Nr. 4 VOL/A schreibt vor, auch bei freihändiger Vergabe eine formlose Preisermittlung anzustellen[62]. Die Vorschrift muß sehr ernst genommen werden, nicht in erster Linie wegen des Wettbewerbsgrundsatzes[63], sondern wegen Art. 3 GG.

---

[53] *Welter* S. 195 f.

[54] *Welter* S. 336 Anm. 1.

[55] Ebd.

[56] So *Rentrop* Darstellung S. 161; *DMM* § 3 Anm. 5 g. Eine solche Ausnahme ist weder in VOB/A noch in VOL/A vorgesehen.

[57] *F. C. Huber* Anlage III S. 321.

[58] Die VOB/A erklärt im einzelnen bestimmte Vorschriften für auf die freihändige Vergabe anwendbar, vgl. etwa § 25 Nr. 5.

[59] *DMM* A II Einführung Nr. 3.

[60] *DMM* A III; auch *Ingenstau / Korbion* § 3 Rdnr. 4.

[61] Dazu *Welter* S. 228 ff.; *Haak* S. 137 ff.

[62] Vgl. auch § 5 Abs. I Nr. 2 BPVO.

[63] So *Michaelis / Rhösa* Erläuterungen Verordnung § 2 S. 97.

Das Verfahren der beschränkten Ausschreibung ist ebenso kritisch unter die Lupe zu nehmen, erst recht wegen der uferlosen General-Klausel des § 3 Nr. 2 VOL/A. *Zeidler*[64] hält es im Hinblick auf Art. 3 GG für nicht problematisch, solange bei der Begrenzung des Teilnehmerkreises Willkür und Unsachlichkeit ausgeschlossen sind. Das ist insofern fragwürdig[65], als ein offenes Verfahren ja gerade die Objektivität der Kriterien und ihre strenge Beachtung sicherstellen soll[66]. Bei einem öffentlichen Teilnahmewettbewerb nach VOB/A ist im Hinblick auf die Zulassung zum Verfahren kein Einwand zu erheben; die VOL/A sieht in § 9 Nr. 2 aber lediglich vor, daß mindestens drei Unternehmer zur Angebotsabgabe aufgefordert werden sollen, wobei der Bewerberkreis gewechselt werden soll. Wie dieser Bewerberkreis aber zustande kommt, darüber verliert die VOL kein Wort. Das aber kann nicht ohne weiteres hingenommen werden. Auch hier ist eine offene Liste zu fordern[67]. Daß von dieser Liste nur solche Bewerber aufzufordern sind, die fachkundig, zuverlässig und leistungsfähig sind[68], liegt im vereinfachenden Sinn und Zweck der beschränkten Ausschreibung[69]. Unter den geeigneten Bewerbern nur bestimmte und nicht alle aufzufordern, widerspricht hingegen der Gleichbehandlung. Vielmehr müssen allen Bewerbern gleiche Startbedingungen eingeräumt werden. Die Beschränkung auf acht Bewerber[70] ist daher nicht hinzunehmen.

Die weite Fassung des § 3 Nr. 2 VOL/A stellt es beinahe der Verwaltung anheim, von der öffentlichen auf die beschränkte Ausschreibung überzugehen. Der Grund für die Bestimmung soll sein, daß der hohe Aufwand einer öffentlichen Ausschreibung sich nicht lohne, wenn zahlreiche Bieter zu erwarten seien, die dann doch überwiegend ungeeignet wären[71]. Die Verwaltung kann aber nicht immer im voraus wissen, wie viele Bieter die Leistungskriterien erfüllen können. Dehalb ist § 3 Nr. 2 VOL/A auf die Fälle zu beschränken, in denen einwandfrei feststeht, daß nur ganz wenige Bewerber in Betracht kommen. Ob inzwischen neue geeignete Bewerber am Markt auftauchen, kann nur mittels einer offenen Liste überprüft werden.

Daub/Meierrose/Müller[72] wollen die Fälle des § 3 Nr. 3 b, c und d VOB/A auch auf die VOL/A übertragen. Dieses Verfahren ist mehr als

---

64 VVDStRL 19, 235 f.

65 Vgl. schon *F. C. Huber* S. 93.

66 Vgl. auch *Haak* S. 137 f.

67 Ebd.

68 Vgl. § 18 Nr. 3 VOL/A, § 8 Nr. 2 Abs. II S. 1 VOB/A; dazu *DMM* § 9 Anm. 4 d.

69 *F. C. Huber* S. 91 f.

70 § 8 Nr. 2 Abs. II S. 1 VOB/A. Die VOL kennt diese Begrenzung nicht, *DMM* § 9 Anm. 4 a.

71 *DMM* § 3 Anm. 6 b.

fragwürdig, weil damit eindeutig vom Wortlaut der VOL/A abgewichen würde. Zudem kennt die VOL den öffentlichen Teilnahmewettbewerb nicht. Darüber hinaus ist die Nr. d hinsichtlich der Dringlichkeit aus bereits dargelegten Gründen unbeachtlich, und die Nr. b muß restriktiv interpretiert werden. Man wird allerdings *Winkler*[73] nicht folgen können, der erst ab 300 000 DM Auftragssumme ein angemessenes Verhältnis zwischen Verfahrenskosten und erreichbarem Vorteil für gegeben erachtet. Vielmehr ist im Einzelfall sorgfältig abzuwägen, insbesondere kommt es auf die Zahl der voraussichtlich geeigneten Bewerber an.

Streng zu achten ist darauf, daß der Grundsatz der öffentlichen Ausschreibung (bzw. des öffentlichen Teilnahmewettbewerbs) nicht umgangen wird. Ist z. B. bei einer als öffentlich deklarierten Ausschreibung als Eröffnungstermin nur ein Tag ohne Tageszeit angegeben und wird der Termin dann gar nicht abgehalten, so entspricht dies im Ergebnis einer freihändigen Vergabe nach Angebotsbeiziehung[74]. Ob diese zulässig war, muß dann im Einzelfall geprüft werden.

Selbstverständlichkeiten sind die §§ 16 Nr. 2 VOB/A und 17 S. 2 VOL/A, denen zufolge Ausschreibungen für vergabefremde Zwecke nicht erlaubt sind. Die Bieter würden Zeit und Kosten aufwenden ohne Chance, ein Bedarfsdeckungsgeschäft abschließen zu können[75]. Das widerspricht dem Grundsatz von Treu und Glauben, der das private und öffentliche Recht durchzieht[76].

c) *Die Aufhebung von Ausschreibungen*

Unter bestimmten Voraussetzungen kann nach VOB und VOL eine bereits in die Wege geleitete Ausschreibung wieder aufgehoben werden. Ein solcher Vorgang gehört noch zum Abschnitt „Vorbereitung", denn zu einem Bedarfsdeckungsgeschäft ist es ja nicht gekommen. Innerhalb der Bindefrist muß eine Entscheidung getroffen werden, sei es über den Zuschlag, sei es über die Aufhebung[77].

VOB und VOL umschreiben die Gründe, die eine Aufhebung zulassen, im Wege der Generalklausel, die durch Beispiele erläutert wird; § 26 Nr. 1 c VOB/A verlangt „schwerwiegende", § 25 Nr. 1 d und Nr. 2 b

---

[72] § 3 Anm. 6 c.

[73] Zu § 3 Ziff. 4 b.

[74] *VOB-Fälle* Nr. 3 zu VOB/A.

[75] *HRS* § 16 Rdnr. 13; *Ingenstau / Korbion* § 16 Rdnr. 7.

[76] Unter die genannten Regeln fallen auch Scheinausschreibungen, um Korruption abzuschirmen, *DMM* § 17 Anm. 4.

[77] *DMM* § 25 Anm. 1 a.

VOL/A[78] sogar lediglich „triftige" Gründe. *Daub/Meierrose/Müller*[79] halten eine Generalklausel für unerläßlich, während *Welter*[80] strengste Bedingungen fordert. *Welter* ist unbedingt zuzustimmen, zumindest müssen die Regelbeispiele vervollständigt werden. Wenn kein geeignetes Angebot eingegangen ist[81], ist über die Aufhebung kein Wort zu verlieren. Wird ein einziges Angebot abgegeben, so ist ihm hingegen der Zuchlag zu erteilen, soweit es geeignet ist[82].

Unklar bleibt, wann eine wesentliche Änderung der Grundlagen der Ausschreibung eintritt[83]. Laut *Daub/Meierrose/Müller*[84] können die Gründe dafür liegen auf der Bedarfs- oder der Finanzierungsseite. Der Auftraggeber dürfe nicht gezwungen sein, einen Auftrag zu vergeben, wenn er feststelle, daß der avisierte Bedarf wegfalle oder wenn er sich bei den Preisen verschätzt habe.

Dazu ist zu sagen, daß nach den §§ 16, 29 HGrG der Auftraggeber sorgfältig den Bedarf zu planen und die Kosten zu veranschlagen hat. Eine Aufhebung durch falsche Bedarfsschätzung ist demnach gesetzwidrig. Liegen die eingegangenen Angebote erheblich über dem der Verwaltung zuverlässig bekannten Preisniveau und reichen daher die Mittel nicht aus, dürfte eine Aufhebung zulässig sein[85], allerdings nur dann[86]; § 25 Nr. 1 c VOL/A ist dann überflüssig und gibt nur zu Mißverständnissen Anlaß.

Einen eklatanten Verstoß gegen den Gleichheitsgrundsatz stellt es dar, wenn eine Ausschreibung aufgehoben wird, weil der Auftraggeber ein nachträglich eingegangenes Angebot für günstiger hält und nun freihändig berücksichtigen will[87]. Dies gilt auch dann, wenn das nachträgliche Angebot eine wirtschaftlich oder technisch bessere Lösung

---

[78] Die VOL kennt im Gegensatz zur VOB neben der Vollaufhebung auch eine Teilaufhebung, dazu *DMM* § 25 Anm. 2.

[79] § 25 Anm. 3 e.

[80] S. 221 f.

[81] § 26 Nr. 1 a VOB/A; § 25 Nr. 1 a VOL/A.

[82] *VOB-Fälle* Nr. 55 zu VOB/A. A. A. *DMM* § 24 Anm. 10 f., die eine Aufhebung für möglich halten, wenn so viele Angebote ausgeschlossen wurden, daß durch die verbleibende geringe Zahl von Bietern der Wettbewerbsgrundsatz nicht mehr gewahrt sei. Vgl. aber auch *DMM* ebd. Anm. 3 a.

[83] § 26 Nr. 1 b VOB/A; § 25 Nr. 1 b VOL/A.

[84] § 25 Anm. 3 b.

[85] Ebd. Anm. 3 c; vgl. auch *Gandenberger* S. 151 ff. Bedenklich *VOB-Fälle* Nr. 52 zu VOB/A.

[86] Vgl. *VOB-Fälle* Nr. 51 zu VOB/A.

[87] Vgl. *VOB-Fälle* Nr. 1, 46 und 53 zu VOB/A; *Furtwängler* S. 124. Dies um so mehr, wenn Nebenangebote ausgeschlossen waren und der Auftraggeber nun ein dennoch abgegebenes berücksichtigen will. Unhaltbar daher *DMM* § 24 Anm. 26 b.

vorschlägt[88]. Die Verwaltung hat die optimale Lösung selbst zu ermitteln[89]; ein Irrtum darf nicht zu Lasten der Bieter gehen[90].

II. Behörde und Bieter — Grundsätze des Verfahrens

a) *Öffentlichkeit und Geheimhaltung*

Es bedarf keiner Diskussion, daß die ordnungsgemäße Bekanntgabe von Ausschreibungen eine zentrale Forderung zur Durchsetzung des Gleichbehandlungsgebotes ist, damit jedermann die Chance hat, von einer Ausschreibung zu erfahren. Die detaillierte Regelung des § 17 VOB/A dazu ist mustergültig[91]. § 18 VOL/A hingegen enthält keine Bestimmungen über den notwendigen Inhalt der öffentlichen Bekanntmachung[92]; was „Ausschreibungen" im Sinne der Nr. 4 sind, bleibt unklar[93]. Im Interesse umfassender Publizität wird man die Nr. 4 auf die Bekanntmachung beziehen müssen[94]. Selbstverständlich ist der Auftraggeber gehalten, die Unterlagen allen Interessenten zur Verfügung zu stellen, nicht nur „solange Vorrat reicht"[95]. Ebensowenig ist die Ausschreibung eine öffentliche, wenn nur Unternehmer aufgefordert werden, die in einer bestimmten Region ansässig sind[96]. Nicht zulässig dürfte § 18 Nr. 2 VOL/A sein, da hier bestimmte Unternehmer bevorzugt werden[97].

Die Geheimhaltung der eingegangenen Offerten bis zum Eröffnungstermin dient dem wichtigen Ziel, den Wettbewerb „lauter"[98] und frei von „nachteiligen Einflüssen" zu halten[99]. Diese Geheimhaltung ist unbedingt sicherzustellen, möglichst durch die Einrichtung besonderer Angebotssammelstellen[100].

---

88 A. A. *DMM* § 25 Anm. 3 e.

89 Anders im Falle der funktionalen Leistungsbeschreibung.

90 Vgl. auch die Fallgestaltung in *VOB-Fälle* Nr. 39 zu VOB/A.

91 Vgl. zum „Bundesausschreibungsblatt" *Gandenberger* S. 15 f. Anm. 1 und dazu den Erlaß des BM der Finanzen v. 14. 8. 1954, abgedr. bei *Michaelis / Rhösa* Text-Teil II 5 l.

92 *DMM* § 18 Anm. 5 a.

93 Ebd. Anm. 3 e.

94 So auch *DMM* § 18 Anm. 5 a.

95 *VOB-Fälle* Nr. 6 zu VOB/A; *Furtwängler* S. 124; *Brügmann* Baugewerbe 1954, 636; *DMM* § 9 Anm. 3 e und f. Vgl. auch *Ingenstau / Korbion* § 17 Rdnr. 51: für Anlagen zur Leistungsbeschreibung reicht die Möglichkeit der Einsichtnahme.

96 Bedenkliche Ausnahmen lassen *Ingenstau / Korbion* § 3 Rdnr. 14 zu.

97 Kritisch auch *DMM* § 18 Anm. 5 c.

98 *Ingenstau / Korbion* § 17 Rdnr. 54.

99 *DMM* § 18 Anm. 6 und § 22 Anm. 2 b und 10; *Gandenberger* S. 36 ff.; *HRS* § 17 Rdnr. 69.

100 *Welter* S. 182 f. Anm. 1; *Rentrop* Darstellung S. 5; vgl. auch *DMM* § 18 Anm. 6 a und b.

Während nach § 22 Nr. 1 S. 1 VOB/A im Eröffnungstermin die Bieter zugegen sein dürfen, erlaubt § 22 Nr. 4 VOL/A dies nicht. Die Regelung der VOL ist im Hinblick auf die Nachprüfbarkeit der im Termin einzuhaltenden Formalien sehr bedenklich, die dafür vorgebrachten Argumente[101] stehen auf schwachen Füßen.

Die Bieter sind zu benachrichtigen, wenn ihre Offerten unberücksichtigt blieben oder die Ausschreibung aufgehoben wurde[102]. Eine Ergebnispublizität hingegen über den Zuschlagspreis gibt es nicht. Sie ist anzustreben[103], schon um jeden Zweifel über die Verfahrenskorrektheit auszuschalten; verfassungsmäßig gefordert ist sie aber wohl nicht.

b) Objektivität und Befangenheit

In einem Verwaltungsverfahren ist es eine Selbstverständlichkeit, daß befangene Personen für die Behörde nicht tätig werden dürfen[104]. Niemand darf in eigener Sache Richter sein[105]; das muß auch für Ausschreibungen gelten, die einen quasi-judiziellen Verfahren nahekommen. Die VOL/A trägt dem in § 22 Nr. 1 ausdrücklich Rechnung[106]. Dieser Satz hat auch für die von der Behörde hinzugezogenen Sachverständigen Bedeutung; da der Kreis der nur „mittelbar" Beteiligten äußerst schwer abzugrenzen ist[107], ist er so weit wie möglich zu ziehen[108].

Jenseits von Befangenheitsproblemen wäre es zu begrüßen, wenn zur Erreichung weitestgehender Objektivität die komplexe Vergabeentscheidung durch eine Kommission getroffen wird und nicht durch eine Einzelperson[109].

In den §§ 3 Nr. 5, 24 Nr. 1 S. 1 und Nr. 6 VOL/A ist[110] vorgeschrieben, daß die Erwägungen des Auftraggebers bei den Entscheidungen über Vergabeart und Zuschlag in den Akten zu vermerken sind. Diese Protokollierungspflichten[111] sind nicht nur im Interesse einer geordneten

---

101 *DMM* § 22 Anm. 5.

102 §§ 26 Nr. 2, 27 Nr. 1 VOB/A, §§ 25 Nr. 4, 26 Nr. 1 S. 1 (bedenkliche Soll-Regelung!) VOL/A. Vgl. auch § 16 IV S. 2 BPVO (Mitteilung des Ergebnisses einer Preisprüfung), der auf die VPöA zu übertragen sein wird.

103 *Welter* S. 222 f.; *Gandenberger* S. 170 f.

104 Vgl. §§ 16, 17 EVwVfG.

105 *Leibholz / Rinck* Art. 20 Anm. 35.

106 Zur VOB vgl. *HRS* § 22 Rdnr. 4 und 7.

107 *DMM* § 8 Anm. 5 b.

108 Die restriktive Interpretation des § 7 VOB/A durch *Hereth / Naschold* Ez A 7.4 ff. ist daher abzulehnen.

109 Dies geschieht auch gelegentlich, laut *Michaelis / Rhösa* Erläuterungen Verordnung § 2 S. 44 d im BM des Innern.

110 Neben der Protokollierungspflicht über den Eröffnungstermin, § 22 Nr. 3 VOL/A, § 22 Nr. 4 VOB/A.

Verwaltung notwendig, sondern auch rechtsstaatlich gefordert, weil das Gebot effektiven Rechtsschutzes sonst wertlos wäre. Die genannten Vorschriften sind daher auf die VOB auszudehnen.

Eine andere Frage ist, inwieweit eine Begründungspflicht den Bietern gegenüber beteht. Sie wird allgemein mit dem lakonischen Argument abgelehnt, die Teile A der Verdingungsordnungen gewährten keinerlei Ansprüche[112]. Aus dem Rechtsstaatsprinzip wird sie nur bei Eingriffen abgeleitet[113]. Diese Differenzierung zwischen Eingriff und Leistung ist aus den oftmals dargelegten Gründen mehr als zweifelhaft, und der Einwand des hohen Verwaltungsaufwandes trifft auf Leistungen und Eingriffe gleichermaßen zu. § 35 EVwVfG differenziert nicht nach dem Charakter der Behördenentscheidung, sondern fordert umfassend eine Begründung[114]. Zumindest die Entscheidungen im Auswahlverfahren sind deshalb den Bietern begründet mitzuteilen.

c) *Die Leistungsbeschreibung*

Wenn die §§ 16 und 29 HGrG eine weitestgehende Ausarbeitung der Planungsunterlagen vor Einstellung von Mitteln in den Haushaltsplan bzw. vor Beginn des Vergabeverfahrens vorschreiben, so dienen sie damit der haushaltsrechtlichen Sauberkeit. § 16 Nr. 1 VOB/A wiederholt das Erfordernis des § 29 HGrG, diesmal mit dem Ziel, daß die Bieter die Beschreibung der Leistung alle gleich verstehen müssen, nur ihre Preise einzusetzen haben und damit die Angebote absolut vergleichbar sind[115]. Eine exakte Leistungsbeschreibung ist daher einmal notwendig, um dem Prinzip der Gleichbehandlung zu genügen. Das Unvermögen, sie herzustellen, darf nicht zu Lasten der Chancengleichheit der Bewerber gehen[116].

Auch Treu und Glauben fordern, daß die Bieter genau wissen, worauf sie sich einlassen; ihnen darf kein „ungewöhnliches Wagnis“[117] aufge-

---

111 Zu ihrem Inhalt Näheres bei *DMM* § 24 Anm. 28; *Daub / Tomascewski* S. 509.

112 *DMM* § 25 Anm. 1 c und 9; *Hereth / Naschold* Ez A 25. 7.

113 *Leibholz / Rinck* Art. 20 Anm. 33.

114 Für Verwaltungsakte; ob die hier in Frage stehenden Entscheidungen diese Qualität besitzen, darf aber letztlich nicht entscheidend sein. Jedenfalls sind sie verbindlich.

115 Vgl. §§ 6 Nr. 1, 9 Nr. 1, 21 Nr. 1 Abs. I S. 1 VOB/A; §§ 10 Nr. 1, 21 Nr. 1 S. 1 VOL/A und dazu *DMM* § 10 Anm. 2 c; *Ingenstau / Korbion* § 16 Rdnr. 2 und 3; *HRS* § 9 Rdnr. 13.

116 *Welter* S. 92 f.; vgl. schon *Beutinger* S. 26 und 30 ff. und *F. C. Huber* S. 176 ff.

117 So ausdrücklich § 9 Nr. 2 VOB/A und zur Erläuterung die Beispielsfälle in *VOB-Fälle* Nr. 7 ff. zu VOB/A; vgl. auch *Gandenberger* S. 92 ff. und 122 ff.; *Ingenstau / Korbion* § 9 Rdnr. 8 und 9.

bürdet werden, noch sind Anforderungen zulässig, die nicht in direktem Zusammenhang mit der Leistung stehen[118]. Eine durch ein wenig detailliertes Leistungsverzeichnis verursachte unzureichende Kostenberechnung der Unternehmer hat letztlich auch verteuernde Wirkung[119]. Und wenn man dem Wettbewerbsgrundsatz zum Zuge verhelfen will, so lassen sich echte Wettbewerbspreise eben nur bilden, wenn die Leistung eindeutig und erschöpfend beschrieben ist. Deshalb ist es auch gerechtfertigt, wenn diese Forderung zusätzlich in § 4 Abs. I BPVO auftaucht[120]. Ohne deshalb die Anforderungen überspannen zu wollen[121], so müssen doch alle Mittel, auch organisatorische[122], ausgeschöpft werden, um Lücken in der Leistungsbeschreibung zu vermeiden[123].

In vielen Fällen[124] ist es dennoch ein Erfordernis der Zweckmäßigkeit, das Leistungsverzeichnis durch ein Leistungsprogramm zu ersetzen, d. h. von der konstruktiven zur funktionalen Leistungsbeschreibung überzugehen[125]. Wenn irgend möglich, sollte man hier den Ideenwettbewerb vom Ausführungswettbewerb trennen, um der Wertungsobjektivität günstige Bedingungen zu verschaffen[126].

Es sei noch angemerkt, daß nicht Produktmonopolen Vorschub geleistet werden darf, indem bestimmte Erzeugnisse oder Verfahren vorgeschrieben oder gar Markennamen verwendet werden. § 9 Nr. 7 Abs. 2 und 3 VOB/A regelt diesen Fall zufriedenstellend, die Auslegung von §10 Nr. 4 S. 1 und Nr. 6 VOL/A sollte sich daran orientieren.

Nur eine exakte, verbindliche Leistungsbeschreibung macht es auch möglich, Nachverhandlungen auszuschließen, durch die die Chancengleichheit der Bieter verzerrt wird[127] oder durch die bestimmte Bieter sich durch unverlangte zusätzliche Qualitäten Vorteile verschaffen könnten[128]. Verstöße gegen Art. 3 GG wären bei Nachverhandlungen

---

118 Vgl. *Furtwängler* S. 137 f., der Art. 12 GG im Einzelfall berührt sieht.

119 *VOB-Fälle* Nr. 27 zu VOB/A; *F. C. Huber* S. 111 f.; *HRS* § 9 Rdnr. 18.

120 *Altmann* BPVO S. 62 ff. Dies um so mehr, als sonst eine Überprüfung der Preise erschwert wäre, *HRS* § 9 Rdnr. 57.

121 Davor warnt *Welter* S. 96 ff.

122 Vgl. *H. Schmid* S. 83.

123 Vgl. BGH v. 22. 11. 1965, bei *Michaelis / Rhösa* Entscheidungen V Nr. 20.

124 Dazu *Appelhagen* BB 1974, 344; *HRS* § 9 Rdnr. 63 und negativ abgrenzend *Ingenstau / Korbion* § 9 Rdnr. 95.

125 Ausführlich geregelt in § 9 Nr. 10 ff. VOB/A. *Rentrop* Darstellung S. 142 ff. und *DMM* § 10 Anm. 2 g gehen davon aus, daß auch nach der VOL dieses Verfahren zulässig ist. Vgl. auch *Welter* S. 93.

126 A. A. *DMM* § 12 Anm. 3 i; *HRS* § 9 Rdnr. 4.

127 *DMM* § 23 Anm. 1; *Welter* S. 181. Strikt gegen Nachverhandlungen schon *F. C. Huber* S. 196 ff.

128 Daher vehement dagegen *Welter* S. 216 f.; *Gandenberger* S. 101 f.

fast zwangsläufig[129]. Durch Nebenangebote, die in den Verdingungsordnungen zu weitgehend zugelassen werden[130], tritt ein ähnlicher Effekt ein[131]. Eine engere Fassung ist daher vonnöten.

d) *Fristen, Vertragsstrafen, Gewährleistung, Sicherheitsleistung*

Über die genannten Verfahrens- und Vertragsmodalitäten sind nicht viele Worte zu verlieren. Sie sind in den Teilen A geregelt, gehören sachlich aber außer den Angebots- und Zuschlagsfristen in die Teile B der Verdingungsordnungen. Die exakte Einhaltung der Angebotsfrist ist, da mit Ausschlußkonsequenzen verbunden[132], im Interesse eines korrekten Verfahrens ernst zu nehmen[133].

e) *Preisfeststellungs- und Preisprüfungsrechte*

Die Preisprüfungsrechte der Preisbehörden[134] nach § 9 VPöA und § 16 BPVO sind im Preisrecht der Regelfall. Mag man sie auch als aufwendig und uneffektiv kritisieren[135], so sind sie doch zur Sicherstellung der Ziele der Preisverordnungen unumgänglich und die damit verbundenen Pflichten[136] den Auftragnehmern in den Grenzen des Art. 2 Abs. I GG[137] zulässigerweise auferlegt[138]. Das Vorgehen der Preisbehörden unterliegt zweifellos dem öffentlichen Recht, wovon in diesem Falle auch die einschlägige Literatur ausgeht[139]. Ob dabei auch Verwaltungsakte erlassen werden, soll an dieser Stelle nicht weiter interessieren[140].

Nach § 10 VPöA sind vom BM für Wirtschaft dazu ermächtigte Auftraggeber, nach § 17 BPVO Post und Bahn berechtigt, bei Selbstkosten-

---

129 Vgl. *Furtwängler* S. 124; *Ingenstau / Korbion* § 24 Rdnr. 1 und 15.

130 §§ 17 Nr. 4 Abs. III, 21 Nr. 2 VOB/A und vor allem §§ 10 Nr. 8, 21 Nr. 3 VOL/A, dazu *DMM* § 23 Anm. 3 b. Vgl. *HRS* § 9 Rdnr. 60.

131 Bedenklich daher *DMM* § 24 Anm. 26 a und 26 b.

132 Vgl. § 22 Nr. 2 VOB/A und § 22 Nr. 2 VOL/A.

133 Einzelheiten bei *VOB-Fälle* Nr. 3 und 35 zu VOB/A und *DMM* § 19 Anm. 5 a.

134 Zu den Zuständigkeiten *Pribilla* § 9 S. 3.

135 So *Welter* S. 243 und *Diederich* S. 41 ff.

136 Etwa die, für ein geordnetes Rechnungswesen zu sorgen, *Altmann*, BPVO S. 142.

137 *Altmann*, BPVO S. 149.

138 Der Gedanke *Altmanns* (BPVO S. 141), die Preisbehörde möge Mittler und Treuhänder der Beteiligten sein, ist dabei wohl nur Lobbyistenwunsch.

139 *Altmann*, Auftragswesen S. 53 f. und *ders.*, Preisprüfungsrecht S. 30. Vertragliche Preisprüfungsrechte hält *Altmann* für unzulässig, Preisprüfungsrecht S. 33 ff.

140 Ablehnend *Michaelis / Rhösa* Erläuterungen Verordnung § 9 S. 16 f., die sich auf Urteile des OVG Rhld.-Pf. und des LVerwG Köln stützen.

preisen[141] ihre Angemessenheit festzustellen und die dazu erforderlichen Maßnahmen zu treffen[142]. *H. Müller*[143] hält die in § 10 VPöA enthaltene Ermächtigung an den BM für Wirtschaft wegen der Art. 83 ff. GG für nichtig. Im Anschluß an die obigen Ausführungen zur Organisationshoheit[144] dürfte dem zuzustimmen sein. Der früher ähnlich lautende, jetzt geänderte § 17 BPVO[145] hingegen dürfte verfassungskonform sein, da er die konkret berechtigten Auftraggeber, die zudem Bundesbehörden sind, bereits benennt.

Inhaltlich hält *Altmann*[146] das Feststellungsrecht für rechtsstaatlich unerträglich; es mache den Auftraggeber zum Richter in eigener Sache. Das Argument hat Gewicht. Letztlich dürfte es aber leerlaufen, weil bei Meinungsverschiedenheiten die zuständige Preisbehörde entscheidet[147].

f) Kostenerstattungen

Zwei Arten von Kostenerstattungen sind in VOL und VOB angesprochen: Einmal kann der Auftraggeber bei öffentlicher Ausschreibung für die von ihm zur Verfügung gestellten Unterlagen eine Entschädigung bis zur Höhe der Selbstkosten verlangen[148]; eine unbedenkliche Regelung, wenn man erwägt, daß die Entschädigung selten die Höhe der Kosten erreichen wird, die die Bewerber sonst für die Werbung um nichtstaatliche Auftraggeber aufwenden und die hier wegfallen[149].

Die andere Frage ist, ob die Bieter für die (erfolglose) Bearbeitung des Angebots eine Entschädigung verlangen können. § 20 Nr. 2 Abs. I S. 1 VOB/A und § 12 Nr. 3 S. 1 VOL/A beantworten diese Frage im Grundsatz negativ. Nur bei besonders umfangreichen Entwürfen etc., insbesondere bei funktionalen Leistungsbeschreibungen[150], kann[151] bzw. muß[152] eine Entschädigung festgesetzt werden[153]. In der Wirtschaft ist

---

141 *Pribilla* § 1 S. 18; *Altmann*, Auftragswesen S. 35.

142 Zum Rechtscharakter *Michaelis / Rhösa* Erläuterungen Verordnung § 10 S. 15; *Altmann*, Auftragswesen S. 54 und *ders.*, BPVO S. 160.

143 S. 98 f.

144 A III. a am Ende.

145 Früher § 19; vgl. *Ebisch / Gottschalk* zu § 17.

146 BPVO S. 37 und 160.

147 § 10 IV VPöA; § 17 IV BPVO.

148 § 20 Nr. 1 VOB/A; § 12 Nr. 1 VOL/A und dazu *DMM* § 12 Anm. 1.

149 *DMM* § 12 Anm. 1 e; *kritisch* HRS § 20 Rdnr. 1.

150 § 20 Nr. 2 Abs. I S. 2 VOB/A; für die VOL vgl. *DMM* § 12 Anm. 3 a.

151 § 12 Nr. 3 S. 2 VOL/A.

152 § 20 Nr. 2 Abs. I S. 2 VOB/A.

153 Befremdlich ist, daß dies laut *Welter* S. 204 Anm. 4 in der Praxis nie geschieht.

allgemein üblich, daß Angebote unentgeltlich abgegeben werden[154]. Insofern entstehen den Bietern keine „Sonderopfer", die möglicherweise entschädigungspflichtig wären.

III. Die materiellen Kriterien der Auswahl unter den Bietern

Die Auswahl unter den Bietern vollzieht sich in drei Etappen. Zunächst sind die Angebote rechnerisch, technisch und wirtschaftlich zu prüfen[155], ein selbstverständlicher Vorgang. Sodann sind sie zu werten. Vorab werden Angebote von Bietern ausgeschieden, die bestimmte Anforderungen nicht erfüllen, die sich in den Begriffen Fachkunde, Leistungsfähigkeit und Zuverlässigkeit zusammenfassen lassen[156]. Bis hierher wurden jedes Angebot und jeder Bieter unabhängig von den übrigen begutachtet. Im dritten Stadium hingegen werden die Offerten wertend gegenübergestellt, um die „annehmbarste" bzw. „wirtschaftlichste" zu ermitteln[157]. Der Verfahrensgang engt also den Kreis der Bieter immer mehr ein[158]. Streng zu trennen sind die einzelnen Abschnitte allerdings nicht[159]; die VOL trennt sie auch äußerlich nur unscharf[160]. Oft ist deshalb zweifelhaft, in welchem Stadium welches Kriterium zu untersuchen ist, zumal die Reihenfolge eine logische, nicht auch unbedingt eine zeitliche ist[161]. Die Stellen, an denen einzelne Streitfragen im folgenden behandelt werden, sind daher in einem gewissen Rahmen vertauschbar.

a) Fachkunde, Leistungsfähigkeit und Zuverlässigkeit

Grundgedanke dieser an zahlreichen Stellen der Verdingungsordnungen bemühten Kriterien ist, daß der Auftraggeber mit hinreichender Sicherheit ordentliche Arbeit erwarten können muß[162]. Dazu ist eine Prognose erforderlich, die auch subjektive, in der Person der Bieter

---

154 *HRS* § 20 Rdnr. 11; *Ingenstau / Korbion* § 20 Rdnr. 9 m. w. N. Unrichtig aber wegen des falschen Ausgangspunktes, wenn *HRS* § 20 Rdnr. 15 meinen, § 20 Nr. 2 Abs. I S. 2 VOB/A lasse § 631 BGB völlig unberührt.

155 § 23 VOB/A, § 24 Nr. 1 VOL/A.

156 *Gandenberger* S. 118. Bei beschränkter Ausschreibung und freihändiger Vergabe wird dieses Stadium schon vor die Auswahl der Bewerber gezogen, *DMM* § 2 Anm. 1 e und § 24 Anm. 14 b; *HRS* § 25 Rdnr. 9.

157 *DMM* § 24 Anm. 2; *Ingenstau / Korbion* § 25 Rdnr. 1. Die genannten Verfahrensabschnitte gelten sinngemäß auch für die freihändige Vergabe, *Hereth / Naschold* Ez A 25.5 f.

158 *Hereth / Naschold* Ez A 25.2; *DMM* § 24 Anm. 7.

159 *Hereth / Naschold* Ez A 25.3.

160 *DMM* § 24 Anm. 1.

161 Vgl. auch *DMM* § 24 Anm. 4 g und 7 a.

162 *Gandenberger* S. 128 ff.

liegende Aspekte berücksichtigen darf[163] und sich dabei notwendigerweise auf Vergangenes stützen muß[164]. Fachkunde bedeutet, daß der Bieter[165] „über die speziellen objektbezogenen Sachkenntnisse verfügt“[166]. Die Leistungsfähigkeit wird eher sach- und betriebsbezogen interpretiert; der Bieter muß seinen Betrieb in technischer, kaufmännischer, personeller und finanzieller Hinsicht ausreichend ausgestattet haben[167]. Zuverlässigkeit wird zwar sowohl persönlich als auch „betriebssachlich“ verstanden[168], aber in erster Linie wird § 35 GewO Pate gestanden haben[169]. Während die VOL hinsichtlich der Ausfüllung der drei Schlüsselbegriffe völlig vage bleibt, enumeriert die VOB/A in § 8 Nr. 3 und 4 immerhin die Angaben, die von den Bietern zum Nachweis ihrer Geeignetheit verlangt werden können, sowie einige Ausschlußgründe[170]. Die einzige Möglichkeit, der VOL die verfassungsrechtlich geforderte Bestimmtheit zu geben, liegt in der Interpretation der genannten drei unbestimmten Rechtsbegriffe im Lichte des § 8 Nr. 3 und 4 VOB/A.

Art. 3 GG verpflichtet den Auftraggeber, nur „sachliche“, auf die zu vergebende Leistung bezogene Kriterien zu verwenden[171]. Die heftige, bis in unser Jahrhundert hinein geführte Diskussion, ob überhaupt außer dem Preis auch die zu erwartende Qualität der Leistungen Berücksichtigung finden darf[172], ist längst ausgestanden. Aber die Zweifelsfragen ergeben sich nun daraus, welche Tatsachen sachbezogen genug sind, um in der Prognose verwertet werden zu dürfen[173]. Dem Gesetzgeber mag man einen weiten Prognosenspielraum zugestehen[174]; das Verwaltungshandeln muß aus Gründen der Rechtssicherheit weitgehender vordeterminiert sein.

Insbesondere der Begriff der Zuverlässigkeit dient als Einfallstor für fragwürdige Wertungsmaßstäbe. Wenn gesagt wird, dieses Erfordernis sei „generell zu fassen und nicht nur auf die zu leistende

---

163 Ein wenig schief daher *Haak* S. 132.

164 Vgl. *F. C. Huber* S. 81; *Gandenberger* S. 130; *DMM* § 2 Anm. 1 i.

165 Bzw. sein Personal, das das Vorhaben durchführen soll, *HRS* § 2 Rdnr. 4.

166 *HRS* ebd.

167 *HRS* § 2 Rdnr. 5; vgl. auch *Gandenberger* S. 130; *Ingenstau / Korbion* § 2 Rdnr. 5.

168 *HRS* § 2 Rdnr. 6.

169 Ebd. Kritisch dazu *Hereth / Naschold* Ez A 25. 70 - 80.

170 Sie sind nicht obligatorisch, vgl. § 25 Nr. 1 Abs. II VOB/A.

171 *Bogs* BB 1963, 1271; *Dürig* MDH Art. 3 I Rdnr. 504; *Haak* S. 130; *Semler* S. 101.

172 *F. C. Huber* Vorwort S. XIV und S. 15 und 30; *Beutinger* S. 114 ff.

173 *Semler* S. 101.

174 *Seetzen* NJW 1975, 429 ff.

Bauaufgabe zu beziehen“[175], so sind damit die Fehlentwicklungen angedeutet, die mit *Truningers* sinngemäßem Vorschlag enden, den sog. Radikalenerlaß auch im Recht der Bedarfsdeckung anzuwenden[176].

Der Sachzusammenhang mit dem jeweiligen Auftrag liegt bei § 8 Nr. 3 und Nr. 4 Abs. I a, b und e VOB/A auf der Hand; ebenso unterliegt es keinen Bedenken, Bieter auszuschließen, die eine wettbewerbswidrige Abrede getroffen haben[177]. Kritisch zu betrachten ist aber der Ausschluß von Bietern, die ihren Verpflichtungen zur Zahlung von Steuern etc. nicht nachgekommen sind[178]. Der Grund soll sein, daß niemand aus öffentlichen Mitteln Aufträge bekommen soll, wenn er die Zahlungen, die diese Aufträge erst ermöglichen, nicht leistet[179]. Es ist nicht nur eine Zweckmäßigkeitsfrage, ob die Beschaffungsstellen wirklich an der Steuereintreibung indirekt mitwirken sollen. Der notwendige Zusammenhang mit dem konkreten Auftrag erscheint vielmehr arg konstruiert[180], und wenn die Finanzämter die Steuern „im Verwaltungswege“ eintreiben können[181], so fragt sich, ob nicht hier eine abschließende Regelung vorliegt, die im Vergaberecht keine Wirkungen zeitigen darf[182]. Mag man gegen den betreffenden Unternehmer nach § 35 GewO vorgehen; dies ist die Sanktion, die das Gesetz vorsieht und die im Ergebnis dieselbe Wirkung hat.

Ähnlich gelagert ist der Fall, daß jemand eine „schwere Verfehlung“ im Sinne des § 8 Nr. 4 Abs. I c VOB/A begangen hat, was im allgemeinen bei strafrechtlichen, aber auch zivilrechtlichen Verurteilungen der Fall sein soll[183]. Zwar muß, so die gängige Interpretation, die „Verfehlung“ für die betreffende Bauvergabe ins Gewicht fallen[184]. Wann dies aber der Fall ist, bleibt unklar[185].

---

175 *HRS* § 2 Rdnr. 6. A. A. zu Recht *Metzmacher* S. 151 ff.

176 S. 77; dagegen *Haak* S. 149 ff., der aber für geheime Projekte Ausnahmen machen will.

177 Erläuternd *DMM* § 24 Anm. 10 a.

178 § 8 Nr. 4 Abs. I d VOB/A. Ganz abwegig ist es, diesen Fall dem Merkmal der Leistungsfähigkeit zu subsumieren, so aber *HRS* § 2 Rdnr. 5.

179 *DMM* § 24 Anm. 14 d und e. Unrealistisch die Begründung bei *Ingenstau / Korbion* § 8 Rdnr. 48.

180 A. A. wohl *Rüfner,* Formen S. 393, der die in Frage stehende Regelung für nicht mißbräuchlich hält.

181 *DMM* § 24 Anm. 14 e.

182 *Haak* S. 142 f. Der ne-bis-in-idem-Satz ist fraglos nicht unmittelbar einschlägig, der Rechtsgedanke als solcher aber zumindest entfernt berührt.

183 *Ingenstau / Korbion* § 8 Rdnr. 47; *DMM* § 2 Anm. 1 h.

184 *Ingenstau / Korbion* ebd.

185 *Haak* S. 156 f. will offenbar einen Ausschluß (nur) dann zulassen, wenn der Bieter den konkreten Auftraggeber bereits einmal geschädigt hat. Auch das ist wegen der allgemeinen straf- und gewerberechtlichen Sanktionen nicht unbedenklich.

Nach alledem wäre es zwar leichtfertig, die genannten Bestimmungen schlicht für verfassungswidrig zu erklären. Im Interesse einer sauberen, klaren Regelung ist aber dringend dafür zu plädieren, diese Vorschriften abzuschaffen.

Zuweilen wird erörtert, welche sozialpolitisch motivierten Ausschlußgründe zulässig sind. Die VOB/A normiert lediglich in § 25 Nr. 1 Abs. I c die der Unfallverhütung[186] dienende Pflicht des Bieters, sich bei der Berufsgenossenschaft anzumelden. Diese Anforderung ist, da sie sich bereits aus der RVO ergibt, nicht nur zulässig[187], sondern sogar gefordert. Was sonstige „Arbeiterschutzbestimmungen"[188] betrifft, so ist die Einhaltung der gesetzlichen Pflichten der Unternehmer unbedingt zu fordern; sie beziehen sich ja auch auf die in Aussicht genommene Leistung. Darüber hinausgehende Anforderungen dürfen nicht gestellt werden. Ein Bieter, der seinen gesetzlichen Pflichten nachkommt, darf darauf vertrauen, daß er keine zusätzlichen Anstrengungen unternehmen muß, um an staatliche Aufträge „heranzukommen". Ist eine Regelung zum Schutze der Arbeitnehmer notwendig, so kann und muß sie gesetzlich, aber für alle Betriebe gleichermaßen, eingeführt werden. Bei Sonderanforderungen ergäbe sich zudem die Gefahr eines gewissen Hoflieferantentums, d. h. es gäbe eines Tages „normale" Unternehmen und solche, die allein sich rühmen dürfen, für staatliche Bedarfsdekkungsgeschäfte in Betracht zu kommen[189].

Verfahrensmäßig schon früher ist die Frage des sogenannten Generalübernehmers angesiedelt[190]. Verdingungsunterlagen sollen nämlich nach § 8 Nr. 2 Abs. I VOB/A und § 9 Nr. 1 VOL/A nur an solche Bewerber abgegeben werden, die sich gewerbsmäßig mit Leistungen der ausgeschriebenen Art befassen[191]. Wer sich lediglich als Vermittler solcher Leistungen betätigt, kommt nicht in Betracht[192]. Es soll aber auch zur Leistungsfähigkeit eines Bieters gehören, daß er die Leistung ganz oder überwiegend im eigenen Betrieb ausführt[193]. Gleichgültig jedoch, wo man die Frage ansiedelt, dürfte es keinen Bedenken unterliegen, Generalübernehmer auszuschließen, auch wenn sie keine „gelegentliche(n) Geschäftemacher u. ä."[194] sein sollten. Den Vorteilen, die sich in Einzel-

186 *Ingenstau / Korbion* § 25 Rdnr. 10.

187 *Haak* S. 154 ff.

188 Dazu *Truninger* S. 82 und *A. Schneider* S. 31.

189 Anderes mag gelten für die „Endwertung", vgl. unten C II. b.

190 Unter einem Generalunternehmer versteht man etwas anderes, *HRS* § 8 Rdnr. 5 am Ende und § 4 Rdnr. 16; *Ingenstau / Korbion* Anhang Rdnr. 50.

191 Zum Begriff „gewerbsmäßig" *DMM* § 9 Anm. 3 a. Vgl. auch § 4 Nr. 8 Abs. I VOB/B.

192 *HRS* § 8 Rdnr. 5; *DMM* § 9 Anm. 3 c.

193 *Hereth / Naschold* Ez A 25. 61.

194 *DMM* § 9 Anm. 3 b.

fällen daraus ergeben, daß der Generalübernehmer Spezialist mit reichen, evtl. zu Einsparungen führenden Erfahrungen ist[195], gesellen sich zu zahlreiche Nachteile hinzu[196]. Im Regelfall widerspricht eine Vergabe an Vermittler dem Sparsamkeitsgebot, weil die Auftragssumme durch den Unternehmerlohn und -gewinn erhöht wird[197]. Gefährlich ist darüber hinaus die Abhängigkeit, in die der Auftraggeber zum Generalübernehmer geraten kann[198].

Eines sollte bei allen zulässigen Anforderungen an die Bieter freilich außer Frage stehen: sie müssen vorher genau wissen, unter welchen Bedingungen sie mit einem Ausschluß vom weiteren Verfahren zu rechnen haben[199]. Das Gebot der Vorhersehbarkeit staatlichen Handelns fordert das, und auch das Prinzip von Treu und Glauben, damit den Bewerbern keine unnötigen Kosten entstehen[200]. Bereits in der Bekanntmachung der Ausschreibung ist daher kundzutun, welchen technischen, wirtschaftlichen und auf die Person des Bieters bezogenen Maßstab die Behörde anzulegen gedenkt.

b) Die Angemessenheit der Preise

Die von den Bietern geforderten Preise sind nicht erst in der letzten Etappe der Wertung von Bedeutung. Offerten mit „unangemessenen"[201] bzw. preisrechtlich nicht zulässigen Preisen werden schon vorher ausgeschieden[202]. Schon *Schirmer*[203] allerdings beklagte die Schwierigkeit, angemessene und unangemessene Preise voneinander zu scheiden. Die VOB verlangt zwar nicht mehr für die Bieter „auskömmliche" Preise[204]; ob sich dadurch sachlich etwas geändert hat, ist fraglich[205].

Einleuchtend ist, daß die offerierten Preise den allgemeinen gesetzlichen Bestimmungen nicht widersprechen dürfen, weder den gegen zu niedrige[206] noch gegen überhöhte Preise gerichteten[207]. Auch gegen das

---

195 *F. C. Huber* S. 333 f.

196 Die Frage berührt die oben A II. d behandelten.

197 *Beutinger* S. 132; *F. C. Huber* S. 333; vgl. auch *Welter* S. 121.

198 Dazu oben A II. d.

199 *DMM* § 18 Anm. 3 n. Bedenklich deshalb *VOB-Fälle* Nr. 49 zu VOB/A.

200 *DMM* ebd.

201 § 2 Nr. 1 S. 1, § 25 Nr. 2 Abs. II S. 1 VOB/A; § 2 Nr. 1 S. 1, § 24 Nr. 3 S. 2 VOL/A.

202 Vgl. *DMM* § 24 Anm. 4 d. Zur Frage, welche Preise in den Angeboten Grundlage für diese Prüfung sind, vgl. BGH v. 22. 2. 1973, NJW 1973, 752, 753.

203 S. 12 f.

204 *Appelhagen* BB 1974, 344.

205 Dagegen *HRS* § 2 Rdnr. 9.

206 Nämlich §§ 1 und 3 UWG, § 240 KO, § 18 VerglO; dazu *Ingenstau / Korbion* § 2 Rdnr. 9; *Hereth / Naschold* Ez A 2.46.

für staatliche Bedarfsdeckungsgeschäfte geltende Preissonderrecht in Form von VPöA und BPVO kann materiell[208] nichts eingewendet werden. Die Preisverordnungen verfolgen aus nicht zwingenden, aber diskutablen Motiven[209] das wirtschaftspolitische Ziel, die Preisbildung bei staatlichen Bedarfsdeckungsgeschäften in das System der Marktwirtschaft einzuordnen[210]. Daher verlangen sie als Grundsatz Marktpreise[211], und zwar unabhängig von der gewählten Vergabeart[212]. Nur wenn solche aus von den Vergabevorschriften zugelassenen Gründen nicht ermittelt wurden[213], werden sie durch Selbstkostenpreise ersetzt[214]. Auch hier wird dem Marktprinzip insofern Genüge getan, als feste Preise Vorrang genießen[215], was Preisvorbehalte nicht ausschließen soll[216]. Die Preisverordnungen, die der Wirtschaftsform des Marktes weitestgehende Geltung verschaffen wollen, sind daher auch dort zulässig, wo sie notgedrungen daran Abstriche machen, um die Ziele des § 2 PreisG durchzusetzen[217].

„Angemessenheit" soll aber mehr bedeuten als Einhalten der gesetzlichen Vorschriften einschließlich der Preisverordnungen[218]. Vielmehr soll darüber hinaus ein „offenbares Mißverhältnis" zwischen Preis und Leistung vermieden werden, die Preise sollen allgemein konsentiert, „gesund"[219] sein. Sie sind betriebswirtschaftlich, also individuell und speziell[220], aber mittels eines objektiven Maßstabs[221] zu untersuchen.

Grund dafür ist angeblich[222] die Befürchtung, daß ein besonders billiges Angebot durch falsche Kalkulation verursacht sein muß und letzt-

---

207 § 138 Abs. II BGB, § 302 e StGB; dazu *Ingenstau / Korbion* ebd.; *DMM* § 24 Anm. 11 a.

208 Zu den Kompetenzfragen vgl. oben A III. a am Ende.

209 Dazu *Welter* S. 239 ff.; *Diedrich* S. 36 ff.

210 *Pribilla* II B § 1 S. 3; *Altmann*, Auftragswesen S. 17 und *ders.*, BPVO S. 19 f.; vgl. auch *Geipel* S. 113 ff.; *Welter* S. 36; *Schmölders* S. 217.

211 *Pribilla* II A 5 und II B § 1 S. 9; *Altmann*, Auftragswesen S. 16 ff.

212 *Holzapfl* DÖV 1957, 143 Anm. 4; *Michaelis / Rhösa* Erläuterungen Verordnung § 5 S. 18; *Altmann*, BPVO S. 70.

213 Im Regelfall sind nämlich im Wettbewerb ermittelte Preise auch Marktpreise, so *Daub / Tomascewski* S. 521 f. und *Altmann*, BPVO S. 67.

214 *Diederich* S. 193; *Altmann*, Auftragswesen S. 13 f.

215 *Altmann*, BPVO S. 20; *Schmölders* S. 217; *Welter* S. 248; *Daub / Tomascewski* S. 516.

216 *Daub / Tomascewski* ebd.; *Altmann*, BPVO S. 31; vgl. auch *VOB-Fälle* Nr. 15 zu VOB/A.

217 BGH v. 5. 12. 1968, NJW 1969, 425, 426; *Pribilla* II B § 1 S. 4.

218 *Ingenstau / Korbion* § 2 Rdnr. 9.

219 Vgl. *Ingenstau / Korbion* § 2 Rdnr. 12, die dem Unternehmer ein „gesundes Mittelmaß an Gewinnstreben" zubilligen.

220 *DMM* § 2 Anm. 2 e.

221 *Ingenstau / Korbion* § 2 Rdnr. 11.

lich den Auftraggeber teuer zu stehen komme[223]. Diese Furcht geht soweit, daß bisweilen vorgeschlagen wurde, die billigste Offerte von vornherein auszuscheiden[224] oder spezielle Verfahren zur Ermittlung des günstigsten Angebots anzuwenden wie die sogenannten 50 %-[225] und Limitpreisverfahren[226]. Das Argument kommt aber nur in extremen Fällen in Betracht, wenn etwa der Konkurs des Bieters zu erwarten ist. Denn sollte die Sorge dahin gehen, daß die Arbeit qualitativ nicht das geforderte Niveau erreicht, so kann sie in die Prüfung der Leistungsfähigkeit, Fachkunde und Zuverlässigkeit einfließen, und nur dort. Ein Preis, der die auftragsabhängigen Kosten nicht voll deckt, darf keinesfalls schon deswegen beanstandet werden[227]. Denn gerade wenn man dem Wettbewerbsgrundsatz Geltung verschaffen will, hat der Auftraggeber nicht die Aufgabe, die Bieter vor Verlusten zu bewahren[228]. Insbesondere ist der Rechtsgrundsatz der Wirtschaftlichkeit und Sparsamkeit tangiert. Wollte man, von den Extremfällen abgesehen, nur „angemessene" Preise berücksichtigen, dann bekämen im Ergebnis nicht die Bieter den Zuschlag, die am knappsten kalkulieren, sondern jene, die ihren „eigenen Verdienst angemessen berücksichtigt" haben[229].

c) *Zuschlagskriterien und Zuschlagsermessen*

Die EG-Richtlinie vom 26. Juli 1971 läßt in Art. 29 Abs. I eine Vergabe entweder nach den verschiedensten Kriterien oder nur nach dem des niedrigsten Preises zu. Die letztere Möglichkeit hat in die Verdingungsordnungen keinen Eingang gefunden[230]. Vielmehr sind alle Umstände des Einzelfalles abzuwägen und der Zuschlag dann auf das „annehmbarste"[231] bzw. „wirtschaftlichste"[232] zu erteilen. Der Preis allein ist nicht entscheidend, so ausdrücklich § 25 Nr. 2 Abs. II S. 4 VOB/A und § 24 Nr. 3 S. 2 VOL/A. Der Preis allein, so wird argumentiert, sage wenig aus[233], er sei unter den heutigen komplizierten tech-

---

[222] Man kommt den echten Beweggründen wohl näher, wenn man bei *HRS* § 2 Rdnr. 9 liest, der Auftraggeber habe die Interessen der Bieter mitzuberücksichtigen.

[223] *Holtz* HDSW Bd. 1 S. 434; *Rothacker* S. 13; *DMM* § 24 Anm. 17 c.

[224] Dazu *Hereth / Naschold* Ez A 25. 89; *Truninger* S. 78. Kritisch *DMM* § 2 Anm. 3 e und § 24 Anm. 17 a; *Daub / Tomascewski* S. 509.

[225] Dazu *Gandenberger* S. 212 ff.; kritisch *Beutinger* S. 117.

[226] *Gandenberger* S. 210 ff.; *H. Schmid* S. 135.

[227] *DMM* § 24 Anm. 11 c. A. A. *HRS* § 2 Rdnr. 9.

[228] *Gandenberger* S. 138 ff.; *Daub / Tomascewski* S. 509.

[229] So *H. Schmid* S. 110.

[230] *Appelhagen* BB 1974, 344.

[231] § 25 Nr. 2 Abs. II S. 3 VOB/A.

[232] § 24 Nr. 3 S. 1 VOL/A.

[233] *Gandenberger* S. 120.

nischen Verhältnissen kein alleiniges Kriterium mehr[234], wenn „auch wohl“ das wichtigste[235]. Einigkeit herrscht darüber, daß die neben dem Preis berücksichtigten Umstände mit der Durchführung der Arbeiten und Lieferungen in sachlichem Zusammenhang stehen müssen[236]. Selbstverständlich soll das „Zuschanzen“ eines Auftrags oder sein Vorenthalten aus Antipathie[237] oder politischer Gegnerschaft[238] unzulässig sein. Beim Abwägen der „sachlichen“ Umstände, von denen der Preis nur einer unter anderen ist, soll aber der Behörde ein Ermessen eingeräumt sein[239], wenn auch ein pflichtgemäßes[240] und auch dies nur „in ganz engen Grenzen“[241].

Läßt man die Zweifelsfragen über die Sachnähe der jeweiligen Umstände einmal beiseite, so gerät man allerdings bei Nennung der in Frage kommenden (und unzweifelhaft im Hinblick auf Art. 3 GG neutralen) Kriterien in Erstaunen. Da werden genannt Kundendienst, Ersatzteillieferung[242], Qualität der Stoffe und der Verarbeitung[243] oder Zeitpunkt der möglichen Ausführung[244]. All dies sind Anforderungen, die in die Leistungsbeschreibung hätten Eingang finden können und im Hinblick auf Art. 29 Abs. II der EG-Richtlinie müssen, wenn sie bei der Prüfung oder Wertung bedeutsam sind. So aber wird der Bieter überrascht. *Welter*[245] ist daher lebhaft zuzustimmen, wenn er sich gegen „Kautschukbestimmungen“ ausspricht, die dem Auftraggeber die Möglichkeit lassen, auf das niedrigste Angebot auch dann nicht einzugehen, wenn es von einer seriösen Firma stammt. Sind alle ungeeigneten Bieter und solche, die der Leistungsbeschreibung nicht exakt nachgekommen sind, ausgeschaltet, dann ist nicht ersichtlich, welche Kriterien

---

234 *Semler* S. 14.

235 *Rentrop* Darstellung S. 5.

236 *Metzmacher* S. 151 ff. Daß die Schwierigkeiten damit erst beginnen, zeigen *DMM* § 24 Anm. 18, wenn sie der Bundesbahn in „volkswirtschaftlich vernünftigen Grenzen“ die Berücksichtigung des „Kundenwerts“ eines Bieters zugestehen wollen, also des Gesichtspunktes, ob er sich des Schienenwegs oder anderer Verkehrsmittel bedient. Vgl. auch *Semler* S. 101.

237 *Furtwängler* S. 126.

238 *Löw* DÖV 1957, 880; *Semler* S. 104.

239 *Semler* S. 103.

240 *Haak* S. 131.

241 *Brügmann Baugewerbe* 1954, 638.

242 *DMM* § 24 Anm. 18.

243 *Hereth / Naschold* Ez A 25. 103.

244 *Semler* S. 102; *Bogs* BB 1963, 1271. Da hier erst einmal die „einfachen“ Aufträge zu behandeln sind, werden die von *Bogs* genannten Aspekte der gebietlichen Streuung und des Subventionsbedürfnisses erst später erörtert. Das soll nicht präjudizieren, daß sich „einfache“ und wirtschaftssteuernde Bedarfsdeckungsgeschäfte kategorial trennen lassen.

245 S. 216.

außer dem Preis noch aus dem Nichts auftauchen dürften[246]. Die guten Gründe, aus denen vor Jahrzehnten eine reine Preiskonkurrenz vehement bekämpft wurde[247], entfallen bei vorheriger sorgfältiger Prüfung der Geeignetheit der Bieter und der qualitätsmäßigen Übereinstimmung ihrer Offerten mit der Leistungsbeschreibung. Eine Kontrolle der Verwaltung hinsichtlich der Wirtschaftlicheit und Sparsamkeit ihrer Tätigkeit ist nur möglich, wenn sie sich an überprüfbare, vorher mitgeteilte Qualitätsmerkmale hält und bei deren Erfüllung an den Preis[248]. Eine hieb- und stichfeste Begründung des Außerachtlassens des niedrigsten Angebots, wie *Gandenberger*[249] sie fordert, ist dann gar nicht möglich.

Eine Ausnahme ist lediglich dann zu machen, wenn es sich um eine funktionale Leistungsbeschreibung handelt. Hier sind gestalterische und funktionsbedingte Gesichtspunkte[250] relevant, bei denen Fragen des Geschmacks eine Rolle spielen[251], die sich nicht konditional vorprogrammieren lassen. Ein weites Ermessen ist deshalb notwendig. Seine Problematik unterstützt den Gedanken, die funktionale Leistungsbeschreibung auf ein Minimum zu beschränken, und zu überlegen ist, ob man die Ermessensentscheidung wirklich der Verwaltung, möglicherweise gar einem einzelnen untergeordneten Beamten, überlassen sollte.

§ 8 Nr. 2 Abs. III VOB/A und § 9 Nr. 2 S. 2 VOL/A schreiben vor, bei beschränkter Ausschreibung und freihändiger Vergabe[252] unter den Bewerbern zu wechseln. Dieses Reihum-Verfahren[253] dokumentiert zwar den guten Willen der Behörde, niemanden zu benachteiligen, ist aber im Ergebnis „ein Schlag ins Gesicht der Ökonomie“[254] und dürfte unzulässig sein. Der Auftraggeber muß sich schon die Mühe machen, bei jedem Auftrag zumindest formlos eine Preisermittlung anzustellen[255].

Kurz soll noch das Problem angeschnitten werden, ob die Nationalität bei Prüfung und Wertung eine Rolle spielen darf. *F. C. Huber*[256] hatte die Bevorzugung Deutscher noch als Erfüllung „patriotischer

---

246 *Welter* S. 218.

247 *F. C. Huber* S. 30 und passim; *Beutinger* S. 114 ff.; *Dreyer* S. 10.

248 *DMM* Einführung S. 27, im Widerspruch zu § 24 Anm. 18.

249 S. 131.

250 § 25 Nr. 2 Abs. II S. 3 VOB/A.

251 *Ingenstau / Korbion* § 25 Rdnr. 33 a.

252 Vgl. zur VOL, die die freihändige Vergabe nicht ausdrücklich nennt, *DMM* § 9 Anm. 5 c.

253 Dieses Verfahren setzt eine Art offene Liste voraus, vgl. *DMM* § 9 Anm. 4 i; *Welter* S. 228 ff.; *Haak* S. 140 ff.

254 *Welter* S. 187.

255 Vgl. § 3 Nr. 4 VOL/A.

256 Anlage III S. 354.

Pflichten" gekennzeichnet. Seither haben die Zeiten sich gewandelt. Allerdings schreibt § 10 Nr. 4 S. 2 VOL/A vor, inländischen Erzeugnissen den Vorzug zu geben. Die Vorschrift ist aus den Autarkiebestrebungen der Entstehungszeit der VOL zu verstehen[257], bisher aber nicht ausdrücklich geändert worden[258].

Zwar hat das GATT von den Bestimmungen über die Nichtdiskriminierung ausländischer Lieferanten die „staatliche Beschaffung von Waren für staatliche Zwecke" ausgenommen[259]. Was die Länder der Europäischen Gemeinschaft angeht, so ist aber das Diskriminierungsverbot des Art. 7 EWGV zu beachten und die sogenannte Liberalisierungsrichtlinie des Rates vom 26. Juli 1971 Nr. 71/304/EWG[260]. § 10 Nr. 4 S. 2 VOL/A ist somit „überholt"[261]. Aber auch, was andere Staaten betrifft, so widerspricht die Berücksichtigung der Nationalität in aller Regel dem Prinzip der Sparsamkeit[262]. Nur wo dieses durch wirtschaftspolitische Zielsetzungen zulässigerweise eingeschränkt ist[263], darf etwas anderes gelten.

Heftig diskutiert wurde zeitweise, ob Unternehmen aus den „Staatshandelsländern"[264] gleichberechtigt zum Wettbewerb zuzulassen sind. Teilweise versuchte man sich auf § 8 Nr. 5 VOB/A und § 9 Nr. 4 VOL/A zu stützen, die „Betriebe der öffentlichen Hand", „Verwaltungen" etc. nicht zulassen. Aber dieser Argumentationsgrund ist sandig; die Verdingungsordnungen enthalten keine Sperrvorschriften für „Ostfirmen"[265]. Der Einwand, diese Firmen brauchten nicht wirtschaftlich zu kalkulieren, wird überzogen sein. Die geltenden Wettbewerbs- und Preisvorschriften reichen jedenfalls aus, um im Einzelfall echte Dumpingangebote auszuschalten.

---

257 *DMM* § 10 Anm. 4 e.

258 Vgl. aber den Erlaß des BM für wirtschaftlichen Besitz des Bundes v. 29. 4. 1960, abgedr. bei *Michaelis / Rhösa* Erläuterungen Verordnung § 2 Anhang S. 2, und den sog. Drei-Minister-Erlaß v. 29. 4. 1959; dazu *Mantscheff* BauR 1974, 236.

259 *Welter* S. 302.

260 ABl der EG Nr. L 185/1 - 4, abgedr. auch bei *Hereth / Crome* S. 159 ff.; nicht zu verwechseln mit der Richtlinie 71/305 gleichen Datums.

261 *Daub / Tomascewski* S. 516.

262 Heftig gegen nationalen Protektionismus deshalb *Welter* S. 288 ff. Falsch auch die Ansicht von *Michaelis / Rhösa* Erläuterungen Verordnung § 2 Anhang 2 S. 3, infolge der europäischen Integration sei den Mitgliedstaaten der EG ein „gewisser Vorzug" vor Beschaffungen aus anderen Ländern einzuräumen.

263 Dazu unten C II. c.

264 Konkret vor allem rumänische Baufirmen, dazu *Mantscheff* BauR 1974, 232 ff. und *Maaßen*, passim.

265 *Mantscheff* BauR 1974, 233 (aber unklar S. 236); *Maaßen* S. 83 f. Der inzwischen aufgehobene „Diskriminierungserlaß" des Schatzministeriums v. 2. 5. 1963, der Bewerber aus dem kommunistischen Machtbereich in toto ausschloß (dazu *Mantscheff* ebd.), dürfte unzulässig gewesen sein.

d) Die Auftragssperre

Wenn öffentliches Recht direkt auf jedes Verwaltungshandeln Anwendung findet, dann ist auch eine Auftragssperre nur zulässig, wenn das öffentliche Recht sie vorsieht. Mit anderen Worten: für diese eingriffsähnliche Maßnahme muß es nach dem Satz „in dubio pro libertate" eine Rechtsgrundlage geben, nicht etwa ist sie grundsätzlich zulässig in den Grenzen, die das bürgerliche Recht setzt[266]. Es reicht folgerichtig nicht aus, die erlaubten Motive für eine Auftragssperre auf „sachliche" im Sinne des Art. 3 GG zu beschränken[267]. Eine Grundlage für einen Ausschluß auf Zeit oder Dauer ist aber nirgends ersichtlich, auch in den Verdingungsordnungen findet sich keine[268]. Es erscheint auch nicht verständlich, warum dem Auftraggeber die Mühe erspart werden soll, in jedem Einzelfall die Prüfung vorzunehmen, ob Ausschlußgründe vorliegen.

IV. Vertragsdurchführung und Kündigung

Den weiteren tatsächlichen und rechtlichen Verlauf vom Zuschlag bis zur Erfüllung regeln im wesetlichen die Teile B der Verdingungsordnungen[269]. Sie modifizieren die allgemeinen Vorschriften des Zivilrechts für beide Vertragsteile. Als „fertig bereitliegende Rechtsordnung" sind sie wie Gesetze auszulegen und unterliegen der Nachprüfung auch des Revisionsgerichts[270]. Hinsichtlich des Verhaltens der Behörde und ihrer Rechte muß die Interpretation beachten, daß der öffentliche Auftraggeber an das öffentliche Recht gebunden ist, gegen dessen Regeln er nicht verstoßen darf.

Größere Bedeutung hat das bei einer Sichtung der Teile B aber wohl nur für die „pathologische" Beendigung des Vertragsverhältnisses durch Kündigung. Nach § 649 BGB kann der Besteller einen Werkvertrag jederzeit ohne Angabe von Gründen kündigen. § 8 Nr. 1 Abs. I VOB/B gesteht dieses Recht auch dem öffentlichen Auftraggeber zu[271]. Diese Vorschrift ist problematisch; konsequent angewendet, macht sie

---

266 So aber *Hereth / Naschold* Ez A 0.47, die auf die §§ 824 und 826 BGB verweisen.

267 So aber OLG Stuttgart v. 26. 10. 1973, JuS 1974, 456 Nr. 3; vgl. auch *DMM* § 2 Anm. 1 p. *Ingenstau / Korbion* § 8 Rdnr. 50 wollen den Auftraggeber für das Vorliegen von Ausschlußgründen beweispflichtig machen.

268 Allenfalls könnte man im deutschen Recht an den analog angewandten § 26 Abs. II GWB als Grundlage denken; in diesem Zusammenhang vgl. *Semler* S. 97. Zur Rechtslage in Frankreich, wo im Vergabegesetz Voraussetzungen für einen generellen Ausschluß normiert sind, *Semler* S. 26 f.

269 *Ingenstau / Korbion* Einleitung Rdnr. 11.

270 *HRS* VOB/B § 1 Rdnr. 3.

271 Laut *Ingenstau / Korbion* vor VOB/B § 8 Rdnr. 2 sollen die Regelungen des § 8 VOB/B nicht einmal abschließend sein.

die ganze Mühe einer rechtsstaatlichen Durchdringung der Verfahrensregeln der Teile A hinfällig. Sie ist auch mit dem Prinzip der Vorhersehbarkeit staatlichen Handelns nicht vereinbar. Eine Kündigung muß somit von den in § 8 Nr. 2 ff. VOB/B normierten Voraussetzungen abhängen. Diese gründen in einer Störung des Vertrauensverhältnisses zwischen den Parteien[272]. Allenfalls bei einem schweren Bruch in diesem Verhältnis mag die Kündigung auch dann berechtigt sein, wenn die Voraussetzungen des § 8 Nr. 2 ff. VOB/B nicht vorliegen.

C. Staatliche Bedarfsdeckungsgeschäfte und Wirtschaftspolitik

Im Zeitalter der Konjunkturprogramme liegt es mehr als nahe, nach dem „administrativ-technischen" Aspekt nunmehr den „gewerbe- und socialpolitischen"[1], den wirtschaftspolitischen Aspekt staatlicher Bedarfsdeckung zu untersuchen. Spätestens[2], seit die mit dem Namen von *Keynes* verbundene Politik sich durchsetzte[3], greift der Staat massiv und offen in die Wirtschaft ein. Er tut dies nicht zuletzt mit Hilfe seiner enormen Finanzmacht[4]. Das Bedarfsdeckungswesen ist nicht nur „eingebettet" in die allgemeinen Wirtschaftsverhältnisse und die Wirtschaftspolitik eines Landes[5], die Marktteilnahme des Staates ist vielmehr eine direkte politische[6], eine „fiscal policy". „Als dritte Beteiligte wirken alle Staatsbürger mit, für die und mit deren Geld die öffentlichen Aufträge abgewickelt werden[7]."

Die Mittel und Zwecke gezielt wirtschaftbeeinflussender Bedarfsdeckungspolitik sind vielfältig[8], sowohl auf Art und Umfang[9] als auf die Streuung[10] der Aufträge wirken die politischen Maßnahmen ein. Gemeinsam ist den meisten Fällen, daß das in den Verdingungsordnungen vorgesehene Verfahren zur Gewährleistung der Gleichheit der Bewerber bzw. Bieter verändert, die Auswahlkriterien ersetzt oder er-

---

272 Ebd.

1 *F. C. Huber* S. 25 f.

2 Vgl. aber schon *F. C. Huber* S. 43 sowie *Rüfner*, Formen S. 205 und *Michaelis / Rhösa* Erläuterungen Einführung S. 9. *Semler* S. 72 Anm. 2 weist darauf hin, daß schon die Weltwirtschaftskrise ab 1930 wesentlich durch staatliche Aufträge überwunden wurde.

3 *Strickrodt* S. 209.

4 Auf den Multiplikatoreffekt weist *Semler* S. 72 mit Anm. 3 hin.

5 *Rentrop* Darstellung S. 22.

6 *Semler* S. 73.

7 *Ebisch / Gottschalk* Einführung S. 1.

8 Zu möglichen Zielen der Subventionspolitik *Kreussler* S. 24 ff. und speziell auf die Bedarfsdeckung bezogen kurz *Holtz* HDSW Bd. 1 S. 434.

9 *Michaelis / Rhösa* Erläuterungen Einführung S. 1 f.

10 *Pribilla* II A 2 b.

gänzt werden[11]. Vorweg gesagt werden muß dazu, daß die erörterten Mindestanforderungen an ein „faires" Verfahren nie übergangen werden dürfen, daß insbesondere Art. 3 GG der zentrale einschlägige Rechtssatz bleibt. Dies gilt um so mehr, als eine exakte Abgrenzung der „einfachen" Bedarfsdeckung von der wirtschaftsbeeinflussenden ein schier hoffnungsloses Unterfangen ist[12].

I. Kategorien der Wirtschaftspolitik durch „Auftragssteuerung"[13]

Semler[14] trennt kategorial in Einzelinterventionen und Beeinflussung der Gesamtwirtschaft. Damit sind aber einerseits nicht alle politischen Momente, die eine Rolle spielen können und spielen, erfaßt, z. B. nicht umweltschützerische Motive. Zum anderen ist das Raster vor allem hinsichtlich der Globalinterventionen zu grob. Auch bei der folgenden Einteilung wird allerdings nicht verkannt, daß Überschneidungen beinahe zwangsläufig sind[15].

a) Wettbewerbspolitik

Der Grundsatz des Wettbewerbs ist das tragende Prinzip der Verdingungsordnungen[16] und der Preisverordnungen und durchzieht alle ihre Regelungen. Bezüglich der Bieter ist das Gebot, eine Ausschreibung zu veranstalten, beinahe mit dem Wettbewerbsgrundsatz synonym. Da schwierig vorauszusehen ist, wer sich an einer öffentlichen Ausschreibung beteiligen wird, ist letztere von ihrem Charakter her ein vorzügliches Mittel zur Bekämpfung von sogenannten Verdingungskartellen[17], und willkürliche Produktdifferenzierung und Reklame haben keinen Einfluß auf das Ergebnis[18].

---

[11] Vgl. Art. 29 Abs. IV EG-Richtlinie.

[12] Die h. M., die ja die „einfache" Bedarfsdeckung nicht für eine „öffentliche" Aufgabe hält, wohl aber die zu Zwecken der „Realförderung", streitet sich end- und fruchtlos darüber, ob diese Förderung „Hauptzweck" sein muß und wann dies der Fall sei, vgl. nur *Zuleeg* NJW 1962, 2233, aber auch *Leisner*, Grundrechte S. 195 („einfacher, in die Wirtschaft dennoch eingreifender Bedarfsdeckungskauf"). Wie ein Abgrenzungsversuch mißlingen kann, zeigt anschaulich *Semler* S. 76 ff.

[13] Der hier als umfassend benutzte Begriff „Auftragssteuerung" ist allerdings nicht ganz exakt. Nicht nur die Verteilung der Bedarfsdeckungsgeschäfte wird ja gesteuert, sondern bereits ihr Inhalt.

[14] S. 69 ff.

[15] Vgl. *Stern / Münch / Hansmeyer* S. 66 zur Grenze zwischen Konjunktur- und Strukturpolitik.

[16] *DMM* § 2 Anm. 4; vgl. nur § 2 Nr. 1 S. 2 und 3 VOB/A und § 2 Nr. 1 VOL/A.

[17] *Gandenberger* S. 224 und 246. Allgemein zu Verdingungskartellen *Schmölders* S. 222; *H. Schmid* S. 138 ff.; *Mees*, Verdingungsordnungen S. 12 ff.

[18] *Gandenberger* S. 228, der jedoch S. 254 f. darauf hinweist, daß eine beschränkte Ausschreibung die Kartellbildung eher erleichtert; ein Grund mehr, sie sehr sparsam anzuwenden.

Allerdings ist die Einsicht gewachsen, daß Ausschreibungen den Wettbewerb nicht herzustellen vermögen, sondern ihn nur dort nicht verhindern, wo sie ihn antreffen[19], also nicht wettbewerbsfördernd, sondern nur „wettbewerbsneutral“[20] wirken. Unterstützend wirkt dabei neben den allgemeinen kartellrechtlichen Instrumenten[21] die vergaberechtliche Ausschlußmöglichkeit gegenüber Unternehmern, die Absprachen getroffen haben, sowie die Abneigung der Verdingungsordnungen gegen die Verwendung bestimmter Markennamen in der Leistungsbeschreibung[22]. *Gandenberger*[23] rät darüber hinaus dazu, durch geschicktes Taktieren auch auf oligopolistischen Märkten zu verstärktem Wettbewerb anzuregen.

Nach dem Wettbewerbsprinzip steuern die Preis- und Verdingungsordnungen auch das Verhalten der staatlichen Nachfrager, um bei dem oft existierenden Nachfragemonopol die Gefahr monopolisttischen Verhaltens[24] zu bannen oder zumindest einzuschränken. Letzten Endes wird versucht, zwischen Zwangsbedarf und Nachfragemonopol lavierend[25], wettbewerbsmäßige Bedingungen annäherungsweise herzustellen.

Ein Problem für manch kleines Unternehmen ist die Größe vieler Aufträge, die es nicht bewältigen kann. Deshalb erlauben § 4 VOB/A und § 5 VOL/A, die Geschäfte in Lose zu unterteilen. Eine solche Maßnahme „verbreitert“ den Wettbewerb[26], vermag aber andererseits, so *Gandenberger*[27], auch die Kartellbildung zu begünstigen. Der Tendenz zur Konzentration versucht man bisweilen auch durch den „gebrochenen Auftrag“ zu begegnen[28].

b) *Antizyklische Wirtschaftspolitik*

In konjunkturell ungünstigen Zeiten ersetzt der Staat die fehlende private Nachfrage in Form vermehrter Auftragsvergabe, teilweise im Wege des „Defizitspending“. Vor allem Bauaufträge werden als Konjunkturregler eingesetzt[29]. Vor dem Jahre 1967 war dies nur möglich

---

19 *DMM* § 2 Anm. 4 i; *Gandenberger* S. 52 und 161.

20 *Schmölders* S. 216.

21 *Welter* S. 185.

22 *DMM* § 10 Anm. 4 b. Vgl. aber auch *Welter* S. 39 f. und 99, der die mangelnde Reagibilität und das Trägheitsmoment in der Verwaltung beklagt, die bisweilen zu Begünstigung oder gar Schaffung von Lieferantenmonopolen führen.

23 S. 158 und 229 f.

24 *Gandenberger* S. 63.

25 *Daub* Bauverwaltung 1963, 379 f.

26 *Holtz* HDSW Bd. 1 S. 434; *Daub / Tomascewski* S. 515.

27 S. 225.

28 *Rentrop* Darstellung S. 34 f. und unten e.

unter den engen Bedingungen des Art. 112 GG oder durch die Aufstellung eines Nachtragshaushaltes. Das letztere Vorgehen ist zeitraubend und ermangelt der in der Konjunkturpolitik notwendigen Flexibilität[30]. Seit Verabschiedung des StabG sind die staatlichen Bedarfsdeckungsgeschäfte gesetzlich in den Rahmen der allgemeinen Wirtschafts- und Finanzpolitik eingebettet[31]. Das StabG als „Plan der Pläne“[32] erlaubt über seine §§ 6 und 8, einem im Bundeshaushaltsplan eingestellten Leertitel „zusätzliche“[33] Mittel zu entnehmen, um u. a. durch eine beschleunigte[34] Vergabe von Aufträgen einer „Abschwächung der allgemeinen Wirtschaftsätigkeit“ zu begegnen. Sie dürfen nur für Zwecke des Art. 104 a Abs. IV S. 1 GG verwendet werden oder für in Investitionsprogrammen geplante und vorbereitete, im Finanzplan enthaltene Vorhaben[35].

Die Bundesregierung hat in den vergangen Jahren von diesen Möglichkeiten des StabG mehrfach Gebrauch gemacht. Das Sonderprogramm gegen die Arbeitslosigkeit vom September 1974 pumpte 950 Mio. DM, von denen der Bund 600 Mio. DM trug, in die Wirtschaft[36]. Gefördert wurden Hochbauprojekte in Gebieten mit überdurchschnittlicher Arbeitslosigkeit[37]. Ein weit gigantischeres Konjunkturprogramm beschloß die Bundesregierung am 27. August 1975[38]. Es hatte ein Gesamtvolumen von 5,75 Mrd. DM, von denen der Bund 2,65 Mrd. DM trug. Darunter waren 1,2 Mrd. DM für zusätzliche Bundesinvestitionen, die zu zwei Dritteln im Hochbau, ansonsten für den Straßenbau verausgabt wurden, und zwar unter der Bedingung, daß die Aufträge bis Ende 1975 vergeben sein mußten; die Fertigstellung der Projekte sollte Ende 1976 abgeschlossen sein, zudem sollten keine Folgekosten entstehen[39]. Weiterhin wurden gefördert Stadtsanierung und Wohnungsmodernisierung sowie die kommunale Infrastruktur.

---

29 *H. Müller* S. 24; *Badura*, Wirtschaftsverwaltungsrecht S. 287 f.; *Holtz* HDSW Bd. 1 S. 434; *E. R. Huber* S. 54; *F. Möller* S. 145 f. Zur Definition von Konjunkturpolitik *Stern / Münch / Hansmeyer* S. 65 f.

30 *A. Möller* § 8 Rdnr. 3.

31 *Michaelis / Rhösa* Erläuterungen Einführung S. 2.

32 *Stern / Münch / Hansmeyer* S. 68.

33 Dazu *A. Möller* § 6 Rdnr. 4.

34 Vgl. § 11 StabG und zum vereinfachten Verfahren im Bundestag § 8 StabG; dazu *A. Möller* § 6 Rdnr. 1 und 9.

35 Strittig ist, ob die Mittel nur für Investitionen verausgabt werden dürfen, vgl. einerseits *A. Möller* § 6 Rdnr. 4, andererseits *Stern / Münch / Hansmeyer* § 6 Anm. V 3 a.

36 BAnz Nr. 181 v. 27. 9. 1974.

37 Ebd.

38 Einzelheiten in BAnz Nr. 184 v. 3. 10. 1975; Bulletin des Presse- und Informationsamtes der Bundesregierung Nr. 106 v. 2. 9. 1975; FAZ v. 28. 8. 1975.

39 Ebd.

Die „Vorläufige(n) Richtlinien für beschleunigte Vergabe bei Baumaßnahmen im Rahmen konjunkturpolitischer Sofortprogramme“[40] enthalten einige Sonderregelungen für diese Art von Aufträgen. Neben einigen unverfänglichen Auslegungsanweisungen für Bestimmungen der VOB soll nach Nr. 3 der Richtlinien bereits ausgeschrieben werden, bevor der Bundestag die Haushaltsmittel bewilligt hat; die Interessenten müssen darauf hingewiesen werden, daß es möglicherweise zu einem Zuschlag nicht kommt. Nach Nr. 7 und 8 soll es erlaubt sein, bei drohendem Zeitverlust nur beschränkt auszuschreiben oder freihändig zu vergeben, und zwar ohne Rücksicht auf sonst etwa geltende Wertgrenzen.

Der gewaltige Umfang der verausgabten Mittel zeigt, daß im Einsatz der Bedarfsdeckungsgeschäfte als Instrumente antizyklischer Politik der weitaus bedeutsamste Anwendungsbereich der Wirtschaftspolitik durch Auftragssteuerung liegt. Mit dem Konjunkturausgleich nicht zu verwechseln ist der in § 2 Nr. 2 VOB/A und § 13 Nr. 3 VOL/A empfohlene Saisonausgleich[41], der zu einer kontinuierlichen Auftrags- und damit Beschäftigungslage besonders in der Bauwirtschaft führen soll. Die Bestimmungen sind zwar sehr vorsichtig formuliert, dennoch ist nicht einzusehen, warum in ihnen nur unverbindliche Programmsätze zum Ausdruck kommen sollen[42].

c) *„Gesellschaftspolitik“*

Unter diesem etwas verschwommenen Etikett sollen die Versuche zusammengefaßt werden, durch Auftragssteuerung bestimmten sozialen, wirtschaftsstrukturellen oder ökologischen Zielen näherzukommen. Während im Ausland teilweise etwa bestimmte wirtschaftliche Organisationsformen bevorzugt werden[43], fehlen in der Bundesrepublik nach der Neufassung der VOL, die bis 1973 eine Privilegierung lehrlingsausbildender Betriebe vorsah[44], derartige Bestimmungen weitgehend. Empfehlungen, bestimmte Produkte zu bevorzugen, beispielsweise Kohle statt Öl zu verwenden[45], haben bisher keinen imperativen Charakter angenommen.

---

[40] V. Juli 1967, MinBlFin 1967 Nr. 22 S. 500; abgedr. auch bei *Michaelis / Rhösa* Text-Teil II 4 B (24).

[41] *DMM* § 13 Anm. 4 b.

[42] So aber *Ingenstau / Korbion* § 2 Rdnr. 18.

[43] Z. B. in der Schweiz Arbeiterproduktivgenossenschaften, *A. Schneider* S. 39. Ähnlich wurde in den englischen Kolonien verfahren, ebd. S. 32.

[44] *Appelhagen* BB 1974, 344.

[45] *Semler* S. 70 Anm. 2. Anfang Oktober 1975 gingen Berichte durch die Presse, die Bundesregierung setze sich für die verstärkte Verwendung sog. Verwertungsprodukte ein, d. h. solcher Erzeugnisse, die im Wege des Recycling aus Abfällen gewonnen werden.

d) *Regional-strukturelle Wirtschaftsförderung*

Obwohl die Ansässigkeit von Bewerbern bzw. Bietern im Bezirk der beschaffenden Stelle kein Kriterium bei der Zuschlagserteilung ist[46] und § 8 Nr. 1 S. 2 VOB/A die Beschränkung des Wettbewerbs auf Ortsansässige sogar expressis verbis mißbilligt[47], hat sich in praxi das „Localisierungsprinzip“[48] bzw. ein Regionalprotektionismus hartnäckig erhalten[49]. Dies nicht nur, weil Ortsansässige von einem natürlichen Standortvorteil besonders bei Bauaufträgen profitieren[50], sondern weil viele staatliche Einkäufer sich offen oder unter „hundert Ausreden“[51] über die Vergabebestimmungen hinwegsetzen.

Während diese Praxis nach geltendem Recht eindeutig rechtswidrig ist, schreiben § 50 BBahnG und § 31 PostVerwG[52] für Bahn und Post eine horizontale Streuung ihrer Bedarfsdeckungsgeschäfte vor[53]. Welter vergleicht diese Regelungen mit Art. 36 Abs. I S. 1 GG, der bekanntlich für die „Beschaffung“ des Personalbedarfs Ähnliches anordnet[54]. Der gleichfalls vag formulierte § 2 Nr. 3 VOL/A strebt eine „volkswirtschaftlich sinnvolle Verteilung“ der Aufträge an[55].

Gemäß § 24 Nr. 3 S. 3 VOL/A sind vom BM für Wirtschaft anerkannte „notleidende Gebiete“ beim Zuschlag zu privilegieren. Wie dies zu geschehen hat, regeln die bereits erwähnten Richtlinien vom 19. Juli 1968[56].

e) *Gruppen- und Individualförderung*

So gut wie alle wirtschaftspolitischen Auftragssteuerungsmaßnahmen haben de facto Gruppenförderungschrakter; wenn im Rahmen eines Investitionsprogramms Hochbauten gefördert werden, so werden damit einmal global-konjunkturelle Zwecke verfolgt, gleichzeitig aber auch gezielte Hilfen für die Baubranche gewährt. Neben diesen automati-

---

[46] *VOB-Fälle* Nr. 43 zu VOB/A.

[47] Anders die alte VOB, vgl. *Appelhagen* BB 1974, 344.

[48] *F. C. Huber* S. 46.

[49] *Gandenberger* S. 59; *Holtz* HDSW Bd. 1 S. 435.

[50] *Holtz* ebd.

[51] *Welter* S. 304. Vgl. auch ebd. S. 322 ff.; dort schildert *Welter* einige Beispielsfälle.

[52] *Bender* JuS 1962, 179 mit Anm. 10 bezeichnet sie als „Verwaltungsvorschriften in Gesetzesform“.

[53] *Welter* S. 256 f.

[54] Ebd. S. 267 ff.

[55] Die dort genannten Institutionen sind nicht mehr existent; laut *Rentrop* Darstellung S. 19 ist die angesprochene Aufgabe aber geblieben und obliegt jetzt den einzelnen Auftraggebern.

[56] Siehe dazu oben 2. Kap. D am Ende. Die Richtlinien gelten für alle Arten staatlicher Bedarfsdeckungsgeschäfte.

schen Effekten aller auftragspolitischen Maßnahmen, die aber gerade wegen ihrer Zwangsläufigkeit bei den politischen Überlegungen mitbedacht werden, gibt es die Privilegierungen bestimmter Gruppen bei der Vergabe zu tätigender Geschäfte. Der Förderungsgedanke setzt sich also auf mehreren Ebenen durch: einmal im Vorstadium bei der Frage, ob und welche Aufträge vergeben werden, dann bei den Überlegungen, wie und in welcher Stückelung die Aufträge ausgeschrieben werden, und schließlich beim Zuschlagsverfahren.

Von den sogenannten normativen Begünstigungen einschließlich der nur auf Verwaltungsvorschriften beruhenden Zonenrand- und Berlinförderung war bereits die Rede[57]. Daneben ist bei der Bundeswehr ein Verfahren üblich, um den Mittelstand, der sich ja früher durch die bloße Existenz des „Submissionswesens" benachteiligt fühlte[58], an den Bedarfsdeckungsgeschäften zu beteiligen[59]. Das Verfahren, das lediglich auf einem Schreiben des BM für Wirtschaft beruht[60], besteht darin, daß nur 70 % des Auftragsvolumens aufgrund der Ausschreibung vergeben werden, wenn nicht mittelständische Unternehmen ohnehin einen Anteil von 30 % erreichen. Ist dies nicht der Fall, wird die Ausschreibung zu 30 % aufgehoben und die Restquote freihändig an mittelständische Firmen vergeben, wenn diese bereit sind, ihre Angebote nachträglich auf den Preis des niedrigsten Bieters zu korrigieren[61]. Das Verbot der Nachverhandlung wird also teilweise mißachtet.

Auch der Umfang eines einzelnen Bedarfsdeckungsgeschäfts ist insofern bedeutsam, als bei sehr großem Volumen kleinere Unternehmen oft nicht in der Lage sind, den gesamten Auftrag zu übernehmen. „Damit auch kleinere Unternehmer an den Leistungen teilnehmen können oder die Eigenart gewisser Betriebe zur Geltung kommen kann", läßt § 5 Nr. 1 VOL/A eine Aufteilung umfangreicher Aufträge in Lose zu[62]. Der Tendenz zum „Generalunternehmer"[63] soll damit zugunsten des Kleingewerbes vorgebeugt werden.

Ein anderes Instrument ist das des sogenannten gebrochenen Auftrags. Während der Vollauftrag die Regel ist, d. h. im Normalfall der

---

[57] Vgl. oben 2. Kap. D am Ende sowie die Richtlinien über die bevorzugte Berücksichtigung von Blindenwerkstätten, MinBl des BM für Wirtschaft 1956 S. 206 und dazu *DMM* § 9 Anm. 7 a.

[58] *Schirmer* S. 9.

[59] Vgl. auch § 9 Nr. 3 VOL/A.

[60] Abgedr. bei *Rentrop* Textteil II 6 S. 1 ff.

[61] *Welter* S. 283; *DMM* § 9 Anm. 6 f.; *Rentrop* Darstellung S. 30.

[62] Ähnlich § 4 VOB/A.

[63] Zum Begriff und Unterschied zum Generalübernehmer *HRS* § 4 Rdnr. 15 f.

Auftraggeber das von ihm benötigte Endprodukt ausschreibt, wird beim gebrochenen Auftrag der Werkstoff von der Werkleistung getrennt[64]. Bei Bekleidung ist das häufig der Fall: der Auftraggeber schreibt Stoffe aus und anschließend die Fabrikationsleistung. Dem Unternehmer, der bei der zweiten Ausschreibung erfolgreich ist, „stellt" er dann die Stoffe „bei"[65]. Auch damit soll Kleinbetrieben geholfen werden[66].

Nicht unerwähnt bleiben darf schließlich, daß aus „Sorge vor den weiteren Auswirkungen einer großen Insolvenz"[67], in erster Linie, um bedrohte Arbeitsplätze zu retten, oft einzelnen Unternehmen Aufträge erteilt werden, um sie vor dem Zusammenbruch zu retten[68]. Daß dabei alle sonst geltenden Vergabegrundsätze über Bord geworfen werden, liegt auf der Hand.

II. Grenzen der „Auftragssteuerung"

a) Grundsätze des Wirtschaftsrechts

Unterlägen die staatlichen Bedarfsdeckungsgeschäfte nicht schon deswegen dem öffentlichen Recht, weil sie Aufgaben der Träger staatlicher Verwaltung sind, so müßte sich diese Konsequenz spätestens aus dem Realförderungscharakter so gut wie jedes Auftrags[69] ergeben. Die Bindung der Verwaltung jedenfalls an die Grundrechte bei der Subventionsvergabe ist heute ganz herrschende Meinung[70]. Dagegen wird mit unterschiedlichen Ergebnissen diskutiert, ob der Abschluß von staatlichen Bedarfsdeckungsgeschäften sich immer oder in bestimmten Fällen dem Subventionsbegriff fügt. Subventionen im wirtschaftswissenschaftlichen Sinne sind Leistungen ohne oder gegen geringe, nicht wertadäquate Gegenleistung[71]. Es besteht aber kein Anlaß, diese Definition für juristische Zwecke zu übernehmen mit der Wirkung, daß öffentliche Aufträge den Subventionen nicht vergleichbar wären[72].

---

64 *DMM* § 5 Anm. 3 b.

65 *Rentrop* Darstellung S. 32 ff.; *DMM* § 5 Anm. 3.

66 *Rentrop* ebd. S. 34 f.

67 *Semler* S. 70.

68 Vgl. das Beispiel bei *Semler* S. 70 Anm. 1.

69 Vgl. *F. Möller* S. 121 mit Anm. 166. Zu den mißglückten Abgrenzungsversuchen oben Anm. 12.

70 *Dürig* MDH Art. 3 I Rdnr. 496; *Forsthoff,* LB S. 100; *Götz* S. 264 ff.; *Kreussler* S. 45 und 73; *Zaengl* S. 40; *Siebert* S. 240.

71 *Knobloch* S. 30; *Götz* S. 22; *Furtwängler* S. 12; *Zaengl* S. 6 und 28 ff.; *Rüfner,* Formen S. 196.

72 So aber *Götz* ebd.; *Zuleeg* NJW 1962, 2233; *Wolff,* LB III § 154 I a 2; auch *Furtwängler* S. 12 f., der aber S. 88 umständlich dann doch juristisch relevante Vergleiche zwischen Subventionen und Bedarfsdeckungsgeschäften zieht.

Zahlreiche Autoren sind der Ansicht, daß nur in den Fällen normativer Privilegierung[73] oder allgemein bei „außerfiskalischer Vergabe“[74] Subvention und staatliches Bedarfsdeckungsgeschäft vergleichbar sind. Dazu ist freilich zu bemerken, daß auch ein „einfacher“ Bedarfsdekkungskauf in die Wirtschaft einzugreifen vermag[75], jedenfalls von einer bestimmten Größenordnung an[76]. Selbst der berühmte Kohlenkauf des Finanzamtes bevorzugt die Kohlewirtschaft vor der Ölindustrie; ob das beabsichtigt ist, bleibt sekundär, weil die Funktion, nicht das Motiv einer staatlichen Handlung zuvörderst im Blickfeld stehen muß. Hinzu kommt, daß in jedem Falle dem Auftragnehmer die Gelegenheit gegeben wird, sich mit Gewinn zu betätigen[77]. Parallelen zwischen staatlichen Aufträgen und Subventionen sind also durchgängig feststellbar[78].

Weil die Geltung des öffentlichen Rechts sich schon aus anderen Erwägungen ergab, ist die wichtigste Konsequenz aus dieser Erkenntnis die Geltung der Art. 92 ff. EWGV auch bei der Auftragsvergabe[79]. Auch das in den §§ 14 HGrG, 23 und 44 BHO normierte Verbot des „Verschenkens“ staatlicher Leistungen ist zu beachten[80]. Alle anderen Probleme folgen hingegen weniger aus der funktionellen Parallelität, wenn nicht Identität mit den staatlichen Finanzhilfen, sondern teils, wie die haushaltsrechtlichen Fragen, aus unmittelbarer gesetzlicher Anordnung, oder eben aus der vorgegebenen Geltung des öffentlichen Rechts auch für „Hilfsgeschäfte“. Die kritischen, ins Grundsätzliche gehenden Betrachtungen mancher Autoren über Funktion und Charakter staatlicher Produktionsbeihilfen[81] sind hochinteressant und tragen das ihrige zur Neubestimmung von Wirtschaftspolitik und -ordnung bei, sind aber für die Beurteilung der aktuellen Rechtslage und Rechtspraxis jedenfalls noch nicht bedeutsam.

Nicht selten allerdings wird das Sujet angeschnitten, ob nicht grundsätzlich die Mischung der Bedarfsdeckungstätigkeit mit wirtschafts-

---

[73] *Dürig* MDH Art. 3 I Rdnr. 504 Anm. 1; *Haak* S. 117; *Pöttgen* S. 9; *Rüfner*, Formen S. 197. Unklar bzw. unentschieden *Kreussler* S. 20 f.; *DMM* § 24 Anm. 22; BVerwG v. 7. 11. 1957, NJW 1958, 394, 395.

[74] *Semler* S. 78.

[75] *Leisner*, Grundrechte S. 195.

[76] *Rüfner*, Formen S. 205.

[77] *Furtwängler* S. 88.

[78] *Metzmacher* S. 138; *Ipsen* DVBl 1956, 603; Zeidler DVBl 1962, 302 ziehen hieraus die Konsequenz der Grundrechtsgeltung bei der Auftragsvergabe. Immerhin unterscheidet *Wolff*, LB III § 154 I a 1 Subventionen im verfassungs- und im verwaltungsrechtlichen Sinne.

[79] Vgl. auch Art. 29 Abs. IV EG-Richtlinie.

[80] Dazu *Wolff*, LB III § 154 I 4 mit Hinweis auch auf § 44 Abs. I S. 2 BHO. Dagegen ist es kaum praktikabel, alle Aufträge in den Subventionsbericht nach § 12 StabG einzustellen.

[81] Etwa *E.-W. Böckenförde*, Bedeutung S. 28 f.

politischen Zielsetzungen unzulässig oder doch von Übel sei, ob nicht solcherart Aufgaben den Beschaffungsstellen „fremd“ seien[82]. Ohne die unten zu behandelnden Fragen bereits jetzt zu berühren, ob einzelne Gesichtspunkte des öffentlichen Rechts Abweichendes fordern oder nach Modifizierung verlangen, kann gesagt werden, daß das Grundgesetz dazu nicht Stellung nimmt und somit nicht entgegenstehen kann, zumal Wirtschaftspolitik generell oder der Bereich der Subventionsvergabe nirgends abschließend geregelt sind. Auf welche Weise der Staat seine wirtschaftspolitischen Absichten verfolgt, bleibt solange ihm überlassen, wie er nicht gegen Verfassungsprinzipien verstößt[83]. Eine Pflicht des Staates, bei Bedarfsdeckungsgeschäften die „Vorteile größerer Volkskreise im Auge“ zu behalten[84], läßt sich zwar nicht konstruieren, auch nicht aus Art. 20 Abs. I GG, der ja nicht vorschreibt, auf welche Weise der Staat seiner sozialen Verantwortung gerecht zu werden hat. Aber das Recht dazu wird man ihm nicht absprechen können[85]. Wirtschaftliche und soziale Zielsetzungen auch in die Bedarfsdeckungstätigkeit einfließen zu lassen, ist daher legitim[86].

Die Preisverordnungen errichten freilich einige Schranken, wenn in Verfolgung der Subventionsabsicht die vereinbarten Preise nicht im Wettbewerb zustande kommen. Gemäß § 4 Abs. I VPöV dürfen bei „marktgängigen“ Leistungen die „im Verkehr üblichen“ Preise nicht überschritten werden. Der kritische Fall sind dabei die normativen Begünstigungen; die Preise, die das jeweils niedrigste Angebot um die festgelegten Prozentsätze überschreiten, dürften sich allerdings dem weiten Begriff „üblich“ noch problemlos subsumieren lassen. Das einstmals bestehende Hindernis, nur zu einheitlichen Preisen vergeben zu dürfen, ist in der VPöA nicht mehr enthalten[87]. § 5 Abs. I Nr. 2 BPVO, wonach Wettbewerbspreise auch solche sind, die bei freihändiger Vergabe zustande kommen, wenn mehrere Unternehmer zur Angebotsabgabe aufgefordert wurden, dürfte auch dann anwendbar sein, wenn von vornherein nur Unternehmer aufgefordert wurden, deren Subventionierung beabsichtigt ist. Denn auch dann bleiben die Einschränkungen der §§ 5 Abs. II und 12 BPVO ausreichend[88].

---

[82] *DMM* § 24 Anm. 22.

[83] So zur Thematik staatlicher Verkäufe, bei denen die anzustellenden Erwägungen nicht von den hier erörterten differieren dürften, BVerfG v. 17. 5. 1961, BVerfGE 12, 354 LS 5. Das BVerfG sieht neben rechtsstaatlichen Prinzipien noch sonstige „gewisse Grenzen“, ohne diese zu benennen.

[84] *F. C. Huber* Vorwort S. XII.

[85] *Wolff*, LB III § 154 III a.

[86] *Bogs* BB 1963, 1271.

[87] *Michaelis / Rhösa* Erläuterungen Verordnung § 1 S. 6.

[88] Vgl. ebd. § 2 S. 99.

Selbst bei Vereinbarung von Selbstkostenpreisen geben die strengen Kalkulationsvorschriften einen gewissen Spielraum. Zwar lassen sie nicht zu, unterstützungswürdigen Unternehmern höhere Gewinne als im Regelfall zukommen zu lassen. Jedoch erlauben sie, auch an solche Unternehmer zu vergeben, die aus irgendwelchen Gründen nicht so kostengünstig zu kalkulieren vermögen wie ihre Konkurrenten. § 5 Abs. IV VPöA steht dem nicht entgegen[89].

Für die staatlichen Entscheidungen im Vorstadium der Beschaffung, mit anderen Worten für die Frage, ob überhaupt bzw. wann und in welchem Umfang Aufträge welcher Art vergeben werden sollen, gilt nichts über die Regeln innerstaatlicher Willensbildung, die auch sonst Beachtung erheischen, hinaus. Es handelt sich um originär politische Dispositionen, für die das Haushaltsrecht mit den durch Art. 109 GG ermöglichten Modifikationen des StabG die Instrumente zur Verfügung stellt. Relevant auch hier könnten die Prinzipien der Erforderlichkeit und Geeignetheit sein, die noch zu behandeln sind.

b) Der Gleichheitssatz

Art. 3 GG, die im Recht der staatlichen Leistungsverwaltung zentrale Verfassungsnorm, gilt ohne Frage auch dort, wo Aufträge mehr oder weniger offen „gesteuert" werden. Nur wirkt er weitaus brisanter, weil die Unterscheidung der Kriterien, die hier bei den Entscheidungen über Verfahrensart und Zuschlag zusätzlich zum Tragen kommen, in „sachgerechte" und „unsachgemäße" größte Schwierigkeiten mit sich bringt.

Zu einseitig ist es aber, nur Qualität und Preis als einzig „neutrale" Kriterien im Hinblick auf Art. 3 GG zu werten[90]. Es sind zwar die saubersten und einleuchtendsten Merkmale, aber nicht die einzig möglichen. Die durch die Auftragsvergabe mehr oder minder automatisch eintretenden, gewollten oder mißbilligten ökonomischen Wirkungen und Fernwirkungen in der Zuschlagsentscheidung zu antizipieren, liegt im Gegenteil besonders nahe[91] und macht die Dezision transparent.

Bei der Frage, wie das zu geschehen hat, ist ein weiteres Mal darauf zu verweisen, daß das beste Mittel gegen Willkür auch hier ein geordnetes und kontrollierbares Verfahren darstellt. Das in den Verdingungsordnungen vorgesehene Verfahren darf daher nur durch eine Berücksichtigung zusätzlicher Zuschlagskriterien verändert werden. Auch das wichtige Ziel einer beschleunigten Ankurbelung der Wirt-

---

89 Ebd. § 5 S. 27; *Ebisch / Gottschalk* Erläuterungen VPöA § 5 Rdnr. 8.

90 So aber *Dürig* MDH Art. 3 I Rdnr. 504.

91 Das gilt jedenfalls so lange, wie ein Sachgebiet nicht abschließend geregelt ist, wie das der staatlichen Zuwendungen.

schaftstätigkeit kann es deshalb nicht rechtfertigen, sich über die am Gleichheitssatz orientierten Vorschriften über die Wahl der Vergabeart hinwegzusetzen, wie Nr. 7 und 8 der Richtlinien vom Juli 1967[92] es tun. Genauso bedenklich sind das in der Bundeswehr praktizierte Verfahren zur Privilegierung des Mittelstandes[93] und die Zonenrand- und Berlinförderungsrichtlinien, weil hier das Verbot der Nachverhandlung aufgehoben wird. Die drei wesentlichen Prinzipien der Ausschreibung, zu denen auch dieses Verbot gehört[94], dürfen nicht verletzt werden.

Welche Maßstäbe materiell anzulegen sind, ist eine wertende Entscheidung. Daß dabei Grenzen zu beachten sind, ist einleuchtend. Sie zu bestimmen, kann aber nur im Einzelfall gelingen. Die zu fördernden Unternehmensgruppen dürfen im Einklang mit der Rechtsprechung des BVerfG nicht willkürlich abgegrenzt werden[95], selbstverständlich also nicht nach politischen oder weltanschaulichen Gesichtspunkten[96]. Der Quotierung gemäß § 50 BBahnG und § 31 PostVerwG kann bei aller Kritik[97] eine gewisse Rationalität nicht abgesprochen werden. Auch die in der Literatur vehement bekämpfte Bevorzugung ortsansässiger Bieter durch die Gemeinden ist zwar nach geltendem Recht nicht erlaubt[98] und dürfte nicht auf die Erwägung gestützt werden, daß die der Gemeinde zufließenden Steuern dadurch erhöht werden[99], steht aber ansonsten nicht ohne weiteres im Gegensatz zu Art. 3 GG[100]. Mag sie auch „verfehlt und anachronistisch"[101] sein, so ist doch der hier monierte Verstoß gegen den Wettbewerbsgrundsatz[102] allen Förderungsmaßnahmen zu eigen, die bestimmte Bewerber privilegieren. Diese Tatsache allein spricht somit nicht gegen die Zulässigkeit dieser ebenso häufig beklagten wie geübten Praxis.

Besondere Beachtung verdient die Auswahl der Wirtschaftssektoren, die aufgrund eines Konjunkturprogrammes gefördert werden. Die §§ 6 und 8 StabG geben der Bundesregierung im Zusammenwirken mit dem Bundestag das Recht, den Charakter der zu tätigenden Ausgaben zu

---

[92] Oben Anm. 40.

[93] Oben I. e.

[94] Oben 2. Kap. D bei Anm. 141.

[95] Zu beachten ist auch die Situation der Firmen, die wegen des Charakters ihrer Erzeugnisse als Staatslieferanten nicht in Betracht kommen, so *Welter* S. 354 ff.

[96] *Löw* DÖV 1957, 880; *Semler* S. 103 f.

[97] *Welter* S. 267 ff.

[98] § 8 Nr. 1 S. 2 VOB/A.

[99] *VOB-Fälle* Nr. 43 zu VOB/A; *Haak* S. 146.

[100] So aber — mit gewissen Ausnahmen — *Haak* S. 145 f.; *Furtwängler* S. 126.

[101] *Semler* S. 79; ähnlich *Holtz* HDSW Bd. 1 S. 435.

[102] *Hereth / Naschold* Ez A 8.4.

bestimmen. Wegen der Schranke, neben Mitteln für Zwecke des Art. 104 a Abs. IV S. 1 GG nur Gelder für solche Vorhaben zu bewilligen, die bereits in Investitionsprogramme eingestellt sind, ist einer willkürlichen Auswahl ein wenig vorgebeugt.

Bei der Auswahl der Projekte ist zu beachten, daß diese für einige Branchen volle Kassenbücher zur Folge haben, für andere nicht. Entscheidet man sich etwa, wie im Sonderprogramm vom August 1975, für die bevorzugte Förderung von Stadtsanierung und Wohnungsmodernisierung, so kommen die Maßnahmen eben der Bauwirtschaft und hier wiederum denjenigen Unternehmen zugute, die sich auf solche Aufgaben spezialisiert haben. Es wird also bereits in diesem frühen Stadium eine Auswahl unter den in Frage kommenden Unternehmensgruppen getroffen, bei der Art. 3 GG natürlich nicht suspendiert ist. Diese Auswahl muß sich begründen lassen. Das kann dadurch geschehen, daß die besonders ungünstige ökonomische Situation eines Wirtschaftssektors berücksichtigt wird oder politische Prioritäten offengelegt werden, die sich allerdings auf die Projekte beziehen müssen und nicht auf politische Sympathie oder Antipathie gegenüber einer Gruppe. So ist das verstärkte Bemühen um die Sanierung der Städte ein legitimes gesellschaftspolitisches Anliegen, nicht hingegen die Förderung einer Handwerksgruppe, um Wähler zu rekrutieren.

Angesichts der Tatsache, daß „hundert Ausreden" natürlich schnell zur Hand sind[103], die bezeichnete Entscheidung somit eminent politisch ist, mutet es besonders merkwürdig an, daß das Parlament nicht nur den gemäß § 8 StabG einzustellenden Leertitel nicht verändern kann, sondern ihm auch bei der Aufstellung des Finanzplans nur rudimentäre Beteiligungsrechte verbleiben. Die Regelung nach § 8 StabG mag wegen der Dringlichkeit der wirtschaftsbelebenden Maßnahmen angehen. Die Übergehung des Bundestages bei der Konzipierung des Finanzplans greift jedoch recht massiv ins Budgetrecht der Volksvertretung ein. Hier wäre Abhilfe wünschenswert.

Das Problem der Einzelintervention zugunsten maroder Unternehmen kann — unter Hintanstellung der massiven wirtschaftspolitischen Bedenken — sub specie des Art. 3 GG nach den Grundsätzen des Urteils des BVerfG vom 7. Mai 1969[104] gelöst werden. Das BVerfG beschäftigte sich zwar mit den sogenannten Einzelfallgesetzen; das Handeln außerhalb existierender Gesetze unterliegt aber allenfalls noch schärferen Bedingungen. Danach ist das „willkürliche Herausgreifen eines Falles" verboten; die Regelung eines Sonderfalles ist aber dann nicht ausge-

---

[103] So — in ähnlichem Zusammenhang — *Welter* S. 304.

[104] DÖV 1969, 424.

schlossen, wenn es nur einen zu regelnden Fall der je spezifischen Art gibt. Vorsicht ist aber geboten bei der Beurteilung der Umstände, die einen Einzelfall aus allen anderen herausheben. Ob etwa die Größe eines Unternehmens im Hinblick auf die gefährdeten Arbeitsplätze von Bedeutung sein darf, ist zumindest nicht unzweifelhaft, weil die allein numerische Relevanz nicht zur Diskriminierung der „Kleinen" führen darf.

c) Der „Grundsatz der preisgünstigen Beschaffung"

Im Zusammenhang mit dem Argument, der Bedarfsverwaltung seien wirtschaftspolitische Aufgaben fremd, heißt es oft, den Beschaffungsstellen obliege es lediglich, den Staatsbedarf so günstig wie möglich zu decken[105]. Zumindest sei das ihre „vornehmste Aufgabe", die nicht „zu sehr" mit anderen Zielsetzungen vermischt werden dürfe, weil dies den §§ 6 Abs. I HGrG und 7 Abs. I BHO widerpreche[106].

Daß die Bedarfsverwaltung ihre Beschaffungsaufgabe nicht ganz aus den Augen verlieren darf, dem wird wohl zuzustimmen sein. Aber es ist schwierig, die Grenzen des Zulässigen zu markieren, wenn man anerkennt, daß der Wirtschaftspolitik durch Auftragssteuerung im Grundsatz keine Normen entgegenstehen.

Der Grundsatz der wirtschaftlichen und sparsamen Verwendung öffentlicher Gelder durchzieht alle Rechtsmaterien, bei denen die Verausgabung staatlicher Mittel eine Rolle spielt. Im Hinblick auf Subventionen konkretisiert er sich in der Verpflichtung, das „erhebliche Interesse" an den Finanzhilfen festzustellen, bevor sie zugewendet werden (§§ 14 HGrG, 23 BHO), und in der Forderung, ihre zweckgerichtete Verwendung sicherzustellen (§ 44 BHO). Nicht jedoch verhindert er Subventionen überhaupt. Wenn dem so ist, läßt sich nicht sagen, daß das Wirtschaftlichkeitsprinzip für Bedarfsdeckungsgeschäfte in einen Grundsatz der preisgünstigen Beschaffung einmünde, von dem nur abgewichen werden dürfe, wenn Verfassungsnormen, etwa Art. 20 Abs. I GG, dies im Einzelfall verlangten[107]. Vielmehr gilt ein solcher Grundsatz aufgrund der Verdingungsordnungen, d. h. nur dort, wo nicht zuständige Stellen mit Hilfe der erlaubten Rechtsinstrumente ein Abweichen von ihm zulassen. Billigt man eine Verfolgung wirtschafts- und sozialpolitischer Zwecke auch im Bedarfsdeckungsrecht, so kann man sie nicht durch das Aufstellen der genannten Regel neutralisie-

---

105 *Rüfner*, Formen S. 407; *Mees*, Verdingungsordnungen S. 31.

106 *DMM* § 5 Anm. 7.

107 So aber *Rüfner*, Formen S. 408, der als Ausnahme nur die Rücksichtnahme auf Unternehmen zulassen will, die ihre Produktion ganz auf den Verwaltungsbedarf ausgerichtet haben.

ren[108]. Das gilt für alle Ebenen der Bedarfsdeckung; z. B. darf die Verwaltung ein umweltfreundliches Produkt kaufen, auch wenn die herkömmlichen Erzeugnisse billiger sind. Auch das Preisrecht stellt ein Prinzip der preisgünstigen Beschaffung nicht auf[109]. Somit kann aus diesem Gesichtspunkt weder etwas gegen eine Bevorzugung Ortsansässiger eingewandt werden[110] noch gegen eine Aufteilung von Bedarfsdeckungsgeschäften in Lose, zumal im letzteren Falle die Effekte auf das Preisniveau nicht eindeutig zu klären sind[111]. Immerhin ist beachtenswert, daß die VOL/A in § 5 Nr. 1 S. 2 auf die Möglichkeit einer unwirtschaftlichen Zersplitterung des Auftragsvolumens hinweist und vorschreibt, sie zu vermeiden[112]. Ähnliches gilt für den gebrochenen Auftrag[113].

Eine Grenze will in jedem Falle beachtet sein: weniger preisgünstige Angebote können nur berücksichtigt werden, wenn ihre Prüfung und Wertung ansonsten mit einer positiven Qualitätsprognose abgeschlossen ist[114]. Ließe die Bedarfsverwaltung sich aus Subventionserwägungen auf den Kauf von „Ramsch" ein, würde sie sich allzu sehr von ihrer Beschaffungsaufgabe lösen, weil die beschafften Waren und Leisten nicht oder nur begrenzt für den staatlichen Bedarf verwertbar wären.

d) Die Grundsätze der Erforderlichkeit und Geeignetheit

Der rechtsstaatliche Grundsatz der Verhältnismäßigkeit im weiteren Sinne umfaßt die im vorliegenden Zusammenhang bedeutungsvollen Prinzipien der Erforderlichkeit und Geeignetheit des zur Erreichung eines angestrebten Zieles verwendeten Mittels[115]. Wir haben es dabei auch mit einer haushalts- und subventionsrechtlichen Regel zu tun[116]. Im Rahmen der grundrechtsvermittelten Rechtsstaatlichkeit[117] erlangen die genannten Topoi insbesondere für den Begründungszwang, den Art. 3 GG fordert, Relevanz.

---

108 Vgl. *Michaelis / Rhösa* Erläuterungen Einführung S. 3 und schon *F. C. Huber* Vorwort S. XII sowie (für Verkäufe) BVerfG v. 17. 5. 1961, BVerfGE 12, 354 LS 5.

109 *Michaelis / Rhösa* Erläuterungen Verordnung § 1 S. 6: weder verlangt die geltende Fassung der VPöA in jedem Falle einheitliche Preise, noch verhindert sie das Aufteilen in Lose.

110 A. A. *Dürig* MDH Art. 3 I Rdnr. 504.

111 Vgl. einerseits *DMM* § 5 Anm. 2 b, andererseits *Rentrop* Darstellung S. 90.

112 *Daub / Tomascewski* S. 515.

113 *DMM* § 5 Anm. 3 a.

114 *DMM* § 24 Anm. 20 g.

115 *Wolff*, LB III § 138 V.

116 Ebd. § 154 I 4 und V d.

117 Dazu *Maunz / Dürig* MDH Art. 20 Rdnr. 70 ff.

Weil der staatliche Bedarf zunächst einmal Zwangsbedarf ist, sind die Möglichkeiten, über eine Steuerung der Aufträge saisonalen Beschäftigungseinbrüchen und erst recht konjunkturellen Krisen entgegenzuwirken, zwar begrenzt[118]. Die praktischen Schwierigkeiten ergeben sich aus der Unelastizität des Bedarfs und der mangelnden Flexibilität der haushaltsrechtlichen Instrumente. Wenn es aber gelingt, Mittel für zusätzliche Aufträge „loszueisen", d. h. haushaltsmäßig rechtzeitig verfügbar zu machen, kann nach wirtschaftswissenschaftlichen Erkenntnissen an der Geeignetheit des beschleunigten und vermehrten Abschlusses von Bedarfsdeckungsgeschäften zur konjunkturellen und saisonalen Wirtschaftsbelebung kein Zweifel sein. Das gilt für die globalsteuernden Elemente. Geeignet müssen aber auch die konkreten branchenmäßig differenzierten Programme sein, geeignet nämlich zur effektiven Hilfe für den zu fördernden Sektor.

Hier wie bei den auf reine Gruppenförderung begrenzten Maßnahmen etwa der normativen Begünstigung[119] ist allerdings das Bedenken nicht von der Hand zu weisen, daß über Staatsaufträge „nur sehr fallweise und in ungezielter Form geholfen" werden kann[120]. Dem ist dann zuzustimmen, wenn die Krise von Wirtschaftsbranchen wie etwa der Bauindustrie oder von Unternehmen bestimmter Größe wie des Mittelstandes strukturelle Ursachen hat[121]. Kurzfristig kann solchen Gruppen natürlich durch Aufträge geholfen werden, indem man sie mehr oder minder künstlich am Leben erhält[122]. Auf lange Sicht ist jedoch fraglich, ob eine solche Politik erfolgversprechend sein kann und nicht auf Mittel der „Steuer-, Kredit- und Wettbewerbspolitik"[123] oder zumindest auf offene Subventionen[124] übergegangen werden muß. Privilegien beim Abschluß von staatlichen Bedarfsdeckungsgeschäften könnten also, wenn sie sich zur „Dauereinrichtung"[125] etablieren, durch bloßen Zeitablauf rechtswidrig werden. Das wäre kein neues Phänomen. Äußerst diffizil ist allerdings, die zeitliche Grenze zu fixieren.

Kritische Stimmen werden auch an der Praxis der Regionalförderung laut. So ist *H. Schmid*[126] der Ansicht, die Vergabe von Aufträgen an

---

[118] *Fricke* S. 70; *DMM* § 13 Anm. 4 e und 4 f.

[119] Kritisch zur Geeignetheit des Instruments des gebrochenen Auftrags *Welter* S. 127.

[120] *DMM* § 5 Anm. 7.

[121] Ebd.

[122] *Welter* S. 285.

[123] *DMM* § 5 Anm. 7.

[124] Vgl. dazu *Fricke* S. 79; *Welter* S. 254 ff.

[125] *Welter* S. 286.

[126] S. 121. Kritisch zur quotenmäßigen Berücksichtigung der Bundesländer *Welter* S. 267 ff.

Unternehmen, die in strukturschwachen Räumen ansässig sind, sei ein ungeeignetes Instrument der Regionalpolitik, weil diese Räume zum Ausgleich ihrer Standortnachteile eine verbesserte Infrastruktur benötigten. Man wird insoweit damit einig gehen können, als die Infrastrukturförderung Priorität zu genießen hat. Sie wirkt sich allerdings erst langfristig aus, so daß es zu einer wirksamen Hilfe erforderlich erscheint, das eine zu tun, ohne das andere zu lassen.

Nicht unbedenklich ist schließlich der Versuch, über die staatliche Einkaufspolitik den Wettbewerb nicht nur nicht zu hindern, sondern gar zu fördern. Selbst *Gandenberger,* der ein solches Vorgehen auf vermachteten Märkten befürwortet, kommen Bedenken[127]. Um Monopole zu„knacken", gibt es weitaus probatere Mittel[128].

e) Der Grundsatz der Haushaltsklarheit

Weil das finanzielle Ausmaß der Förderung sich nicht im vorhinein beziffern läßt, halten *Daub/Meierrose/Müller*[129] das Verfahren der normativen Begünstigung nur für eine Notmaßnahme für eine Übergangszeit. Die „versteckte" Subventionierung widerspreche den Grundsätzen der Haushaltswahrheit und Haushaltsklarheit. Die gleiche Kritik ließe sich etwa bei dem Bundeswehr-Verfahren zugunsten des Mittelstandes anbringen.

Ihr kann jedoch nicht gefolgt werden. Die gleiche Sachlage ergibt sich nämlich immer dann, wenn öffentliche Mittel auf der Basis eines konditionalen Programms an Private ausgegeben werden, d. h. wenn die Privaten bestimmte Bedingungen erfüllen. Wie viel Geld beispielsweise aufgrund des Wohngeldgesetzes in einem Haushaltsjahr benötigt wird, läßt sich nicht exakt vorhersagen. Immerhin stehen der Kreis der Berechtigten und die Höhe ihrer Ansprüche in diesem Falle abstrakt fest, so daß zumindest die Höchstgrenze theoretisch bestimmbar wäre.

Das trifft für die Mehrpreise, die z. B. aufgrund des § 74 BVFG zu zahlen sind, nicht zu, genausowenig allerdings auf die Mittel, die überhaupt für die Bedarfsdeckung aufzuwenden sind. Welche Entwicklung der allgemeine Preisstandard nehmen wird, kann niemand ohne Fehlerquote weissagen, geschweige denn, welche Unternehmen mit welchem Kostenniveau sich an zukünftigen Ausschreibungen beteiligen werden. Der Einwand würde somit, konsequent auf die Bedarfsdeckung angewandt, diese Aufgabe völlig scheitern lassen. Unmögliches kann aber das Haushaltsrecht nicht verlangen. Unerläßlich ist allerdings,

[127] S. 161.
[128] *Welter* S. 328.
[129] § 24 Anm. 22.

daß der Versuch einer möglichst genauen Schätzung der erforderlichen Mittel gemacht wird[130].

f) Der Grundsatz der Vorhersehbarkeit staatlichen Handelns

Auch für die Bedarfsverwaltung muß gelten, daß zur Wahrung der Rechtssicherheit für die Privaten die Rechtsfolgen ihres Handelns berechenbar und das künftige Verhalten der juristischen Personen des öffentlichen Rechts vorhersehbar sind[131].

Für die Frage, ob überhaupt bzw. wann und in welchem Umfang der Staat welche Güter und Leistungen nachfragt, kann das freilich nur begrenzt und negativ formuliert gelten: staatliche Aufträge dürfen nicht völlig überraschend kommen, damit zumindest die „bedarfsnahen" Betriebe die Chance haben, sich auf die staatliche Nachfrage einzustellen. Wegen der lange vorbereiteten Investitionsprogramme, auf denen die Maßnahmen nach § 6 Abs. II StabG beruhen, ist aber nicht ersichtlich, wann ein solcher Fall sollte eintreten können. Im Rahmen von Konjunkturprogrammen ist besonders der Zeitfaktor von entscheidender Bedeutung. Aber gerade er ist nur schwer in den Griff zu bekommen, weil die Notwendigkeit von Konjunkturmaßnahmen sich meist kurzfristig erweist und ihre schnelle Abwicklung eines ihrer Charakteristika ist. Das „Windhundprinzip" läßt sich hier kaum vermeiden.

Selbst für Bedarfsdeckungsgeschäfte außerhalb von Stabilitätsprogrammen ist das Zeitelement, zumal „unter inflationären Verhältnissen"[132],nicht unbedeutend. Es wäre daher wünschenswert, daß die Beschaffungsstellen die Phasen des geplanten Beschaffungsablaufs zeitlich festlegen[133] und bekanntgeben. Eine Pflicht zu rechtlichen Garantien für eine „auf Dauer ausgewogene Vergabe", wie *Strickrodt*[134] sie fodert, läßt sich aus irgendwelchen rechtlichen Gesichtspunkten allerdings nicht ableiten, insbesondere nicht aus dem Prinzip des Vertrauensschutzes.

Wie sich ein Auftraggeber bei einer bereits in die Wege geleiteten Ausschreibung verhalten wird, welche Maßstäbe er anlegt und welche Kriterien er berücksichtigt, muß allerdings ab Ausschreibungsbeginn erkennbar sein, und zwar so konkret wie irgend möglich. Eine Aufteilung in Lose muß daher bereits in den Ausschreibungsunterlagen ange-

---

[130] *Wolff*, LB III § 162 II j; *Vialon* S. 96.

[131] Dazu *Maunz*, Staatsrecht § 10 I e; *Wolff / Bachof* § 30 I a; *Maunz / Dürig* MDH Art. 20 Rdnr. 86.

[132] *Strickrodt* S. 210.

[133] So — im Hinblick auf das BM für Verteidigung — der Haushaltsausschuß des Bundestages, BT-Drs. 7/748 S. 3.

[134] S. 214.

kündigt sein[135], und Startvorteile für bestimmte Unternehmensgruppen dürfen nur in einem in Zahlen genau festgelegten Entgegenkommen bestehen[136]. In den zu den Begünstigungsnormen wie etwa § 74 BVFG erlassenen Richtlinien ist das mustergültig geschehen; von dem bei der Bundeswehr praktizierten Verfahren zur Mittelstandsförderung kann das nicht behauptet werden. § 50 BBahnG und § 31 PostVerwG sind derart unscharf, daß nicht entfernt vorherzusehen ist, wie sich ihre Auswirkungen gestalten.

Überhaupt nicht vorhersehbar sind Stützungsaktionen zugunsten einzelner Unternehmen. Solange sie nicht normativ-konditional geregelt sind, dürften sie unzulässig sein.

g) Ergebnis

Über Sinn und Zweckmäßigkeit wirtschaftspolitischer Einwirkungen auf Entscheidungen im Rahmen staatlicher Bedarfsdeckung ist hier nicht zu urteilen. Viele sind politisch angreifbar, einige nicht sonderlich geeignet zur Erreichung des angestrebten Zieles. Die Grenzen des rechtlich Zulässigen sind aber nur selten überschritten. Vor allem verdient festgehalten zu werden, daß keine Verfassungsnormen oder verwaltungsrechtlichen Grundsätze erkennbar sind, die wirtschaftspolitische Ingerenzen auf die Bedarfsdeckung grundsätzlich verbieten. Selbst wenn man aus dem Sozialstaatsgebot eine Pflicht des Staates zu sozialgestaltenden Maßnahmen ableiten will, so wird niemand plausibel darlegen können, die Pflicht müsse auch und gerade über die Bedarfsdeckungsgeschäfte erfüllt werden. Umgekehrt ist aber auch keine Vorschrift in Sicht, die ein derartiges Vorgehen mißbilligte. Eine andere Frage ist, welche Organe mit welchem rechtlichen Instrumentarium solche wirtschaftspolitischen Ziele verbindlich machen dürfen.

III. Zur Steuerungskompetenz bei wirtschaftsbeeinflussender Bedarfsdeckungspolitik

Aus allen behandelten Aspekten ergibt sich, daß das Hauptproblem in der Gewinnung und Bereitstellung fester Regeln für das Verwaltungshandeln besteht. Das gilt für die Konkretisierung von Art. 3 GG ebenso wie für die Beurteilung der Erforderlichkeit bestimmter Maßnahmen im Sinne der §§ 14 HGrG, 23 und 44 BHO. Wie soll man abgrenzen zwischen Klein-, Mittel- und Großbetrieben, wie zwischen strukturschwachen und strukturstarken Räumen[137]? Bei einer Reihe

---

[135] *DMM* § 5 Anm. 4.

[136] *Welter* S. 206 f.

[137] *Welter* S. 257 ff.

von Maßnahmen läßt sich nur resignativ feststellen, daß ihre Auswirkungen nicht eindeutig vorhersagbar sind: ist eine Aufteilung in Lose unwirtschaftlich[138], begünstigt sie die Kartellbildung[139] oder nicht?

Zugleich taucht eine Reihe von Zielkonflikten zwischen den bei der Vergabe zwangsläufigen Funktionen oder bewußt verfolgten Zwecken auf. Das gilt etwa im Hinblick auf das Ziel der Wettbewerbsförderung, wobei die Definition der letzteren wiederum eine Rolle spielt. Strebt man das Ideal eines weitgehenden laisser-faire an, so gerät jedwede Differenzierung zwischen den Bietern nach anderen Gesichtspunkten als nach Qualität und Preis ins Zwielicht. Soll Telos der Wettbewerbspolitik hingegen die Herstellung gleicher Marktchancen und die Vermeidung vermachteter Mächte sein, so ist damit die Begünstigung infrastrukturell benachteiligter Regionen und die Privilegierung von Klein- und Mittelbetrieben zumindest kompatibel[140]. Vom Ziel der preisgünstigen Beschaffung, das für den Regelfall im Sinne der Verdingungsordnungen gilt, muß bei fast allen Wirtschaftsinterventionen mittels Auftragsvergabe abgewichen werden. Saisonaler und konjunktureller Ausgleich müssen in Einklang gebracht werden, und der Übergang auf ein umweltfreundliches Produkt kann einer Branche schaden, deren Funktion für die Gesamtstabilität der Wirtschaft von Relevanz ist.

Mit anderen Worten: die jeweilige Kombination der diversen und teilweise konträren Motive und Ziele wird im Einzelfall eminent politisch[141]. Die hier fälligen Dezisionen durch das Fehlen fester Regeln oder die „Flucht in die Generalklausel" den einzelnen Vergabestellen nach eigenem Gutdünken zu überlassen, bringt erhebliche Gefahren mit sich[142], und zwar einmal für das rechtsstaatliche und demokratische Prinzip, zum andern für die Konsistenz staatlicher Wirtschaftspolitik[143]. Der Primat der Politik muß daher offen zum Ausdruck kommen: genetisch durch Offenlegung von Interessen, Motiven und Wertungen und die Transparenz ihres Einmündens in die Entscheidung, funktional durch die Bindung der Vergabestellen an diese Entscheidungen mittels rechtsverbindlicher Regeln.

---

138 Dazu *DMM* § 5 Anm. 2 b; *Daub / Tomascewski* S. 515; *Rentrop* Darstellung S. 90.

139 Dazu *Gandenberger* S. 225.

140 *Rentrop* Darstellung S. 34 f. deutet den Widerspruch an, wenn er meint, der Vollauftrag entspreche dem Grundsatz der Marktwirtschaft, wegen deren immanenter Tendenz zum Großbetrieb sei der gebrochene Auftrag aber gerechtfertigt.

141 *Seidler* S. 143.

142 *Semler* S. 79.

143 Diese Gefahr will für einen Teilausschnitt § 2 Nr. 2 VOL/A bannen, *DMM* § 2 Anm. 6.

Insofern ist es richtig, wenn *Welter*[144] bemängelt, daß einzelne Bedarfsverwaltungen mit Entscheidungen befaßt sind, die zu treffen nicht ihre Sache ist. Vielmehr müssen diese Entscheidungen durch generell-abstrakte Regeln vorprogrammiert sein.

Drei Ebenen, auf denen Steuerung stattfindet, sind zu unterscheiden[145]. Die Stufe des Ob, Was und Wieviel staatlicher Nachfrage fügt sich dem allgemein zum Charakter der staatlichen Bedarfsdeckungsgeschäfte Gesagten ein. Jedes einzelne Bedarfsdeckungsgeschäft ist staatliche Aufgabe, die jeweils der Legitimation durch den Gesetzgeber bedarf, der diese notfalls im Haushaltsgesetz erteilen kann. Das gilt auch für Aufträge im Zuge von Stabilitätsprogrammen im Rahmen der haushaltsrechtlichen Spezialnormen des StabG.

Auf der zweiten und dritten Stufe wird über Stückelung der Aufträge und die Frage Vollauftrag — gebrochener Auftrag entschieden sowie über Zusatzkriterien bei der Zuschlagserteilung. Diese Einzelfallentscheidungen können zweckmäßig nur durch die Verwaltung getroffen werden. Aber weil hier Subventions- oder doch wirtschaftsintervenierende Ziele offen ins Spiel kommen, also andere, zusätzlich mitzuerfüllende staatliche Aufgaben definiert werden, kann wiederum nur der Gesetzgeber entscheiden, wann und wie dies zu geschehen hat. Wegen der engen Parallelität und oftmaligen Identität solcher Maßnahmen mit der Ausschüttung staatlicher Zuwendungen kann auch hier auf die Diskussion über Subjekt und Rechtsinstrumente der Subventionsentscheidung verwiesen werden[146]. Bloße Verwaltungsrichtlinien oder gar „Schreiben" eines Ministers reichen, soweit sie nicht in gesetzlichen Bestimmungen gründen, nicht aus; hier sind die Verdingungsordnungen stärker, weil sie, das regelmäßige Verfahren festlegend, für eine Übergangszeit gesetzesvertretende Kraft beanspruchen[147]. Die Richtlinien zur Berlin- und Zonenrandförderung etwa haben keine normative Geltung, weil die Bundesregierung zu ihrem Erlaß nicht legitimiert war. Als Beispiel einer absolut unzulässigen Praxis soll erwähnt sein, daß eine Gemeinde nicht abweichend bzw. im ausdrücklichen Gegensatz zu den Verdingungsordnungen[148] eigenmächtig Ortsansässige bevorzugen darf, wenn deren Angebote das preisgünstigste bis zu einem bestimmten Prozentsatz überschreiten[149].

---

144 S. 301 und 327.

145 Oben I. e.

146 Vgl. oben 4. Kap. A III. a. und dazu noch *Semler* S. 78.

147 Vgl. auch *Rentrop* Darstellung S. 8, der allerdings nicht auf VOB oder VOL, sondern auf § 26 RHO (heute § 6 Abs. I HGrG, § 7 Abs. I BHO) rekurriert, und *Michaelis / Rhösa* Erläuterungen Einführung S. 6.

148 § 2 Nr. 2 VOL/A; § 8 Nr. 1 S. 2 VOB/A.

149 *VOB-Fälle* Nr. 46 zu VOB/A.

Für die Kompetenzverteilung gilt das gleiche, was oben[150] zur Zuständigkeit für ein Vergabegesetz gesagt wurde. Das föderalistische System der Bundesrepublik verhindert eine alleinige Bundeszuständigkeit[151]. Die Anwendbarkeit der Privilegierungsnormen wie § 74 BVFG auf juristische Personen des öffentlichen Rechts außerhalb des Bundesbereichs ist daher mehr als fraglich.

Ein Wort ist noch zu sagen zur Ansicht *Semlers*[152], es gebe juristische Personen des öffentlichen Rechts mit „Auftrag zur Sozialgestaltung“ und andere, denen dieser Auftrag fehle, die also in Semlers Diktion „außerfiskalische“ Zwecke nicht verfolgen dürften. Daß die juristischen Personen des öffentlichen Rechts nur diejenigen Aufgaben zu erfüllen haben, die ihnen im Rahmen der Verfassung und nach gesetzgeberischer Entscheidung obliegen, wurde dargelegt. *Semler* tritt jedoch keinen Beweis dafür an, daß die Gebietskörperschaften den Trägern sogenannter mittelbarer Staatsverwaltung nicht verschiedene, nicht in innerem Zusammenhang stehende Aufgaben übertragen dürften. Nach aktueller Rechtsgrundlage haben die Allgemeinen Ortskrankenkassen in der Tat nicht eine „gesunde Struktur der Wirtschaft“ anzustreben[153]. § 74 BVFG beispielsweise gilt allerdings auch für sie, und es ist nicht einzusehen, warum das unzulässig sein sollte. Beachtenswert ist hingegen der Einwand, eine Subventionierung qua Auftragsvergabe dürfe nur zu Lasten des Steuerhaushalts einer Gebietskörperschaft, nicht zu Lasten von Beitragsvermögen der Sozialversicherungsträger führen[154]. Diese Frage abschließend zu klären, ist hier nicht der Raum. Für Gemeinden geht die Rechtslage dahin, daß Mehrbelastungen, die durch neue ihnen auferlegte Aufgaben verursacht werden, auszugleichen sind[155].

D. Kontrolle und Rechtsschutz

Die „Vermutung regelwidrigen Verhaltens unkontrollierter sozialer Systeme“[1] kann nur durch eine Kontrolle dieser Systeme, in unserem Falle der öffentlichen Verwaltung, falsifiziert werden. Der doppelten Bindung von „oben“ durch das Legalitätsprinzip und von „unten“ durch Grund-[2] und andere Rechte entsprechen die beiden Möglichkeiten der institutionellen Selbstkontrolle“[3] und der justiziellen Nachprüfung[4].

---

[150] A III. a am Ende.

[151] Semler S. 79 f.

[152] S. 74 f.

[153] *Semler* ebd.

[154] *Werber / Bode / Ehrenforth* § 74 Anm. 2.

[155] Vgl. Art. 71 Abs. III S. 3 der Landesverfassung Bad.-Württ. und § 2 Abs. II S. 3 der Gemeindeordnung Bad.-Württ.

[1] *Podlech* S. 10 f.

I. Institutionelle Selbstkontrolle der Bedarfsdeckungspraxis

Eine Reihe von Autoren mißtraut der Effektivität des Rechtsschutzes durch die Gerichte derart, daß sie auf die verwaltungsinterne bzw. parlamentarische Kontrolle das Schwergewicht legen wollen[5]. Diese Mechanismen können zunächst einmal vor den Entscheidungen im Vergabeverfahren bzw. gleichzeitig wirksam werden. Eine Sicherung gegen das allzu intensive Einfließen subjektiver Wertungen in die zu treffenden Dezisionen wird teilweise durch die Bildung von Vergabekommissionen eingebaut, die an Stelle eines einzelnen Beamten entscheiden[6].

Ein alter Vorschlag, der sich — sieht man von den VOB-Auslegungs- und Beratungsstellen ab, die keine bindenden Befugnisse besitzen — nicht hat durchsetzen können, ist der, Sachverständigenkommissionen oder „Verdingungsämter" einzurichten, die zwar nicht bei der einzelnen Auftragsvergabe mitwirken sollen, deren Tätigkeit aber etwa hinsichtlich der Aufstellung von Musterpreisberechnungen nicht unverbindlich zu sein hätte[7]. *Strickrodt*[8] fordert ein „unabhängiges Organ der Ordnungspolitik" als Ansatz zur Kontinuität bei der Auftragsvergabe und ihrer Kontrolle, ohne daß jedoch deutlich wird, wie diese Institution wirken und mit welchen Funktionen und Befugnissen sie ausgestattet sein soll.

Praktische Bedeutung hat in der Bundesrepublik nur die Kontrolle durch die Rechnungshöfe[9]. Deren Arbeit beschränkt sich zwar auf die Prüfung der Einhaltung solcher Bestimmungen, die der Wirtschaftlichkeit und Sparsamkeit der Verwaltungstätigkeit dienen (Art. 114 Abs. II GG). Dazu gehören aber die Preisverordnungen ebenso wie die meisten Verfahrensvorschriften; die die Verwaltungseffektivität begünstigenden und die wirtschaftlichkeitsfördernden Wirkungen zahlreicher formeller Regeln laufen parallel. Der entscheidende Mangel der Rechnungshofkontrolle liegt darin, daß Verstöße gegen rechtliche Vorschriften dann nicht gerügt werden, wenn sie sich im wirtschaftlichen Ergebnis zugunsten der Verwaltung auswirken, mögen auch Rechte der Auftragsbewerber oder -bieter verletzt sein.

---

[2] *Leisner*, Grundrechte S. 200.

[3] *Wälde* ZRP 1975, 111.

[4] *Semler* S. 18 f.

[5] *Seidler* S. 94; *Zeidler* VVDStRL 19, 239; vgl. auch *Ehmke* VVDStRL 19, 259.

[6] *Michaelis / Rhösa* Erläuterungen Verordnung § 2 S. 44 d. Diese Forderung erhob bereits *F. C. Huber* Vorwort S. XIII.

[7] *Rothacker* S. 27 ff.; *F. C. Huber* S. 122 ff. und Vorwort S. XVII.

[8] S. 215 f.

[9] *Gandenberger* S. 62 Anm. 1. Vgl. dazu auch *H. Schmid* S. 102.

Eine Tätigkeit parlamentarischer Gremien[10] folgt teilweise den Berichten der Rechnungshöfe nach. Sie beschränkt sich allerdings auf das Anprangern der entdeckten Fehler und die Diskussion der politischen Folgen, fördert in der Regel also keine neuen Erkenntnisse zutage[11].

II. Justizielle Kontrolle

Die Unzulänglichkeiten „politischer" Kontrolle der Bedarfsdeckungspraxis heben die Möglichkeiten justizmäßiger Nachprüfung in ein starkes Licht[12]. Zwar: die „Bindung des Handelnden geht weiter als die Funktion des Kontrollierenden, weil sie in einem gewissen Umfang der Kontrolle notwendig entzogen ist"[13]. Das gilt auch dann, wenn Gerichte in Aktion treten. Die Gründe liegen zum einen in der Zurückhaltung der Privaten, die Gerichte gegen die Verwaltung anzurufen, auch dort, wo Erfolgsaussichten bestünden: man will es sich nicht für die Zukunft mit dem mächtigen Gegenüber „verderben"[14]. Zum anderen sind dort, wo der Verwaltung Ermessen eingeräumt ist oder ein „reichhaltiges Rechtfertigungsinstrumentarium"[15] zur Verfügung steht, die Möglichkeiten eines Nachweises regelwidrigen Verhaltens begrenzt[16].

Die Einsicht in ein strukturell unvermeidbares Kontrolldefizit darf aber nicht zur Resignation und zum Verzicht auf ausschöpfbare Kontrollinstanzen und -verfahren verleiten.

a) Die „öffentliche Gewalt" im Sinne des Art. 19 Abs. IV GG

Die Zeiten, in denen sich die Unternehmer verpflichten mußten, auf jedes gerichtliche Verfahren zu verzichten[17], dürften wegen Art. 19 Abs. IV S. 1 GG vorbei sein. Das Rechtsstaatsprinzip als solches verlangt zwar nicht schon, daß für alle Rechtsstreitigkeiten der Weg zu den Gerichten offensteht. Für den Rechtsstaat essentiell ist zwar ein kontrollfähiger Rechtsschutz, der aber kein Gerichtsschutz sein muß[18]. Das BVerfG[19] weist aber darauf hin, daß dies wegen der Bestimmung des

---

[10] Dazu *H. Schmid* S. 103.

[11] Anders soll es laut *Gandenberger* S. 62 Anm. 1 in den USA sein, wo die Kongreßausschüsse aus eigener Initiative handeln.

[12] *Haak* S. 176; *Leisner*, Grundrechte S. 202 und 206; *Wälde* ZRP 1975, 111.

[13] *Forsthoff*, Maßnahme-Gesetze S. 232; zustimmend *Furtwängler* S. 109; *Zeidler* VVDStRL 19, 227 Anm. 85.

[14] *Kreussler* S. 73; *Altmann*, Auftragswesen S. 107; *Bender* JuS 1962, 178.

[15] *Kreussler* S. 74.

[16] *Zaengl* S. 51 (für Subventionen).

[17] *F. C. Huber* S. 268 f.

[18] BVerfG v. 10. 6. 1958, BVerfGE 8, 174, 181; zustimmend *Maunz / Dürig* Art. 20 Rdnr. 92.

[19] Ebd.; vgl. auch BVerfG v. 29. 10. 1975, NJW 1976, 141.

Art. 19 Abs. IV S. 1 GG bei Akten der öffentlichen Gewalt anders sei; hier ist ausdrücklich Rechtsschutz in Form des Gerichtsschutzes verlangt. Eine der Zentralfragen ist zunächst die der Auslegung des Begriffes „öffentliche Gewalt".

Der Begriff[20] selbst gibt vom Wortlaut her keinen Anhaltspunkt für die Auslegung[21]. Dennoch hält die herrschende Meinung daran fest, „Fiskalakte" ließen sich ihm nicht subsumieren[22]. *F. Klein*[23] ist sogar der Ansicht, der Garantie des Art. 19 Abs. IV unterfielen nur Verwaltungsakte. Die Begründung gleicht der, mit deren Hilfe man eine Grundrechtsbindung bei den „rein" fiskalischen Tätigkeiten verneint: es würden nicht funktionell öffentliche Aufgaben wahrgenommen[24].

Nach allem, was über die Schwächen dieses Arguments gesagt worden ist, kann kaum Zweifel bestehen, daß bei konsistenter Interpretation Art. 19 Abs. IV GG Schutz auch gegen Handlungen der Verwaltung bei der Bedarfsdeckung gewähren muß. Die Bedarfsverwaltung hat wie jede Verwaltung das öffentliche Recht zu achten. Die Einhaltung dieser Verpflichtung nachprüfbar zu machen, ist Sinn des Art. 19 Abs. IV GG. Ob das Verwaltungshandeln ausschließlich nach öffentlichem Recht zu bewerten ist oder auch nach privatem, kann dabei nicht entscheidend sein.

An der Auslegung des Begriffs der öffentlichen Gewalt kann die gerichtliche Verfolgung der Interessen der Auftragsbewerber, -bieter und -nehmer auch wegen der strukturellen Parallelität, wenn nicht Identität zur Vokabel „vollziehende Gewalt" in Art. 1 Abs. III GG nicht scheitern. Auf die Ausführungen dazu kann verwiesen werden[25].

b) Zum Problem der subjektiven Rechte

Das öffentliche Recht, so hatte *Gneist*[26] betont, ist als objektive Rechtsordnung unabhängig von Parteianträgen zu handhaben. Für das deutsche Recht ist es nun aber kennzeichnend, daß eine justizmäßige Nachprüfung

---

[20] Exakt müßte er „Träger öffentlicher Gewalt" heißen, so *F. Klein* VVDStRL 8, 104.

[21] *F. Klein* VVDStRL 8, 105.

[22] *F. Klein* VVDStRL 8, 107; *Dürig* MDH Art. 19 IV Rdnr. 19; *Siebert* S. 215 ff.

[23] Ebd.

[24] Vgl. oben Anm. 22.

[25] Oben 5. Kap. B I. a. Wie in Art. 1 Abs. III GG die „vollziehende Gewalt" nur ein Synonym für „Verwaltung" darstellt, so ist auch die Diktion der länderverfassungsrechtlichen Parallelnormen zu Art. 19 Abs. IV GG indiziell: Art. 120 der bayerischen Verfassung etwa spricht von „Behörden" statt von „öffentlicher Gewalt", *F. Klein* VVDStRL 8, 105.

[26] S. 270. Vgl. auch *Krause* S. 103 f.

nur auf individuellen Antrag einsetzt, wenn eine Verletzung subjektiver Rechte[27] geltend gemacht wird[28]; die Garantie des Art. 19 Abs. IV S. 1 GG gilt nur für „Rechte". Die Frage, ob im Einzelfall solche Rechte existieren, stellt sich somit als Angelpunkt der Problematik dar.

Die herrschende Meinung leugnet subjektive Rechte aus den Verdingungsordnungen, sowohl solche auf Einhaltung der Verfahrensbestimmungen als auch solche auf den Zuschlag[29]. Nur bei normativer Begünstigung sollen sich, so ein Teil der Stimmen in der Literatur, Ansprüche aus den Privilegierungsnormen ergeben können[30]. Die Begründung dafür ist, daß es sich bei VOB und VOL nur um Verwaltungsvorschriften handele, um bloßes „Innenrecht", aus dem sich auch über Art. 3 GG im Wege der Selbstbindung keine Ansprüche ergeben könnten, weil der Bereich der Bedarfsdeckungsgeschäfte von öffentlichem Recht und damit auch von den Grundrechten frei sei. Die Entscheidungen der Beschaffungsstellen — auch die über den Zuschlag — seien keine verwaltungsrechtlichen Maßnahmen, weshalb sie keine angreifbaren Verwaltungsakte darstellten[31].

Schon der geschilderte Gedankengang hinsichtlich der Rechte aus Verwaltungsvorschriften ist nicht zwingend, wie die beachtenswerten Erwägungen des Württ.-Bad. VGH vom 25. Mai 1950[32] zeigen, die sich allerdings nicht durchgesetzt haben[33]. Nach der hier vertretenen Konzeption sind jedoch die Grundrechte unmittelbar anzuwenden. Art. 2 Abs. I GG schützt dabei davor, mit Nachteilen belastet zu werden, die in den einschlägigen Vorschriften keine Stütze finden. Ein Nachteil ist aber auch eine falsche Entscheidung der Verwaltung, wenn sie etwa einen Mitbewerber bzw. -bieter bevorzugt[34].

Vor allem haben wir es jedoch in Bereichen, in denen der Gesetzgeber einer ihm an sich obliegenden Regelungsaufgabe bisher nicht nachgekommen ist, mit einer speziellen Art von Verwaltungsvorschriften zu tun, die nicht mit jenen zu vergleichen sind, die lediglich zur näheren Ausführung existenter Gesetzesvorschriften erlassen wurden. Den Verdingungsordnungen ist eine stärkere normative Kraft zu

---

[27] Zur Terminologie *Dürig* MDH Art. 19 IV Rdnr. 34.

[28] Mit wenigen Ausnahmen, vgl. § 13 UWG.

[29] Nachweise oben 3. Kap. Anm. 181 und 182.

[30] Nachweise oben 3. Kap. Anm. 281.

[31] Vgl. die Definition des Verwaltungsaktes bei *Wolff / Bachof* § 46 I.

[32] DRZ 1950, 500 f. Vgl. auch *Dürig* MDH Art. 19 IV Rdnr. 31 über „verbindliche" Richtlinien.

[33] Vgl. auch VGH Kassel v. 6. 9. 1967, DVBl 1968, 259, 260 zu den Richtlinien des „Honnefer Modells". Der Senat läßt als möglicherweise verletztes Recht das auf fehlerfreie Ermessensausübung gelten.

[34] OVG Berlin v. 25. 4. 1975, NJW 1975, 1938, 1939 (für Subventionen).

eigen; sie „vertreten" ein eigentlich notwendiges Gesetz[35]. Das hat nicht automatisch zur Folge, daß Private Rechte aus ihnen ableiten können[36]; das Tor zu einer solchen Konsequenz steht nun allerdings offen. Ob es sich bei den auf der Basis der Verdingungsordnungen zu treffenden Entscheidungen zum Verwaltungsakte handelt oder nicht, ist für das Ob des Rechtsschutzes nicht von Belang, sondern nur für seine Form[37].

Aus einer Rechtsnorm sollen Bürger nur dann subjektive Rechte ableiten können, wenn das in der Teleologie der Norm liegt[38]. Die Verbürgung des Art. 19 Abs. IV GG, die nicht nur Grundrechte, sondern alle Rechte umfaßt[39], läßt es bereits problematisch erscheinen, ob der einfache Gesetzgeber — wie es die herrschende Meinung annimmt[40] — den Umfang dieser Rechte souverän bestimmen kann, oder ob nicht bei Berührung eigener Angelegenheiten, d. h. des Lebenskreises des Petenten, sein Interesse an der Beseitigung von Nachteilen zu einem Klagerecht kondensiert[41]. Die wenigsten Rechtsvorschriften enthalten aber überhaupt eine ausdrückliche Zubilligung oder Vorenthaltung von subjektiven Rechten. Sinn und Zweck der Norm müssen meist erst interpretativ ermittelt werden. Die oft „untrennbare Verbindung von öffentlichen und privaten Interessen in den Verwaltungsgesetzen"[42] kompliziert diese Aufgabe, die letztlich darin besteht, wertend zu ermitteln, ob das geltend gemachte Interesse erheblich genug ist[43]. Das BVerfG[44] entnimmt dabei zu Recht der Verfassung den Grundsatz, daß einer normierten öffentlich-rechtlichen Verpflichtung auch in der Regel ein Rechtsanspruch des einzelnen entspricht, die Einhaltung dieser Pflicht

---

[35] Zur Erinnerung sei noch einmal erwähnt, daß *Layer* S. 64 ff. die Vergabevorschriften mit den Regelungen im Rahmen eines besonderen Gewaltverhältnisses verglich und BVerwG v. 21. 4. 1972, DVBl 1973, 41 die Ausschreibungsbedingungen der EVSt für den „Anstaltsordnungen" ähnlich hält.

[36] *Brügmann* Baugewerbe 1954, 636 f.

[37] Vgl. *Redeker / v. Oertzen* § 40 Rdnr. 7 und § 42 Rdnr. 171.

[38] *Eyermann / Fröhler* § 42 Rdnr. 19 m. w. N.; *Mössner* JuS 1971, 134; *Dürig* MDH Art. 19 IV Rdnr. 36. Vgl. in diesem Zusammenhang auch BVerwG v. 19. 6. 1974, NJW 1975, 180: auch im Rahmen der Selbstbindung ist notwendig, daß die Verwaltungsvorschriften zumindest als Nebenzweck dem privaten Interesse des Bürgers dienen sollen. Bedeutsam dabei ist, daß eine solche Möglichkeit überhaupt anerkannt wird.

[39] *Dürig* MDH Art. 19 IV Rdnr. 33; *F. Klein* VVDStRL 8, 112.

[40] Vgl. *F. Klein* VVDStRL 8, 115. Zur h. M. *Henke* S. 3; dort auch Kritik an der Zirkelbegründung, bei der das subjektive Recht zugleich Grund und Folge der Klagebefugnis ist.

[41] So *Henke* S. 57 und 60 f. mit der Einschränkung, dies gelte nur bei die Verwaltung bindenden Gesetzen.

[42] *Henke* S. 33.

[43] Vgl. *Henke* S. 34; auch *Dürig* MDH Art. 19 IV Rdnr. 35.

[44] V. 17. 2. 1972, BVerwGE 37, 243, 246.

im Klagewege durchzusetzen, so daß im Zweifel ein subjektives Recht zu bejahen ist[45].

Die zentrale Norm im Bedarfsdeckungsrecht ist Art. 3 GG zusammen mit den ihn konkretisierenden Vergabevorschriften über Verfahrensart und Zuschlagsentscheidung. Ihrer objektiven Funktion nach dienen sie sowohl der Steuerung des Verwaltungshandelns im Sinne einer effizienten, wirtschaftlichen Verwaltungsführung als auch der „gerechten", gleichberechtigten und „fairen" Behandlung der Bewerber und Bieter. Konflikte zwischen beiden Funktionen treten so gut wie nie auf. Wenn die Verwirklichung individueller Interessen zugleich auch der Realisierung von „Verwaltungszielen" dient und umgekehrt, dann gibt es keinen einleuchtenden Grund, warum nicht die Effektuierung dieser Ziele durch die Gerichte „zur Sicherung einer sinngemäßen Ausführung der Gesetze"[46] überprüft werden sollte, zumal es sich nicht um „ungewollte, zufällige" Begünstigungen[47] der Bewerber handelt.

Auch in Frankreich wird das Hauptgewicht auf die Herstellung des objektiven Rechts gelegt[48]. Gerade deshalb räumt man dort aber den Privaten die Möglichkeit ein, sich gegen Entscheidungen im Rahmen des Vergabeverfahrens zur Wehr zu setzen und stellt derart das Privatinteresse in den Dienst der Verwaltungsrationalität und der staatlichen Politik[49].

Wenn nach unserem justiziellen System die Gerichte nur bei Verletzungen der Rechte einzelner von diesen angerufen werden dürfen, so sollte man nicht zögern, solche Rechte aus den zentralen Bestimmungen des Vergaberechts abzuleiten, um die nach wie vor wichtigsten Kontrollinstanzen einzuschalten, über die ein Rechtsstaat verfügt. Mit *Hamann*[50] wäre zu fragen, ob nicht die Vorstellung eines nur objektiven Rechts überholt ist, ob nicht das objektive Recht stärker „resubjektiviert"[51] werden muß[52].

---

[45] *Dürig* MDH Art. 19 IV Rdnr. 37.

[46] *Gneist* S. 271.

[47] *Dürig* MDH Art. 19 IV Rdnr. 36. Vgl. auch *Eyermann / Fröhler* § 42 Rdnr. 98 a zur formellen Beteiligung des Bürgers am Verwaltungsverfahren als Indiz für das Vorliegen subjektiver Rechte.

[48] *Semler* S. 37.

[49] *Semler* S. 19 f. Die französische Lehre und Rspr. behandet zwar den Bedarfsdeckungskomplex exklusiv nach öffentlich-rechtlichen Normen. Dennoch lassen sich die geschilderten Überlegungen ohne weiteres auf die BRD übertragen; von der Rechtsform darf der Rechtsschutz nicht abhängig sein.

[50] Wirtschaftsverfassungsrecht S. 44.

[51] *Henke* S. 33.

[52] Ein weiterer Aspekt verdient erwähnt zu werden: die h. M. tröstet sich über die rechtliche Folgenlosigkeit einer Verletzung der Verdingungsordnungen mit der Überlegung hinweg, § 26 Abs. II GWB vermöge Art. 3 GG zu ersetzen. Wenn nach der hier vertretenen Auffassung das GWB für „Hilfs-

c) *Subjektive Rechte der Bewerber im einzelnen*

Zurückhaltung ist geboten, wenn es darum geht, die Rechte darzustellen, auf die sich die Bürger sollen berufen können. Immer muß der Sinn in Erinnerung bleiben, den der Gerichtsschutz haben soll: die Verwaltung anzuhalten, die zentralen Vorschriften des Vergaberechts zu beachten, ohne den Bedarfsverwaltungen kleinlich in jede Maßnahme hineinzureden.

Zu den zentralen Bestimmungen der Verdingungsordnungen, die Art. 3 GG berühren, gehören jene über die Wahl der richtigen Vergabeart und über die korrekte Durchführung des Verfahrens, wobei insbesondere auf das ordnungsgemäße Zustandekommen der Zuschlagsentscheidung zu achten ist[53]. Einen Anspruch darauf, daß die Verwaltung überhaupt Güter und Leistungen anfordert, kann es nicht geben[54]; es ist keine Norm erkennbar, auf die ein derartiger Anspruch sich sollte stützen können. Das Haushaltsgesetz begründet wegen § 3 Abs. II HGrG weder Ansprüche noch Verbindlichkeiten. Auch Rechtsvorschriften, die die Verwaltung zur Beschaffung über den Markt anhalten, gibt es nicht[55]. Zeitpunkt, Umfang und Inhalt von Konjunkturprogrammen sind gerichtlich nur formell nachprüfbar.

Welche Regeln der VOL/A und VOB/A so wichtig sind, daß Bewerber und Bieter ihre korrekte Einhaltung durch die Gerichte müssen erzwingen können, kann im Rahmen dieser Arbeit nicht abschließend entschieden werden. Die Literatur hat bestimmte Fälle herausgearbeitet, in denen der Unternehmer Schadensersatz soll fordern dürfen[56]; an diese Ergebnisse wird man sich anlehnen können. Gegen einen Ausschluß vom Verfahren etwa — sei es generell oder im Einzelfall — muß ein Unternehmer gerichtlich vorgehen dürfen[57], wobei für eine generelle „Auftragssperre" eine Rechtgrundlage nicht auffindbar ist und bei Ausschluß im Einzelfall der Auftraggeber für das Vorliegen eines Ausschlußgrundes beweispflichtig sein dürfte[58].

Im Mittelpunkt steht zweifellos die Zuschlagsentscheidung und die Kontrolle der ihr zugrunde gelegten Kriterien. Zuweilen wird im Zu-

---

geschäfte" keine „Waffe" der Bewerber (*Semler* S. 111) ist, sollte das nicht kompensationslos bleiben.

[53] So die Handhabung des Rechtsschutzes in Frankreich, die für unser Rechtsgebiet Vorbildfunktion haben kann. Vgl. *Semler* S. 19.

[54] *Leisner*, Öffentlich-rechtliche Probleme S. 700.

[55] Vgl. oben A I. a.

[56] Vgl. *Hereth / Naschold* Ez A 0.20.

[57] So in Frankreich, *Semler* S. 22. *Semler* erblickt (S. 111) eine Klagemöglichkeit für das deutsche Recht in § 26 Abs. II GWB.

[58] Vgl. *Ingenstau / Korbion* § 8 Rdnr. 48.

sammenhang mit anderen Verwaltungsentscheidungen[59] diskutiert, ob der Bürger einen Anspruch nur auf ein korrektes Verfahren oder auch auf für ihn positive Entscheidung geltend machen kann. *Semler* ist der Ansicht, wegen des im deutschen Recht fehlenden Zuschlagsautomatismus' ließe sich im Falle eines fehlerbehafteten Verfahrens in der Regel nicht ermitteln, welcher Bieter bei korrekter Verfahrenshandhabung den Zuschlag bekommen hätte[60], hält andererseits aber Fälle für denkbar, in denen „bei vernünftiger Betrachtungsweise ein einziges Angebot ohne jeden Zweifel das bei weitem günstigste ist“[61]. Das entspricht der Lehre von der Ermessensreduzierung auf Null[62]. Solche Fälle sind aber sicher weitaus häufiger, als *Semler* zugestehen will, weil bei Ausschreibungen auf der Basis konstruktiver Leistungsbeschreibungen, wie wir gesehen hatten, eine Begründung des Außerachtlassens des preislich niedrigsten, allen geforderten Qualitätsmerkmalen entsprechenden Angebots nicht denkbar ist. Dann muß der Anspruch auf fehlerfreies Ermessen in einen solchen auf den Zuschlag übergehen können[63]. Ist abzusehen, daß die Behörde sich an die Vergabebestimmungen nicht halten wird, indem sie unsachliche Motive ins Spiel bringt[64], ist vorbeugender Rechtsschutz erforderlich[65].

Eine solche vorbeugende Angriffsmöglichkeit bleibt jedoch eher theoretisch, da der Bieter kaum die Chance hat, einen Fehler bereits im Ansatz zu erkennen[66]. Deshalb muß auch die Möglichkeit eingeräumt werden, nachträglich gegen eine fehlerhafte Zuschlagsentscheidung vorzugehen. Im Subventionsrecht ist eine solche „negative Konkurrentenklage“ inzwischen anerkannt[67]. Die Aporie dabei ist aber, daß im Bedarfsdeckungsrecht im Ergebnis nur ein einziger Bieter den betreffenden Auftrag bekommen kann[68], die Rechte des Bieters, mit dem das Bedarfsdeckungsgeschäft bereits abgeschlossen wurde, jedoch respektiert werden müssen[69]. Deshalb und wegen der Rechtsunsicherheit, die

---

[59] In Belgien auch für die Bedarfsdeckung, *Semler* S. 41.

[60] S. 122.

[61] S. 125.

[62] BVerwG v. 18. 8. 1960, BVerwGE 11, 95, 97.

[63] Wobei, das ist *Semler* S. 131 zuzugestehen, der Bieter beibringungspflichtig ist für die Tatsachen, auf denen sein Anspruch beruht.

[64] Vgl. *Semler* S. 31; *Furtwängler* S. 126.

[65] Vgl. für das Beamtenrecht VGH Mannheim v. 14. 6. 1967, DVBl 1968, 255, 256; zur Rechtslage in Frankreich *Semler* S. 23.

[66] *Semler* S. 22.

[67] *Wolff*, LB III § 154 VII c; vgl. auch *Buhren* DVBl 1975, 328 ff. und *Götz* S. 289. Aus der Rspr. BVerwG v. 30. 8. 1968, BVerwGE 30, 191 mit Rezension *Mössner* JuS 1971, 131 ff. Vgl. auch OVG Berlin v. 25. 4. 1975, NJW 1975, 1938.

[68] *Furtwängler* S. 120.

[69] *Semler* S. 22.

einträte, falls — etwa noch nach Jahren — ein Vertrag durch Intervention eines Dritten aufgehoben werden könnte, muß ein einmal abgeschlossenes Geschäft Bestandskraft haben[70], ähnlich wie im Beamtenrecht, wo ein abgewiesener Kandidat die rechtswidrige Ernennung eines Mitbewerbers als solche nicht anfechten kann[71].

In Frankreich war daher nach der älteren Lehre eine Klagemöglichkeit nach Vertragsschluß überhaupt ausgeschlossen[72]. Seit den 30er Jahren wird jedoch auch der Zuschlag selbst als ein vom Vertragsschluß abtrennbarer „acte détachable" qualifiziert, der im Klagewege angreifbar ist[73]. Das geht allerdings nicht soweit, daß der Vertrag selbst aufgehoben werden könnte[74]. Deshalb ist im Ergebnis für den Kläger der Effekt seines Rechtsschutzbegehrens „sehr mager"[75], „purement platonique"[76]. Das ist zweifellos nicht restlos befriedigend, wegen der erwähnten Gesichtspunkte — Schutz des erfolgreichen Bewerbers, aber auch der Verwaltung vor unerträglicher Rechtsunsicherheit — aber unumgänglich[77].

Immerhin ist es in einem solchen Falle möglich, dem Kläger Genugtuung durch Zubilligung von Schadensersatz zu verschaffen; ein solches Resultat hätte auch auf die Verwaltung präventive Wirkungen. Schadensersatzansprüche würden sich auf § 839 BGB/Art. 34 GG stützen können, wie dies eine inzwischen stark vertretene Meinung im Verwaltungsprivatrecht anerkennt[78]. Zum Umfang und zur Berechnung des Schadens kann auf die gründlichen Ausführungen *Semlers*[79] verwiesen werden.

---

70 Ebd.

71 *Wolff*, LB II § 111 I a; VGH Mannheim v. 14. 6. 1967, DVBl 1968, 255, 258. Falsch daher *Truninger* S. 92, der die gleiche Konsequenz damit begründet, daß der Staat „als Privatmann" aufgetreten sei.

72 *Semler* S. 22.

73 *Semler* S. 24.

74 Vgl. dazu noch *Furtwängler* S. 73.

75 *Semler* S. 37.

76 So der belgische Conseil d'Etat, zitiert bei *Semler* S. 38 Anm. 4.

77 *Truninger* S. 93 ff. will aber sogar den Vertrag hinfällig sein lassen, wenn die Vergabe wegen des Fehlers nicht mehr Sinn und Zweck des Vergabewesens entspreche. Das geht sehr weit, weil es selten zur begründeten Anwendung der §§ 134 und 138 BGB kommen dürfte. Das aber sind die einzigen Normen, die die Nichtigkeit des Vertrages bewirken könnten.

78 Vgl. oben 3. Kap. Anm. 87.

79 S. 112 ff. Daß *Semler* nicht aus § 839 BGB/Art. 34 GG, sondern vornehmlich aus den §§ 35 GWB, 823 Abs. II BGB vorgehen will, hat für den Schadensumfang nur nachgeordnete Bedeutung, weil in beiden Fällen auch sog. reine Vermögensschäden zu ersetzen sind, es sei denn, man folgte dem höchst fragwürdigen Gedankengang des BGH-Urteils v. 18. 12. 1972, DVBl 1973, 491.

Wenn Rechtsschutz gegen fehlerhafte Zuschlagsentscheidungen gewährt wird, dann muß dies — der Vollständigkeit halber sei es erwähnt — auch für den actus contrarius der Kündigung gelten.

Nach herrschender Ansicht soll gegen eine vom Auftraggeber vorgenommene Preisprüfung nach den §§ 9 VPöA und 16 BPVO ein Vorgehen im Klagewege nicht möglich sein, weil der Auftraggeber keine abschließende Regelung eines Lebenssachverhaltes treffe, ergo kein Verwaltungsakt ergehe[80]. Ein gleiches gelte für die Feststellung der Angemessenheit von Selbstkostenpreisen durch den Auftraggeber nach den §§ 10 VPöA und 17 BPVO; auch hiergegen könne der Unternehmer sich nur mit der Dienstaufsichtsbeschwerde wehren[81]. Nur die im Streitfalle vorgesehene Intervention der Preisbehörde[82] sei als Verwaltungsakt vor den Verwaltungsgerichten angreifbar[83].

Diese Argumentation ist um so unverständlicher, als nach einhelliger Meinung die Preisverordnungen dem öffentlichen Recht zuzuordnen sind[84]. Auch darauf, ob man der Preisfeststellung und -prüfung Eingriffscharakter zubilligt, kommt es nicht an; Verwaltungsakte müssen keinen solchen Charakter besitzen. Schließlich ist aber nicht einmal entscheidend, ob es sich um Verwaltungsakte handelt, denn nicht nur gegen diese Kategorie von Verwaltungshandlungen kann der Bürger um Gerichtsschutz nachsuchen[85]. Auftragsbewerber bzw. -bieter und -nehmer haben deshalb Rechte darauf, daß ihre Unterlagen nur in den aufgrund der Preisverordnungen vorgesehenen Fällen eingesehen werden, und daß ein Feststellungsergebnis materiell richtig ist. Diese Rechte können klagweise geltend gemacht werden.

III. Rechtswegfragen

Ob eine Streitigkeit eine solche des privaten oder des öffentlichen Rechts ist, läßt sich leicht beantworten, solange ein Lebenssachverhalt ausschließlich der Beurteilung nach der einen oder anderen Rechtsmaterie unterliegt, also bei obrigkeitlich-hoheitlichen und schlichthoheitlichen Verwaltungshandlungen oder bei Beziehungen der Bürger

---

[80] *Michaelis / Rhösa* Erläuterungen Verordnung § 9 S. 16 f.; *Altmann*, BPVO S. 156; OVG Rhl.-Pf. v. 13. 5. 1964, bei *Daub*, Baupreisrecht S. 175 und 177.

[81] *Michaelis / Rhösa* Erläuterungen Verordnung § 10 S. 15; *Altmann*, Auftragswesen S. 58.

[82] § 10 Abs. IV S. 2 VPöA; § 17 Abs. IV BPVO.

[83] *Altmann*, BPVO S. 167.

[84] Vgl. allerdings die verkürzte Begründung, die die h. M. dazu gibt, oben A III. a am Ende.

[85] Zu Recht gegen die Überbetonung der prozessualen Funktion des Verwaltungsaktes daher *W. Schmidt*, Gesetzesvollziehung S. 272.

untereinander. Die Frage kompliziert sich naturgemäß dort, wo beide Rechtsbereiche eine Rolle spielen, somit schon für den mittlerweile beinahe „traditionellen" Komplex des Verwaltungsprivatrechts, und nach dem Ergebnis dieser Untersuchung auch für staatliche Bedarfsdeckungsgeschäfte. Dann kann bei einer Maßnahme im Einzelfall privates Recht, öffentliches Recht oder beides zu beachten sein und ein Anspruch sich aus öffentlichem oder privatem Recht ergeben. Das gilt jedenfalls dann, wenn man öffentliches Recht das bürgerliche Recht „direkt" überlagern läßt und nicht, wie Dürig, nur eine Ingerenz des öffentlichen Rechts in das nach wie vor zivilrechtliche Rechtsverhältnis zugesteht[86], oder, wie das OVG Berlin[87], aus einer offenbar direkt angewandten öffentlich-rechtlichen Vorschrift einen privatrechtlichen Anspruch hervorgehen läßt, eine bei ablehnender Haltung gegenüber der Drittwirkungslehre ganz unverständliche Konstruktion.

Die herrschende Meinung, die eine „direkte" Überlagerung des privaten durch das öffentliche Recht im Bereich des „anerkannten" Verwaltungsprivatrechts zögernd befürwortet[88], differenziert allerdings nicht nach der Rechtsmaterie, aus der sich ein Anspruch ergibt[89], verweist sie doch — mit ganz wenigen Ausnahmen[90] — verwaltungsprivatrechtliche Fälle vor die Zivilgerichte[91], es sei denn, durch eine Spaltung in zwei Stufen stieße man für die erste Stufe das Tor zu den Verwaltungsgerichten auf[92]. Vielmehr will man die „Rechtsform" des Handelns bzw. die „Natur" des bestehenden oder noch herzustellenden Rechtsverhältnisses als Anknüpfungspunkt für die Wahl des Rechtsweges benutzen[93], mit anderen Worten auf das „Basisrecht" abstellen[94]. Im

---

86 Vgl. *Bender* NJW 1975, 1818 f. zu BGH v. 10. 12. 1958, BGHZ 29, 76.

87 V. 27. 4. 1961, NJW 1961, 2130, 2131. Anscheinend ähnlich *Haak* S. 174 f.

88 Vgl. oben 3. Kap. bei Anm. 68, 69 und 71.

89 Dies will allerdings *Pestalozza,* Formenmißbrauch S. 181 f. tun; bei Verschränkung öffentlich-rechtlicher mit zivilrechtlichen Vorschriften sollen aber nur die Verwaltungsgerichte zuständig sein. Ähnlich *Krause* S. 39 (leider im folgenden unklar). Dagegen *Furtwängler* S. 160. Vgl. zum ganzen Komplex noch *Burmeister,* Grundrechtsverständnis S. 69 und *Bender* JuS 1962, 181.

90 Oben 3. Kap. bei Anm. 79 und 81 sowie *Menger* VerwArch 1958, 277; *Pestalozza,* Formenmißbrauch S. 181. Vgl. noch *Heusser* S. 84 und *Giacometti* S. 111.

91 Jedenfalls werden die Fälle des Verwaltungsprivatrechts nicht in die von *Eyermann / Fröhler* § 40 Rdnr. 30 so bezeichneten gemischten Rechtsverhältnisse eingeordnet.

92 Diese Funktion der Zwei-Stufen-Theorie — Wechsel des Rechtsweges — läßt sich sehr schön an den Ausführungen im Urteil des OVG Berlin v. 27. 4. 1961, NJW 1961, 2130, 2131 erkennen.

93 *Zeidler* VVDStRL 19, 239; *Jesch* DÖV 1961, 757; *Metzmacher* S. 175 f.; *Furtwängler* S. 162; *Eyermann / Fröhler* § 40 Rdnr. 1; *Dürig* MDH Art. 19 IV Rdnr. 19.

94 Auch das gilt nicht uneingeschränkt: ergibt sich ein Anspruch nicht aus Verfassungsrecht oder allgemeinen Regeln des Verwaltungsrechts, sondern

Klartext heißt das: Streitigkeiten sind im Sinne des § 40 VwGO nur dann öffentlich-rechtliche, wenn ausschließlich öffentliches Recht tangiert ist. Kommt Zivilrecht ins Spiel, so gehören die Fälle auch dann vor die ordentlichen Gerichte, wenn in casu die Anwendung und Auslegung zivilrechtlicher Normen gar nicht im Streit ist. Folge ist, daß die Zivilgerichte in weitem Umfange über § 40 Abs. I S. 2 und Abs. II S. 1 VwGO hinaus über Fragen des öffentlichen Rechts judizieren[95].

Das ist freilich eine „prozeßrechtliche Ungereimtheit"[96], die zwar nicht gegen Art. 19 Abs. IV GG verstößt[97], aber doch — etwa wegen des im Zivilprozeßrecht nicht geltenden Amtsermittlungsgrundsatzes — eine gewisse Einbuße an Rechtsschutz mit sich bringt[98]. Ob dieser Nachteil vereinbar ist mit Sinn und Aufgabe der Verwaltungsgerichte, mag fraglich sein. Letztlich ist für die Misere die Abstinenz des Gesetzgebers ursächlich, der die Interpretation des Begriffs der öffentlich-rechtlichen Streitigkeit der Wissenschaft und Rechtsprechung überlassen hat[99]. Immerhin wäre die Verweisung aller Streitfälle, in denen öffentliches Recht berührt ist, und das hieße praktisch aller Fälle, in die die Verwaltung involviert ist, vor die Verwaltungsgerichte zwar eine klare Alternative, führte aber reziprok zu dem nicht weniger fragwürdigen Zustand, daß nun die Verwaltungsgerichte in weiten Bereichen des bürgerlichen Rechts interpretativ tätig würden. Die differenzierende Möglichkeit, je nach dem konkreten Anspruchsgrund die Fälle dem einen oder anderen Rechtsweg zuzuweisen, ist noch weitaus unbefriedigender. Sie würde die Zahl der leidigen Rechtswegfragen nur um ein Vielfaches erhöhen und den rechtsuchenden Bürger noch ratloser zurücklassen. Einen ähnlichen Effekt hätte die Aufspaltung in eine öffentlich-rechtliche und eine privatrechtliche Stufe. Wo die Grenzlinie verläuft, ist im Rahmen der Zwei-Stufen-Theorie selten exakt feststell-

---

aus einer öffentlich-rechtlichen positiven Norm, so wird § 40 VwGO angewandt; vgl. *Pappermann* JZ 1969, 486 f. zur Rspr., die die Verfolgung des Anspruchs politischer Parteien auf Benutzung kommunaler Räume den Verwaltungsgerichten zuweist, weil dieser Anspruch sich aus den Gemeindeordnungen ergibt, obwohl der abzuschließende Mietvertrag privatrechtlich ist. Ähnlich für Bedarfsdeckungsgeschäfte bei normativer Begünstigung *Wolff / Bachof* § 23 II a 1 und *Dürig* Art. 3 I Rdnr. 504 Anm. 1. In solchen Fällen ist die Zwei-Stufen-Theorie nur zu umgehen, wenn man auch das Abwicklungsverhältnis öffentlich-rechtlich charakterisiert, dafür *Pappermann* ebd.

95 Und nicht lediglich über öffentlich-rechtliche „Vorfragen", wie *Zuleeg* NJW 1962, 2234 meint.

96 *Furtwängler* S. 164.

97 BVerfG v. 23. 2. 1956, BVerfGE 4, 387 LS 1.

98 *Furtwängler* S. 146 f. und 164; *Rüfner*, Formen S. 365. Unrichtig daher *Metzmacher* S. 175 f. Wenn *Rüfner* ebd. zudem beklagt, im Zivilprozeß gebe es keine Ermessenskontrolle mit lediglich kassatorischer Entscheidung, so ließe sich dieser Mangel evtl. über eine Feststellungsklage nach § 256 ZPO ausräumen.

99 *Redeker / v. Oertzen* § 40 Rdnr. 6.

bar[100], noch weniger aber bei Bedarfsdeckungsgeschäften, wo beim Zuschlag zwei getrennte Akte nicht vorliegen[101], sondern allenfalls „logisch" unterscheidbar wären[102]. Eine Aufsplitterung des Rechtsweges ließe sich auch nicht entlang der Grenze zwischen den Teilen A und B der Verdingungsordnungen realisieren. Die Teile A gehen vielmehr über die Festlegung förmlicher Verfahrensregeln hinaus und bereiten das künftige Rechtsverhältnis vor, indem sie Materien regeln, die für die Ausgestaltung des Vertrages ausschlaggebend sind[103].

Eine wenn auch nur teilweise Abgabe von Streitigkeiten an die Verwaltungsgerichte entspräche zudem beinahe einem juristischen Erdrutsch, für den wohl die Zeit — zumindest noch — „nicht reif" ist[104]. Die Verdingungsordnungen[105] selbst gehen offensichtlich davon aus, daß der Zivilrechtsweg zu beschreiten ist[106]. Man wird sich daher mit den unbefriedigenden Folgen, die diese Lösung mit sich bringt, abzufinden haben[107].

Die ganz überwiegende Meinung geht davon aus, daß im Vergabeverfahren keine Verwaltungsakte erlassen werden[108], weil als solche nur Maßnahmen gelten, die auf dem Gebiete des öffentlichen bzw. Verwaltungsrechts ergehen und die herrschende Lehre und Rechtsprechung öffentliches Recht nicht anwenden will. Appliziert man hingegen öffentliches Recht in der Weise, daß es das Zivilrecht überlagert, so muß daraus nicht unbedingt das Gegenteil folgen. Einerseits könnte man die Ansicht vertreten, Verwaltungsakte seien lediglich diejenigen Regelungen von Einzelfällen, die ausschließlich nach öffentlich-rechtlichen Normen zu beurteilen sind; zum anderen sagt ja nicht jede Maßnahme nach der VOB oder VOL, „was im Einzelfall rechtens ist"[109, 110]. Ein

---

100 Vgl. oben 3. Kap. bei Anm. 98.

101 OVG Berlin v. 27. 4. 1961, NJW 1961, 2130, 2131; *Zuleeg* NJW 1962, 2233.

102 *DMM* § 24 Anm. 19 a und 24; *Haak* S. 34.

103 *Winkler* Vorbemerkung zu Teil A S. 15 und *Korbion* Betr. 1974, 77 ff., der insbesondere auf § 9, aber auch auf die §§ 1, 3, 5, 6 und 10 ff. VOB/A hinweist. Mißverständlich *HRS* § 9 Rdnr. 22.

104 *Pestalozza*, Formenmißbrauch S. 8 (wenngleich in anderem Zusammenhang).

105 Vgl. die §§ 10 Nr. 5 VOB/A, 18 Nr. 1 VOB/B, 19 VOL/B. In diesen Vorschriften ist zwar von Streitigkeiten „aus" dem Vertrag die Rede; zu bedenken ist jedoch, daß von der h. M. klagbare Rechte aus der Verfahrensordnung überhaupt nicht anerkannt werden.

106 *DMM* § 11 Anm. 9; *HRS* § 10 Rdnr. 21; *Furtwängler* S. 159.

107 So auch *Furtwängler* S. 164.

108 Anders für den Zuschlag — inkonsequenterweise — *Truninger* S. 89. Als Vertreter der h. M. vgl. hier nur *Eyermann / Fröhler* § 42 Rdnr. 42.

109 So *Otto Mayer*, LB I S. 93 über den Verwaltungsakt.

110 Beim Zuschlag ließe sich über diese Konsequenz aber wohl kaum hinwegsehen. Vgl. zum Bescheid über die Bewilligung von Subventionen

Streit darüber ist aber auch müßig. Im Rahmen der VwGO hat er nur Bedeutung für die Wahl der Klageart[111]; bei Zugang zu den ordentlichen Gerichten ist er nicht von Belang. Hier kommen Leistungs- oder Feststellungsklagen in Betracht[112]. Letztere sind von besonderer Bedeutung, weil den ordentlichen Gerichten die Befugnis zu rechtsgestaltenden Maßnahmen hier fehlt[113].

Wenn die herrschende Meinung Verfassungsbeschwerden gegen Verwaltungstätigkeiten im Rahmen von „Hilfsgeschäften" nicht zugestehen will, so stützt sie sich einmal mehr auf den Begriff „öffentliche Gewalt" in Art. 93 Abs. I Nr. 4 a GG und § 90 Abs. 3 BVerfGG, der „im Sinn des Verfassungsbeschwerderechts" nur die hoheitliche Eingriffstätigkeit umfasse[114]. Freilich mag es wegen des subsidiären Charakters der Verfassungsbeschwerde nicht erforderlich sein, den Begriff an dieser Stelle extensiv auszulegen[115]. Nicht einsichtig erscheint aber, aus welchem Grunde ohne Not eine gespaltene Interpretation des terminus' angezeigt sein soll[116]. Bei Verletzung von Rechten im skizzierten Umfang kann somit nach Rechtswegerschöpfung auch das BVerfG angerufen werden.

BVerwG v. 12. 1. 1955, BVerwGE 1, 308 LS und dazu *Dürig* MDH Art. 1 S. 70 Anm. 1.

111 Vgl. *Redeker / v. Oertzen* § 42 Rdnr. 171.

112 Vgl. *Haak* S. 174 f.

113 *Rüfner*, Formen S. 365. Nicht aber wird man an der Ansicht von *Wolff / Bachof* § 64 II h 3 festhalten können, die ordentlichen Gerichte dürften die Rechtmäßigkeit von Verwaltungsakten lediglich prüfen, wenn sie Vorfrage sei.

114 *Maunz* MDH Art. 93 Rdnr. 69; *Leibholz / Rupprecht* § 90 Rdnr. 24.

115 *Leibholz / Rupprecht* ebd.

116 So aber auch *Furtwängler* S. 157 f., der — obwohl er eine Grundrechtsbindung im Beschaffungsrecht bejaht — im Rahmen des § 90 BVerfGG wieder allein auf Subordination abhebt.

Literaturverzeichnis

Abendroth, Wolfgang: Zum Begriff des demokratischen und sozialen Rechtsstaates im Grundgesetz der Bundesrepublik Deutschland, in: Hans-Robert Buck (ed.): Demokratie. Studientexte zur Auseinandersetzung mit dem demokratischen System, München 1974 S. 169

— Diskussionsbeitrag, in: VVDStRL Bd. 12 S. 89

Altmann, Carl-Heinz: Das Preisprüfungsrecht (Feststellungsrecht) des öffentlichen Auftraggebers, Meisenheim am Glan 1960
(zit.: Preisprüfungsrecht)

— Das öffentliche Auftragswesen, Stuttgart 1960
(zit.: Auftragswesen)

— Die Baupreisverordnung, 3. Aufl. Köln-Braunsfeld 1974
(zit.: BPVO)

Antoniolli, Walter: Allgemeines Verwaltungsrecht, Wien 1954

Apelt, Willibalt: Der verwaltungsrechtliche Vertrag, Leipzig 1920

Appelhagen, Horst G.: Neuerungen in der Verdingungsordnung für Bauleistungen, in: BB 1974 S. 343

Bachof, Otto: Der Rechtsschutz im öffentlichen Recht: gelöste und ungelöste Probleme, in: DÖV 1953 S. 417

— Begriff und Wesen des sozialen Rechtsstaates, in: VVDStRL Bd. 12 S. 37

— Diskussionsbeitrag, in: VVDStRL Bd. 19 S. 259

Badura, Peter: Das Verwaltungsmonopol, Berlin 1963
(zit.: Verwaltungsmonopol)

— Wirtschaftsverwaltungsrecht, in: Ingo v. Münch (ed.): Besonderes Verwaltungsrecht, 3. Auflage Frankfurt/Main 1972 S. 239
(zit.: Wirtschaftsverwaltungsrecht)

Bähr, Otto: Der Rechtsstaat, Fotomechanischer Nachdruck der 1. Auflage, Darmstadt 1963

Ballerstedt, Kurt: Wirtschaftsverfassungsrecht, in: Karl August Bettermann, Hans Carl Nipperdey, Ulrich Scheuner (ed.): Die Grundrechte, Bd. III/1, Berlin 1958 S. 1

Bechtold, Rainer: Die positiv-rechtliche Unterscheidung von öffentlichem Recht und Privatrecht in Frankreich, Diss. Freiburg/Br. 1969

Becker, Erich: Verwaltung und Verwaltungsrechtsprechung, in: VVDStRL Bd. 14 S. 96

Beinhardt, Gerd: Der öffentlich-rechtliche Vertrag im deutschen und französischen Recht, in: VerwArch 1964 S. 151 und 210

Beitzke, Günter: Treu und Glauben bei Privatrechtsgeschäften der öffentlichen Hand, in: MDR 1953 S. 1

Bender, Bernd: Der Rechtsweg bei Klagen gegen Auftragssperren der öffentlichen Hand, in: JuS 1962 S. 178

— Haftung der öffentlichen Hand und Grundrechtsbindung des Privatrechts, in: NJW 1975 S. 1813

Bethge, Herbert: Nochmals: Gemeinden als Grundrechtsträger, in: Der Städtetag 1970 S. 66

Bettermann, Karl August: Anmerkung zum Urteil des BVerwG vom 5. 10. 1965, in: RzW 1967 S. 80

— Juristische Personen des öffentlichen Rechts als Grundrechtsträger, in: NJW 1969 S. 1321

— Anmerkung zum Urteil des BVerwG vom 13. 3. 1970, in: DVBl 1971 S. 112

Beutinger, E.: Das Submissionswesen, Leipzig 1915

Blessin, Georg/*Giessler*, Hans: Bundesentschädigungsschlußgesetz. Kommentar zu der Neufassung des Bundesentschädigungsgesetzes, München und Berlin 1967

Böckenförde, Ernst-Wolfgang: Die Bedeutung der Unterscheidung von Staat und Gesellschaft im demokratischen Sozialstaat der Gegenwart, in: Rechtsfragen der Gegenwart. Festgabe für Wolfgang Hefermehl zum 65. Geburtstag, Berlin, Köln und Mainz 1972 S. 11
(zit.: Bedeutung)

— Die verfassungstheoretische Unterscheidung von Staat und Gesellschaft als Bedingung der individuellen Freiheit, Opladen 1973
(zit.: Verfassungstheoretische Unterscheidung)

— Grundrechtstheorie und Grundrechtsinterpretation, in: NJW 1974 S. 1529

Böckenförde, Werner: Der allgemeine Gleichheitssatz und die Aufgabe des Richters, Berlin 1957

Boehmer, Gustav: Grundlagen der bürgerlichen Rechtsordnung. Bd. I, Tübingen 1950

Bogs, Harald: Die verfassungsrechtliche Gebundenheit der öffentlichen Hand bei Bedarfsdeckungsgeschäften, in: BB 1963, S. 1269

Brandt, Jürgen: Die wirtschaftliche Betätigung der öffentlichen Hand, Jena 1929

Brohm, Winfried: Strukturen der Wirtschaftsverwaltung, Stuttgart usw. 1969
(zit.: Strukturen)

Brügmann, Walter: Schadensersatzpflicht des öffentlichen Auftraggebers bei Verstößen gegen die VOB Teil A im Falle der öffentlichen Ausschreibung, in: Das Baugewerbe 1954 S. 636

Brunn, Walter/*Hebenstreit*, Richard/*Klee*, Heinz: Bundesentschädigungsgesetz und Rechtsverordnungen. Kommentar, Berlin 1965 einschl. Schlußnachtrag 1966—1969, Berlin 1970
(zit.: Brunn/Hebenstreit)

Brunner, Otto: Land und Herrschaft, Reprogr. Nachdruck Darmstadt 1973

Buddeberg, Theodor: Rechtssoziologie des öffentlich-rechtlichen Vertrages, in: AöR Bd. 47 (Neue Folge Bd. 8) S. 85

Buhren, Gerd D.: Zur materiell geschützten Rechtsposition des Dritten im Wirtschaftsverwaltungsrecht, in: DVBl 1975 S. 328

Bull, Hans Peter: Die Staatsaufgaben nach dem Grundgesetz, Frankfurt/Main 1973
(zit.: Staatsaufgaben)

— Wandel und Wachsen der Verwaltungsaufgaben, in: Ulrich Becker, Werner Thieme (ed.): Handbuch der Verwaltung Heft 2.1., Köln usw. 1974
(zit.: Wandel)

Bullinger, Martin: Vertrag und Verwaltungsakt, Stuttgart 1962
(zit.: Vertrag)

— Öffentliches Recht und Privatrecht, Stuttgart usw. 1968
(zit.: Öffentliches Recht)

— Zu den Handlungsformen und Handlungsprinzipien hoheitlicher und nichthoheitlicher Verwaltung, in: DÖV 1960 S. 746

Burmeister, Joachim: Vom staatsbegrenzenden Grundrechtsverständnis zum Grundrechtsschutz für Staatsfunktionen, Frankfurt/Main 1971
(zit.: Grundrechtsverständnis)

— Plädoyer für ein rechtsstaatliches Instrumentarium staatlicher Leistungsverwaltung und Wirtschaftsagende, in: WiR S. 311

Conrad, Dieter: Freiheitsrechte und Arbeitsverfassung, Berlin 1965

Constantinesco, Vlad/*Hübner,* Ulrich: Einführung in das französische Recht, München 1974

Daub, Walter: Baupreisrecht der Bundesrepublik, 2. Aufl. Düsseldorf 1973
(zit.: Baupreisrecht)

— Der Staat als Auftraggeber, in: Die Bauverwaltung 1963 S. 379

Daub, Walter/*Tomascewski,* Günter: Kommunales Vergabe- und Beschaffungswesen, in: Hans Peters (ed.): Handbuch der kommunalen Wissenschaft und Praxis. Dritter Bd., Berlin, Göttingen und Heidelberg 1959 S. 504

Daub, Walter/*Meierrose,* Rudolf/ *Müller,* Eberhard: Kommentar zur VOL, Düsseldorf 1960
(zit.: DMM, nach den §§ des Teils A)

Däubler, Wolfgang: Das Grundrecht auf Mitbestimmung, Frankfurt/Main 1973

Denninger, Erhard: Staatsrecht 1, Reinbek bei Hamburg 1973

— Polizei und demokratische Politik, in: JZ 1970 S. 145

Diederich, Helmut: Der Kostenpreis bei öffentlichen Aufträgen, Heidelberg 1961

Drath, Martin: Artikel „Staat“, in: Hermann Kunst, Roman Herzog, Wilhelm Schneemelcher (ed.): EvStL, 2. Aufl. Stuttgart und Berlin 1975 S. 2431

Dreier, Ralf: Zur Grundrechtssubjektivität juristischer Personen des öffentlichen Rechts, in: Öffentliches Recht und Politik. Festschrift für Hans Ulrich Scupin zum 70. Geburtstag, Berlin 1973 S. 81

Dreyer, Georges: Les Marchés de Travaux publics et la Procédure de Soumission, Diss. Freiburg i. Ue. 1938

Dürig, Günter: Kommentierung, in: Theodor Maunz, Günter Dürig, Roman Herzog: Grundgesetz. Kommentar, 4. Aufl. München Stand 13. Nachlieferung
(zit.: MDH)

Dürig, Günter: Das Eigentum als Menschenrecht, in: Zeitschrift für die gesamte Staatswissenschaft Bd. 109 (1953) S. 326
(zit.: Eigentum)

— Grundrechte und Zivilrechtsprechung, in: Vom Bonner Grundgesetz zur gesamtdeutschen Verfassung. Festschrift für Nawiasky, München 1956 S. 157
(zit.: Grundrechte)

— Verfassung und Verwaltung im Wohlfahrtsstaat, in: JZ 1953 S. 193

Ebel, Friedrich: Zum Regreßverzicht der Kfz-Haftpflichtversicherer, in: NJW 1975 S. 1765

Ebisch, Hellmuth/*Gottschalk*, Joachim: Preise und Preisprüfungen bei öffentlichen Aufträgen einschließlich Bauaufträge, 3. Aufl. München 1973

Ehmke, Horst: „Staat" und „Gesellschaft" als verfassungstheoretisches Problem, in: Staatsverfassung und Kirchenordnung. Festgabe für Rudolf Smend zum 80. Geburtstag, Tübingen 1962 S. 23
(zit.: Staat und Gesellschaft)

— Diskussionsbeitrag, in: VVDStRL Bd. 19 S. 259

Ehrenforth, Werner: Bundesvertriebenengesetz. Kommentar, Berlin und Frankfurt/Main 1959

Ellwein, Thomas: Zur Entwicklung der öffentlichen Aufgaben, in: DÖV 1972 S. 13

Emmerich, Volker: Zur Fiskalgeltung der Grundrechte, namentlich bei erwerbswirtschaftlicher Betätigung der öffentlichen Hand, in: JuS 1970 S. 332

Erichsen, Hans-Uwe: Staatsrecht und Verfassungsgerichtsbarkeit I, Frankfurt/Main 1972

Erichsen, Hans-Uwe/*Martens*, Wolfgang: Das Verwaltungshandeln, in: dies. (ed.): Allgemeines Verwaltungsrecht, Berlin und New York 1975 S. 115

Evers, Hans-Ulrich: Verfassungsrechtliche Bindungen fiskalischer Regierungs- und Verwaltungstätigkeit, in: NJW 1960 S. 2073

Eyermann, Erich/*Fröhler*, Ludwig: Verwaltungsgerichtsordnung. Kommentar, 6. Aufl. München 1974

Fach, Wolfgang: Begriff und Logik des „öffentlichen Interesses", in: ARSP 1974 S. 231

Feine, Rüdiger: Der grundrechtliche Schutz der öffentlichen Hand. Diss. Tübingen 1964

Fischerhof, Hans: „Daseinsvorsorge" und wirtschaftliche Betätigung der Gemeinden, in: DÖV 1960 S. 41

Fleiner, Fritz: Institutionen des Deutschen Verwaltungsrechts, 2. Neudruck der 8. Aufl. Aalen 1963

Forsthoff, Ernst: Die öffentliche Körperschaft im Bundesstaat, Tübingen 1931
(zit.: Öffentliche Körperschaft)

— Die Verwaltung als Leistungsträger, Stuttgart und Berlin 1938
(zit.: Leistungsträger)

— Rechtsfragen der leistenden Verwaltung, Stuttgart 1959
(zit.: Rechtsfragen)

Forsthoff, Ernst: Der Staat als Auftraggeber, Stuttgart 1963 (zit.: Auftraggeber)
— Der Staat der Industriegesellschaft, 2. Aufl. München 1971
(zit.: Staat)
— Lehrbuch des Verwaltungsrechts, 10. Aufl. München 1973
(zit.: LB)
— Über Maßnahme-Gesetze, in: Forschungen und Berichte aus dem öffentlichen Recht. Gedächtnisschrift für Walter Jellinek, München 1955 S. 221
(zit.: Über Maßnahme-Gesetze)
— Begriff und Wesen des sozialen Rechtsstaates, in: VVDStRL Bd. 12 S. 8
— Zur Grundrechtsbindung des Staates als Auftraggeber, in: BayVBl 1964 S. 101

Friauf, Karl-Heinrich: Bemerkungen zur verfassungsrechtlichen Problematik des Subventionswesens, in: DVBl 1966 S. 729

Fricke, Werner: Zentralisierung und Dezentralisierung des öffentlichen Einkaufs, Heidelberg 1961

Furtwängler, Eckart: Die Bindung des öffentlichen Auftraggebers an den Gleichheitssatz und andere Grundrechte, Diss. Hamburg 1967

Fuß, Ernst-Werner: Grundrechtsgeltung für Hoheitsträger? in: DVBl 1958 S. 739

Gandenberger, Otto: Die Ausschreibung, Heidelberg 1961

Geipel, Ernst-Eberhard: Das juristische Wesen des Preisrechts für öffentliche Aufträge, Diss. Hamburg 1958

van Gelder, Alfons/*Leinemann*, Wolfgang: Übungen im Arbeitsrecht, Berlin und New York 1971

Giacometti, Z(accaria): Allgemeine Lehren des rechtsstaatlichen Verwaltungsrechts. Bd. I, Zürich 1960

Gneist, Rudolf: Der Rechtsstaat und die Verwaltungsgerichte in Deutschland, Nachdruck der 2. Aufl. Darmstadt 1966

Götz, Volkmar: Recht der Wirtschaftssubventionen, München und Berlin 1966

Grebing, Helga: Konservative gegen die Demokratie, Frankfurt/Main 1971

Gygi, Fritz: Verwaltungsrecht und Privatrecht, Bern 1956

Haak, Dieter: Die Grundrechtsbindung des Staates bei der Vergabe öffentlicher Aufträge, Diss. Bonn 1963

Haas, Diether: Das Verwaltungsprivatrecht im System der Verwaltungshandlungen und der fiskalische Bereich, in: DVBl 1960 S. 303

Häberle, Peter: Öffentliches Interesse als juristisches Problem, Bad Homburg v. d. H. 1970
(zit.: Öffentliches Interesse)
— „Gemeinwohljudikatur" und Bundesverfassungsgericht, in: AöR Bd. 95 S. 86 und 260
— „Fiskalische" Interessen als „öffentliche" Interessen i. S. des § 80 Abs. 2 Nr. 4 VwGO? in: DVBl 1967 S. 220

Habermas, Jürgen: Strukturwandel der Öffentlichkeit, 6. Aufl. Neuwied und Berlin 1974

Hamann, Andreas: Deutsches Wirtschaftsverfassungsrecht, Neuwied, Berlin und Darmstadt 1958
(zit.: Wirtschaftsverfassungsrecht)

— Öffentliche Kredite und Bürgschaften, in: BB 1953 S. 865

— Zweifelsfragen aus dem Preisrecht, in: WuW 1954 S. 296

— Wirtschaftswerbung im Rundfunk und Fernsehen, in: NJW 1957 S. 1422

— Das Grundgesetz für die Bundesrepublik Deutschland v. 23. Mai 1949. Kommentar, fortgeführt von Andreas Hamann jr. und Helmut Lenz, 3. Aufl. Neuwied und Berlin 1970
(zit.: Hamann/Lenz)

Hartmann, Dieter-Dirk: Willkürverbot und Gleichheitsgebot, Darmstadt und Neuwied 1972

Hatschek, Julius: Artikel „Fiskus", in: Max Fleischmann (ed.): Wörterbuch des Deutschen Staats- und Verwaltungsrechts. Erster Bd., 2. Aufl. Tübingen 1911 S. 803

Heiermann, Wolfgang/*Riedl*, Richard/*Schwaab*, Fritz: Handkommentar zur VOB Teile A und B Fassung 1973, Wiesbaden und Berlin 1975
(zit.: HRS, und zwar, wenn nicht anders angegeben, nach den §§ des Teils A)

Heller, Hermann: Staatslehre. Herausgegeben von Gerhart Niemeyer, 4. Aufl. Leyden 1970

Henke, Wilhelm: Das subjektive öffentliche Recht, Tübingen 1968

Herdemerten, Angelika: Kommentierung zu Art. 1, in: Ingo v. Münch (ed.): Grundgesetz. Kommentar, Frankfurt/Main 1974

Hereth, Franz: Erweiterung des Leistungswettbewerbs bei Bauaufträgen, in: BB 1966 S. 310

Hereth, Franz/*Crome*, Herrmann: Baupreisrecht, München 1973

Hereth, Franz/*Naschold*, Richard: VOB/A. Kommentar, 2. Aufl. Wiesbaden und Berlin 1960

Herzog, Roman: Allgemeine Staatslehre, Frankfurt/Main 1971
(zit.: Staatslehre)

— Artikel „Fiskus", in: Hermann Kunst, Roman Herzog, Wilhelm Schneemelcher (ed.): EvStL, 2. Aufl. Stuttgart und Berlin 1975 S. 699

Hesse, Konrad: Grundzüge des Verfassungsrechts der Bundesrepublik Deutschland, 8. Aufl. Karlsruhe 1975
(zit.: Grundzüge)

Heusser, Walter: Die Flucht des Gemeinwesens in die privatrechtliche Unternehmung als Rechtsproblem, Diss. Zürich 1949

Holtz, Wolfgang: Artikel „Auftragsvergebung, öffentliche", in: HDSW Bd. 1, Stuttgart, Tübingen und Göttingen 1956 S. 433

Holzapfl, Walter: Das gesetzliche Selbstkostenprüfrecht der Preisbehörde bei Festpreisverträgen mit öffentlichem Auftraggebern, in: DÖV 1957 S. 142

Huber, Ernst Rudolf: Wirtschaftsverwaltungsrecht Bd. 1, 2. Aufl. Tübingen 1953

Huber, F. C.: Das Submissionswesen, Tübingen 1885

Hueck, Götz: Der Grundsatz der gleichmäßigen Behandlung im Privatrecht, München und Berlin 1958

Imboden, Max: Der verwaltungsrechtliche Vertrag, Basel 1958

Ingenstau, Heinz/*Korbion*, Hermann: VOB. Verdingungsordnung für Bauleistungen. Teil A und B. Kommentar, 7. Aufl. Düsseldorf 1974
(zit., wenn nichts anderes angegeben, nach den §§ des Teils A)

Ipsen, Hans Peter: Verwaltung durch Subventionen, in: VVDStRL Bd. 25 S. 256

— Öffentliche Subventionierung Privater, in: DVBl. 1956 S. 461, 498 und 602

Jellinek, Georg: Allgemeine Staatslehre, 3. Aufl. (4. Neudruck) Berlin 1922

Jellinek, Walter: Verwaltungsrecht, 3. Aufl. Berlin 1931

Jesch, Dietrich: Gesetz und Verwaltung, Tübingen 1961
(zit.: Gesetz)

— Anmerkung zum Urteil des BGH vom 10. 4. 1961, in: DÖV 1961 S. 755

Kelsen, Hans: Allgemeine Staatslehre, Berlin 1925
(zit.: Staatslehre)

— Zur Lehre vom öffentlichen Rechtsgeschäft, in: AöR Bd. 31 S. 53 und 190

Kisker, Gunter: Insichprozeß und Einheit der Verwaltung, Baden-Baden 1968

Klein, Friedrich: Kommentierung, in: Hermann von Mangoldt, Friedrich Klein: Das Bonner Grundgesetz Bd. I, 2. Aufl. Berlin und Frankfurt/Main 1957
(zit.: GG)

— Tragweite der Generalklausel in Art. 19 Abs. 4 des Bonner Grundgesetzes, in VVDStRL Bd. 8 S. 67

Klein, Hans H.: Die Teilnahme des Staates am wirtschaftlichen Wettbewerb, Stuttgart usw. 1968

Klein, Walter: Zum Begriff des öffentlichen Interesses, Diss. Münster 1969

Knobloch, Alfred: Die Subvention als Instrument der Wirtschaftspolitik, Diss. Mannheim 1964

Köhler, Karl-Heinz von: Zur Abgrenzung des § 98 des Gesetzes gegen Wettbewerbsbeschränkungen, in: DVBl. 1961 S. 605

Kohorst, Lothar: Der Rechtsschutz gegenüber gemeindlichen Verwaltungsprivatrecht, Diss. Würzburg 1972

Kommission zur Reform des Staatshaftungsrecht: Reform des Staatshaftungsrechts. Kommissionsbericht, herausgegeben vom Bundesminister der Justiz und vom Bundesminister des Innern, o. O. 1973

König, Reiner: Der kalkulatorische Gewinn bei öffentlichen Aufträgen, Diss. Köln 1968

Korbion, Hermann: Neufassung der Verdingungsordnung für Bauleistungen (VOB), in: Betr. 1974 S. 77

Kormann, Karl: System der rechtsgeschäftlichen Staatsakte, Berlin 1910

Köttgen, Arnold, Die erwerbswirtschaftliche Betätigung der öffentlichen Hand und das öffentliche Recht, Tübingen 1928
(zit.: Erwerbswirtschaftliche Betätigung)

Köttgen, Arnold: Die wirtschaftliche Betätigung der Gemeinden, in: Hundert Jahre Deutsches Rechtsleben. Festschrift zum hundertjährigen Bestehen des Deutschen Juristentages Bd. I, Karlsruhe 1960 S. 577
(zit.: Wirtschaftliche Betätigung)

— Subventionen als Mittel der Verwaltung, in: DVBl 1953 S. 485

Krause, Peter: Rechtsformen des Verwaltungshandelns, Berlin 1974

Kreussler, Horst: Der allgemeine Gleichheitssatz als Schranke für den Subventionsgesetzgeber unter besonderer Berücksichtigung von wirtschaftspolitischen Differenzierungszielen, Berlin 1972

Krüger, Erwin: Die Lehre vom „öffentlichen Interesse" in der Verwaltungsrechtswissenschaft, Diss. Breslau 1932

Krüger, Herbert: Allgemeine Staatslehre, 2. Aufl. Stuttgart usw. 1966
(zit.: Staatslehre)

— Der Rundfunk im Verfassungsgefüge und in der Verwaltungsordnung von Bund und Ländern, Hamburg 1960
(zit.: Rundfunk)

— Das besondere Gewaltverhältnis, in: VVStRL Bd. 15 S. 109

— Die Auflage als Instrument der Wirtschaftsverwaltung, in: DVBl 1955 S. 380, 450 und 518

Küchenhoff, Ernst/*Küchenhoff*, Günther: Allgemeine Staatslehre, 7. Aufl. Stuttgart usw. 1971

Kutsch, Hermann/*Krakewitz*, Eberhard von: Übernahme des Begriffs „service public" ins deutsche Recht? in: AöR Bd. 79 S. 431

Layer, Max: Zur Lehre vom öffentlich-rechtlichen Vertrag, Graz und Leipzig 1916

Leibholz, G(erhard)/*Rinck*, H. J.: Grundgesetz für die Bundesrepublik Deutschland. Kommentar anhand der Rechtsprechung des Bundesverfassungsgerichts, 5. Aufl. Köln 1975

Leibholz, Gerhard/*Rupprecht*, Reinhard: Bundesverfassungsgerichtsgesetz. Rechtsprechungskommentar, Köln-Marienburg 1968

Leisner, Walter: Grundrechte und Privatrecht, München und Berlin 1960
(zit.: Grundrechte)

— Öffentliche-rechtliche Probleme der Beziehungen zwischen Film und Fernsehen, in: DÖV 1967 S. 693

— Privatinteressen als öffentliches Interesse, in: DÖV 1970 S. 217

Littmann, Konrad: Zunehmende Staatstätigkeit und wirtschaftliche Entwicklung, Köln und Opladen 1957

Löw, Konrad: Fiskalgeltung der Grundrechte? in: DÖV 1957 S. 879

Lüthje, Uwe: Die Theorie des contrat administratif im französischen Verwaltungsrecht, Hamburg 1964

Maaßen, Walter Gerhard: Osteuropäische Bauunternehmen in der BRD. Beispiel: Rumänische Bauunternehmen, Diss. Köln 1974

Mäding, Eberhard: Aufgaben der öffentlichen Verwaltung, in: DV 1973 S. 257

Mallmann, Walter: Schranken nichthoheitlicher Verwaltung, in: VVDStRL Bd. 19 S. 165

Mantscheff, Jack: Vergabe öffentlicher Aufträge an Ostfirmen. Derzeitige Situation, in: BauR 1974 S. 232

Martens, Wolfgang: Öffentlich als Rechtsbegriff, Bad Homburg v. d. H., Berlin und Zürich 1969

Maunz, Theodor: Deutsches Staatsrecht, 20. Aufl. München 1975
(zit.: Staatsrecht)

— Kommentierung, in: Theodor Maunz, Günter Dürig, Roman Herzog: Grundgesetz. Kommentar, 4. Aufl. München Stand 13. Nachlieferung
(zit.: MDH)

Maunz, Theodor/*Dürig*, Günter: Kommentierung, in: Theodor Maunz, Günter Dürig, Roman Herzog: Grundgesetz. Kommentar, 4. Aufl. München Stand 13. Nachlieferung
(zit.: MDH)

Mayer, Otto: Deutsches Verwaltungsrecht. Erster Bd., 3. Aufl. München und Leipzig 1924
(zit.: LB I)

— Zur Lehre vom öffentlich-rechtlichen Vertrage, in: AöR Bd. 3 S. 1

Mees, Hans Kurt: Die Verdingungsordnungen und das Gesetz gegen Wettbewerbsbeschränkungen, Diss. Mainz 1960
(zit.: Verdingungsordnungen)

— Die staatliche Beschaffungstätigkeit und das GWB, in: WuW 1961 S. 541

Menger, Christian-Friedrich: Höchstrichterliche Rechtsprechung zum Verwaltungsrecht, in: VerwArch 1958 S. 274

— Höchstrichterliche Rechtsprechung zum Verwaltungsrecht, in: VerwArch 1960 S. 149

— Verwaltungsrichtlinien — autonome Rechtssetzung durch die Exekutive? in: Demokratie und Verwaltung. Schriftenreihe der Hochschule Speyer Bd. 50, Berlin 1972 S. 299
(zit.: Verwaltungsrichtlinien)

— Zum Stand der Meinungen über die Unterscheidung von öffentlichem und privatem Recht, in: Fortschritte des Verwaltungsrechts. Festschrift für Hans Julius Wolff zum 75. Geburtstag, München 1973 S. 149
(zit.: Stand der Meinungen)

Menger, Christian-Friedrich/*Erichsen*, Hans-Uwe: Höchstrichterliche Rechtsprechung zum Verwaltungsrecht, in: VerwArch 1968 S. 366

Mengert, Friedrich: Staat und Gemeinden als Auftraggeber der Wirtschaft, Mainz 1966

Merk, Wilhelm: Diskussionsbeitrag, in: VVDStRL Bd. 19 S. 243

Metzmacher, Rainer: Der Rechtsschutz gegenüber gemeindlichem Verwaltungsprivatrecht, Diss. München 1971

Michaelis, Hans/*Rhösa*, Carl-Arthur: Preisbildung bei öffentlichen Aufträgen einschließlich Beschaffungswesen. Kommentar zur Verordnung PR 30/53, 2. Aufl. Stuttgart 1961 Stand Oktober 1974

Molitor, Erich: Über öffentliches Recht und Privatrecht, Karlsruhe 1949

Möller, Alex: Gesetz zur Förderung der Stabilität und des Wachstums der Wirtschaft. Kommentar, 2. Aufl. Hannover 1969

Möller, Ferdinand: Kommunale Wirtschaftsförderung, Stuttgart und Köln 1963

Morell, Paul: Bundeshaushaltsrecht. Loseblattsammlung, Mainz und Wiesbaden 1970

Mössner, Jörg Manfred: Die öffentlich-rechtliche Konkurrentenklage, in: JuS 1971 S. 131

Müller, Friedrich: Juristische Methodik, Berlin 1971

Müller, Heinz: Staatliche Preislenkung bei öffentlichen Aufträgen, Köln usw. 1970

Müller, Heinz/*Giessler*, Peter: Kommentar zum GWB, Frankfurt/Main 1969

Naendrup, Peter-Hubert: Privatrechtliche Haftungsbeschränkung und staatliche Verantwortung, Bielefeld 1967

Nawiasky, Hans: Allgemeine Rechtslehre als System der rechtlichen Grundbegriffe, 2. Aufl. Einsiedeln, Zürich und Köln 1948

Nipperdey, Hans Carl: Freie Entfaltung der Persönlichkeit, in: Karl August Bettermann, Hans Carl Nipperdey (ed.): Die Grundrechte. 4. Bd., 2. Halbband, Berlin 1962 S. 741
(zit.: Freie Entfaltung)

— Tatbestandsaufbau und Systematik der deliktischen Grundtatbestände, in: NJW 1967 S. 1985

Offe, Claus: Politische Herrschaft und Klassenstrukturen, in: Gisela Kress, Dieter Senghaas (ed.): Politikwissenschaft, Frankfurt/Main 1969

Offe, Claus/*Ronge*, Volker: Fiskalische Krise, Bauindustrie und die Grenzen staatlicher Ausgabenrationalisierung, in: Leviathan 2/73 S. 189

Ossenbühl, Fritz: Verwaltungsvorschriften und Grundgesetz, Bad Homburg v. d. H., Berlin und Zürich 1968
(zit.: Verwaltungsvorschriften)

— Daseinsvorsorge und Verwaltungsprivatrecht, in: DÖV 1971 S. 513

Pappermann, Ernst: Prozessuale Fragen im Rechtsstreit politischer Parteien auf Überlassung gemeindlicher Räume, in: JZ 1969 S. 485

Pestalozza, Christian: Formenmißbrauch des Staates, München 1973
(zit.: Formenmißbrauch)

— Kollisionsrechtliche Aspekte der Unterscheidung von öffentlichem Recht und Privatrecht, in: DÖV 1974 S. 188

— Privatverwaltungsrecht: Verwaltungsrecht unter Privaten, in: JZ 1975 S. 50

Peters, Hans: Lehrbuch der Verwaltung, Berlin, Göttingen und Heidelberg 1949
(zit.: LB)

— Die Verwaltung als eigenständige Staatsgewalt. Rektoratsrede, Krefeld 1965
(zit.: Verwaltung)

— Öffentliche und staatliche Aufgaben, in: Festschrift für Nipperdey, Bd. II, München und Berlin 1965 S. 877
(zit.: Aufgaben)

Podlech, Adalbert: Prinzipien des Datenschutzes in der öffentlichen Verwaltung, in: Wolfgang Kilian, Klaus Lenk, Wilhelm Steinmüller (ed.): Datenschutz, Frankfurt/Main 1973 S. 3

Pöttgen, Albert: Verfassungsrechtliche Grenzen staatlicher Wirtschaftsförderung durch Subventionen, Diss. Köln 1965

Preuß, Ulrich K.: Zum staatsrechtlichen Begriff des Öffentlichen, Stuttgart 1969
(zit.: Staatsrechtl. Begriff)

— Das politische Mandat der Stundentenschaft. 2, Aufl. Frankfurt/Main 1969
(zit.: Politisches Mandat)

Pribilla, Max E.: Kostenrechnung und Preisbildung. Das Recht der Preisbildung bei öffentlichen Aufträgen. Kommentar zu VPöA, LSP VPöA-Bau, 2. Aufl. München 1968, Stand Juli 1968

Püttner, Günter: Die Einwirkungspflicht. Zur Problematik öffentlicher Einrichtungen in Privatrechtsform, in: DVBl 1975 S. 353

Redeker, Konrad/*Oertzen*, Hans-Joachim von: Verwaltungsgerichtsordnung. Kommentar, 5. Aufl. Stuttgart usw. 1975

Renck, Ludwig: Verwaltungsakt und verwaltungsrechtlicher Vertrag, in: JuS 1971 S. 77

Rentrop, Wilhelm: Handbuch des Vergaberechts und der Vergabepraxis bei Leistungen (außer Bauleistungen), Stuttgart 1964

Richter, Otto: Der Reichsfiskus, Tübingen 1908

Ridder, Helmut: Zur verfassungsrechtlichen Stellung der Gewerkschaften, Stuttgart 1960
(zit.: Gewerkschaften)

— Das sogenannte politische Mandat von Universität und Studentenschaft, in: DuR 1975 S. 194

Rinck, Gerd: Wirtschaftsrecht, 4. Aufl. Köln usw. 1974

Rothacker, Richard: Die Lösung der Verdingungsfrage, Berlin 1921

Rudolf, Walter: Polizei gegen Hoheitsträger, Tübingen 1965

Rüfner, Wolfgang: Formen öffentlicher Verwaltung im Bereich der Wirtschaft, Berlin 1967
(zit.: Formen)

— Verwaltungsrechtsschutz in Preußen von 1749 - 1842, Bonn 1962
(zit.: Verwaltungsrechtsschutz)

Runge, Christian: Einführung in das Recht der Europäischen Gemeinschaften, 2. Aufl. München 1975

Rupp, Hans Heinrich: Privateigentum an Staatsfunktionen? Tübingen 1963
(zit.: Privateigentum)

— Grundfragen der heutigen Verwaltungsrechtslehre, Tübingen 1965
(zit.: Grundfragen)

— Wohl der Allgemeinheit und öffentliche Interessen — Bedeutung der Begriffe im Verwaltungsrecht, in: Wohl der Allgemeinheit und öffentliche Interessen. Schriftenreihe der Hochschule Speyer Bd. 39, Berlin 1968 S. 116
(zit.: Wohl der Allgemeinheit)

Rupp, Hans Heinrich: Die „Verwaltungsvorschriften" im grundgesetzlichen Normensystem, in: JuS 1975 S. 609

Ryffel, Hans: Öffentliche Interessen und Gemeinwohl — Reflexionen über Inhalt und Funktion, in: Wohl der Allgemeinheit und öffentliche Interessen. Schriftenreihe der Hochschule Speyer Bd. 39, Berlin 1968 S. 13

Sailer, Christian: Die Fragwürdigkeit des Privatrechts in der Leistungsverwaltung, in: BayVBl 1966 S. 293

Scheuner, Ulrich (ed.): Die staatliche Einwirkung auf die Wirtschaft, Frankfurt/Main 1971
(zit.: Staatliche Einwirkung)

— Die Aufgabe der Gesetzgebung in unserer Zeit, in: DÖV 1960 S. 601

Schickedanz, Erich: Das rechtliche Gehör im Verwaltungsverfahrensgesetz-Entwurf, in: ZRP 1975 S. 182

Schirmer, Aug(ust): Das Submissionswesen. Entstehung, Übelstände und Versuche zu seiner Beseitigung, St. Gallen 1919

Schmid, Hans: Die staatliche Beschaffungspolitik, Bern und Stuttgart 1972

Schmidt, Eike: Normzweck und Zweckprogramm, in: Roland Dubischar u. a. (ed.): Dogmatik und Methode. Josef Esser zum 65. Geburtstag, Kronberg/Taunus 1975 S. 139

Schmidt, Ingo: Die öffentliche Hand als Unternehmen im Sinne des Gesetzes gegen Wettbewerbsbeschränkungen, in: BB 1963 S. 1404

Schmidt, Walter: Gesetzesvollziehung durch Rechtsetzung. Untersuchungen zu den Verwaltungsvorschriften und zur „Selbstbindung der Verwaltung", Bad Homburg v. d. H., Berlin und Zürich 1969
(zit.: Gesetzesvollziehung)

— Organisierte Einwirkungen auf die Verwaltung. Zur Lage der zweiten Gewalt, in: VVDStRL Bd. 33 S. 183

— Die Programmierung von Verwaltungsentscheidungen, in: AöR Bd. 96 S. 321

— „Vertrauensschutz" im öffentlichen Recht, in: JuS 1973 S. 529

— Abschied vom „unbestimmten Rechtsbegriff", in: NJW 1975 S. 1753

Schmidt-Bleibtreu, Bruno: Kommentierung, in: Theodor Maunz, Heinrich Sigloch, Bruno Schmidt-Bleibtreu, Franz Klein: Bundesverfassungsgerichtsgesetz. Kommentar, München 1972

Schmidt-Rimpler, Walter: Artikel „Wirtschaftsrecht", in: HDSW Bd. 12, Stuttgart, Tübingen und Göttingen 1965 S. 686

Schmidt-Salzer, Joachim: Tätigwerden des Staates in zivilrechtlichen Handlungsformen im Bereich der Daseinsvorsorge und des Beschaffungswesens, in: WiR 1972 S. 103

Schmitz, Bernhard: Die Unterscheidung zwischen Finanz- und Verwaltungsvermögen im Lichte des modernen Rechts- und Wirtschaftsstaates, Berlin und Frankfurt/Main 1966

Schmitz, Elke: Das Recht der öffentlichen Aufträge im gemeinsamen Markt, Diss. Würzburg 1970

Schmölders, Günter: Finanzpolitik, 3. Aufl. Berlin, Heidelberg und New York 1970

Schnapp, Friedrich, E.: Kommentierung zu Art. 20, in: Ingo v. Münch (ed.): Grundgesetz. Kommentar, Frankfurt/Main 1974

Schneider, Albert: Die Vergebung von Arbeiten und Lieferungen durch Staat und Gemeinde, Diss. Zürich 1922

Schneider, Peter: Über das Verhältnis von Recht und Macht, in: Die moderne Demokratie und ihr Recht. Festschrift für Gerhard Leibholz zum 65. Geburtstag. Erster Bd.: Grundlagen, Tübingen 1966 S. 573

Schubert, Glendon: The Public Interest, Glencoe (USA) 1960

Schwacke, Peter: Grundrechtliche Spannungslagen, Stuttgart usw. 1975

Seetzen, Uwe: Der Prognosespielraum des Gesetzgebers, in: NJW 1975 S. 429

Seidler, Hans-Hermann: Rechtsschutz bei staatlicher Wirtschaftsplanung, Berlin 1973

Semler, Franz-Jörg: Das Diskriminierungsverbot bei der Vergabe öffentlicher Aufträge, Diss. München 1968

Siebert, Wolfgang: Privatrecht im Bereich öffentlicher Verwaltung, in: Festschrift für Hans Niedermeyer zum 75. Geburtstag, Göttingen 1953 S. 215

Siepmann, Werner: Die öffentliche Hand als Grundrechtsträger, in: DÖV 1975 S. 263

Sigloch, Gerhard: Die Unternehmungen der öffentlichen Hand, Mannheim, Berlin und Leipzig 1929

Smend, Rudolf: Zum Problem des Öffentlichen und der Öffentlichkeit, neu in: ders.: Staatsrechtliche Abhandlungen, 2. Aufl. Berlin 1968 S. 462 (zit.: Problem)

— Verfassung und Verfassungsrecht, neu in: ders.: Staatsrechtliche Abhandlungen, 2. Aufl. Berlin 1968 S. 119 (zit.: Verfassung)

Spanner, Hans: Empfiehlt es sich, den allgemeinen Teil des Verwaltungsrechts zu kodifizieren? in: Verhandlungen des 43. Deutschen Juristentages. Bd. I 2. Teil A, Tübingen 1960 S. 5

Sporberg, Kurt: Die Steuerung öffentlicher Aufträge in Deutschland unter besonderer Berücksichtigung der Organisation und des öffentlichen Auftragswesens in der Reichshauptstadt Berlin, Diss. Berlin 1940

Steiger, Heinhard: Zur Entscheidung kollidierender öffentlicher Interessen bei der politischen Planung als öffentlichem Problem, in: Fortschritte des Verwaltungsrechts. Festschrift für Hans Julius Wolff zum 75. Geburtstag, München 1973 S. 385

Stern, Klaus: Anmerkung zum Urteil des BGH vom 26. 10. 1961, in: JZ 1962 S. 181

Stern, Klaus/*Münch,* Paul/*Hansmeyer,* Karl-Heinrich: Gesetz zur Förderung der Stabilität und des Wachstums der Wirtschaft, 2. Aufl. Stuttgart usw. 1972

Stoll, Heinrich: Begriff und Konstruktion in der Lehre der Interessenjurisprudenz, in: Festgabe für Philipp Heck, Max Rümelin und Arthur Bruno Schmidt, Tübingen 1931 S. 60

Stolleis, Michael: Öffentliches Interesse als juristisches Problem, in: VerwArch 1974 S. 1

Straßmann, Walter/*Nitsche*, Walter: Bundesvertriebenengesetz. Kommentar, 2. Aufl. München und Berlin 1958, bearbeitet von Walter Straßmann, Josef Rösler, Helmut Krüzner

Strickrodt, Georg: Finanzrecht. Grundriß und System, Berlin 1975

Thieme, Werner: Diskussionsbeitrag, in: VVDStRL Bd. 19 S. 254

Truninger, Hansjörg: Die Freiheit des Staates bei der Vergebung öffentlicher Aufträge und Lieferungen, Diss. Zürich 1950

Ule, Carl Hermann: Das besondere Gewaltverhältnis in: VVDStRL Bd. 15, S. 133

Vetter, Hans-Georg: Die öffentliche Hand im Wettbewerb mit der privaten Wirtschaft, Diss. Freiburg/Br. 1939

Vialon, Friedrich Karl: Haushaltsrecht, 2. Aufl. Berlin und Frankfurt/Main 1959

VOB-Fälle: Stellungnahmen der niedersächsischen VOB-Auslegungs- und Beratungsstelle zu Einzelfällen der Verdingungsordnung für Bauleistungen von grundsätzlicher Bedeutung. Erster Bd. Herausgegeben vom Niedersächsischen Minister für Wirtschaft und öffentliche Arbeiten. Bearbeiter: Hermann Crome und Friedel Müller, Düsseldorf 1973

Vonäsch, Martino: Probleme der Materialbeschaffung in der öffentlichen Verwaltung, Diss. Zürich 1966

Wälde, Thomas: Bürgerklage und Umweltverträglichkeitsprüfung, in: ZRP 1975 S. 105

Wand: Abweichende Meinung zum Urteil des BVerfG vom 21. 1. 1975, in: NJW 1975 S. 683

Weber, Max: Rechtssoziologie. Herausgegeben und eingeleitet von Johannes Winckelmann, Neuwied und Berlin 1960

Weber, Werner: Artikel „Fiskus", in: HDSW Bd. 3, Stuttgart, Tübingen und Göttingen 1961 S. 743

Welter, Erich: Der Staat als Kunde, Heidelberg 1960

Wenger, Karl: Die öffentliche Unternehmung, Wien und New York 1969

Werber/Bode/Ehrenforth (Werner): Bundesvertriebenengesetz, Stuttgart und Köln 1954

Wertenbruch, Wilhelm/*Schaumann*, Wilfried: Grundrechtsanwendung im Verwaltungsprivatrecht, in: Ulrich Scheuner (ed.): Die staatliche Einwirkung auf die Wirtschaft, Frankfurt/Main 1971 S. 421

Wiethölter, Rudolf: Die Position des Wirtschaftsrechts im sozialen Rechtsstaat, in: Wirtschaftsordnung und Rechtsordnung. Festschrift für Franz Böhm, Karlsruhe 1965 S. 41

Wilhelm, Bernhard: Die Bindung des Fiskus an die Grundrechte, in: BayVBl 1963 S. 78

Winkler, Walter: VOB. Verdingungsordnung für Bauleistungen Ausgabe 1973. Gesamtkommentar, Düsseldorf 1974

Wolff, Hans Julius: Verwaltungsrecht II. Ein Studienbuch, 3. Aufl. München 1970
(zit.: LB II)

— Verwaltungsrecht III. Ein Studienbuch, 3. Aufl. München 1973
(zit.: LB III)

— Der Unterschied zwischen öffentlichem und privatem Recht, in: AöR Bd. 76 (Neue Folge Bd. 37) S. 205

Wolff, Hans Julius/*Bachof*, Otto: Verwaltungsrecht I. Ein Studienbuch, 9. Aufl. München 1974

Zaengl, Siegfried: Die Subventionen und ihre verfassungsmäßigen Schranken, Diss. Würzburg 1963

Zeidler, Karl: Schranken nichthoheitlicher Verwaltung, in: VVDStRL Bd. 19 S. 208

— Anmerkung zum Urteil des BGH vom 26. 10. 1961, in: DVBl 1962 S. 301

Zezschwitz, Karl von: Das Gemeinwohl als Rechtsbegriff, Diss. Marburg 1967

Zippelius, Reinhold: Artikel „Grundrechte", in: Hermann Kunst, Roman Herzog, Wilhelm Schneemelcher (ed.): EvStL, 2. Aufl. Stuttgart und Berlin 1975 S. 922

Zuleeg, Manfred: Zweistufige Rechtsverhältnisse bei der Vergabe öffentlicher Aufträge? in: NJW 1962 S. 2231

FSC
www.fsc.org
MIX
Papier | Fördert gute Waldnutzung
FSC® C083411

Kolibri 360 GmbH
Ferdinand-Jühlke-Straße 7
99095 Erfurt, Deutschland
produktsicherheit@kolibri360.de

Druck:
CPI Druckdienstleistungen GmbH
im Auftrag der
Kolibri 360 GmbH
Ferdinand-Jühlke-Str. 7
99095 Erfurt